Lexikon der
Traumdeutung

Georg Fink

Lexikon der
Traumdeutung

Bassermann

INHALT

VORWORT 7

ÜBER DEN SCHLAF UND DIE TRÄUME 9
Das zweite Leben, das wir führen 10
Kleines Seminar über den Schlaf 12
Was ist der Traum? 15
Ultrakurze Wellen der Seele 16
Das Rätsel der »Kopfuhr« 18

DIE TRAUMDEUTUNG UND IHRE GESCHICHTE 21
Der Zahntraum des Pharao 22
Platon: Seherische Kraft der Seele 23
Göttliche Sendung oder Aberglaube? 24
Freuds wissenschaftliches Wagnis 25
C. G. Jung: Das Bild ist Seele! 28
Der Traum auf dem Bildschirm? 29

DIE WICHTIGSTEN TRAUMARTEN 31
Träume vom Wasser 32
Träume vom Feuer 33
Sexuelle Träume 34
Kriminelle Träume 35
Albträume 36
Träume vom Fliegen und Fallen 37
Träume vom Tod 38
Träume von Geburt und Schwangerschaft 39
Prüfungsträume 40
Kleider- und Nacktträume 41
Zahlenträume 42
Zahnträume 43
Farbenträume 44
Die Träume der Blinden 45
Das Lachen im Traum 46
Prophetische Wahrträume 47
Wachträume 48
Reizträume 49
Träume von Tieren und Pflanzen 50

DAS ABC DER TRAUMSYMBOLE 53

KINDER TRÄUMEN ANDERS 281

LITERATURHINWEISE 299

Vorwort

Haben Sie schon einmal nackt inmitten einer Menge heftig diskutierender Menschen gestanden und verzweifelt nach einem Kleidungsstück gesucht, das Ihre Blöße bedecken könnte? Sind Sie schon einmal ins Endlose gefallen, tiefer und tiefer, und niemand fing Sie auf? Brummten fliegende Untertassen haarscharf an Ihrem Kopf vorbei?

Dann haben Sie schon einmal einen jener Standardträume gehabt, die Sie mithilfe des großen Traum-Abc in diesem Buch selbst deuten können. Das einzige Rüstzeug, das Sie außerdem benötigen: Erinnerungsvermögen an die Hauptelemente Ihres Traums und einen wachen Verstand, um die Stichwörter, die Ihnen das Unbewusste im Schlaf zuspielte, in die Wirklichkeit des Bewussten zu übersetzen.

Träume sagen viel über Ihren Seelenzustand aus. Sie warnen rechtzeitig vor Gefahren. Sie raten zuzupacken, wenn es das Schicksal günstig mit Ihnen meint.

Manche Träume geben sogar Einblick in künftiges Geschehen – unser Buch soll Ihnen helfen, sich darauf einzustellen, vielleicht sogar im rechten Augenblick das Steuer Ihres Lebensschiffleins herumzureißen und einen anderen, besseren Kurs einzuschlagen. Die Bildsprache des Unbewussten ins Tagesbewusstsein umzusetzen bedeutet zunächst, sich selbst zu erkennen, denn im Traum blicken

Träume können uns Hinweise auf die Zukunft geben, wenn wir sie richtig zu deuten wissen.

Die Bilder im Traum können Dinge aus unserem Wachbewusstsein vereinfachen, vergröbern und spiegeln.

wir gleichsam in einen Spiegel, den uns die Seele vorhält. Das Spiegelbild verkehrt die Seiten, zeigt uns anders, als wir in Wirklichkeit sind, eben seitenverkehrt. Auch das Traumbild zeichnet uns anders. Es vergröbert manches, um es um so eindringlicher zum Bewusstsein zu bringen. Es ist retuschiert, ein Zerrbild oft, das sich aber zu entzerren lohnt.

Der Traum ist das zweite Leben, das wir führen, aus dem wir Lehren für unser Wachleben ziehen können. Wir müssen nur die Bildersprache des Unbewussten richtig übersetzen.

ÜBER DEN SCHLAF UND DIE TRÄUME

Mittelalterliche Reiter jagen durch die Landschaft, drohen, uns mit ihren Lanzen aufzuspießen, wandeln sich von einem Augenblick zum anderen in Raumfahrer, die mit uns ins All fliegen. Wir verlieren den Boden unter den Füßen, fallen aus der Ewigkeit zurück zur Erde und liegen selig lächelnd wie ein satter Säugling auf weichem Kissen. In Gedankenschnelle spielte sich alles ab. Wir nennen es Traum, die Bildersprache der Seele.

Setzen wir uns auf die Spur der Träume, die wir aus dem Unbewussten heraus erleben, und gestehen wir gleich vorab: Die Spur wird uns in die Irre führen, manchmal ins Nichts. Die Wissenschaft ist noch nicht so weit, dieses Phänomen Traum in allen Einzelheiten zu erklären. Zwar wissen wir, dass die Schaltzentrale des Unbewussten irgendwo in unserem Hinterkopf sitzen muss, dass von dorther elektrische Wellen ausgesandt werden, die sich in jene mehr oder weniger bizarren Bilder auflösen, die im Schlaf sichtbar werden. Aber letztgültig ist das, was wir Seele nennen, noch nicht erforscht. Der in Amerika arbeitende Wiener Arzt Professor Kneukker glaubte, dass die Seele nichts anderes ist als ein Feld chemischer Reaktionen in unserem Gehirn. Andere Wissenschaftler meinen, sie sei der im Schlaf abgeschwächte Verstandesapparat, der durch eine Art Notaggregat beim schlafenden Menschen unbewusste Denkprozesse fördere. In der Naturwissenschaft ist eben

> Eine perfekte Deutung der Träume ist auch mit wissenschaftlicher Hilfe nicht möglich, weil ihre unbewussten Inhalte letztendlich nicht sicher zu erschließen sind.

auch das, was wir Seele nennen, Materie und nicht die unsichtbare, gottgewollte Kraft, die uns leben lässt bis zum letzten Atemzug. Für sie liefert eine nicht einmal ein Pfund schwere graue Gehirnmasse alle erforderlichen Seelenzustände.

Jede andere Deutung sei persönliche Glaubenssache und damit wissenschaftlich nicht erfassbar.

Das Gehirn wird immer genauer erforscht, aber die Träume entziehen sich durch ihre symbolische und völlig individuelle Bedeutung der exakten Wissenschaft.

Trotz Einsatzes modernster elektronischer Geräte kamen die naturwissenschaftlichen Forschungen kaum über Anfangserfolge hinaus – ganz einfach deshalb, weil sich die Spur der Seele und damit der Bildersprache des Unbewussten, des Traums, ins Nebulöse verflüchtigt. Wir wissen um die Schaltzentrale, um die auslösenden Faktoren in unserem Gehirn, aber nur mit psychologischen Mitteln können wir deuten, was hinter den elektrischen oder chemischen Reaktionen steckt, die unser Gehirn ausführt, um uns in Gedankenschnelle Träume zu vermitteln, deren Deutung nur im geistig-seelischen Bereich zu suchen ist.

Zwischen Tag und Traum sind wir Menschen Wanderer zwischen zwei Welten, zwischen der, die wir in vollem Bewusstsein erleben, und jener, die uns ins Unbewusste zurücksinken lässt. Wir nennen es Schlaf, den Ruhezustand nach des Tages Hast und Mühen.

Die Bewohner einer australischen Inselgruppe deuten es anders: Diese so genannten Primitiven glauben heute noch, dass sie im Schlaf ihr eigentliches Leben führen, während sie das Da-Sein auf der Erde als unwirkliches Geschehen abtun. Der Traum ist für sie realistisch, Vorbote des ewigen Lebens, das sich ergeben wird, wenn man im Diesseits für immer die Augen schließt, in dem man wahrlich traumhaft weiterleben kann. Dies ist gewiss eine der schönsten Umschreibungen von Schlaf und Tod im Hinblick auf die Unsterblichkeit.

Das zweite Leben, das wir führen

Auch über den Schlaf ist der Wissenschaft längst nicht alles bekannt.

Bleiben wir noch ein wenig beim Schlaf. Auch er gibt seit Jahrtausenden den Wissenschaftlern Rätsel auf. Natürlich können wir seine Funktion klar umreißen: Der Schlaf ist die Ruhestation des Körpers, bei der alles nahezu abgeschaltet ist, was wir im Arbeitsleben brauchen – das Denken, das Fühlen, das Handeln. Die fünf Sinne brennen im Schlaf nur auf Sparflamme, damit sich der Akku des Lebens aus den nun frei gewordenen Energien wieder voll aufladen kann. Ein paar Stunden genügen dazu, und wir sind hellwach und können die alltägliche Leistung erbringen, die wir Leben nennen; denn der Schlaf ist nicht blutvolles Leben, sondern nur ein Dahindämmern in einer anderen Welt, aus der die Träume kommen, unser zweites Leben, für das die Seele Pate steht.

Die Frage scheint berechtigt: Wer schläft da eigentlich, wenn wir schlafen? Im Schlaf sehen wir uns ja oft in ganz anderer Gestalt.

Wir fühlen uns nicht, wir haben keine bewussten Sinneswahrnehmungen.

Ist das nur auf das Zurückschalten des Hauptstromkreises in unserem Körper zurückzuführen? Wohl kaum. Auch der Schlaf, die Verpackung des Traumes, gibt eben Rätsel auf, die von der Wissenschaft noch nicht gelöst werden konnten.

Man weiß natürlich, dass wir nicht ohne Schlaf auskommen können, dass wir ein Drittel unseres Daseins in diesem Ruhezustand verbringen, in dem sich unsere Zellen erneuern, die Nerven beruhigen. »Der Schlaf ist für den ganzen Menschen, was das Aufziehen für die Uhr«, hat einmal der Philosoph Arthur Schopenhauer (1788–1860) geschrieben. Wir können mit anderen Worten unsere Zeit mit Arbeit erfüllen und abschnurren lassen, aber wir müssen unsere Lebensuhr immer wieder neu aufziehen, ein Vorgang, der sechs bis zehn Stunden dauert, je nach Alter, denn junge Menschen brauchen mehr, ältere weniger Schlaf.

Die Unterdrückung des Schlafbedürfnisses kann zu schweren gesundheitlichen Störungen führen. Das hat ein Experiment ergeben, das in einer Spezialabteilung des Staatlichen Hospitals von Salt Lake City unter der Aufsicht der Psychiater Eugen Bliss und Lincoln Clarc mit Studenten der amerikanischen Universität Utah durchgeführt wurde. 72 Stunden lang blieben die Studenten wach – das Ergebnis: Die Versuchspersonen bekamen während ihres schlaflosen Zustandes regelrechte Halluzinationen, sie reagierten wie Psychopathen, so als ob sie unter Drogeneinfluss stünden. Das Experiment ergab, dass der Mensch schwer krank wird, wenn der

Im Schlaf erholt sich nicht nur unser Körper, auch Geist und Seele regenerieren sich und verarbeiten das Tagesgeschehen.

Schlaf mehrere Tage unterdrückt wird, und dass er wahrscheinlich sterben muss, wenn er eine Woche oder länger wach gehalten werden sollte.

Zwar kam in den Dreißigerjahren ein Dr. Fischer von der Universität Chicago 115 Stunden lang ohne Schlaf aus, und indische und tibetanische Yogis können durch bestimmte Exerzitien wochenlang schlaflos leben, aber das sind nur die Ausnahmen von der Regel, dass man nicht längere Zeit ohne Schlaf existieren kann. Dagegen sprechen auch nicht jene Berichte über kranke Menschen, die jahrelang kein Auge zumachen konnten, weil bei ihnen das Schlafzentrum im Stammhirn, das den Schlaf steuert, gestört ist.

> Schlafentzug ist eine Foltermethode; es gibt aber Yogis, die darin geübt sind, wochenlang ohne Schlaf auszukommen.

KLEINES SEMINAR ÜBER DEN SCHLAF

Wir sagten es schon: Die Wissenschaft ist in der Erforschung des Schlafes noch nicht allzu weit gekommen, sie entfernte sich kaum von der Feststellung des griechischen Philosophen Aristoteles (384–322 v. Chr.), dass der Schlaf die Bestimmung habe, der Erhaltung der Lebewesen zu dienen. Selbst die moderne Erkenntnis, dass der Schlaf eine Leistung des Organismus darstelle und daher bei Kranken aktiviert werden müsse in einem so genannten Heilschlaf, ist gar nicht so neu.

Ägyptische und griechische Priester, die im Altertum auch als Heilkundige galten, verordneten ihren gläubigen »Patienten« Schlaf, damit ihr Körper und ihre Seele genesen konnten. Das Weitere überließ man den Göttern. In einem griechischen Tempel war es der Gott Asklepios (Äskulap), der den Kranken nach beruhigenden Bädern durch Träume den Weg zur Heilung bahnte, durch Träume, die von den Priestern schicksalhaft gedeutet wurden. Auch wir, die wir uns nicht in griechischen Tempeln den lichtvollen Träumen des alten Heilkünstlers Asklepios anvertrauen können, sollten uns bemühen, einen guten Schlaf zu haben, der uns Kraft für den Alltag tanken lässt und uns Träume schenkt, aus denen wir nur Gutes deuten können. Hier einige Regeln dafür:

◆ Versuchen Sie, entspannt zu bleiben und sich den ganzen Tag über nicht zu sehr aufzuregen.

◆ Halten Sie sich aus allem Ärger heraus, der Ihren Blutdruck in Wallung bringen könnte.
◆ Essen Sie drei Stunden vor dem Zubettgehen nichts mehr, und gehen Sie nach dem Abendessen noch eine Zeit lang an die frische Luft.
◆ Trinken Sie abends keinen Bohnenkaffee, keinen schwarzen Tee und nur mäßig Alkohol.
◆ Wenn Sie allein zu Hause sind und sich unwohl fühlen, schauen Sie vor dem Schlafengehen ruhig einmal unters Bett, ob sich nicht ein Räuber darunter befindet. Das kann die Nerven erheblich beruhigen und fördert das Einschlafen.
◆ Schauen Sie nicht zu lange am Abend fern.
◆ Lesen Sie im Bett keine aufregenden Romane, sondern lieber lyrische Gedichte; ihre beruhigende Wirkung ist bekannt.
◆ Gehen Sie möglichst vor 24 Uhr schlafen, denn der Schlaf vor Mitternacht ist bei den meisten Menschen gesünder.
◆ Schlafen Sie grundsätzlich in einem gut durchlüfteten, ungeheizten Raum. Nur wenn die Temperatur unter null Grad sinkt, sollte man das Schlafzimmer leicht temperieren.
◆ Wenn Sie unter kalten Füßen leiden, nehmen Sie am besten vor dem Schlafengehen ein Wechselfußbad.

Auch Autosuggestion kann über Schlaflosigkeit hinweghelfen. Sollten Sie unter dieser leiden, hilft, wenn Sie sich den ganzen Tag über hier und da Mut zuflüstern: »Ich werde heute Abend ganz ruhig und ausgeglichen ins Bett gehen und entspannt schlafen!« Es gibt noch viele andere Vorschläge und Mittel für den gesunden Schlaf. Wichtig ist immer, dass man sich im Bett nicht verkrampft. Alles weitere macht das Schlafzentrum in unserem Gehirn, das die Sinne nach und nach zurückschaltet und die Muskeln entspannen lässt. Es ist völlig gleichgültig, wie Sie im Bett liegen – zusammengerollt oder lang gestreckt, auf dem Rücken oder auf dem Bauch, auf der linken oder auf der rechten Seite. Der Mensch ist ein Gewohnheitstier und findet in seinem eigenen Bett schnell die Lage, die ihm zum Einschlafen verhilft. Unbewusst legt er sich selbst im fremden Bett auf seine Lieblingsseite, die ihm gesunden Schlaf verschafft.

> Gegen Schlaflosigkeit hilft ein geregeltes Tagesprogramm und eine positive Einstellung. Sagen Sie nicht: »Hoffentlich kann ich schlafen!«, sondern »Ich gehe entspannt und ruhig ins Bett.«

Wie tief und wie lange schläft der Mensch? Kinder fallen schon kurz nach dem Einschlafen in einen sehr tiefen Schlaf. Sie sind nach zwei Stunden nur noch mit Gewalt aufzuwecken, später wird ihr Schlaf leichter, um die sechste Stunde nähert er sich fast dem Wachsein, um dann wieder für drei oder vier Stunden tiefer zu werden, worauf ein plötzliches Erwachen folgt.

Erwachsene brauchen nicht so viel Schlaf wie Kinder. Normalerweise genügen ihnen acht Stunden, um entspannt aufzuwachen. Menschen, die über fünfzig Jahre alt sind, kommen sogar mit sechs oder sieben Stunden, Greise oft mit noch weniger aus.

Junge Leute schlafen fester, ältere erwachen oft schon durch den geringsten Störeinfluss von außen. Das individuelle Schlafbedürfnis weicht von den angegebenen Durchschnittswerten manchmal ziemlich ab. Wir werden nicht krank, wenn wir eine Zeit lang unser Schlafbedürfnis einschränken. Unsere Leistungsfähigkeit und unsere Konzentration auf die tägliche Arbeit nehmen kaum ab. Es entsteht lediglich ein Schlafdefizit, das wir zu gegebener Zeit aufholen müssen. Verstehen Sie jetzt, warum es den Heilschlaf gibt, warum wir im Urlaub oder an freien Wochenenden oft über Gebühr lang schlafen? Wir gleichen damit den Kurzschlaf aus, den wir uns im Alltagsleben zumuteten.

> Im Schlaf schaltet der Körper alle nicht benötigten Funktionen ab: Muskelspannung, Nervenaktivität, Sinneswahrnehmungen und Gehirnaktivität laufen auf Sparflamme oder sind eingestellt.

Mit dem Schlaf, ob er nun kurz oder lang ist, gönnen wir dem Körper ein wenig Erholung vom Stress im Wachleben. Das Gehirn schaltet gewissermaßen von Leistung auf Ruhe um, es lässt unsere Nerven und Muskeln entspannen, die meisten stellt es sogar ganz ab. Nur einige arbeiten wie gewohnt weiter, die Herzmuskeln zum Beispiel, die auch im Schlaf unseren Blutkreislauf in Gang halten müssen, und auch unsere Schließmuskeln. Der Schließmuskel der Augen blendet zum Beispiel die Lichtreize ab, die von außen auf unseren Sehapparat einströmen könnten, und die Augen selbst suchen nach oben und nach außen Schutz unter den Knochen der Augenhöhlen. Auch die fünf Sinne lässt die Schaltzentrale in unserem Gehirn in einem wohltuenden Ruhezustand.

Das Leben im Schlaf ist ein Erleben im Unbewussten; denn das Phänomen Schlaf wird intervallweise abgelöst von dem Phänomen Traum, das ohne Schlaf gewiss nicht denkbar ist.

Was ist der Traum?

Im Laufe von Jahrtausenden galt der Traum als Botschaft der Götter, als Folge von Leibschmerzen, als barer Unsinn, als Übersetzung von alltäglichen Wünschen, auf deren Erfüllung man hoffte. Die seltsame Bildersprache des Unbewussten wurde in vielerlei Gestalt gedeutet. Von Priestern, von Ärzten, von Scharlatanen. Nur langsam nahmen diese Deutungen ernsthafte Formen an: Man sammelte Träume und verglich sie miteinander, verglich auch, was sich bei den Träumenden daraus für das Wachleben übersetzen ließ. Der Forscherdrang der alten Babylonier, Chinesen, Inder, Ägypter und Griechen bescherte Erkenntnisse über den Traum, die bis auf den heutigen Tag noch Gültigkeit haben, auch wenn sie in den letzten Jahrhunderten immer wieder verfälscht wurden. Das Erleben der Traumbilder ist das gleiche geblieben, nur dass man vor einem Jahrtausend nicht von Flugzeugen und Autos träumte, sondern von Ochsenkarren und rasanten Streitwagen, die von vier Pferden in die Schlacht gezogen wurden. Die Traumdeuter des Altertums betrieben ihre Forschungen wie echte Wissenschaftler, und auf deren erstaunliche Ergebnisse können selbst moderne Psychologen nicht ganz verzichten.

Die moderne, psychologische Traumforschung fußt teilweise noch auf den Erkenntnissen der antiken Traumdeuter.

Was also ist der Traum? Carl Gustav Jung erklärte es so: »Der Traum ist ein Stück unwillkürlicher psychischer Tätigkeit, das gerade soviel Bewusstsein hat, um im Wachzustand reproduzierbar zu sein. In der Regel ist der Traum ein sonderbares und fremdartiges Gebilde, das sich durch viele ›schlechte Eigenschaften‹, wie Mangel an Logik, zweifelhafte Moral, unschöne Gestaltung und offensichtliche Widersinnigkeit oder Sinnlosigkeit, auszeichnet. Man tut ihn deshalb gerne als dumm, sinn- und wertlos ab.«

Der Traumforscher F. W. Hildebrandt schrieb im Geburtsjahr Jungs (1875) über den Traum: »Der Traum lässt uns bisweilen in Tiefen und Falten unseres Wesens blicken, die uns im Zustand des Wachens meist verschlossen bleiben. Er bringt uns so feine Aperçus der Selbsterkenntnis, dass wir erwachend staunen möchten über den Dämon, der mit wahren Falkenaugen uns in die Karten blickt.« Und der große schlesische Dichter Gerhart Hauptmann ergänzte diese Aussage in seinem Roman »Der Narr in Christo Emanuel Quint«: »Alle verschiedenen Arten und Grade der Träume erforscht zu haben, würde bedeuten, in einem weit tieferen Sinn als irgendeinem anderen Kenner der menschlichen Seele zu sein!« Der Dichter machte sich damit die Erkenntnis des griechischen Philosophen Aristoteles zu Eigen, der den Traum als den Spiegel der Seele bezeichnete. Der Schweizer C. G. Jung blieb bei dieser Behauptung: »Das (Traum-)Bild ist Seele!«

Auch wir sollten uns zu dieser Aussage bekennen.

Ultrakurze Wellen der Seele

Bedeutende Wissenschaftler haben im letzten Jahrhundert den Stoff, aus dem die Träume sind, experimentell untersucht. Einer der ersten, der behauptete, Seelisches trete im Gehirn als elektrische Erregung in Erscheinung, war der russische Physiologe Iwan Petrowitsch Pawlow (1849–1936). Er erarbeitete neue Erkenntnisse zur Nervenversorgung des Herzens und begründete mit dem Psychiater und Neurologen Wladimir Bechterew (1857–1927) die Reflexologie als Richtung der Psychologie, die alles menschliche und tierische Verhalten auf ererbte (unbedingte) oder durch Übung erworbene (bedingte) Reflexe zurückführte.

Pawlow erhielt 1904 den Nobelpreis für seine Theorie von den elektrischen Impulsen seelischer Zustände im Gehirn. Sie wurde erst später experimentell bewiesen.

Pawlow, der für seine Forschungen 1904 den Nobelpreis erhielt, hat seine Theorie von den elektrischen Impulsen seelischer Zustände im Gehirn nicht durch eigene Experimente erhärtet. Den Beweis für die Richtigkeit dieser Behauptung trat der deutsche Psychiater Hans Berger (1873–1941) an.

Schon der englische Arzt Caton hatte 1874 an Kaninchen- und Affengehirnen Versuche durchgeführt, durch die elektrische Ströme im Gehirn nachgewiesen wurden. Er hatte im Gehirn der Tiere Elektroden angebracht. Dabei stellte er fest, dass ständige Stromschwankungen stattfanden, die sich bei Belichtung der Augen veränderten. Niemand nahm damals die Forschungen des englischen Arztes so ernst, dass sie weitergetrieben wurden. Erst Hans Berger experimentierte gründlicher und wurde damit der Entdecker der Elektroenzephalographie. Er brachte am Kopf von Versuchspersonen Elektroden an, die an Drähten hingen und mit Mull- und Gummibinden befestigt waren. Die Drähte führten zu einem Apparat, der die Gehirnströme auf Papierstreifen aufzeichnete. Hunderte von Versuchen bewiesen, dass die im Elektroenzephalogramm (EEG) aufgezeichneten Schwankungen die elektrische Aktivität der Gehirnzellen sehr detailliert darstellten.

Mithilfe des EEG konnten nun Forscher darangehen, die Schlaftiefe und die Länge und Intensität der Träume zu messen. Bereits Anfang der Fünfzigerjahre entdeckte Professor Kleitman an der Universität Chicago eine Methode, Träume zu registrieren. Versuchspersonen waren Studenten, deren Aufgabe darin bestand, in der Physiologischen Klinik der Universität mit Elektroden am Kopf zu schlafen und zu träumen. Ärzte untersuchten die Ergebnisse, die das EEG aufzeichnete, und stellten erstmals wissenschaftlich fest, wie oft ein Mensch in der Nacht träumt und wie lange diese Träume dauern.

William Dement vom Mount Sinai Hospital in New York entwickelte diese Methode weiter. Er baute auf der Erkenntnis auf, dass die Träume in Verbindung mit Phasen schneller, binokular synchroner Augenbewegungen auftreten (REM = rapid eye movement). Er stellte fest, dass »Häufigkeit und Richtung dieser Augenbewegungen mit dem assoziierten Trauminhalt in einer Weise verknüpft sind, dass die Vermutung, die Augenbewegungen stellten Fixierbewegungen des Träumers beim Beobachten des Traumgeschehens dar, begründet erscheint. Eine Untersuchung nicht unterbrochenen Schlafs zeigte das regelmäßige Auftreten von Phasen mit schnellen Augenbewegungen im Laufe der Nacht, und zwar in Verbindung mit den leichtesten Phasen der Schlaftiefe, die ebenfalls zyklisch variieren und mit einem Elektroenzephalographen registriert werden können. Die individuelle Zyklenlänge des Schlafs lag im Durchschnitt bei 90 Minuten, und die mittlere Dauer einzelner Augenbewegungsphasen betrug ungefähr zwanzig Minuten.« Somit umfasse, stellte Dement abschließend fest, der Schlaf einer typischen Nacht vier bis fünf Traumphasen, die am Ende eines jeden Schlafzyklus auftreten und etwa zwanzig Prozent der Gesamtschlafzeit ausmachen. Die einzelnen Traumperioden dauern

Durch die Elektroenzephalographie konnte man endlich erforschen, wann und wie oft Menschen träumen und wie sich Träume als Gehirnströme äußern.

von einer bis zu 72 Minuten. Zu Beginn des Schlafes sind sie daher eher kurz, werden aber später zunehmend länger.

Im Verlauf seiner Forschungen ließ Dement seine Versuchspersonen beim ersten Auftreten einer Traumperiode aufwecken. Er hinderte sie also daran zu träumen. Alle Versuchspersonen reagierten nach solchem Traumentzug am nächsten Tag mit gesteigerter Reizbarkeit, mit Angst und Konzentrationsschwäche. Ließ man sie in der darauf folgenden Nacht durchschlafen, holten sie ihre verlorenen Träume nach: Die Versuchspersonen träumten dann durchschnittlich siebenmal in einer Nacht statt bisher fünfmal.

> Traumentzug führt zu Reizbarkeit, Angst und Konzentrationsmangel. Enthält man Menschen das Träumen eine Nacht lang vor, so träumen sie in der folgenden deutlich mehr.

Dement schrieb dazu: »Die Ergebnisse lassen sich dahingehend interpretieren, dass es notwendig ist, jede Nacht eine bestimmte Zeit lang zu träumen. In aufeinander folgenden Traumentzugsnächten scheint sich mit anwachsendem Traumdefizit ein Drang zu träumen aufzustauen – dieser Drang wird zunächst deutlich in der ansteigenden Zahl von Traumansätzen und dann in der Erholungsphase in der deutlichen Erhöhung der Gesamttraumzeit und der prozentualen Traumzeit. Aus der Tatsache, dass dieser Anstieg über vier oder mehr aufeinander folgende Erholungsnächte aufrechterhalten wird, kann man auf einen mehr oder weniger quantitativen Ausgleich des Defizits schließen. Würde man den Traumentzug lange genug durchführen, müsste man möglicherweise mit einem ernsthaften Zerfall der Persönlichkeit rechnen.« Wer also über längere Zeit am Träumen gehindert werden würde, wäre schon bald psychisch krank.

DAS RÄTSEL DER »KOPFUHR«

> Durch unseren Traumrhythmus gelingt es uns, zur gewünschten Zeit aufzuwachen, wenn wir uns vor dem Einschlafen darauf programmieren.

Die Traumphasen sind auch dafür verantwortlich, dass es die rätselhafte »Kopfuhr« gibt, die bei vielen Menschen ganz ausgezeichnet funktioniert: Man nimmt sich vor dem Schlafengehen vor, frühmorgens pünktlich aufzustehen, und ist tatsächlich ohne einen Wecker um die bestimmte Uhrzeit wach. Dabei ist nach Professor Wolf von Siebenthal die Schlaftiefe – jedenfalls bei Geübten – nicht gestört. Siebenthal glaubte, dass die »Kopfuhr« kraft des Willens eher eine physische, denn eine psychische Funktion hat, da nach seiner Meinung »das Unbewusste, das gar nicht ›weiß‹, was Zeit ist, keine Zeitstrecke abschätzen« kann.

In 250 Experimenten hat K. Frobenius das Funktionieren der rätselhaften »Kopfuhr« nachgewiesen. Das Erwachen klappte bei drei Vierteln seiner Versuchspersonen ausgezeichnet, und zwar in einer Fehlerbreite von nur fünf Minuten. Dabei wurde in einigen Fällen den Personen nicht einmal ihre Einschlafzeit verraten, man verwirrte sie sogar durch zur unrechten Zeit schlagende Uhren.

Spätere Versuche ergaben, dass es sich hier um einen physiologischen Vorgang handeln müsse, der aber nur bei zwanzig Prozent der Menschen funktioniere. Sicher erscheint nur, dass bei diesem geheimnisvollen Aufwachbefehl das Unbewusste doch im Spiel ist, dass die Seele den Wunsch, zu einer bestimmten Stunde aufzuwachen, registriert und ihn an die Schaltstation im Gehirn weitergibt, die rechtzeitig das Bewusstsein einschaltet und aufwachen lässt.

Die Experimente zur Kopfuhr widersprechen sich teilweise, aber das Phänomen existiert.

Die Traumdeutung und ihre Geschichte

Seit Menschengedenken versuchen kluge Köpfe, hinter den Sinn der Träume zu kommen. Die ersten, die sich nach unserem Wissen ernsthaft, ja geradezu wissenschaftlich, mit der Ausdeutung von Träumen beschäftigten, waren die Chaldäer, die im Südwesten Babyloniens mehrere kleine Staaten gegründet hatten.

Die Kunst der Chaldäer, Träume zu deuten, war so groß, dass man später alle Traumdeuter aus dem babylonischen Raum als Chaldäer bezeichnete, wie es auch in der Bibel im Buch Daniel am Anfang des zweiten Kapitels nachzulesen ist: »Im zweiten Jahr des Reiches Nebukadnezars hatte Nebukadnezar einen Traum, davon er erschrak, dass er aufwachte. Und er hieß alle Sternseher und Weisen und Zauberer und Chaldäer zusammenfordern, dass sie dem König seinen Traum sagen sollten.« Aus diesem von Luther übersetzten Bibeltext kann man gleichzeitig ersehen, dass die Traumdeuter den Astrologen, Hellsehern und Wahrsagern gleichgesetzt waren, deren Sachgebiete damals noch als Wissenschaft galten.

Die älteste bekannte Traumdeutung enthält das babylonische Keilschriften-Epos »Gilgamesch«, das mindestens 4000 Jahre alt ist: In der Unterwelt begegnet der Titelheld dem Gott der Wassertiefe Ea, der ihm Träume schenkte, aus denen Gilgamesch die geheimsten Absichten der Götter deuten kann. Man kann daraus entnehmen, dass schon die alten Babylonier Zukunfts- und Wunsch-

> Schon in der Bibel wird die Traumdeutung als Wissenschaft erwähnt. Sie ist jedoch noch viel älter, es gibt sie wohl ebenso lang, wie die Menschen träumen.

träume kannten, aber auch solche, die sich auf das Seelenleben der Menschen bezogen.

Die Assyrer scheinen den Babyloniern in der Traumauslegung nicht nachgestanden zu haben, wie aus den Keilschrifttontafeln des Königs Assurbanipal hervorgeht. Sie richteten wie die Babylonier ihr Leben nach den Träumen aus: Der Traumdeuter war ein mächtiger Mann im Staate, gewissermaßen Gottes Stimme, und genoss hohes Ansehen.

Im alten Ägypten galten die Träume als Botschaften der Götter.

Die Ägypter, von der Kunst der Babylonier sehr angetan, machten daraus gar einen Kult: Im Traum wurde der göttliche Wille weitergegeben an die Menschen, die guten Weisungen kamen vom guten Gott Horus, die schlechten vom bösen Gott Seth. Gottlose wurden natürlich nur von bösen Träumen heimgesucht, die Frommen dagegen von guten Träumen. Der Traum war auch Mittler zwischen dem Diesseits und dem Jenseits. Wer sich hilflos sah, suchte im 2. Jahrhundert v. Chr. den Rat der Götter im Sarapistempel zu Memphis, wo er in einer Art Heilschlaf die Träume fand, die ihn mit Hilfe traumkundiger Priester aus seiner augenblicklichen Misere befreien sollten. Ein ähnlicher Kult wurde – wie bereits erwähnt – im alten Griechenland in den Tempeln des Heilgottes Asklepios betrieben.

DER ZAHNTRAUM DES PHARAO

Günstige Voraussagen hörten die Mächtigen natürlich lieber als die möglicherweise negative Wahrheit, die ein Traum verkündete.

Die Priester verdienten mit ihren Traumdeutungen eine Menge Geld. Manche nutzten das so aus, dass sie die Träume von reichen oder mächtigen Menschen in jedem Fall positiv auslegten. Überliefert ist der Traum eines Pharaos, in dem diesem alle Zähne ausgefallen waren. Der Pharao ließ einen Traumdeuter kommen, der ihm wahrheitsgemäß sagte, großes Unheil stehe ihm bevor. Das passte dem ägyptischen Herrscher nun gar nicht, weshalb er den Traumdeuter töten ließ. Ein anderer Traumdeuter aber, der dem Pharao aus dem Zahntraum ein langes Leben gelesen hatte, wurde reichlich mit Gold belohnt.

Chinesen und Inder beachteten schon früh die Kraft der Träume. In einem Liederbuch »Schi-King«, das um 1100 v. Chr. erschien, wurde bereits versucht, Träume zu deuten. Geradezu modern mutet an, was im 8. Jahrhundert n. Chr. in einem chinesischen Traumbuch als Begründung für menschliches Träumen geschrieben steht: »Die Seele tritt aus und wandelt umher.«

In Indien wurden Träume zumeist im Sinn der Vergeltung von guten und bösen Taten gewertet. Indische Traumforscher entwickelten ihre Deutungen durchaus wissenschaftlich; einige Traumbücher zeugen von dem hohen Stand ihrer Erkenntnisse, besonders auch die Schrift »Jagaddeva«.

Platon: Seherische Kraft der Seele

In Europa waren die Griechen die Ersten, die Träume für eine Botschaft der Götter hielten. In Homers »Ilias« wird zum Beispiel an Achilles die Aufforderung gerichtet, sich zur Bezwingung der Pest an einen Seher oder Traumdeuter zu wenden, denn die Träume kämen von Gott. Platon (427–347 v. Chr.) sprach von der seherischen Kraft der Seele, die aus dem Traum spreche. In dieser Meinung wurde der griechische Philosoph wohl noch dadurch bestärkt, dass sein Lehrer Sokrates im Traum seinen eigenen Tod vorhergesehen hat. Platon spricht auch schon von göttlichen Offenbarungs- und physiologischen Begierdeträumen. Im Traum könne der im Wachleben fromme Mensch zum Verbrecher werden, ohne Scheu oder Reue die schändlichsten Delikte verüben, zu denen er im Wachleben nicht fähig wäre. Er war der Meinung, dass schlechte Menschen in Wirklichkeit tun, was gute nur träumen.

Aristoteles (384–322 v. Chr.) hat schon den psychologischen Charakter des Traumes erkannt. Der Traum sei keine göttliche Sendung, sondern ein Seelenleben im Schlaf. Aristoteles lehnte die Behauptung, die Götter könnten im Traum Zukünftiges aufzeigen, strikt ab; lediglich Krankheiten könnten sich im Traum ankündigen, lange bevor man erkranken würde.

Hippokrates (460–377 v. Chr.) wandte sich dem Traum mit ärztlichem Interesse zu. Er behauptete, solange Träume Erlebnisse richtig darstellen würden, sei der Mensch gesund; würden die Träume verwirrend oder entstellt wiedergegeben, lägen gesundheitliche

> Für Platon kamen Träume entweder von den Göttern, oder sie halfen den guten Menschen, Begierden zu verarbeiten, die so nicht im Wachleben ausgelebt werden mussten.

Störungen vor. Je schlimmer die Entstellungen wären, desto schneller müsse man den Träumer behandeln. Hippokrates verordnete in diesem Fall neben einer Diät Schwitzkuren und viel Bewegung; auch Erbrechen könne helfen. Interessant ist die Rezeptur des Hippokrates für den Fall, dass ein Patient im Traum viel gegessen und getrunken hatte; dann half nach Meinung des altgriechischen Arztes nur eine Ess- und Trinkkur, damit der Patient auch im Wachleben das bekomme, was ihm der Traum verordnete. Aus diesen Beispielen ersieht man, dass Hippokrates einer der ersten Ärzte war, der aus der Traumdiagnose eine Therapie für die Gesundung des Menschen ableitete. Von großer Bedeutung selbst für die heutige Traumforschung ist das Material, das der Grieche Artemidoros aus Daldis im 2. Jahrhundert n. Chr. gesammelt hat und in seinem fünfbändigen Werk »Oneirokritikon« niederlegte. Artemidoros schreibt in der Einleitung, das Traumgesicht sei »eine Bewegung oder ein vielgestaltiges Bilden der Seele, das die bevorstehenden guten oder bösen Dinge« andeute. Man müsse »die Charaktereigenschaften der Menschen vorher« (also vor der Deutung) prüfen, »um nicht einen Fehltritt zu tun«. Man sieht, dass dieser Artemidoros ein recht guter Psychologe war, was auch aus seinen Deutungen hervorgeht, von denen einige im Traum-Abc berücksichtigt wurden. Immerhin finden sich schon bei Freud, Stekel und anderen Symbol-Deutungen, die Artemidoros bereits 17. Jahrhunderte früher gefunden hatte.

Der Grieche Artemidoros hat schon im 2. Jahrhundert eine große Traumsammlung angelegt – angeblich auf Geheiß des Gottes Apollo.

GÖTTLICHE SENDUNG ODER ABERGLAUBE?

Artemidoros behauptete, Apollo selbst habe ihn veranlasst, Träume zu sammeln. Er glaubte an die göttliche Sendung des Traumes ebenso wie das Volk der Bibel, in der einige Träume Teil des göttlichen Heilsplans sind. Auch der Koran kommt nicht ohne solche Traumerzählungen aus, weshalb sich gelehrte und gläubige Araber im Mittelalter daran machten, Traummaterial zu sammeln, wobei sie auch indische, ägyptische und griechische Quellen nicht verachteten. Jahrhundertelang hielten sich die arabischen Traumbücher in vielen Übersetzungen und noch mehr Verfälschungen auf dem Markt und spielen noch in unseren Tagen in weniger kritischen Traumbüchern eine herausragende Rolle. Einige arabische Deutungen, von deren Ernsthaftigkeit wir überzeugt sind, sind im Traum-Abc erwähnt.

Bis zum Ende des 19. Jahrhunderts gab es, wie schon gesagt, nur wenige Versuche, die Erforschung der Träume voranzutreiben. So wurden im 18. Jahrhundert, also im Zeitalter der so genannten Aufklärung, Träume als Ausdruck eines dunklen und verworrenen Seelenlebens abgewertet – wie es schien, zu Recht. Erst die Romantik pries sie wieder als Offenbarung der Wirklichkeit des Unbewussten. Gerade dieser Epoche des 19. Jahrhunderts, die das Gefühl neu entdeckte und vor überspitzter Intellektualität rettete, verdanken wir, dass das Tor zur Bilderwelt des Traums und seiner Symbole weit aufgestoßen wurde.

Das Zeitalter der Aufklärung lehnte die wissenschaftliche Beschäftigung mit so »irrationalen« Dingen wie Träumen ab.

Zwar wurde es in der zweiten Hälfte des vorigen Jahrhunderts von materialistisch-mechanisch Denkenden beinahe wieder zugeschlagen, aber das Interesse war geweckt, auch wenn C. Binz in seinem Werk »Über den Traum« 1878 zu dem Schluss kommt: »Alle Tatsachen ... drängen dahin, den Traum als einen körperlichen, in allen Fällen unnützen, in vielen Fällen geradezu krankhaften Vorgang zu kennzeichnen.« Binz gehörte zu jenen »fortschrittlichen« Wissenschaftlern, die das Maschinenzeitalter hervorbrachte und die alles Sein im Stofflichen, in der Materie suchten. Für sie waren die Empfindungen des Unbewussten im Traum nichts anderes als eine Funktion des Gehirns, die anatomisch-physiologisch zu erklären war. Die geistige Deutung überließen sie den Romantikern, Dichtern und Wahrsagern.

Freuds wissenschaftliches Wagnis

Man kann sich vorstellen, dass der Arzt Sigmund Freud (1856–1939) seinen Ruf als anerkannter Naturwissenschaftler aufs Spiel setzte, als er seine Methode der Traumdeutung veröffentlichte. Er stieß mit seiner Psychoanalyse in ein Niemandsland vor, das er damit für ein Heer von Wissenschaftlern öffnete, die auf seinen Erkenntnissen aufbauten.

Sigmund Freud ist der Begründer der modernen, psychologischen Traumdeutung.

Sein berühmtes Werk »Die Traumdeutung«, das im Jahre 1900 erschien, begann Freud mit den stolzen Sätzen: »Auf den folgenden Blättern werde ich den Nachweis erbringen, dass es eine psychologische Technik gibt, welche gestattet, Träume zu deuten, und dass bei Anwendung dieses Verfahrens jeder Traum sich als ein sinnvolles psychisches Gebilde herausstellt, welches an angebbarer Stelle in das seelische Treiben des Wachens einzureihen ist. Ich werde ferner versuchen, die Vorgänge klarzulegen, von denen die Fremdartigkeit und Unkenntlichkeit des Traumes herrührt, und aus ihnen einen Rückschluss auf die Natur der psychischen Kräfte ziehen, aus deren Zusammen- oder Gegeneinanderwirken der Traum hervorgeht.«

Sigmund Freud, der den Traum einmal die »Via regia zum Unbewussten« nannte, sah im Menschen eine Art »Triebwesen«, das den Wunsch nach Befriedigung seiner Triebe habe. Die Gesellschaft hemme diese Wünsche, die Seele aber übernehme sie in die Traumwelt, in der sich ungestört Lustgewinne erzielen ließen. Der Traum erfülle also in manchmal verklausulierter Form verdrängte Wünsche aus dem Wachleben. Freud versuchte, den manifesten (erlebten) Trauminhalt auf die latente (im Unbewussten verborgene) Gedankenwelt zurückzuführen. Der Trauminhalt, so argumentierte er, sei eine Entstellung der latenten Wunschgedanken, die vom Bewusstsein verdrängt worden waren. »Der Traum«, schrieb Freud, »stellt einen gewissen Sachverhalt so dar, wie ich ihn wünschen möchte; sein Inhalt ist eine Wunscherfüllung, sein Motiv – der Wunsch«. Der Psychoanalytiker habe die Aufgabe, hinter die unbewussten Inhalte eines Traums zu kommen, die nur darum »maskiert« oder hinter Symbolen versteckt seien, weil das Bewusstsein des Menschen in den Traum hinein eine gewisse moralische Zensur ausübe, die den Sinn eines Traumes verschleiern wolle. Der Psychoanalytiker müsse durch Deutung der Symbole den eigentlichen Trauminhalt bewusst werden lassen, um von daher seelische Störungen beseitigen zu können.

Freud nahm nicht in allem an, dass verdrängte Sexualerlebnisse vorrangig an seelischen Störungen schuld seien. Auch alltägliche Ereignisse könnten diese hervorrufen. Aber die Überbetonung des

Freud spezialisierte seine Deutungen im Hinblick auf unser Triebleben und hielt Trauminhalte für die Erfüllung unserer unbewussten Wünsche.

Sexuellen durch Freud hat manchen seiner Schüler und Anhänger veranlasst, die meisten Traumsymbole den triebhaften Wünschen der Träumenden zuzuschreiben, Wer etwa im Traume ritt, kletterte, tanzte, flog, stieg oder fuhr, frönte nach ihrer Meinung einem Geschlechtsakt, den er im Wachleben aus gesellschaftlich-moralischen Gründen verdrängen müsse. Und es ist nicht von der Hand zu weisen, dass die Kritiker Freuds in gewisser Weise Recht haben mit ihrer Behauptung, die Psychoanalyse sei ja eigentlich überflüssig, wenn die Wunschvorstellungen der Menschen bereits im Traum erfüllt würden.

Das Verdienst Freuds aber bleibt unumstritten, »der Traumforschung« – wie C. G. Jung schrieb – »auf die Spur geholfen« zu haben. »Er hat vor allem erkannt, dass wir ohne den Träumer keine Deutung vornehmen können.« Unbestritten bleibt auch Freuds Ausspruch bei Anhängern wie Kritikern: »In der Tat rührt das meiste und Beste, was wir von den Vorgängen in den unbewussten Seelenschichten wissen, aus der Deutung der Träume her.« Die Sexualsymbolik ist von den Anhängern Freuds leidenschaftlich vertreten worden. Einer der Schüler Freuds, Wilhelm Stekel, erweiterte sie in umfangreichen Werken, die aber von Sigmund Freud selbst als teilweise nicht wissenschaftlich abgetan wurden. Stekel hat unendlich viele Begriffe als Sexualsymbole gedeutet. Freud warf ihm vor, er habe sich zu sehr in Verallgemeinerungen und Überspitzungen ausgelassen, was ihn freilich nicht hinderte, einige der Stekel vorgeworfenen Fehler selbst zu begehen.

Auch Alfred Adler (1870–1937) war ein Schüler Freuds. Er trieb aber seine Forschungen in eine andere Richtung voran, aus der sich später die Individualpsychologie entwickelte. Er stellte statt des Sexualtriebs den Machttrieb in den Mittelpunkt seiner Überlegungen. Jeder Mensch, behauptete er, strebe zur Macht. Dieser fortgesetzte Wille zur Macht sei Inhalt des Lebenskampfes. Macht- und Geltungstrieb seien gewissermaßen die Leitlinien der Seele, die sich durch die Minderwertigkeitsgefühle schon in der Kindheit ergeben würden. Der Mensch versuche, Minderwertigkeiten durch den Willen zur Macht zu kompensieren. Wo dies gelinge, komme es zu einem Ausgleich oder auch zu einer Überkompensation; wem die

Die willkürliche Praktik, im Traum alles und jedes als Sexualsymbol zu interpretieren, machte man Psychologen wie Freud und Stekel zum Vorwurf.

Kompensation nicht gelinge, der würde am Leben scheitern. Der Traum habe mit anderen Worten die kompensatorische Kraft, die Minderwertigkeitsgefühle, aber auch Benachteiligungen im Wachleben abreagiere. Dabei gestand Alfred Adler dem Traum durchaus eine vorausdenkende Tendenz zu.

Adler presste wie Freud die Funktion des Traumes in ein Korsett. Beide huldigten bei der Traumdeutung einer Verdrängungstheorie, die sich bei Freud im Sexuell-Triebhaften, bei Adler in einem Streben nach Macht äußert.

C. G. Jung: Das Bild ist Seele!

Der große Schweizer Psychologe und Psychiater Carl Gustav Jung (1875–1961), ebenfalls ein Schüler Freuds, sah das Traumgeschehen aus einer ganz anderen Sicht: Er kam durch seine Arbeit als Wissenschaftler und Psychotherapeut zu der Erkenntnis, dass das Unbewusste die primäre und schöpferische Kraft der menschlichen Seele sei.

Das Bild steht nach Jung im Mittelpunkt des Traums, im Bildlichen sei das Symbolische bereits enthalten. Träume seien der gangbarste Weg, um Seelisches festzustellen. Dazu sagt Jung selbst: »So sehr sich die Träume auf ein bestimmt geartetes Bewusstsein und auf eine bestimmte seelische Situation beziehen, so tief liegen ihre Wurzeln in dem unerkennbar dunklen Hintergrund des Bewusstseinsphänomens. Wir nennen diesen Hintergrund aus Ermangelung eines bezeichnenderen Ausdruckes das Unbewusste. Wir kennen sein Wesen an und für sich nicht, sondern beobachten nur gewisse Auswirkungen, aus deren Beschaffenheit wir gewisse Rückschlüsse auf die Natur der unbewussten Psyche wagen. Weil der Traum eine ungemein häufige und normale Äußerung der unbewussten Psyche ist, liefert er das meiste Erfahrungsmaterial zur Erforschung des Unbewussten. Da nun der Sinn der meisten Träume nicht mit den Tendenzen des Bewusstseins zusammenfällt, sondern eigentümliche Abweichungen aufweist, müssen wir annehmen, dass das Unbewusste ... eine selbstständige Funktion hat. Ich bezeichne dies als die Autonomie des Unbewussten. Der Traum

Bei C. G. Jung bekommt das Unbewusste einen ganz neuen Stellenwert: Es malt uns die symbolischen Traumbilder, in denen sich die Seele ausdrückt, jedoch nicht in Abhängigkeit vom Bewusstsein.

gehorcht nicht nur nicht unserem Willen, sondern stellt sich sogar häufig in grellen Gegensatz zu den Absichten des Bewusstseins.« Was die Gestalt der Träume angehe, argumentiert Jung, finde sich schlechterdings alles, vom blitzartigen Eindruck bis zum unendlich langen Traumgespinst. In einer großen Zahl durchschnittlicher Träume finde sich eine gewisse Struktur, die der eines Dramas nicht unähnlich sei. Der Traum könne Menschen peinlichst bloßstellen, sie aber auch in anscheinend wohlwollendster Weise moralisch stützen.

Das Träumen als Äußerung des Unbewussten kann nach Jung Wege aufzeigen, die menschliche Psyche zu heilen; denn das Unbewusste ist eine Kraft, die stärker in unser Schicksal hineinwirkt, als wir für gewöhnlich annehmen. Während die Traumdeutung bei Freud nach einer verursachenden Triebsituation sucht, betont Jung die Bedeutung des Traums für die Selbstdarstellung des Menschen, bei dem die Funktionen des Bewusstseins durch das »persönliche Unbewusste« und das »kollektive Unbewusste« bestimmt werden. Die Symbole des kollektiven Unbewussten seien Archetypen, die von vielen Menschen geträumt würden.

Die Einführung des Begriffs der Archetypen, symbolische Bilder, die allen Menschen gemeinsam sind, verdanken wir C. G. Jung.

Der Traum auf dem Bildschirm?

Die Traumlehre Jungs hat viele Anhänger und Schüler gefunden, die sein Werk wissenschaftlich erhärteten und teilweise noch vertieften. Aber alle Traumforschung, darüber sind wir uns im Klaren, wird in ihren Deutungsversuchen subjektiv bleiben. Man kann zwar das Unbewusste heute bereits durch Umsetzung von Traumsymbolen bewusst machen und psychotherapeutisch verwerten; letzte Einzelheiten aber behält das, was wir Seele nennen, für sich zurück. Wir können unsere Folgerungen aus dem Unbewussten ziehen, aber der Schlüssel zum innersten Geheimnis der Schöpfung ist noch lange nicht gefunden.

Vielleicht ist die objektive Methode zur Untersuchung des Schlafs und seiner Traumphasen des amerikanischen Psychiaters William Dement der erste Schritt, dem Geheimnis auch im experimentellen Bereich näher zu kommen. Denn wenn wir um die Schalt-

Sollten unsere Träume in Zukunft einmal von Apparaten erfasst und auf einem Bildschirm wiedergegeben werden können?

zentrale der Träume im menschlichen Gehirn wissen, die elektrische Impulse im Schlaf ausschickt, um fantastische Traumbilder aus dem Unbewussten dem Schlafenden sichtbar zu machen, dann müsste es doch eigentlich auch durchaus möglich sein, diese Bilder eines Tages auf einem Bildschirm wiederzugeben.

Dem Psychotherapeuten wäre eine solche Methode mehr als hilfreich, denn die subjektive Traumschilderung könnte entfallen, der Patient bräuchte nur ein Aufzeichnungsgerät an sein Gehirn anzuschließen und die Aufzeichnung in die Arztpraxis mitzubringen. Eine wahrlich fantastische Zukunftsvision!

DIE WICHTIGSTEN TRAUMARTEN

Wir haben gesehen, dass gerade in den letzten Jahrzehnten die Wissenschaft viele Experimente zur Ergründung der körperlichen Vorgänge während des Schlafens und Träumens unternahm. Bei diesen Versuchen musste die psychische Seite des Traumes unbeachtet bleiben. Aber die heutigen Psychologen und Psychotherapeuten konnten auf den Forschungsergebnissen von Berger, Kleitman, Dement und anderen aufbauen.

Die Aufzeichnung der Träume ist nicht nur für den Psychologen und den Psychotherapeuten wichtig, sondern auch für uns selbst, die wir aus den Äußerungen unseres Unbewussten Rückschlüsse auf unser Leben ziehen möchten. Wir brauchen dazu kein Elektroenzephalogramm und keinen Computer, sondern nur einen kleinen Zettel oder ein Büchlein, die wir griffbereit neben unser Bett legen, damit wir kurz nach dem Erwachen aufschreiben können, was wir im Traumbild gerade sahen. Eine Anleitung, wie man Träume deuten kann, versuchen wir im »Abc der Traumsymbole« zu geben.

Hier werden die wichtigsten Traumarten beschrieben, um zunächst einen Überblick zu bekommen; der lexikalische Teil ab Seite 53 behandelt dann die einzelnen Symbole detailliert.

Das Führen eines Traumtagebuchs erleichtert Ihnen die Deutung Ihrer Träume, weil Sie darin Wiederholungen und Entwicklungen erkennen können.

Träume vom Wasser

Das Wasser ist Symbol der Zeugung und der Geburt (in alten Ammenmärchen bringt der Storch nicht umsonst die Kinder aus dem großen Teich). Die römische Göttin Venus ist die Schaumgeborene, und auch Moses wurde aus dem Wasser gefischt. Die Helden des Altertums begaben sich auf nächtliche Meerfahrt, um wieder zu sich selbst, in die wahre Heimat der Seele zu finden. Als schützendes Fruchtwasser ist es der Aufenthaltsort der Ungeborenen – und schließlich entstand das Leben auf der Erde ja auch im Wasser.

Paul Bjerre sieht im Wasser, in dem ein Kind schwimmt, ein Schwangerschaftssymbol. Auch Freud hielt Wasserträume für Schwangerschaftsträume. Der Regen ist als Befruchtungssymbol bei fast allen Völkern bekannt.

Das Wasser gilt als Symbol der Zeugung und Geburt.

Nach von Siebenthal kennzeichnet das Wasser im Traum eine noch infantile Haltung, die zurück möchte in die Verantwortungsfreiheit unbewussten Lebens, oder aber der Träumer möchte aus seiner augenblicklichen Situation heraus zu neuen Gestaden aufbrechen, um selbst neu geboren, neu befruchtet zu werden. Eine solche Deutung sieht im Wassersymbol gewissermaßen eine andere Form der Schwangerschaft, eben nicht nur in dem Sinne, dass Träumerinnen selbst befruchtet werden und ein Kind bekommen oder es sich zumindest wünschen. In ihnen steckt auch wie in den eigentlichen Schwangerschaftsträumen (*siehe dort*) die Wiedergeburt, eine Wandlung zu Neuem. Seelisches wie Geistiges können sich in solchen Traumbildern ausdrücken.

Wasser ist ebenso ein Energiesymbol, der Ausdruck seelischer Kraft und einer Rasanz, die zugleich bergen und vernichten kann. Es reinigt und nimmt alles hinweg, was uns zu beschmutzen scheint. Junge Frauen, jedoch auch junge Männer, träumen oft vom Wasser, vor allem in der Pubertät oder aber zu Beginn des Erwachsenenalters.

Träume vom Feuer

Nicht umsonst sprechen wir vom Feuer, das in unserer Seele glüht. Dieses Seelenfeuer spiegelt sich in den Träumen vom Feuer wider. Wir werden geradezu magisch von ihm angezogen und müssen hindurch. Wir müssen es in uns brennen lassen, auch wenn wir daran verbrennen sollten.

Das Feuer im Traum ist das archetypische Bild des Geistes und der Liebe, das große Symbol der Libido, der wärmenden Sinnenlust und es ist ebenso verzehrend wie diese. Nach Carl Gustav Jung ist es auch das Element der Läuterung, das Altes oder Abgestandenes verbrennt. Wenn das Feuer zu unserer Freude gen Himmel lodert, können brennende Probleme im Wachleben gelöst werden.

Dagegen können Träume von einem Brand, von einem Großfeuer also, auf etwas Verbotenes hinweisen, das unser Gewissen belastet. Das kann ein Übermaß an verzehrender Leidenschaft sein, die uns in ihren vernichtenden Sog zieht. In solchen Träumen hat meist das innere Gleichgewicht eine Unwucht, die es zu beseitigen gilt. Manchmal aber kann ein geträumter Brand auch der Vorbote einer Krankheit sein, die unseren Geist verwirren mag. Auf jeden Fall sollte die Entdeckung eines Brandherdes im Traum, wenn er nicht Erinnerung an ein wirkliches Geschehen ist, eine Umstellung unseres bisherigen Lebens bewirken.

Fazit: Feuerträume berichten oft von verzehrenden Leidenschaften, aber auch von der Läuterung, die zum Beispiel ältere Menschen erfahren, die schon glaubten, am Ende zu sein. Brandträume sind stets ein Zeichen der Gefahr, die meistens uns selbst, manchmal auch unsere Lieben bedroht. Wer den Brandherd ortet, kann vielleicht im Wachleben noch rechtzeitig Gegenmaßnahmen ergreifen, die das im Traum Angekündigte eventuell auslöschen. Man sollte also die Warnung beherzigen, die das Unbewusste ins Traumbild setzt.

Leidenschaft, Geist und Liebe sind mögliche Deutungen des Feuers im Traum. Es kann auch läuternd wirken.

Sexuelle Träume

Ohne Scham greift die Bilderwelt des Traumes Sexuelles auf und übersteigert es manchmal sogar in regelrechten Orgien. Das Triebhafte, das wir seit Urzeiten in uns tragen, im Wachleben durch Zivilisation und Erziehung gebändigt, kommt hier zum Ausbruch. Aber nicht immer sind erotische Träume als lustvolle Wünsche, als sexuelle Begierde zu deuten; vielfach machen sie nur Geistig-Seelisches durchsichtig. Mit solchen Bildern will uns das Unbewusste manchmal über den Umweg ins Triebhaft-Derbe unsere Partnerschaftsprobleme aufzeigen, Hemmungen abbauen, die menschliche Kontakte verhindern oder doch zumindest erschweren.

Die Häufigkeit sexueller Träume ist von der Triebstärke des Menschen abhängig. Manchmal treten sie auf, wenn eine bisher herzliche Partnerschaft gestört ist. Hier ist der Wunsch Vater des Gedankens: Man möchte schier Unwiederbringliches zurückholen, den innigen Kontakt im zwischenmenschlich-seelischen Bereich wieder herstellen. Oft schildert der Sextraum auch nur die unbewusste Angst, etwas zu verlieren, dessen man sich im Wachleben völlig sicher zu sein glaubt.

Oft schildert ein Sextraum uns unsere unbewusste Angst, etwas zu verlieren. Er kann auch auf eine nötige Trennung hinweisen.

Manchmal umschreibt er aber auch unseren Willen, uns von etwas zu trennen, das nicht mehr zusammenzuhalten ist. Inzestträume können da als Beispiel herangezogen werden: Wenn die Tochter im Traum mit dem Vater, der Sohn mit der Mutter schläft, will die Seele junge Menschen darauf vorbereiten, dass es jetzt Zeit wird, aus dem elterlichen Haus zu gehen, sich als Individuum zu bewähren und auf eigenen Füßen zu stehen.

Man sieht aus diesem Beispiel, dass ein grober Trauminhalt eher eine geistige Bedeutung haben kann, dass die Unzucht als verstärktes Beweismittel gelten kann, um den Träumer auf einen notwendigen Wandel in seinem Leben aufmerksam zu machen und ihn darauf vorzubereiten.

Kriminelle Träume

Wilhelm Stekel stellte schon bei seinen traumanalytischen Untersuchungen über Neurosen fest, dass man den »geheimen Verbrecher im Menschen berücksichtigen müsse, wenn man an die Heilung des Leidens gehen wolle«. Neurosen sind seelische Störungen, die sich vielfach in körperlichen Krankheitserscheinungen ausdrücken wie Migräne, Übelkeit, Erbrechen, Magen- und Darmbeschwerden, Herz- und Kreislaufstörungen und allgemeinen körperlichen Missempfindungen. Seit Sigmund Freud wurden darüber zahlreiche Theorien entwickelt.

Die Interpretation krimineller Träume bei psychisch Kranken war für Wilhelm Stekel ein Teil der Therapie.

Wir können heute davon ausgehen, dass Neurosen vor allem bei Menschen auftreten, die als kleine Kinder vernachlässigt wurden oder bei denen Störungen in den Elternbeziehungen auftraten, zum Beispiel durch Scheidung, Verlust eines oder beider Elternteile sowie Misshandlungen. Ferner kommen Neurosen bei Menschen vor, deren Ehe- oder Berufsleben gestört ist. Diese Neurotiker werden nach Stekel im Traum »Verbrecher ohne den Mut zum Verbrechen«.

Der Traumanalytiker konnte auch gleich ein Beispiel aus seiner Praxis anführen. Ein Mann kam zu Stekel und erzählte: »Ich träume, dass Gas ausgeströmt ist. Meine Frau und mein Sohn liegen bewusstlos, blass und blau in ihren Betten. Ich erwache mit Schrecken und sehe nach, ob sie noch leben. Zu meiner Beruhigung atmen beide ruhig.«

Wilhelm Stekel erklärt den Traum so: »Die Tragödie einer unglücklichen Ehe. Seine kriminellen Gedanken gehen dahin, Frau und Kind mit Leuchtgas zu vergiften. Er will frei sein, um sich sexuell auszuleben. Noch ein zweites Motiv: Seine Schwester ist Witwe geworden und hat eine schöne Pension. Er möchte den Haushalt mit ihr gemeinsam führen.«

Der arbeitsunfähige Patient Stekels litt unter Schlaflosigkeit, er kämpfte mit Selbstmordgedanken. Die Diagnose der Nervenärzte lautete: Neurasthenie (nervöse Erschöpfung). »Immer wird man hinter den Symptomen Schlaflosigkeit, Unfähigkeit zu arbeiten, Dyspepsie (Verdauungsstörung), Verstopfung usw. einen schweren psychischen Konflikt finden«, erklärte Stekel das Krankheitsbild.

Kriminelle Träume spiegeln also oft eine im Wachleben gehemmte oder zurückgehaltene Aggression wider. Wer von solchen Träumen im Schlaf geschüttelt wird, muss nun keinesfalls gleich Neurotiker sein. Und natürlich träumen auch nicht alle Neurotiker über Verbrechen, die ja nur die Übersetzung trüber Gedanken aus dem Wachbewusstsein sind. Kriminelle Träume können aus den nichtigsten Anlässen auftreten: Bei aufgestautem Ärger über den Vorgesetzten zum Beispiel, den man am liebsten vierteilen möchte, oder bei Examensängsten, die zugleich auch die Furcht vor dem prüfenden Lehrer beinhalten können, den man mundtot machen möchte. Im Traum sind wir eben alle keine tugendhaften Menschen, sondern mitunter rechte Missetäter.

Allein schon aufgestauter Ärger im Alltag oder Prüfungsängste reichen aus, um uns im Traum zu »Unmenschen« werden zu lassen.

Interessant ist in diesem Zusammenhang, was bei Untersuchungen Krimineller herauskam: Verbrecher schlafen oft besser als Normalbürger, Albträume bedrücken sie nicht, und von zum Tode Verurteilten wird sogar behauptet, sie würden kaum mehr träumen, vielleicht weil ihre Seele schon zu abgestumpft ist.

ALBTRÄUME

Wir kennen alle dieses Traumsymptom: Wir werden von Angst geschüttelt, wir möchten uns verkriechen, aber es gibt keinen Schlupfwinkel für unser geängstigtes Ich, überall stöbert uns das Unheilvolle, Bedrohliche auf. Noch wenn wir erwachen, sitzt uns nackte Angst im Nacken, bis wir uns aus der Verkrampfung lösen, die uns das Traumgeschehen sekundenlang in die Wirklichkeit überspielte.

Wir erleben Albträume, wenn wir uns im Wachleben in einer Krise befinden, die uns fürchten lässt, etwas zu verlieren, das wir lieb gewonnen hatten oder das uns zur lieb gewordenen Gewohnheit wurde. Als Krisen empfindet der Mensch auch körperliche Umstellungen wie Pubertät oder Klimakterium, wenn er sie verkraften muss, weil er Angst hat vor der neuen, unbekannten Situation, in die er sich gestellt sieht.

Immer werden Albträume mit Sexuellem in Verbindung gebracht, und das nicht erst seit Freud, dem Schöpfer der Psychoanalyse – die Chaldäer kannten solche Deutungen schon vor Jahrtausenden. Freud glaubte, dass man Albträume durch die Bewusstmachung der ihnen zugrunde liegenden sexuellen Verdrängung verlieren würde. C. G. Jung sah in ihnen symbolische Sendboten der primitiven, dunklen Seite unserer seelischen Triebkräfte, deren Wollen man erkennen müsse, um sie zu besiegen.

Um Albträume ranken sich manche Mythen und Sagen. Und immer wieder spielt der Teufel darin in vielerlei Gestalt die Hauptrolle. Im Mittelalter glaubte man, in solchen Angstträumen den Beweis gefunden zu haben, dass der Träumer vom Wege Gottes abgewichen sei. Der Teufel mischt sich ins Liebesleben ein, er sitzt im Alkohol. Heute hat sich die Schreckgestalt des Satans in den Träumen verloren, sie ist eher zum Spottbild geworden und wird daher in unseren Träumen nur noch in anderer Gestalt erscheinen: als uns feindlich gesonnener Chef, als die hässliche Frau, die sich in unser Sexualleben drängt, als das Räderwerk einer Maschine, das uns zu zermalmen droht.

> Vom Teufel träumen heute nur noch ganz wenige Menschen, Schrecken verbreiten in heutigen Albträumen ganz andere Dinge.

TRÄUME VOM FLIEGEN UND FALLEN

Nach Professor Wilhelm von Siebenthal dürfte die Charakterisierung des Flugtraums als Zeichen eines gehemmten, verhinderten Emporkommens, des ständig Gescheiterten und mehr und mehr Kontaktarmen, Isolierten die allgemein gültigste sein. Ehrgeiz und der Wusch nach Potenz stellen sich im Flugtraum dar. Er ist für den im Wachleben Zurückgesetzten die Übersetzung des Erfolgserlebnisses, das Gefühl des Überflügelns, das im Alltagsleben meist nicht gelingt.

Oft aber deuten Träume vom Fliegen auch schon einen Ausweg aus einer verzwickten Lage an. Sie setzen ebenso ein Warnzeichen wie jene vom Fallen ins Bodenlose. Hier deuten sie häufig Schwierigkeiten im intimen Bereich an, Hemmungen und mangelnden Kontaktsinn.

Gerade Erfolgreiche träumen vom tiefen Fall; der Traum setzt dabei ihr Bestreben, das Erreichte zu sichern, in eine daraus entstehende Kontaktarmut, in eine Blindheit gegenüber dem Wünschen und Fühlen ihrer Umwelt um, wobei hier durchaus das Sprichwort vom Hochmut, der vor dem Fall kommt, angebracht erscheint.

Vom Fliegen und Fallen kann in einem Traum gleichzeitig die Rede sein, der dann das Hin- und Hergerissensein des Träumers schildert, die Gehemmtheit gegenüber seinen Mitmenschen ebenso wie den Wunsch, sie in seinem Sinn überzeugen zu können.

Träume vom Tod

Wir sterben im Traum und leben fröhlich weiter, wir sehen Verwandte tot im Bett liegen und begegnen ihnen als gesunde Menschen am nächsten Tag. Ist das nicht ein Widersinn? Kaum, denn die meisten Todträume berichten lediglich vom sich wandelnden Leben, vom Neuen, das sich anbahnt und auf das wir uns einstellen müssen. So berichtete Ernst Aeppli, ein Schüler C. G. Jungs, aus der Erfahrung von Tausenden kleiner und großer Träume, dass Todträume »nie leiblichen Tod verkünden, dass sie also nicht dunkle Voraussage sind«. Und er fährt fort: »Träume, in denen vom Tode gesprochen wird, in welchen sich in oft seltsamen Bildern ein Sterben vollzieht, in denen wir selbst sterben müssen oder gar am eigenen Begräbnis teilnehmen, besagen nichts anderes, als dass seelisch etwas tot ist, dass die Beziehung zu den Menschen, die wir gestorben träumen, zurzeit des Lebens entbehrt.«

Tatsächlich bedeutet jede Wandlung ein Sterben und ein neues Werden. Aus diesem Grunde lassen sich gerade Todträume, die ja eine Wandlung beinhalten, vielschichtig deuten. Nicht umsonst wies Wilhelm Stekel immer wieder auf die sich gerade in Träumen bekundende, nicht aufzuhebende Beziehung zwischen Leben und Tod hin. »In der Regel«, schreibt auch Wilhelm von Siebenthal, »fällt es dem Menschen schwer, sich mit diesem ›Sterben‹ vertraut zu machen; er wehrt sich dagegen, will das keimende Neue nicht in sein Bewusstsein aufnehmen, denn es bedeutet oft eine Änderung oder gar Umkehr einer bisherigen Lebenseinstellung.«

Todträume beinhalten manchmal übrigens auch ein Sich-loslösen-Wollen von einem Partner, sie können das Ende einer zwischenmenschlichen Beziehung andeuten.

Kommt der Tod in unseren Träumen vor, so ist das kein Hinweis auf unsere Sterblichkeit, sondern oft auf notwendige Wandlungen, bei denen wir uns von etwas Altem lösen.

Träume von Geburt und Schwangerschaft

Wer von Geburt oder Schwangerschaft träumt, wird wie beim Todtraum ein neues Kapitel in seinem Leben aufschlagen. Hier wird von der Verwandlung in einen neuen Menschen gesprochen. Vergangenes scheint vergessen. Der Geburtstraum kann selbstverständlich auch das Ende einer Krisensituation andeuten, wobei sich der Träumer – häufiger freilich die Träumerin – eigentlich vor dem Kommenden fürchtet. Das Unbewusste suggeriert damit, dass das bisherige Leben abgehakt, unwiederbringlich verloren sei, dass man aus der Enge der Gedanken und Gefühle herauskommen und zu neuen Erkenntnissen gelangen sollte, die das Leben lebenswerter machen könnten.

Viele Menschen träumen sogar von ihrer eigenen Geburt. Dabei müssen sie meist einen dunklen und engen Gang durchschreiten, der sich mitunter immer weiter verengen kann, was wohl die Schwierigkeiten aufzeigen soll, die man beim Eintritt in einen neuen Lebensabschnitt erwarten muss.

Die eigene Geburt im Traum symbolisiert meist einen neuen Lebensabschnitt.

In der Welt des Traumes ist bekanntlich nichts unmöglich, und im Traumgeschehen können deshalb nicht nur Frauen, sondern auch Männer schwanger werden. Die Schwangerschaft gilt als ein Symbol der Selbstfindung, der seelischen Neu- und Wiedergeburt. Männer, die im Traum schwanger sind, durchlaufen vielleicht im Wachleben einen Reifungsprozess. Ältere Frauen blühen nach positivem Traumgeschehen wieder auf, haben gewissermaßen ihren zweiten Frühling. Bei Mädchen und jüngeren Frauen kann die Schwangerschaft im Traum auch einen heilsamen Schock hervorrufen oder symbolisch die Sehnsucht nach einem Kind umschreiben. Das eigentliche Sinnbild der Zeugung und der Geburt ist jedoch wie gesagt das Wasser. Das Märchen vom Storch, der die kleinen Kinder aus dem großen Teich bringt, wird also manchmal im Traumgeschehen zur unbewussten Wahrheit.

PRÜFUNGSTRÄUME

Wer noch nie einen Prüfungstraum gehabt hat, gehört entweder zu jener Minderheit, die behauptet, überhaupt noch nie geträumt zu haben, oder er ist in seinem Leben bisher vielleicht um ernsthafte Examen herumgekommen. Jedenfalls stehen Träume, in denen man noch einmal die Tortur der Lehrlingsprüfung, des Abiturs, des Hochschulexamens und so weiter durchmacht, in der Statistik mit an der Spitze. Oft sind sie Albträume vor schwierigen Entscheidungen im Lebenskampf, manchmal auch nur ein Triumphieren, es längst zu etwas gebracht zu haben.

Prüfungen sind laut Statistik unter den häufigsten Motiven in Träumen.

An die hundert Mal, erzählte mir einmal ein Freund, habe er wieder in einem Klassenzimmer gesessen und schweißgebadet den Abiturprüfern Rede und Antwort gestanden. Der promovierte und überaus erfolgreiche Rechtsanwalt berichtete: »In den meisten Fächern war ich so schwach, dass ich die einfachsten Begriffe nicht wusste und an den hochmütigen Gesichtern der Mitglieder der Prüfungskommission ablesen konnte, dass man mich mit Pauken und Trompeten durchfallen lassen würde. Irgendwie hatte ich aber immer das Gefühl: Was die können, kannst du schon lange! Bemerken möchte ich noch, dass ich einen solchen Traum meist vor schweren Gerichtsterminen hatte, bei denen ich nicht wusste, ob sie für meinen jeweiligen Mandanten gut ausgehen würden.«

Prüfungsträume können uns auch Mut machen, indem sie Situationen vorführen, denen wir im Wachleben bereits einmal gewachsen waren.

Die Ansicht von Freud und Stekel, dass der Examenstraum als eine sexuelle Prüfung aufgefasst werden müsse oder – wie Alfred Adler meint – »eine unauslöschliche Erinnerung an die Strafen für Kinderstreiche« sei, scheidet bei den Träumen meines Freundes sicher aus, obwohl die Deutungen der drei Altvorderen der Psychoanalyse in anderen Fällen durchaus im Bereich des Möglichen liegen. Doch der Träumer betont ja ausdrücklich, dass er solche Prüfungsträume in der Regel vor schweren Gerichtsterminen habe; sexuelle Schwierigkeiten bestanden wohl nicht.

Trotzdem könnte diese Serie von Prüfungsträumen, von denen der Anwalt berichtete, nach Freud gedeutet werden. Der große Psychoanalytiker und Traumforscher spricht nämlich davon, dass die meisten Prüfungsträume, bei denen man ein längst bestandenes Examen im Traum noch einmal absolvieren muss, den Trost beinhalten, dass der Träumer ein augenblickliches Problem gut in den Griff bekommen wird. Dies gelte auch dann, wenn bei diesem Problem von Sexuellem nicht die Rede ist. Dem kann man sich hier nur anschließen.

Kleider- und Nachtträume

Als Traumsymbol steht das Kleid für die innere und die äußere »Verpackung« des Menschen. Deshalb sollte bei der Deutung immer darauf geachtet werden, wie die Gestalten im Traum gekleidet sind; denn auch hier machen Kleider Leute.

Wer also schlampig durch das Traumbild zieht, von dem ist – nach Carl Gustav Jung – anzunehmen, dass er sich im Wachleben eine Blöße gibt oder geben wird. Nach Meinung vieler Psychoanalytiker der alten Schule bedeutet zum Beispiel ein »frei herabhängender Rock« den Penis. Träume, in denen die mangelnde Bekleidung als mehr oder weniger peinlich empfunden wird, stellen – nach Wilhelm von Siebenthal – eine Bedrohung des Selbstwertgefühls des Träumenden dar.

Kleiderträume sind eng mit dem Schamgefühl verbunden, das man im bewussten Leben mehr oder minder stark herausstellt. Denn trägt der Träumer Kleider, die nicht zu ihm oder der Traumsituation passen, sodass er sich vor anderen lächerlich gemacht fühlt, möchte er auch im Traum in den Boden versinken. Manchmal aber dringt die Scham gar nicht durch, weil der Träumer im Wachleben ein Einzelgänger ist. Eben das möchte ihm dann das Unbewusste durch die absonderliche Kleidung zeigen und ihm bedeuten, es sei für ihn besser, wenn er sich wieder mehr in die Gesellschaft integriere.

Vielleicht steht er dann sogar nackt inmitten einer Menge schick gekleideter Menschen und schämt sich nicht, weil er mit den anderen ohnehin nichts zu tun haben möchte. Aus dem Widerstreit zwischen der äußeren Gelassenheit, der Negierung der Gesellschaft und der inneren Unsicherheit kann unter Umständen durchaus eine Neurose entstehen, wenn sich solche Träume wiederholen.

Nacktheit im Traum kann manchmal ein Hinweis sein, dass wir uns etwas besser an andere anpassen sollten.

Nach Freud sind Nackträume ein Zurückgleiten des Unbewussten in infantile Schichten, nichts anderes als die Spiegelung der kindlich-harmlosen Lust am Nacktsein (das Kind hat ja noch nichts zu verbergen). Vor allem bei Heranwachsenden aber kann man bei solchen Träumen schon auf eine Störung des Selbstwertgefühls schließen.

Die meisten Nackträume haben nichts mit der sexuellen Triebhaftigkeit des Träumers zu tun, wie man eigentlich annehmen könnte. Sie treten am ehesten in Erscheinung, wenn sich dieser zuvor im Wachleben nicht richtig benommen, sich also irgendwie ein Blöße gegeben hat.

Zahlenträume

Der Traum behandelt Zahlen wie Bilder; er verdichtet sie oder reiht sie aneinander. Die Zahlen sind allerdings schwierig zu analysieren. C. G. Jung versuchte, sie geistesgeschichtlich zu erklären, ein Beispiel, dem im umfangreichen Symbolteil dieses Buches in großen Zügen gefolgt wurde. Die Bedeutung der Zahlen lässt sich aber nicht auf den ersten Blick erkennen, und manchmal muss sich der Deuter mit einer Gleichung mit mehreren Unbekannten auseinander setzen. Denn bei den geträumten Zahlen kann es sich um Mengenangaben, Rechnungen, Ziffern oder Nummern handeln, um eine Hausnummer, eine Jahreszahl, ein Datum, eine Telefon- oder eine Kontonummer.

Das Unbewusste ruft uns mit der Zahl manchmal längst Vergessenes in Erinnerung, lässt aber auch auf Gegenwart und Zukunft schließen. Das bewies Ernst Aeppli in einer Abhandlung über Zahlenträume; er schrieb: »In einem längeren Traum tauchte die Zahl 22 735 auf. Es war nun die Frage, was bedeutete die ganze Zahl, was bedeuten die einzelnen Ziffern dieser Zahl, welchen besonderen Sinn stellen sie zusammen dar. Im Kontext ergab sich, dass die Braut des Träumers 22, er selber 35 war. Die 7 könnte, meinte der Träumer, den heiligen verbindenden Ernst unserer Liebe bezeichnen. Doch hatte er vor dieser Verbindung in einem Hause Nummer 7 gewohnt, und etwas von seinem Gefühl war dort geblieben, stand

Geträumte Zahlen zu interpretieren, verlangt manchmal viel Wissen, Vorstellungskraft und Raffinesse.

als 7 zwischen 22 und 35. 73 müsse auch etwas bedeuten; diese Zahl könnte mit einem älteren Verwandten zusammenhängen, ebenso die 27 der inneren Zahl. Die Quersumme ergibt 19, auch sie kann alles Mögliche bedeuten. Der Träumer gibt an, mit 19 Jahren das Elternhaus verlassen zu haben, sozusagen selbstständig geworden zu sein. Steht er jetzt im Begriffe, auch selbstständig zu werden oder am Anfang eines eigenen Elternhauses?«

Aeppli stellt hier eine rein rhetorische Frage, die gar keiner Antwort bedarf, weil sie aus dem Gesagten längst mit Ja beantwortet wurde. Wir aber können aus diesem kompliziert anmutenden Traum und dem Deutungsversuch erkennen, um wie viele Ecken ein guter Psychologe und Traumdeuter manchmal denken muss, um eine Lösung zu finden, die der Wahrheit am nächsten kommt.

Zahnträume

Man sieht im Traum seine Zähne ausfallen, abbrechen oder auch wachsen, bis sie übermäßig lang sind; oder sie werden gezogen, obwohl der Träumer im Wachleben vielleicht noch kaum etwas mit dem Zahnarzt zu tun hatte.

Zahnträume sind gar nicht so selten. Die Ägypter schlossen aus ihnen, dass nahe Anverwandte sterben könnten. Sigmund Freud und seine Anhänger sahen im Zahn symbolisch einen Penisersatz; das Zahnsymbol deutete bei ihm auf einen Kastrationskomplex hin (da wurde im Traum ja der »Zahn gezogen«!). Bei Frauen, die im Traum einen Zahn verlieren, wurde auf Liebeshemmungen geschlossen, bei jungen Mädchen auf die Angst, die Jungfernschaft zu verlieren.

Aggressionen und Hemmungen oder Gehemmtheit sind häufige Stichworte bei der Deutung von Zahnträumen.

Die vornehmlich erotische Bedeutung von Zahnträumen wird auch von Carl Gustav Jung und seinen Schülern nicht bestritten. So weist Ernst Aeppli auf die Beißgelüste in der sexuellen Liebe hin (man möchte den Partner ja manchmal vor Liebe »auffressen«). Zahnweh im Traum hinge oft mit dem Thema Potenz und Impotenz zusammen.

In mancher Beziehung, behaupten einige Psychoanalytiker, zeige auch der Zahntraum infantile Momente. Es äußere sich darin der

Wunsch, in die Kindheit zurückzukehren oder – beim Kind – nicht erwachsen zu werden und weiter am Daumen zu lutschen; Letzteres sei beim erwachsenen Träumer gleichzusetzen mit Onanie.

Auf jeden Fall liegt einem Zahntraum etwas Aggressives zugrunde; Zähne zermalmen unsere Speise, die wir als Energiespender zu uns nehmen. Zahnverlust deutet damit auf einen Verlust an Energie hin. Wer im Wachleben mit zahnlosem Mund umherläuft, hat Hemmungen, die im Traumbild in solch einem Fall ebenfalls angesprochen werden. Lockere Zähne im Traum können auf Schuldgefühle im Wachleben hinweisen, aber schließlich auch Ausdruck realer Zahnprobleme sein.

Nach neuesten amerikanischen Forschungen spielen im Traum ausfallende Zähne auch in den Wechseljahren von Frauen und Männern eine Rolle, vor allem wenn die Träume eine Serie bilden, wobei der Zahnverlust die manchmal üblen Launen, aber auch die Hemmungen gegenüber der Umwelt umschreibt. Selbst diese neuesten Forschungen lassen die sexuelle Bedeutung solcher Träume nicht außer Acht; denn die Wechseljahre gehen ja mit Fruchtbarkeitsverlust und Potenzminderung einher.

FARBENTRÄUME

Schon Johann Wolfgang von Goethe hat in seiner Farbenlehre die Wirkung verschiedener Farben auf das Gemüt erklärt, doch er war nicht der Erste. Mit Sicherheit haben verschiedene Farben auch im Traumgeschehen eine wichtige Bedeutung. Bei C. G. Jung haben die Grundfarben psychische Grundfunktionen. So ist Rot die Farbe des Fühlens, der Leidenschaft, zugleich aber auch der Gefahr. Blau drückt Geistiges aus, es ist die Farbe des Denkens. Grün ordnet Jung dem Empfinden zu, es bedeutet Wachstum, vegetatives Leben. Gelb ist die Farbe der Intuition, Violett die der Buße. Braun bezeichnet das Erdhafte, Schwarz die Unbewusstheit. Sie gilt ebenso als negativ wie Weiß, das nicht nur die Farbe der Unschuld, sondern auch der Leere ist.

Je jünger ein Träumer ist, desto farbenfreudiger träumt er. Später verwischen sich dann die Farben, treten hinter dem plastischen

Traumbild zurück. Farben erklären oft psychische Erlebnisse, die wesentliche Aussagen über den Seelenzustand des Träumers, aber auch über seine Gesundheit machen können. So berichtet der Schweizer Farbenpsychologe Max Lüscher über Untersuchungen an Lungentuberkulose-Kranken, es hätte sich bei diesen eine übereinstimmende gleichartige Abweichung gegenüber den durchschnittlichen Farbwahlen von Gesunden ergeben.

Ania Teillard hat in einem gescheiten Buch über die Traumsymbole gleichfalls auf den Wert der Farben im Traum hingewiesen: »Ebenso wie Form, Zahl und Ton hat die Farbe psychische Entsprechungen, die trotz mancher Entstellungen im Laufe der Zeit dieselben geblieben sind. Jede Farbe scheint eine archetypische Einheit darzustellen. Man denke an die unendlich fein entwickelte Farbensymbolik im indischen und chinesischen Yoga. Die Wandlung, die Veränderung des Menschen drückt sich auch in den Farben aus.«

Geträumte Farben können etwas über unsere psychische und körperliche Gesundheit aussagen.

Die Träume der Blinden

»Der Blinde sieht im Traum nur, wenn ihn die Blindheit sekundär, nachdem er bereits ein Unterscheidungsvermögen für Dinge entwickelt hatte, befallen hat, weil sich die Formen der äußerlich sichtbaren Dinge in all ihren verschiedenen Gattungen und Arten dann schon in seine Vorstellungskraft eingezeichnet haben … ist der Blinde aber blind geboren und hat er nie das Dasein und die im Dasein befindlichen sichtbaren Dinge gesehen, so kann er nur träumen, was er berührt und fühlt, zum Beispiel dass er isst oder trinkt oder auf einem Pferd oder Esel sitzt oder einem anderen feindlich gesinnt ist und dergleichen Erlebniszustände.«

Diese erstaunlichen Feststellungen über den Traum von blinden Menschen, die noch heute ihre Gültigkeit haben, traf in der ersten Hälfte des 14. Jahrhunderts der arabische Traumforscher Safadi.

Wir können sie ergänzen durch moderne Forschungsergebnisse: Wer von Jugend auf blind ist, nimmt höchstens schattenhafte Umrisse der Traumgestalten wahr. Für ihn werden die optischen Eindrücke meist durch eine akustische Lautmalerei ersetzt. Blinde, die

erst als Erwachsene das Augenlicht verloren, haben in den ersten Jahren ihrer Blindheit durchaus noch visuelle Wahrnehmungen im Traum, doch nehmen diese mit zunehmender Dauer ihres Zustandes allmählich ab, gleiten ins Schemenhafte, bis sie schließlich mehr und mehr durch akustische Eindrücke abgelöst werden, die bei sehenden Menschen im Traum ja nur schwach, oft sogar überhaupt nicht auftreten.

In ihren Träumen können sich Blinde meist viel freier entfalten als im Wachleben. Zwar erklärten blinde Versuchspersonen, auch im Traum hätten sie eine Begleitperson bei sich gehabt, die ihnen wie eine Souffleuse den Trauminhalt vorgesagt habe, aber sie hätten sich ohne Stock und Blindenhund frei in der Traumlandschaft bewegen können.

Blinde träumen zukunftsträchtiger als Menschen, die noch das Augenlicht besitzen. Hier sei nur an die blinden Seher im Altertum erinnert, die das Unbewusste aus ihrem Gefühl und ihrer Fantasie heraus ins Bewusste umsetzten.

Blinde erfassen auch viel leichter das Symbolische eines Traums als normal sehende Menschen. Für sie ist der Traum eine Brücke zur Welt, die sie wahrnehmen, aber nicht sehen können. Sie beschäftigen sich meist intensiver mit den Traumgeschichten und behalten sie länger in der Erinnerung, was zum Beispiel Traumforschern ihre experimentelle Arbeit sehr erleichtert.

Beim Träumen sind Blinde bevorzugt, weil sie meist leichter des Symbolik der Trauminhalts erfassen und auch besseren Zugang zu zukunftsträchtigen Träumen haben.

Das Lachen im Traum

Obwohl wir durchaus von den Traumdeutungen der Priester und Forscher des Altertums lernen können, in einem Punkt hatten sie bestimmt Unrecht: Sie sahen Tränen im Wachleben voraus, wenn jemand im Traum lachte, und dem Träumer, der sich weinen sah, kündeten sie eine frohe Zeit an. Mag sein, dass eine solche Deutung in dem einen oder anderen Fall zutraf, weil es sich bei dem Lachen im Traum um Schadenfreude oder beim Weinen um Freudentränen gehandelt hatte.

Die meisten modernen Traumanalytiker aber sind der Ansicht, dass ein befreiendes Lachen im Traum keine negative Deutung erfahren kann, ebenso, wie Tränen der Trauer oder jene, die man grundlos weint, durchaus auch auf ein trauriges Ereignis im Wachleben hinweisen können.

In manchem Traum kommt der Humor nicht zu kurz und der Traum lässt ein befreiendes Lachen noch beim Erwachen zu. Ich kann mich an viele eigene Träume erinnern, die in einem herzhaften Lachen endeten, das recht lautstark ins Wachleben hinüberspielte, sodass meine Frau aufwachte und mich fragte, was ich denn wieder Lustiges geträumt hätte. Zumeist aber war mir das Traumgeschehen schon entfallen, das mich so sehr amüsiert hatte. Nach Träumen, die mich lachen ließen, war ich den ganzen Tag über froh gelaunt. Nie habe ich danach eine traurige Nachricht bekommen oder wurde ich mit einem schlimmen Ereignis konfrontiert. Und geweint habe ich danach wohl auch nicht, wenigstens kann ich mich nicht daran erinnern.

Prophetische Wahrträume

Von vielen Naturwissenschaftlern werden Wahrträume ins Reich der Fabel verwiesen und als okkult, medial, übersinnlich oder parapsychologisch abgetan. Trotzdem sind uns aus der Geschichte einige Wahrträume überliefert, die mit dem später eintreffenden Geschehen wortwörtlich in entscheidenden Punkten übereinstimmten. Natürlich sind solche Wahrträume selten. Aber präkognitive, prophetische Träume sind nicht wegzuleugnen, auch wenn sie außerhalb der normalen Erfahrungen zu liegen scheinen.

Untersuchen wir nun einmal einen Traum, der sich erst sehr viel später als Wahrtraum herausstellte. Im Leben des großen Komponisten Robert Schumann spielten Träume eine wichtige Rolle. Oft hörte er darin Musik erklingen, die er nach dem Erwachen niederzuschreiben versuchte. Er wusste nicht, dass einer seiner Träume einmal grausame Wahrheit werden sollte, von dem er am 28. November 1837 seiner Braut, der Pianistin Clara Wieck, in einem Brief schrieb: »Mir träumte, ich ging an einem tiefen Wasser vorbei. Da fuhr mir's durch den Sinn, und ich warf den Ring hinein. Da hatte ich unendliche Sehnsucht, dass ich mich nachstürzte.«

> Ob man an Präkognition glaubt oder nicht: Es gibt und gab schon immer prophetische Träume.

Sicherlich hätten Psychotherapeuten, hätte es sie damals schon gegeben, hierbei kaum auf einen Traum getippt, der später in Erfüllung gehen würde. Sie hätten vielleicht aus dem tiefen Wasser auf die tiefen Gefühle Robert Schumanns verwiesen, die ihn mit Clara Wieck verbanden. Der Ring, der im Wasser versank, hätte die Schwierigkeiten umschreiben können, die trotz inniger Zuneigung der Hochzeit der Brautleute entgegenstanden (Schumann musste sich die Heiratserlaubnis vor Gericht erkämpfen!). Die unendliche Sehnsucht könnte auf die Braut bezogen sein und das Nachstürzenwollen auf seine Verzweiflung, dass er sie noch immer nicht als seine rechtmäßig angetraute Frau in die Arme schließen konnte.

Jedoch knapp 17 Jahre später, am 26. Februar 1854, stürzte sich Schumann im Fieberwahn von der Rheinbrücke in Düsseldorf. Bevor er selbst in den Rhein sprang, warf er tatsächlich seinen Trauring ins Wasser. Schumann wurde gerettet; zwei Jahre später starb er, geistig umnachtet, in der Heilanstalt Endenich bei Bonn.

Der Ringtraum Robert Schumanns ist ein Beispiel für Wahrträume.

Die Deutung gleich nach Erleben des Traumes wäre sicher so unrichtig nicht gewesen, zumal sie auf vorhergegangene Ereignisse fußen konnte. Kein Mensch aber kann wissen, was 17 Jahre später geschehen wird, woraus man erkennen mag, welche Unwägbarkeiten sich manchmal der Traumdeutung entgegenstellen können.

WACHTRÄUME

Vielleicht haben Sie auch schon einmal den seltsamen Vorgang erlebt, dass Sie einen Traum im wachen Zustand weiterträumten, wonach sie nach kurzer Zeit wieder einschliefen und denselben Traum quasi in Fortsetzung weiterträumten. Möglicherweise haben Sie dabei das Traumspiel im Wachzustand korrigiert, praktisch Regie geführt wie in einem Theater. Und das Traumtheater hat Ihre Weisungen genau übernommen und im Schlaf das Traumbild in Ihrem Sinn verändert. Sie wussten in dem »Zwischenakt«, dass Sie aufgewacht waren und dennoch weiterhin träumten, dass die in Ihnen aufsteigenden Bilder Produkte Ihrer Fantasie waren.

Das ist der Punkt, in dem sich normale Träume von Wachträumen unterscheiden: Die Wachtraumbilder werden im Gegensatz zu den Traumbildern im Schlaf als traumhaftes Geschehen erkannt. Die größere Helligkeit des Bewusstseins vermag die Traumhandlung zu steuern und willentlich zu unterbrechen.

Der Wachtraum liegt, wie Professor Wilhelm von Siebenthal vermerkte, dem Wachen näher als der Schlaf. »Wachtraumfördernd wirken Einflüsse, die geeignet sind, die klare Helligkeit des Bewusstseins herabzumindern und in Richtung auf den Schlaf hin einzuwirken: Dämmerung, Dunkelheit, Mondlicht, einförmige, monotone, besonders rhythmische Geräusche (Wellen, Eisenbahnfahren, sanfte Musik, langweilige Vorträge) und vor allem Müdigkeit.«

Wachträume sind reine Wunschträume, die in die Zukunft gerichtet sind, sich aber trotzdem – wohl weil das Bewusstsein zugeschaltet ist – an das im realen Leben Mögliche halten. Nach Professor Schultz-Hencke neigt gerade das Verdrängte dazu, in Wachträumen durchzubrechen, weshalb sie auch als Ersatz für die reale Triebbefriedigung auftreten können. Der Ausgangspunkt dieser Träume liegt mehr im Bewusstsein, das in diesem Zustand nicht ganz unter Kontrolle gebracht werden kann.

> Bei den Wachträumen mischt unser Bewusstsein sich ein und beeinflusst den Trauminhalt.

Reizträume

Wir wissen, dass der Schließmuskel des Auges im Schlaf fast jeden Lichtreiz abblendet. Schaltet nun zum Beispiel jemand in dem Zimmer, in dem wir schlafen, ein Licht an, kann dieses Licht durchaus auch durch die geschlossenen Lider an unseren Sehapparat weitergeleitet werden und der Reiz der Helligkeit könnte sogar unseren Traum beeinflussen. Er könnte als Blitz dargestellt werden, der unsere Traumlandschaft erhellt, als die Scheinwerfer eines Autos, die Jupiterlampen in einem Atelier. Auf das Traumgeschehen selbst haben äußere Reize jedoch nur wenig Einfluss, weil – wie Traumforscher feststellten – dieses Geschehen gewissermaßen vorprogrammiert ist und nur in geringem Maß noch Änderungen aufnimmt.

Dagegen können organische Leibreize durchaus das Traumgeschehen beeinflussen. Schon im Altertum wurde festgestellt, dass ein opulentes Mahl vor dem Schlafengehen Albträume nach sich ziehe. Diese Meinung hat sich bis in unsere Tage erhalten. Wir meinen, dass diese Albträume trotzdem als Signal der Seele zu verstehen sind, die sich jedoch auch im besonderen Maße – wir werden es aus der Erklärung der Traumsymbole herauslesen können – auch um unser körperliches Wohl sorgt, das durch Völlerei aus dem Gleichgewicht gebracht werden kann.

Gewisse Reize aus dem Tagesgeschehen können in Traumbildern nachwirken. So unternahm der Physiologe Plötzl im ersten Weltkrieg Experimente, die zunächst nicht allzu sehr beachtet wurden, heute aber in der modernen Werbung eine Rolle spielen. Plötzl führte gesunden Versuchspersonen figuren- und farbenreiche Bilder in einer Zeitdauer von einer Hundertstelsekunde vor. Im Traum der auf das Experiment folgenden Nacht erschienen bei vielen der Versuchspersonen oft vor allem die Details der Bilder im Traum, die nicht bewusst wahrgenommen worden waren. Werbemanager in den USA haben inzwischen bereits weitere Versuche in dieser Richtung gemacht: In Fernsehfilmen zum Beispiel lassen sie für Bruchteile von Sekunden den Namen eines bestimmten Produkts einschalten. Der vom Wachbewusstsein wegen seiner Kürze kaum wahrgenommene Reiz wird – wie wissenschaftlich erwiesen wurde – vom Unterbewusstsein aufgenommen und ins Traumgeschehen übersetzt. Ein äußerer Reiz kann also die Seele dazu bringen, ihn in die Rahmenhandlung eines Traums aufzunehmen.

Äußere Reize können die Seele dazu bringen, sie ins Traumgeschehen zu integrieren.

Solche Reize wirken zwar – wie wir gesehen haben – in den Traum hinein, beeinflussen aber die dramaturgische Gestaltung des Traums nur unwesentlich.

Träume von Tieren und Pflanzen

Dass häufig Tiere und Pflanzen in unseren Träumen vorkommen, ist verständlich. Sie sind unübersehbarer Bestandteil unserer Lebenswelt. Wir beschäftigen uns mit ihnen mehr oder weniger intensiv. Das Triebhafte und Ungebändigte eines Tieres kann im Unbewussten unsere eigene Lebenskraft darstellen, mit anderen Worten: Symbolkraft erlangen. Dabei ist das Verhalten der Tiere im

Traum keinesfalls nur auf das Sexuelle beschränkt. Ihre Natürlichkeit, Vitalität, Lebhaftigkeit, Treue oder Untreue spiegeln sich genauso oft im Traumbild wider.

Kinder träumen häufig von Tieren. Manchmal wachen sie vor lauter Angst schweißgebadet auf, wenn sie sich etwa von einer wilden Bestie verfolgt sehen, oder sie werden wie im Märchen in ein Tier verwandelt und sind, wenn sie die Augen öffnen, heilfroh, dass sie nicht wie im Traum als Hund oder Katze oder als irgendein anderes Tier ihr Leben fristen müssen. Oft ist das Tier, das uns im Traum bange macht, nur eine Umschreibung unseres schlechten Gewissens.

Während einige Traumwissenschaftler Tiere im Traum für Symbole halten, die das Triebhafte darstellen, sehen sie in den Pflanzen eher eine Verkörperung des Spirituellen. Sie begründen das damit, dass sich der Mensch eher ins tierische Triebhafte einfühlen kann als in das mehr Ästhetische und Ätherische der Pflanzen, die als Symbole jedoch sehr aussagekräftig sein können, wenn man zum Beispiel nur an das Erdhafte, Verwurzelte eines Baumes denkt.

Nicht nur Kinder, auch Erwachsene träumen häufig von Tieren und Pflanzen, die für Vitalität und auch Triebhaftigkeit stehen können.

Das Abc der Traumsymbole

Noch können wir nicht via Fernsehschirm unsere Träume aufzeichnen, für uns bleibt ein Notizbuch, das wir neben uns auf den Nachttisch legen, um dort die sich so schnell verflüchtigenden Traumbilder einzutragen, nachdem wir aufgewacht sind. Das ist nahezu die einzige Möglichkeit, den Trauminhalt bis zum Aufstehen nicht zu vergessen und in seinen Einzelheiten für eine Deutung zu erhalten.

Sie sollten dabei die Beschreibung des Trauminhalts auf das beschränken, was Sie wirklich gesehen haben. Verfälschen Sie also nichts und fügen Sie auch nichts in »dichterischer Freiheit« hinzu. Nur so kommen Sie an den Kern der Dinge heran und betreiben für sich praktische Lebenshilfe.

Bei der Deutung hilft ein umfangreiches Abc der Traumsymbole, das nach den aktuellen Erkenntnissen der Tiefenpsychologie zusammengestellt wurde. Das Wichtigste bei der Traumdeutung, das jedoch in keinem Lexikon der Traumsymbole unterzubringen ist, sind selbstverständlich die persönlichen Bezüge, die jeder für sich selbst herstellen und herausfinden muss.

Die Wissenschaftler streiten sich noch darüber, wie die verschiedenen Traumsymbole am besten zu erklären sind. Wir hielten es für richtig, sie des leichteren Überblicks wegen alphabetisch zu ordnen. Dabei haben wir versucht, die vielfältige Bedeutung mancher Symbole darzustellen, damit der Leser daraus für sich die nach seiner Erkenntnis zutreffende Deutung herauslesen kann. Die so wichtigen persönlichen Umstände jedes Einzelnen konnten in die Erklärungen natürlich nicht mit eingebracht werden. Diesen Aspekt muss jeder selbst beisteuern, wobei er ehrlich gegen sich selbst sein sollte, um die wahrscheinlichste und beste Aussage des Traumbilds nicht zu verfälschen.

AAL BIS AXT

AAL Mehr Schlange (*siehe dort*) als Fisch (*siehe dort*), deutet auf Aalglattes hin, auf Ränkespiele. Wird er gefangen oder an Land gezogen, können Schwierigkeiten gemeistert werden. Entkommt er oder entgleitet er unseren Händen, macht uns ein schwieriges Problem zu schaffen, oder das Geld rutscht uns nur so durch die Finger. Von der Ansicht mancher Psychoanalytiker, dass der Aal in Frauenträumen sexuellen Charakter habe, weil dessen längliche Gestalt an das männliche Geschlechtsorgan erinnere, halten wir nicht viel.

AAS Wer einen Tierkadaver sieht oder findet, hat keinen erfolgreichen Lebensabschnitt hinter sich gebracht. Auch: Ein Plan oder eine Aufgabe wird erledigt oder aber aufgegeben. Wenn wir ein bestimmtes Tier tot vor uns liegen sehen, sollte seine Bedeutung als Symbol festgestellt werden. (Siehe z. B. »Geier«.).

ABBRENNEN Brennt eine Wiese oder ein Stoppelfeld, so soll der Boden für eine neue Saat bereitet werden, übersetzt heißt dies: Wir können aus einer Sache Kapital schlagen. Brennt der Dachstuhl eines Hauses, sind die Kopfnerven oder die geistige Grundhaltung des Träumers gestört. Oder in der Steuerzentrale des Gehirns geriet vielleicht etwas in Unordnung.
(Siehe auch »Brand« und »Feuer«.)

ABBRUCH Man will eine schlechte Beziehung hinter sich bringen, also zu neuen, besseren Verhältnissen kommen. Beim Traum vom Abbruch eines Hauses hat man Angst, dass der gute Ruf beschädigt werden könnte. Bricht man selber ab, will man eine seelische Störung beseitigen.

ABDANKEN Wenn das Unbewusste das Ausscheiden aus einem hohen Amt spiegelt, nimmt man Abschied von einer schö-

ABDANKEN
nen Illusion. Positiv ausgedrückt: Man will mit der Realität des Lebens besser zurechtkommen.

ABEND Bei älteren Menschen oft der Lebensabend, bei jüngeren eine zur Neige gehende Zeit. Manchmal äußern sich in der geträumten Abendstunde auch geheime seelische Wünsche.
(*Siehe auch »Nacht«.*)

ABENDESSEN Ein reich gedeckter Tisch kann bei älteren Leuten auf einen besonders glücklichen Lebensabend schließen lassen, bei dem es an kaum etwas fehlt. Bei jüngeren Menschen könnte eine Arbeit abgeschlossen sein, sodass man deren Früchte ernten kann. Oft deutet es darauf hin, dass das Lebensschiff bald in ein ruhigeres Fahrwasser gelangt oder dass man sich keine Sorgen zu machen braucht, was morgen sein wird.
(*Siehe auch »Essen«.*)

ABENDKLEIDUNG Wenn man sie selbst trägt, steht eine Zusammenkunft bevor. Man achte auf die Farbe der Kleidung, um daraus zu entnehmen, ob es sich um ein fröhliches oder um ein trauriges Ereignis handelt. Manchmal weist die Abendkleidung auch darauf hin, dass man mehr aus sich machen sollte. Sieht man andere in festlicher Robe, hat man Angst davor, von einem Konkurrenten oder Nebenbuhler ausgestochen zu werden.

ABENDMAHL Nimmt man in der Kirche daran teil, dann möchte man einen Schuldkomplex loswerden. Hier erinnert das Unbewusste den Träumer auch an sein Gewissen und fragt, ob er in einem ganz bestimmten Fall richtig gehandelt hat.

ABENDROT Auch im Traum »gut Wetter Bot«, also Wunscherfüllung, Liebesglück, möglicherweise auch eine finanzielle Besserstellung. Es lässt fast immer auf angenehme Ereignisse schließen.

ABENTEURER Er umschreibt, auch wenn es sich dabei um eine fremde Person handeln sollte, das Ich des Träumers und seine Neigung, mit dem persönlichen Glück recht gewagt umzugehen oder es mit der Moral nicht allzu genau zu nehmen.

ABFALL Wirft man ihn weg, will man sich eine seelische Erleichterung verschaffen oder eventuelle Sorgen loswerden. Hier und da deutet er darauf hin, dass man möglicherweise etwas zurückerhält, das recht wertvoll war. Sieht man Abfall, möchte man im Wachleben vielleicht lästige Gedanken aus seinem Gedächtnis bannen.
(*Siehe auch »Kehricht«.*)

ABFÜHRMITTEL Das Unbewusste gibt hier den Hinweis, man solle Schädliches aus dem Körper ausscheiden, seelisch Bedrückendes abstreifen oder sich im Wachleben um die Besserung einer verfahrenen Lage bemühen.

Abgrund Sich davon abwenden: Vor Tatsachen die Augen verschließen. In den Abgrund steigen: Man sollte den Grund für eine scheinbar ausweglose Lage finden, damit man sie leichter überwinden, also wieder nach oben kommen kann. Wer in den Abgrund schaut, kann kommenden Gefahren tapfer entgegenblicken, weil er rechtzeitig erkennt, dass er ihnen ausweichen kann oder sie meistern wird. In einen Abgrund stürzen: Oft steht seelischer Kummer ins Haus, manchmal setzt der Traum dann auch eine momentane Lage aus dem realen Leben ins Bild (etwa den Sturz aus dem Bett, dem ein sofortiges Erwachen folgt). Eine Brücke (*siehe dort*) über den Abgrund finden: Man kann Schwierigkeiten überbrücken, die sich im Wachleben vor einem auftun.

Abhang Ähnliche Deutung wie bei »Abgrund« – man sollte nur bedenken, je steiler er ist, desto tiefer kann man fallen.

Abmagern Die eigene Argumentation zu einem bestimmten Problem ist ziemlich »dünn«. Möglicherweise hat man aber auch die symbolisch »mageren« Jahre bald hinter sich und nimmt an Ansehen zu. Auf etwas aufmerksam machen will uns das Unbewusste, wenn es uns das Bild von uns fremden dürren Menschen vorgaukelt; dann will es zeigen, dass es anderen schlechter geht als uns.

Abort Siehe »Toilette«.

Abreise Geschieht sie plötzlich, will sich der Träumer im Wachleben vor irgendetwas (vielleicht vor der eigenen Verantwortung?) drücken. Sie umschreibt gewissermaßen die Angst, die Verantwortung für etwas Bestimmtes übernehmen zu müssen. Bei der Abreise einer anderen Person kann es sich um das Ende einer heftigen Auseinandersetzung handeln, bei der wir Recht behalten möchten.
(*Siehe auch* »*Abschied*« *und* »*Reise*«.)

Absatz Verliert man ihn an einem Schuh, will man sich wohl in nicht unbedingt nötige Ausgaben stürzen. Vielleicht verliert man auch ein wenig den Boden unter den Füßen, wobei vor allem der Besitzstand infrage gestellt ist. Wird der Absatz hingegen erneuert, können wir uns auf einen tragfähigen Kompromiss einstellen, der uns weiterbringen wird.
(*Siehe auch* »*Schuster*«.)

Abschied Bedeutet meist eine baldige Veränderung der Lebensgewohnheiten. Abschied von den Eltern verspricht jüngeren Leuten meist eine Veränderung hin zu größerer Selbstständigkeit. Der Abschied von einem festen Freund oder einer festen Freundin ist oft Ausdruck des Misstrauens gegenüber deren tatsächlicher Treue; vielleicht will man aber auch in einem festen Verhältnis Abstand zum etwas eintönigen Alltag gewinnen. Der Abschied von alten Menschen kann in einigen Fällen auf ein Nimmerwiedersehen schließen lassen,

Abschied
manchmal aber auch die Warnung beinhalten, man solle eine schlechte Gewohnheit aufgeben.
(Siehe auch »Abreise«.)

Abschneiden Etwa eine Scheibe Brot oder irgendeinen Gegenstand: Man wird bei einer bestimmten Angelegenheit nicht besonders gut abschneiden. Wenn andere etwas abschneiden, lässt das darauf schließen, dass man sich von anderen »eine Scheibe abschneiden« kann.

Abstürzen Oft kommt hier der Hochmut zu Fall. Ein Absturz aus großer Höhe bedeutet, dass der Träumer wieder auf den Boden der Tatsachen fällt. Wenn andere im Traumbild abstürzen, kann das ein Hinweis sein, von welcher Seite Verluste drohen.
(Siehe auch »Abgrund« und »Fallen«.)

Abwaschen Man möchte sich von einem Makel befreien. Küchenabwasch deutet darauf hin, dass man die Dinge nicht so recht in den Griff bekommt (nasses Geschirr ist ja bekanntlich glatt und kann leicht aus den Händen rutschen).

Achse Eine sich schnell drehende Achse weist auf die flotte Lebensart des Träumers hin (ob hier das Unbewusste Kritik üben möchte, sollten andere Symbole erhellen). Bricht die Achse eines Wagens, könnte uns ein gutes Geschäft durch die Lappen gehen; ist sie aber stabil, so sind wir kaum erfolglos. Oft stellt die Achse auch ein Perpetuum mobile dar: Im Wachleben wird sich alles um den Träumer drehen.

Acht Diese Zahl erscheint oft in der Bedeutung »Acht geben« und »Achtung«, was jedoch meistens positiv ausgelegt werden kann. Sie stellt Recht und Gerechtigkeit dar, Ursache und Wirkung. Die horizontale, liegende 8 ist das Zeichen der Unendlichkeit, die Überwindung des Todes.
(Siehe auch »Zahlen«.)

Acker Gilt als das Symbol der Fruchtbarkeit, des Schoßes von Mutter Erde, der Verbundenheit mit den Naturkräften. Steht er in voller Blüte oder in satter Frucht, weist das auf eine besonders fruchtbare Lebensphase hin. Ist er abgeerntet oder sind seine Schollen hart verkrustet, deutet das auf ein Problem hin, das der Träumer nur mit ausdauerndem Fleiß bewältigen kann, oder auf Gefahren, die er durch eigenes Missgeschick heraufbeschworen hat. Wer den Acker mit viel Elan bearbeitet, wird in der Liebe zum Ziel kommen, wer ihn im Traum sieht, wird damit an seine Pflicht erinnert (das träumen nicht nur Bauern!).

Adern Sieht man sie hervortreten, sollte man mehr auf seine Gesundheit achten. Sind es Krampfadern, sollte man sich im Wachleben weniger verkrampft geben.

Adler Der Herr der Lüfte ist im Allgemeinen positiv zu deuten, als Losgelöstsein von irdischer Gebundenheit. Meist steht er für die Beschwingtheit großer Gedanken, oft aber auch für die verzehrende Leidenschaftlichkeit des Geistes. Wer den Adler hoch über sich fliegen sieht, kann hochfliegende Pläne verwirklichen. Wer den Raubvogel fängt, will einen Erfolg für sich allein genießen können. Ein Adler, der sich im Sturzflug auf eine Beute hinunterstürzt, weist auf die Schnelligkeit der Gedanken und den Mut des Träumers hin, der sich freilich im Wachleben als Tollkühnheit erweisen könnte. Mit anderen Worten: Wer zu hoch pokert, kann tief fallen. Ein eingesperrter Adler weist auf die Hemmungen des Träumers gegenüber seiner Umwelt hin. Sigmund Freud sah im Adler in Anlehnung an die Mythologie ein übermäßiges Sexualsymbol, weil der Raubvogel seine Triebe nicht beherrschen kann und sein Opfer um jeden Preis haben will.

Affe Der Schatten unseres Ichs, die Karikatur unserer selbst. Oft weist der Affe im Traum auf primitive Triebe hin, die uns das Unbewusste deutlich machen möchte, manchmal auch auf die Angst, unsere Mitmenschen könnten uns für schlechter halten, als wir tatsächlich sind, oder sich über uns lustig machen. Von einem Affen gebissen zu werden heißt, dass Schmeichler versuchen könnten, uns zu übertölpeln.

Ahle Mit ihr kann man Schuhe flicken, im übertragenen Sinn einen seelischen Notstand provisorisch überdecken, sodass man auf dem Lebensweg wieder weitergehen kann. Wer sich mit einer Ahle verletzt, könnte einen Verlust erleiden, der sich oft aber nur als seelische Beklemmung erweist, die es in Zukunft zu überwinden gilt. (*Siehe auch* »*Schuster*«.)

Ähren Wenn sie im Sommerwind wogen, sind sie ein Zeichen der Reife: Man löst sich von einer (unangenehmen?) Gewohnheit. Übersetzt heißt dies: Man wird mit einer neuen, positiven Einstellung zum Leben neue Freunde gewinnen. Taube Ähren weisen auf Gefühle hin, die seelische Qualen hervorrufen können.

Aktien Wer sie im Traum kauft, sucht Sicherheit in einer heiklen Lage. Wer sie vernichtet oder verkauft, will sich auf falsche Freunde oder Ratgeber nicht verlassen.

Alarm Siehe »Fliegeralarm«.

Alkohol Er beseitigt Hemmungen und lässt uns Handlungen begehen, die wir im bewussten Leben als unmoralisch empfinden würden. Sexuellen Gefühlen wird freier Lauf gelassen. Besser: Man sollte lockerer an die Dinge herangehen. Wer im Traum völlig betrunken ist, kann damit rechnen, dass er im Wachleben an den Realitäten achtlos vorübergehen wird; er sollte alles viel nüchterner betrachten, um so vielleicht doch noch ein angestrebtes Ziel zu erreichen. Wer im Traum vielen Menschen zuprostet und mit ihnen trinkt, steht im All-

ALKOHOL
gemeinen in seinen Gefühlen schwankend da und hat etwas gutzumachen.
(Siehe auch »Betrunkenheit«.)

ALTER Die alte Frau am Wege ist das Symbol des uralten mütterlichen Wesens, das am Schicksalsfaden spinnt. Ein alter Mann deutet an, dass die Seele des Träumers in der Nähe einer großen, reinigenden Kraft ist. Wenn man sich selbst im Alter sieht, obwohl man noch jung ist, steht ein Reifungsprozess vor seinem Abschluss. Das Alter im Traum wird oft gleichgesetzt mit einer Weisheit, von der ein Rat für das bewusste Leben zu erhoffen ist. Es mahnt zur Besinnung und warnt vor unguten Neigungen, wenn die dargestellten Personen im Traum bösartig über uns herfallen. Oft zeigt das Traumbild einen alten Menschen in der Gestalt einer Hexe, eines Quälers oder Querulanten; hier wird das Bösartige in uns selbst beschrieben, das wir überwinden sollen.
(Siehe auch »Mutter« und »Vater«.)

AMBOSS Wenn andere darauf hämmern, will man uns wohl gefügig machen und auf einen für uns nicht sehr günstigen Weg locken. Bearbeiten wir den Amboss selbst, wollen wir etwas aus unserer Psyche herausschlagen, das uns bedrückt. Oft fordert auf diese Weise auch das Unbewusste von uns mehr Durchsetzungskraft: Wir sollten Hammer statt Amboss sein.
(Siehe auch »Hammer«.)

AMEISEN Hinweis auf mögliche Störungen im vegetativen Nervensystem. Vielleicht sind auch nur bestimmte Gliedmaßen eingeschlafen. Auf jeden Fall sollte man den Ameisentraum als Gefahrensignal bewerten. Mit den arbeitsamen Tieren, die wir im Traum am eigenen Körper spüren, will uns das Unbewusste darauf hinweisen, dass wir uns auf den eigenen Fleiß besinnen sollten. Vielleicht macht uns auch etwas kribbelig, große Pläne, die durchführungsreif sind, in die Tat umzusetzen.
(Siehe auch »Insekten«.)

AMEISENHAUFEN Wer ihn zerstört, hat wohl Sorge, dass die eigene Tüchtigkeit und Qualifikation von der Umwelt nicht genügend anerkannt werden.

AMME In Frauenträumen oft der verdrängte Wunsch nach eigener Mutterschaft. Manchmal deutet das Unbewusste damit auch an, dass man aus eigener Kraft etwas Bestimmtes kaum schaffen kann. Auf jeden Fall ist man auf fremde Hilfe angewiesen. Wer sich selbst als Amme sieht, muss befürchten, dass er im Wachleben von einem Mitmenschen ausgenutzt wird.

AMOR Ein Traummotiv, das auf eine leidenschaftliche, aber doch nur vorübergehende Liebe hinweisen soll. Der nackte Liebesgott in der Gestalt eines Kindes deutet auf Liebesabenteuer hin, die recht oberflächlich sind. Er erscheint im Traum aber meistens nur Menschen, die sich mit der griechisch-römischen Mythologie befasst haben, ist also kein archetypisches Zeichen.

AMPEL Wer eine grüne Ampel sieht, kann darauf hoffen, dass ihm bald ein Licht aufgeht, sodass er ein Problem oder eine schwierige Arbeit zum guten Ende führen kann. Zeigt die Ampel aber rotes Licht, geht uns etwas im Kopf herum, das auf einen krankhaften Zustand hinweisen könnte.
(Siehe auch »Abbrennen«, »Brand« und »Rot«.)

AMPUTATION Die Psychoanalytiker alter Schule deuten das Abtrennen von Gliedmaßen meist sexuell als Kastrationsangst, mitunter aber auch als Umschreibung für die baldige Trennung von einer geliebten Person. Besser sollte man jedoch beachten, welche Gliedmaßen abgetrennt wurden. Amputierte Füße oder Beine können darauf hinweisen, dass Hemmendes unseren Lebensweg behindert. Wer Finger verliert und damit einen Teil des Tastsinns, wird auf mangelndes Gefühl aufmerksam gemacht. Das Fehlen einer Hand deutet auf mangelnde Handlungsfreiheit hin. Wer im Traum geköpft wird (auch das gibt es!), läuft Gefahr, seinen Kopf zu verlieren, was zum Beispiel auch einen Hinweis auf eine gewisse Kopflosigkeit in den Liebesbeziehungen geben kann.

AMSEL Sieht man eine Amsel oder hört man sie singen, dann könnte man eine gute Nachricht erhalten. Der Gesang einer Amsel vor dem Fenster kann auch von außen in den Traum hineinspielen, bleibt dann aber ohne Deutung. Sonst wie unter »Vogel«.
(Siehe auch »Drossel«.)

AMT Wer im Traum ein Amt besucht, will irgendetwas für sich erreichen oder auch sich mit jemandem anlegen. Wenn man sich ein Amt anmaßt, will man im Wachleben möglicherweise zu hoch hinaus, sollte aber lieber auf dem Boden der Tatsachen bleiben und nicht zu viel Hoffnung an zukünftige Pläne knüpfen.

ANGELN Man sollte nicht die Geduld verlieren. Wenn etwas am Angelhaken anbeißt, ist eine günstige Wendung in Sicht. Wer auf dem Trockenen angelt, vergeudet seine Zeit mit nutzlosen Dingen.
(Siehe auch »Fische« und »Netz«.)

ANGST Sie spielt in Traumbildern – vor allem in Albträumen (siehe »Die wichtigsten Traumarten« auf Seite 31 bis 52) – sehr oft eine herausragende Rolle. Die alten Ägypter umschrieben das Angsthaben damit, dass man wohl mit sich selbst nicht ganz zufrieden sei. Die moderne Psychologie sieht darin einen Fehler, den man gern ungeschehen machen möchte. Der Angstschrei im Traum deutet demnach auf einen besonders schweren Irrtum hin, dessen Wiedergutmachung Eigeninitiative erfordert.

Anker Der Rettungsanker, an den wir uns klammern, um Probleme zu lösen. Wird er gelichtet, also hochgezogen, schwindet eine Hoffnung dahin, wird also eine Veränderung in unserem Leben eher ungünstig ausfallen. Geht ein Schiff mit gelichtetem Anker auf große Fahrt, können wir unserem Leben eine andere Richtung geben. Ob diese positiv zu deuten ist, ergeben die anderen Symbole aus dem Traumbild.

Anklage Das Gefühl, etwas falsch gemacht zu haben. Wer vor Gericht erscheint, sollte seinen Lebensrhythmus im positiven Sinn ändern. Ist im Traum ein anderer angeklagt, weist das möglicherweise auf ein Unrecht hin, das wir einem anderen angetan haben oder antun wollen.
(Siehe auch »Gericht« und »Richter«.)

Ankleiden Andere Kleidung anlegen umschreibt den Willen zu einem sicheren Auftreten in der Gesellschaft. Man will sich keine Blöße geben und will auf andere Menschen vorteilhaft wirken. Wer andere ankleidet, kann daraus entnehmen, dass jemand im bewussten Leben unserer Unterstützung bedarf.
(Siehe auch »Kleid«.)

Ankunft Deutet auf neuen Anfang im Leben hin. Man lässt einen Lebensabschnitt hinter sich, hofft auf Ruhe und charakterliche Ausgeglichenheit. Man hofft auf eine Veränderung zum Guten.
(Siehe auch »Eisenbahn« und »Reise«.)

Anstreichen Oft will man etwas Unvorteilhaftes überpinseln. Hier kommt es sehr auf die Farbe an, mit der man anstreicht oder anstreichen lässt.
(Siehe auch »Farben«.)

Apfel Nach Carl Gustav Jung Sinnbild des Lebens. In leuchtendem Rot ein Liebeszeichen, zwischen Rot und Grün das kraftvolle Leben. Wird er gegessen, deutet das auf eine Liebesbeziehung hin. Wurmstichige Äpfel lassen Zweifel an der Ehrlichkeit des Partners aufkommen, denn am Eros nagt der Wurm. Faule Äpfel stellen eine Liebesbeziehung sogar ganz infrage. Der Apfel ist ein uraltes Fruchtbarkeitssymbol, das heute jedoch eher geistig gedeutet wird. Er lässt sich auch als »verbotene Frucht« deuten, die erkennen lässt, was gut und böse ist.

Apfelbaum Der Baum der Erkenntnis, der bei uns mehr Verständnis für die Probleme anderer, aber auch die Selbsterkenntnis wecken soll.

Apotheke Ein Warnzeichen, sich mehr um körperliche und seelische Gesundheit zu bemühen. Man hat ein Rezept, das Rat und Hilfe verspricht. Im übertragenen Sinn kann sich auch etwas melden, was wir vergessen geglaubt haben.

Arbeit Man nimmt des Tages Last und Mühen quasi mit ins Bett, wo das Unbewusste sie bewältigen muss, wobei besonders auch die psychische Belastbarkeit des Träumers getestet wird. Manchmal fordert das Symbol dazu auf, im Wachleben fester zuzupacken. Im übertragenen Sinn wird unsere Leistungsfähigkeit in unseren Beziehungen zur Umwelt getestet. Oder wir werden angeregt, Seelisches so zu verarbeiten, dass wir nicht dünnhäutig reagieren, wenn es in unserem Leben mal ganz dick kommt.

ARBEITSLOSER Klagt er uns im Traum sein Leid, sollten wir wohl im bewussten Leben Menschen helfen, die sich schwer tun, etwas Ordentliches zu leisten. Sehen wir im Traumbild uns selbst als arbeitslos, obwohl wir eine feste Anstellung haben, weist das wohl darauf hin, dass wir uns im Beruf nicht unbedingt glücklich fühlen.

ARENA Der Raum, in dem das eigene Ich im Mittelpunkt steht und in dem alle unsere Schritte überwacht werden. In der Arena treten wir zum Kampf an um das Wohlergehen in seelischer Beziehung, wobei wir auf Gegner treffen, die uns ebenbürtig erscheinen, Gegner, vor denen unser Inneres bestehen muss. Es sind nicht nur Menschen, die dort auftauchen, sondern auch Tiere, die wir dann symbolhaft deuten müssen, um Schwachpunkte in unserem Ich aufzudecken, die dann beseitigt werden sollten. (Siehe auch »Zirkus«.)

ÄRGER Hat man Ärger im Traum, wird man sich im Wachleben vor Unannehmlichkeiten hüten müssen. Ärgert man andere, umschreibt das in manchen Fällen die Schadenfreude. Gelegentlich weist der Ärger aber auch auf winzige Kleinigkeiten hin, über die man im Wachleben eventuell stolpern könnte.

ARM Als Fortsetzung der Hand (siehe dort) sinnbildlich die Grundlage des Handelns. Wer sich den Arm verletzt, ist also in seiner Handlungsfähigkeit eingeschränkt. Gebrochene Arme warnen den Träumer vor Verlusten oder vor Streit; kräftige Arme umschreiben das Zupacken, das im Beruf wie im Privatleben zum Erfolg führt. Zu kurz geratene Arme deuten auf Mutlosigkeit hin, weil alles zu misslingen scheint. Zu lange Arme dagegen können kleine, aber wichtige Details nicht erfassen, schwache lassen Hilflosigkeit erahnen. Arme, die uns umschlingen, gehören zu Helfern, die uns »unter die Arme greifen« wollen.

ARMBANDUHR Deutet wie jede andere Uhr (siehe dort) auf die Notwendigkeit einer besseren Zeiteinteilung im Wachleben hin; mit anderen Worten: Wir sollten schnell erkennen, was die Uhr geschlagen hat.

ARMBRUST Wer mit dieser mittelalterliche Waffe schießt, ist in alten Anschauungen befangen, fühlt sich nicht wie Tell als Held, der es dem Landvogt zeigen wollte, sondern sein Mut wird eher sinken, weil er nicht die richtige Waffe in der Hand hat, um damit eigene Vorteile zu erreichen.

Arznei Siehe »Medizin«.

Arzt Sein Auftreten hängt vielfach mit der Diagnose unserer Seele zusammen, dass irgendetwas in uns sein muss, das geheilt werden sollte. Die Seele will in ihrer heilenden Kraft ins Bewusstsein hineinwirken und helfen, krank machende Konfliktstoffe zu beseitigen.

Asche Abschluss einer Angelegenheit: Man hat etwas verbrannt und steigt wie Phönix aus der Asche. Hat man aber falsch gehandelt, streut man als Büßer »Asche auf sein Haupt«. Oder aber man ist aus irgendeinem Grund traurig und geht – nach biblischem Vorbild – »in Sack und Asche«.

Ast Meist Teil des Lebensbaums, der etwas über unsere seelische Verfassung aussagen kann. Blühende und grünende Äste spiegeln unsere innere Ausgeglichenheit, dürre und abgestorbene weisen auf eine augenblicklich nicht sehr gute Verfassung hin. Wer über einen angebrochenen Ast im Traum stolpert, wird kurzfristig eine ganz bestimmte Sache abbrechen müssen. Wer auf einem schwankenden Ast sitzt, fühlt sich unsicher. Und wer den Ast absägt, auf dem er sitzt, sollte im bewussten Leben vorsichtiger taktieren, damit er nicht den Halt verliert.
(Siehe auch »Zweig«.)

Astern Die Blumen des Herbstes, im Traum wohl des Lebensherbstes. Weiße legt man auf ein Grab, bunte pflückt man für eine späte Liebe.

Atomkraft Siehe »Kernkraft«.

Aufgabe Wird manchmal in Prüfungsträumen (siehe »Die wichtigsten Traumarten« auf Seite 31 bis 52) gestellt, womit wohl oft die Lebensaufgabe gemeint ist, die wir zu bewältigen haben. Wer sie im Traum nicht lösen kann, muss im Wachleben ein schwieriges Problem in den Griff bekommen. Die Traumaufgabe ist gewissermaßen eine Mahnung des Unbewussten, im Wachleben mit mehr Elan an die Dinge heranzugehen.

Aufhängen Man wird oft »hingehängt«, also verleumdet oder hintergangen. Wird man selbst aufgehängt, kann man ein Ziel nur in mühsamer Kleinarbeit erreichen. Werden andere aufgehängt, sollte man auf Bösartigkeit im eigenen Umkreis achten. Aufhängen von Wäsche vor dem Nachbarfenster signalisiert einen Konflikt, bei dem man bloßgestellt werden kann.
(Siehe »Galgen« und »Wäschewaschen«.)

Aufstehen Man will sich aufrichten, seinen Mann (oder die Frau) stehen, sich mithin von kleinlichen Denkweisen befreien. Das Aufstehen gilt im Traum auch als Symbol für die eigene Tatkraft.

Aufsteigen Hier ist der Blick in eine Zukunft gerichtet, in der man sich geistig und

materiell verbessern will. Wer auf ein Dach steigt, benutzt seinen Kopf, um einen Aufstieg im Leben verwirklichen zu können. Wer einen Berg ersteigt, kann nur mit Mühe in die höhere Etage des Lebens gelangen. Ein zu steiler Berg macht manche guten Pläne zunichte oder lässt möglicherweise eine eben erst begonnene Arbeit misslingen. Gilt auch als Hinweis des Unbewussten, man solle seine Kraft besser auf andere Vorhaben verwenden, die wahrscheinlich leichter zum Erfolg führen könnten.
(Siehe auch »Dach«, »Treppe« und »Leiter«.)

AUFWISCHEN Siehe »Fegen«.

AUGE Organ des Lichts und Spiegel der Seele. Als empfangendes Organ weiblich, als scharf sehendes männlich-phallisch. Von Freud wegen seiner Form als weibliches Sexualorgan gedeutet. Er fasste die Selbstblendung des Ödipus als sinnbildliche Kastration wegen des schuldhaften Inzests mit der eigenen Mutter (Ödipuskomplex), das Reiben des Auges als Onanie- oder Masturbationsersatz auf. Nach neueren Erkenntnissen sagt das Symbol eher etwas über den seelischen Gesamtzustand des Träumers aus und darüber, wie er sich zu zukünftigem Geschehen stellt. Die Gefühle sind an den Augen abzulesen, weshalb eine erotische Deutung durchaus nahe liegt. Augenträume erfassen das Dasein und unsere innere Einstellung dazu. Blindwerden, obwohl man im Wachleben sehr gut sehen kann, deutet auf geistige Blindheit, Sehen auf das klare Erkennen einer bestimmten Lage, Schielen auf die Fehleinschätzung eines Menschen oder einer Situation hin. Man versuche, sich an die Farbe der Augen zu erinnern.
(Siehe »Brille«, »Mutterkomplex« und einzelne Farben.)

AUKTION Auch im Traum wird etwas versteigert. Manchmal verschleudert man auf einer Auktion sogar das, was man eigentlich am liebsten hat. Man sollte es als Begriff deuten und daraus ersehen, was möglicherweise im Alltag zurzeit im Argen liegt.

AUSFLUG Deutet darauf hin, dass man im Wachleben einmal aus seiner Haut schlüpfen möchte, um andere Leute oder eine andere Sichtweise kennen zu lernen. Der Ausflug hat auch mit dem Fliegen zu tun (siehe dort): Man will die eigene kleine Welt aus einem anderen Blickwinkel betrachten.

AUSGRABEN Das Ausgraben irgendwelcher Gegenstände oder gar einer Leiche hängt mit dem eigenen schlechten Gewissen des Träumers, mit seiner Unausgeglichenheit oder seiner inneren Unruhe im Wachleben zusammen. Manchmal hat der Träumer Angst, dass etwas ans Licht kommen könnte, das besser begraben bliebe.

AUSREISSEN Man will sich von etwas frei machen, um aus eigener Kraft zum Erfolg zu kommen. Wenn man vor seinen Schulden ausreißt, dürfte der Erfolg nur sehr

AUSREISSEN
kurzlebig sein. Wer sich selbst Haare oder etwas anderes ausreißt, will sich von einer Schuld, von einem Lebensumstand, vielleicht auch von einem Partner befreien.

AUSRUHEN Hat etwas mit einem Schwächezustand zu tun, der uns physisch oder psychisch lähmen kann. In einigen Fällen deutet es aber auch auf den Wunsch hin, dass man ausspannen möchte, um sich mehr auf sich selbst besinnen zu können.

AUSSCHLAG Ein Warnzeichen des Unbewussten, dass etwas in Ordnung gebracht werden muss; das können brennende private Probleme, manchmal allerdings auch echte Krankheitssymptome sein.

AUSSICHT Die beste Aussicht hat man von einem hohen Berg, einem Turm oder einem anderen hohen Gebäude. Übersetzen ließe sich die gute Aussicht als mit einem Hinunterschauen auf jene, die weniger Erfolg haben – eine Arroganz, die man schleunigst ablegen sollte. Ist die Aussicht verstellt, wäre zu fragen, ob wir im Wachleben den richtigen Überblick haben.

AUSSTEIGEN Der Aussteiger sucht nach einem neuen Weg der Selbstverwirklichung. Wenn wir aus einem Fahrzeug aussteigen, lässt das vermuten, dass wir auf unserem bisherigen Lebensweg nicht mehr weiter gehen oder dass wir in einem Denkprozess neue Kraft finden wollen, um unser Leben radikal zu ändern. Seltener bedeutet das Aussteigen im Traum ein Ankommen an einem Ziel, gewissermaßen an einer Teilstrecke des Daseins.

AUSTER Fruchtbarkeitssymbol, das meist erotisch zu verstehen ist. Manchmal umschreibt die Auster auch eine Nachricht, die anhand der weiteren Symbole als gut oder schlecht erkannt werden kann.

AUSZIEHEN Wer im Traum seine Kleider auszieht, hat nichts zu verbergen, sollte sich aber doch davor hüten, sich bloßzustellen. Wenn man die Schuhe auszieht, deutet das vielleicht auf das Verlangen nach einer natürlicheren Lebensweise hin. Der Auszug aus einem Haus oder einer Wohnung lässt erkennen, dass das Unbewusste mit unserer bisherigen Lebensweise nicht zufrieden ist. Mit anderen Worten: Es mahnt uns zu einer Umstellung, damit wir uns freier bewegen können.

AUTO Siehe »Automobil«.

AUTOMAT Von Freud wäre er vielleicht sexuell gedeutet worden, da man ja etwas hineinstecken muss, damit etwas dabei herauskommt. Wahrscheinlich mahnt er aber eher vor überflüssigen Geldausgaben und auch oft zur Zurückhaltung im Tagesgeschehen.

AUTOMOBIL Steht oft für das eigene Ich, das es zu beherrschen gilt. Kommt man

damit gut voran, kann es auch im bewussten Leben vorangehen. Pannen deuten auf Hemmnisse hin, Verbotsschilder, die man übersieht, auf Lebensangst, die man durch allzu forsches Auftreten überwinden möchte. Wenn der Träumende das Auto selbst fährt, kennzeichnet es oft seine Person – hier wird es als fahrbares Haus geschildert – oder was er im Alltagsleben darstellen möchte. Sitzt er in einem besonders schicken, fremden Auto, möchte er möglicherweise mehr scheinen, als er in Wirklichkeit ist. Bedient der Träumer das Automobil falsch, macht er auch im Wachzustand manches nicht richtig. Viele Angstträume – man überfährt zum Beispiel jemanden oder die Bremsen funktionieren nicht – hängen mit dem Auto zusammen; sie beweisen, dass unser Ich angekratzt ist, dass wir unseren Lebensstil ändern sollten, um keine Verluste zu erleiden.
(*Siehe auch »Bremse« oder andere Automobilteile.*)

Axt Wer sie als Werkzeug benutzt, will ein Ziel mit Gewalt erreichen. Oft auch ein Hinweis darauf, dass man im bewussten Leben Energien vergeudet, die dann in entscheidenden Momenten fehlen.

Baby bis Butter

Baby Symbol einer unbewussten Sehnsucht nach Geborgenheit. Wer ein Baby trägt, hat noch eine ganze Weile sein Päckchen zu tragen und erreicht gesteckte Ziele erst nach vielen Mühen. Ein Baby stillen: Man sollte seine Pflicht erfüllen, auch wenn es schwer fällt. Wer schöne Babys im Traum sieht, kann im Wachleben oft gute Freundschaften schließen. Hässliche Babys deuten auf Unebenheiten im eigenen Charakter hin. Ein totes Baby lässt manchmal auf schlechtes Erinnerungsvermögen deuten.
(Siehe auch »Kind.)

Bach Ein quellfrischer Bach deutet auf die übersprudelnde Art des Träumers hin und lässt für Beruf und Privatleben nur das Beste erwarten. Ein trüber, oft modrig riechender Bach zeichnet die trübe Stimmung nach, in der man sich im Augenblick im Wachleben befindet. Manchmal möchte man in diesem Fall auch gern im Trüben fischen. Sind Fische im Bach, sprudelt unsere Kasse möglicherweise bald über. Ein trockengelegter Bachlauf erinnert den Träumer an Notzeiten, auf die er sich rechtzeitig einrichten sollte.
(Siehe auch »Wasser«, »Fluss« und »Fisch«.)

Backen Die Tätigkeit, die uns das tägliche Brot schenkt, die uns also voranbringt. Wer im Traum selbst sein Brot bäckt, nimmt sein Schicksal in die eigene Hand, wer kleine Semmeln in den Ofen schiebt, der wird auch im Wachleben eher kleine Brötchen backen. Wer sich sein Brot backen lässt, vertraut anderen wohl mehr als sich selbst.

Bäcker Eine schöpferisch tätige Symbolfigur, die auf eine positive Gesamtentwicklung hinweist, zumindest auf eine Besserung der augenblicklichen Verhältnisse.

Bäcker Wenn der Bäcker im Traum mit dem Feuer hantiert, ist es geistige Nahrung, die er dem Träumer verschafft.

Backofen Nach Freud weibliches Sexualsymbol, der Gebärmutter gleichzusetzen. Nach moderner Auffassung wird etwas zu gestaltvoller Reife gebacken. Ist noch Feuer unterm Ofen, deutet das eine glutvolle Bindung an, die sich glücklich ausbauen lässt.

Bad Im Traum steht es für einen Reinigungsprozess der Seele, der manches wegnimmt, was einen bisher bedrückte. Das Wasser im Bad spiegelt unsere seelische Energie. So mancher badete schon im Traum, bevor er einen neuen Lebensabschnitt begann. Das Bad im klaren Wasser reinigt die Seele und lässt für das Wachleben klare Erkenntnisse zu. Das Bad im Trüben weist auf den Sumpf hin, in den man durch eigenes Verschulden geriet. Positiv zu deuten ist das Bad in freier Natur, das für das bewusste Leben Ungebundenheit und Zwanglosigkeit verheißt.
(Siehe auch »Wasser«.)

Badezimmer Die Stätte der Reinigung, übersetzt: der seelischen Läuterung. Die klare geometrische Form, etwa ein rundes oder quadratisches Badezimmer (oder auch eine entsprechende Badewanne) deutet auf den guten Kern hin, der in dem Träumer steckt. In diesem Raum will man sich vom Alltagsschmutz befreien, gewissermaßen in eine andere Haut schlüpfen. Wer das Badezimmer von Unrat und Schmutz befreit, bevor er sich wäscht, möchte Vergangenes schnell vergessen, sich reinwaschen, bevor er Neues beginnt.

Bagger Ersetzt wie Planierraupen oder ähnliche Baumaschinen oft den archetypischen Drachen (siehe dort).

Bahnhof Das Unbewusste selbst, das uns im Wachzustand helfen will, dass wir den richtigen Zug erwischen, die Schaltstation zu etwas Neuem. Ob die Reise gut verlaufen wird, ist nur aus weiteren Traumsymbolen zu ersehen.
(Siehe unter anderem auch »Eisenbahn«, »Abreise«, »Ankunft« und »Fahrschein«.)

Bahnhofsvorsteher Auch der Mann mit der roten Mütze, der die Abfahrt eines Zuges freigibt; übersetzt ist er eine Hilfe auf unserem weiteren Lebensweg.
(Siehe auch »Schaffner«.)

Bahre Irgendetwas, das einem zugetragen wird, wobei eine Kranken- oder Totenbahre keinesfalls Ungünstiges zu bedeuten braucht. Entsprechendes ist aus weiteren Symbolen herauszulesen. Oft kann es sich um ein freudiges Ereignis handeln. Lediglich die leere Bahre umschreibt einen seelischen Notstand, vielleicht sogar die Leere in einer festen Beziehung.
(Siehe auch »Tragbahre«.)

Balkon Haussymbol, das auf das Mütterliche, die weibliche Brust hinweisen kann, aber auch auf etwas Verschenktes, für das man keine spätere Revanche erwartet.
(Siehe auch »Haus« und weitere Teile des Hauses.)

Ball Das Tanzfest besuchen lässt auch für das Wachleben Freude und Frohsinn erwarten. Oft gilt der Ball als Hinweis des Unbewussten, mehr aus seinem Leben zu machen, sich mit seiner Umwelt ergiebiger zu beschäftigen. Der Ball zum Spielen ist wie die Kugel (siehe dort) ein Ganzheitssymbol, vergleichbar dem Erd- und dem Sonnenball, übersetzt: die in Bewegung geratene psychische Energie. Wer im Traum mit dem Ball spielt, kann manches auch verspielen oder sich zum Spielball seiner Gefühle machen lassen oder sich in eine Sache verrennen, die den Einsatz eigentlich nicht wert ist. Oft glauben wir ja leichtes Spiel zu haben, aber nicht immer trifft das zu.

Ballon Die Übersetzung des Flüchtigen in unserem Leben, das Bild des Jagens nach dem Glück, bei dem man nie weiß, ob der Wind gerade günstig steht. Ein zerplatzter Ballon symbolisiert – wie die zerplatzte Seifenblase – eine Hoffnung, die sich nicht erfüllen wird.
(Siehe auch »Seifenblase«.)

Balsam Wem im Traum Balsam aufgelegt wird, dessen Psyche wird gesunden, weil er auf seine Umwelt vertrauen kann.
(Siehe auch »Salbe« und »Medizin«.)

Banane Psychoanalytisch ein Symbol des männlichen Geschlechtsorgans. Das Bild soll vor allem Frauen sexuelle Träume schenken, die aber im Wachleben eher auf ein unbefriedigendes Leben hinweisen.

Band Ein buntes Band hat etwas mit dem Band zu tun, das Mann und Frau vereinigt. Flatternde Bänder umschreiben die innere Unruhe, die selbst glückliche Verbindungen einmal erfassen kann.

Bank Oft als Energiezentrale gedeutet, von der man die Kräfte für die Bewältigung aller möglichen Aufgaben – auch der Liebesarbeit – abheben kann. Ein gesperrtes Konto gilt als Sperre der inneren Energien. In ein Bankhaus einbrechen umschreibt den krampfhaften Versuch, auf der Höhe seines Ichs zu bleiben, manchmal auch den Wunsch, mehr zu scheinen, als man ist, mehr Werte zu besitzen, als man in Wirklichkeit hat. (Siehe auch »Spardose« und »Sparkasse«.) Wer auf einer Bank sitzt, wartet auf ein Abenteuer, auf einen Menschen, der ihn versteht. Oft träumt man von einer Sitzbank, wenn man im Zusammenleben mit einem Partner nicht die Erfüllung findet, die man sich erhofft.
(Siehe auch »Stuhl«.)

Banknote Warnung, nicht mehr Geld auszugeben, als man hat. Wer im Traum Banknoten zählt, sollte im Wachleben großzügiger zu seinen Mitmenschen sein.
(Siehe auch »Geld«.)

Bar Wer allein in einer Bar sitzt, möchte im bewussten Leben einmal aus seiner Haut schlüpfen. Mit anderen in eine Bar gehen lässt meistens erkennen, dass man eventuell flüchtige Bekanntschaften sucht. Es kommt aber darauf an, mit wem man sich im Traum an der Bar sieht. Erst aus diesen anderen Symbolen lässt sich dann der Traum von der Bar deuten.

Bär Obwohl der Bär einen männlichen Artikel hat, gilt er im Traumgeschehen als Gestalt von erdhafter, warmer, schützender Mütterlichkeit. Nach Carl Gustav Jung kommt der negative Aspekt der übergeordneten Persönlichkeit hinzu, die sich durch die sprichwörtliche Bärenkraft auszeichnet. Der Bär hat in vielen Träumen auch Gefährliches, Drohendes an sich.

Barfüssig Die Rückkehr auf den Boden der Tatsachen; auch als Zeichen der Bescheidenheit und der Armut gedeutet, der Demut, mit der man das Leben in seinen Höhen und seinen Tiefen erträgt. Oft wird auch die Erdverbundenheit damit zum Ausdruck gebracht.

Barriere Richtet sich überall dort auf, wo man eigene Hemmungen nicht überwinden kann. Nur wenn man sie überspringt oder schlau umgeht, können im Wachleben bestimmte Komplexe abgebaut werden.
(*Siehe auch* »Hindernis« *und* »Schranke«.)

Bart Früher als Symbol männlicher Überlegenheit, später auch als das Anlegen einer Maske (*siehe dort*) gedeutet, hinter der man das eigene Innere verbergen will – eine Deutung, die bei den meisten Träumen heute zutreffen kann. Wenn man den Bart im Traum verliert, sollte man Vorurteile oder veraltete Ansichten ablegen.
(*Siehe auch* »Haare«.)

Bauch Die »Küche« des Leibes, in der die Erlebnisse des Alltags verarbeitet und verdaut werden. Träume vom vollen Bauch gelten als Warnzeichen, sich zu mäßigen.
(*Siehe auch* »Magen«.)

Bauen Wer etwas baut, will im Wachleben vorwärtskommen. Beim Bauen treten jedoch auch Schwierigkeiten auf, die Probleme im Wachleben andeuten können. Wächst ein Bau im Traum höher und höher, wachsen die Probleme ins Uferlose. Wird eine Brücke gebaut, kann wohl damit gerechnet werden, dass Schwierigkeiten bald überbrückt werden.
(*Siehe auch* »Haus« *und* »Brücke«.)

Bauer Im Traum eines Städters auch heute noch der Wunsch und Wille, sich einer naturnahen Lebensweise zu befleißigen. Er versinnbildlicht die Naturverbundenheit des Träumers, das einfache Leben, das er führen möchte.
(*Siehe auch* »Acker«, »Ernten«, »Garten«, »Säen« *und* »Stall«.)

BAUERNSTUBE Die natürliche Heimat, nach der sich mancher im Traum zurücksehnt, das wohlig Warme in unserem Innenleben. Oft der Hinweis darauf, dass man sich Ruhe und Frieden wünscht.
(Siehe auch »Zimmer«.)

BAUFÄLLIGKEIT Die Unsicherheit, die der Träumer seiner Umwelt gegenüber zur Schau stellt.
(Siehe auch »Fassade« und »Haus«.)

BAUM Archetypisches Symbol des Lebens, auch als Lebens- oder Stammbaum gedeutet. Adam und Eva pflückten den Apfel vom Baum der Erkenntnis und zogen daraus die Lehre für ihr weiteres Leben. Wer also von einem Baum träumt, kann auf Erkenntnisse hoffen, die ihm im Wachleben weiterhelfen werden. Hohe Bäume lassen auf besondere Ehren schließen, blühende auf persönliches Glück, Frucht tragende auf Erfolg in naher Zukunft, dürre Bäume aber deuten auf schlechte Geschäfte hin. Wer vom Baum stürzt, dem fällt es schwer, die eigene Lage richtig zu beurteilen. Wer auf einen hohen Baum klettert, wagt sich auch im Wachleben meist etwas zu weit vor und kann darum umso leichter tief fallen.
(Siehe auch »Ast«, »Blätter« und »Wald«.)

BECHER Ein Gefäß, aus dem man trinkt, wobei man bei der Deutung besonders auf das Getränk achten sollte. Ein leerer Becher soll auf einen leeren Geldbeutel hinweisen, ein randvoll gefüllter Becher auf Geldzuwachs.
(Siehe auch »Tasse« und andere Gefäße.)

BEDIENUNG Wird man im Traum gut bedient, kann man im Alltagsleben mit Wohlergehen und Förderung rechnen. Ist man selbst die Bedienung, muss man wahrscheinlich in nächster Zeit zum Nutzen anderer schwer schuften und übermäßig rackern.

BEEREN Wenn sie gesammelt werden, weist das auf die Mühsal täglicher Kleinarbeit hin. Isst man im Traum Beeren, regt man sich im Wachleben vielleicht über fast jede Kleinigkeit auf, schluckt aber den Ärger darüber hinunter.

BEGLEITER Wer im Traum von jemandem begleitet wird, sollte darauf achten, wer da an seiner Seite geht. Oft ist es nur ein Schatten (*siehe dort*) oder die Umschreibung des eigenen Inneren, das Probleme aufspürt, die dringend einer Lösung bedürfen.

BEGRÄBNIS Ein Traum von einem Begräbnis hat nur äußerst selten mit einem Todesfall zu tun. Oft bedeutet es, dass man etwas lieber begraben sollte, z. B. eine Zwistigkeit, eine Liaison oder ein nutzloses Objekt, dessen Kauf geplant war. Wird man selbst begraben, weist das auf Hemmungen, Minderwertigkeitskomplexe oder Selbstmitleid im Wachleben hin. Es fordert zur Selbsterkenntnis auf. Manchmal ist

BEGRÄBNIS
auch etwas in uns abgestorben, das wir besser zu Grabe tragen sollten.
(Siehe auch »Grab«, »Leiche«, »Sarg« und »Tod«.)

BEHÖRDE Viele gehen ungern auf ein Amt (siehe auch dort); der Traum übersetzt diesen Widerwillen als eine seelische Gegenwehr gegen Ungerechtigkeit und Bevormundung, gegen das Verwaltetsein des Menschen im Alltagsleben.

BEICHTE Man möchte sich etwas Bedrückendes von der Seele reden, über das man im Allgemeinen sonst gern schweigt.

BEIFALL Zustimmung für einen Plan, der in der Schwebe liegt. Manchmal aber wollen uns Schmeichler mit ihrem Beifall auf ein falsches Gleis locken, und mit schlechten Rat »dienen«.

BEIL Siehe »Axt«.

BEILEID Stimmt traurig, das Unbewusste fasst es aber meistens als Heuchelei auf, als unaufrichtige Anteilnahme am Schicksal des Träumers.

BEIN Der »Motor« des Fußes hat mit Fortschritt, aber auch mit Rückschritt im Leben zu tun, weist also auf den eigenen Standpunkt hin. Die sexuelle Deutung der ersten Psychoanalytiker (etwa: ein schönes Bein sehen bedeutet Befriedigung des Geschlechtstriebs oder Beinbruch ist gleichbedeutend mit Ehebruch) scheint wenig überzeugend.
(Siehe auch »Amputation« und »Fuß«.)

BEISCHLAF Nicht immer sexuell zu deuten. Artemidoros war der Meinung, seiner eigenen Frau beizuschlafen, wenn sie dazu geneigt sei, könne für beide Ehegatten nur gut ausgelegt werden. Eine unwillige Gattin aber verkehre diesen guten Eindruck ins Gegenteil. Nach Meinung vieler moderner Psychologen weist der Beischlaf mit der Chefin oder dem Chef eher auf eine Förderung im Beruf hin, weil sich beide in der Zielsetzung einig seien. Im Allgemeinen lässt der Traum vom Beischlaf Rückschlüsse auf die Potenz des Träumers zu. Ein nicht vollzogener Beischlaf kann dementsprechend als Angst vor mangelnder Potenz gedeutet werden. Oft ist der oder die Fremde, mit der man im Traum schläft, nur der eigene Partner, von dem man sich im Wachleben vielleicht mehr Innigkeit erhofft.
(Siehe auch »Koitus«.)

BEKANNTE Wenn wir im Traum Bekannte treffen, sind wir im Wachleben nicht allein mit unserer Meinung, finden vielleicht auch Gönner, die uns weiterhelfen. Wer aber im Traum über Bekannte redet, sollte sich im Alltagsleben vor Klatsch hüten.
(Siehe auch »Freund/Freundin«.)

Bellen Ein bellender Hund warnt uns vor einer möglichen Gefahr.
(Siehe auch »Hund«.)

Berg Er deutet auf Probleme hin, die vor uns aufragen. Eine Klettertour an einem steilen Berg umschreibt vielfach eine schwierige Lebenssituation. Wird der Gipfel nicht erreicht, hat der Träumer zu hoch gesteckte Ziele, kommt er oben an, lacht ihm der Erfolg. Wenn der Aufstieg nicht zu steil ist, wird uns auch der Aufstieg im Leben gelingen. Der Abstieg kann auf das Ende eines wichtigen Teilabschnitts in unserem Leben hinweisen, aber auch darauf, dass wir es endlich geschafft haben und dass nun eine ruhigere Zeit vor uns liegt.
(Siehe auch »Abgrund«, »Abstürzen«, »Aufsteigen« und »Mauer«.)

Bergführer Positive Traumgestalt, die uns über Stock und Stein auf die Höhe bringt; auch der Gönner, der uns bei unserem Aufstieg tatkräftig unterstützt.

Besen Wer einen Besen in der Hand hält und damit kehrt, möchte im eigenen Leben Ordnung schaffen. In fremden Händen sind Besen vergleichbar mit denen der Hexen, die auf ihnen in der Walpurgisnacht auf den Blocksberg reiten und dort ihr Unwesen treiben: Man will Streit mit uns beginnen oder uns irgendwie hereinlegen. Man sollte diese Warnung ernst nehmen und sich vor den männlichen und weiblichen Hexen und ihren Kehrkünsten hüten. Neue Besen kehren gut; sie können darauf hinweisen, dass wir mit einer neuen Idee Altes vergessen machen.
(Siehe auch »Hexe«.)

Besuch Wenn der Besuch unangenehm ist, kann das auf Allergien hinweisen oder auf Antipathien.

Betrug Meist nur die kurzfristige Aufbesserung der Finanzen. Betrügt der Liebespartner im Traum, soll man das nicht allzu ernst nehmen; denn der fremde Traumbeischläfer des eigenen Partners ist häufig nichts anderes als die unerwartete Hilfestellung, die uns jemand im Wachleben leistet. Manchmal soll das Traumbild vom Betrug auch den Anstoß geben, im Intimleben mehr aus sich herauszugehen.
(Siehe auch »Beischlaf«.)

Betrunkenheit Sieht man Betrunkene, ist man von Menschen aus der eigenen Umgebung enttäuscht. Sieht man sich selbst betrunken, will das Unbewusste unsere Hemmungen beseitigen, damit wir anstehende Probleme ohne Scheu meistern können. Freilich deutet die Betrunkenheit im Traum auch darauf hin, dass der Träumer die Realitäten des Lebens nicht so ernst nimmt, wie sie in Wirklichkeit sind.
(Siehe auch »Alkohol«.)

Bett Der Hort der Geborgenheit, in dem uns manchmal tiefe Unruhe erfasst; man sollte diesem Gefühl im Wachzustand

BETT nachgehen, weil es auf einen Herd seelischer Krankheitszustände hinweisen könnte. Wer Bettgeschichten im Traum erlebt, ist wohl ein bisschen unzufrieden mit seinen sexuellen Leistungen im Wachleben; er möchte mehr, als er sich zutraut. Ein sauber bezogenes Bett sollte den Träumer erinnern, auch im Wachleben auf »Sauberkeit« im Intimleben zu achten. Schmutziges Bettzeug wäre demnach ein Signal dafür, seine Beziehungen ins Reine zu bringen. Das leere Bett spricht von der seelischen Einsamkeit des Träumers.
(Siehe auch »Matratze« und »Schlafen«.)

BETTLER Ein Warnzeichen, man möge sich anderen Menschen gegenüber weniger erhaben zeigen. Oft umschreibt der Bettler die unangenehme Erinnerung an einen Menschen oder an ein Ereignis, das wir wieder aus unserem Gedächtnis streichen möchten. Manchmal erinnert das Unbewusste daran, dass wir uns im Wachleben auf mehr Einfachheit besinnen sollten.

BEUTEL Ein leerer Beutel kann auf die Leere unserer Beziehungen hindeuten, ein prall gefüllter auf allzu große Ichbezogenheit gegenüber dem, der uns am nächsten steht.
(Siehe auch »Tasche«.)

BIENE Das Symbol des (Bienen-)Fleißes. Summen Bienen in unserem Traum, können wir uns über starke Nerven freuen, die uns in allen Gefahren helfen. Schon die Griechen und Römer glaubten, wenn ein Mädchen im Traum von einer Biene gestochen werde, treffe es im Wachleben Amors Pfeil. Für alle anderen sei der Bienenstich gleichbedeutend mit einer einschneidenden Veränderung im Leben.
(Siehe auch »Amor«, »Insekten«, »Wabe« und »Wespe«.)

BIENENSCHWARM Positives Zeichen für die Rolle, die man in der Gesellschaft spielt. Er soll auch auf mannigfaltige sexuelle Freuden hinweisen.

BIER Schales Bier, das im Glas stehen blieb, deutet darauf hin, dass eine Freundschaft zur Neige gehen könnte. Frisches Bier, dass man im Traum in Maßen trinkt, verspricht gute Gesundheit, sofern man es nicht verschüttet. Wenn das Bier nur Schaum hat, haben wir es wohl in unserem Bekanntenkreis mit Schaumschlägern und Aufschneidern zu tun.
(Siehe auch »Alkohol«.)

BILD Sieht man das Porträt eines Menschen im Traum, möchte man sich ein Bild von jemandem machen, der man vielleicht sogar selbst ist. Handelt es sich um ein Zerrbild, spielte das Unbewusste eine gewisse Ratlosigkeit. Sieht man das eigene Bild eingerahmt vor sich stehen, hat das wohl etwas mit unserer Eitelkeit zu tun.
(Siehe auch »Fotografieren«, »Galerie« und »Gemälde«.)

BILDHAUER Einer, der mit Hammer und Meißel immer die besten Konturen herausschlagen möchte; übersetzt: das Unbewusste, das sich Sorgen macht, dass wir im Wachleben kein gutes Bild abgeben könnten, weil wir um jeden Preis mehr für uns herausschlagen möchten.

BILDUNG Die Bildung, die wir im Traum zur Schau stellen, ist ein Beweis dafür, dass unser Unbewusstes eine Bildungslücke im Wachleben aufgespürt hat, die gestopft werden müsste (dabei handelt es sich vorrangig um die seelische Bildung!).

BILLETT Etwas, das uns das Unbewusste zustecken möchte, damit wir im Wachleben mehr aus uns herausgehen können.
(Siehe auch »Fahrschein«.)

BIRKE In frühlingshaftem Grün gaukelt sie uns ein freudiges Ereignis vor. Klettert man am Stamm einer Birke sicher nach oben, kann man auch im Leben höher steigen. Die Birke galt im Mittelalter als Zauberschutz gegen Hexen und böse Geister, was noch der Brauch in katholischen Gegenden beweist, an Fronleichnam oder auch Pfingsten Häuser und Ställe mit Birkengrün zu schmücken, damit das Böse draußen bleibt. Bei religiösen Menschen spiegelt dieser Brauch die Angst des Unbewussten wider, dass sie schutzlos irgendwelchen bösen Mächten ausgeliefert sein könnten.
(Siehe auch »Baum«.)

BIRNE Erotisches, weibliches Symbol voller Saft und Süße. Die Form erinnert nach Meinung mancher Traumdeuter an Sehnsüchte, sich zu vereinigen.
(Siehe auch »Früchte«.)

BLASINSTRUMENTE Während Saiteninstrumente weiblich definiert werden, deuten Blasinstrumente im Traum Männliches an, für Frauen den fröhlichen Ehepartner, für Männer den Einsatz des eigenen Eros. Blasinstrumente sind in traumhaften Lustspielen zu finden.
(Siehe auch »Musik« und einzelne Blasinstrumente.)

BLÄTTER Teil des Lebensbaums. Frische Blätter bedeuten gesundes Leben, verwelkte machen auf Schwachstellen in unserem Lebenshaushalt aufmerksam, auf Enttäuschungen, die wir verwinden müssen. Fallende Blätter sind ebenfalls ein Zeichen dafür, dass wir etwas tun müssen, um unser seelisches Gleichgewicht wiederzufinden.
(Siehe auch »Ast«, »Baum« und »Laub«.)

BLAU Die Farbe der Wahrheit, der seelischen Gelöstheit, der geistigen Überlegenheit. Träume in Blau sind also positiv zu bewerten.
(Siehe auch »Farbe«.)

BLECH Wer im Traum Blech bearbeitet, vergeudet möglicherweise kostbare Zeit am falschen Objekt. Übersetzt auch: Man

Blech redet manchmal viel Unnützes – eben »Blech«.

Blei Wer Blei gießt, bemüht sich, etwas Nützliches zu vollbringen, aber am Ende kommt dabei vielleicht nur bizarr Verworrenes heraus.

Blind Wer sich im Traum blind sieht, obwohl er eigentlich ganz gut sehen kann, verschließt wohl zu sehr die Augen vor anstehenden Problemen, die vor allem seelischer Natur sind. Es fehlt vielleicht an Weitsicht oder an der rechten Menschenkenntnis, sodass man leicht übers Ohr gehauen werden kann. Man braucht Hilfe, um einen gangbaren Weg aus einem Dilemma zu finden. Dagegen spricht es für die Hilfsbereitschaft des Träumers selbst, wenn er einen Blinden führt.

Blitz Unkontrollierte Kräfte beeinflussen unser Seelenleben. Ein Blitz, dem Feuerstrahl gleichgesetzt, lässt uns blitzartig erkennen, wie wir im Wachleben besser zurechtkommen können. Bei Freud hat der Blitz eindeutig phallische Bedeutung.
(Siehe auch »Brand« und »Feuer«.)

Blumen Blüten sind als Ausdruck schöner Gefühle zu werten, verwelkende Blumen stehen auch im Leben des Träumers für etwas Dahinwelkendes. Man achte dabei auch auf die Farbe (siehe dort). Das Blumenpflücken deutet auf eine sexuelle Wunscherfüllung hin, ein Strauß frischer Blumen auf ein Liebeserlebnis, das uns glücklich macht. Zertritt man aber Blumen, so trampelt man möglicherweise auf den Gefühlen des Partners herum, den zu lieben man im Wachleben vorgibt.
(Siehe auch »Knospe«.)

Blumenstempel Nach Stekel immer ein phallisches Symbol, das (in Verbindung mit einer Blume) ein sexuelles Erfolgserlebnis sinnbildlich darstellen kann.

Blut Symbol der Lebenskraft. Wer sich im Traum bluten sieht, hat seelische Wunden, die er sich nicht eingestehen will, weil sie ihn vor anderen demütigen könnten. Blutverlust im Traum kann auch auf Liebesverlust hinweisen und eine Transfusion auf die Auffrischung tiefer Gefühle. Fließt Blut aus den Wunden anderer Menschen, sind wir wohl momentan im Begriff, anderen Schmerz zuzufügen.
(Siehe auch »Narbe« und »Wunde«.)

Bock Das Tier, das jemanden auf die Hörner nehmen will, signalisiert seelischen Schaden, der durch eigenes schuldhaftes Verhalten entsteht. In sexuellen Träumen bedeutet der Bock die männliche Urkraft, die ihr Opfer haben will.

Börse Auch im Traum erlebt man das geschäftige Treiben um das Goldene Kalb. Meistens freilich wird man an der Traumbörse höchstens die Erfahrung gewinnen, dass man im Wachleben auf andere Einkünfte vertrauen sollte. Das Unbewusste gibt jedenfalls kaum todsichere Tipps für eine wunderbare Geldvermehrung. Sicherer erscheint ihm das, was man in der Geldbörse hat (*siehe dort*).

BOHNEN Warnung vor allzu materialistischem Denken (sie bewirken ja den vollen Bauch, der sich nach außen bläht). Wie alles Keimende auch als Symbol für das weibliche Geschlechtsorgan gedeutet. Wer Bohnen pflanzt, dem keimt ein Gewinn. Wer Bohnen im Traum keimen sieht, dem lacht das Glück. Wer sie zubereitet, der zerstört die Keimwirkung, kann also augenblickliches Glück nicht auf Dauer genießen.

BOHREN Der Ärger bohrt, der Zweifel und die Ungeduld. Wer mit einem Bohrer hantiert, will hinter etwas kommen, das ihm im Wachleben Unruhe und Verdruss bereiten könnte.

BOMBE Dieses Traumbild taucht oft in Erinnerungsträumen auf, die Schockerlebnisse widerspiegeln. Gleichzeitig symbolisiert die Bombe aber auch das eigene Unvermögen, an bestehenden ungünstigen Verhältnissen etwas zu ändern. Träume von Bomben haben etwas Existenzbedrohendes – insofern weisen sie darauf hin, dass es Zeit ist, die eigenen Nerven zu beruhigen und seinen bisherigen Lebenswandel umzustellen. Eine einzelne Bombe, die wir im Traum sehen, könnte durchaus auch eine Nachricht sein, die wie eine Bombe einschlägt.
(*Siehe auch »Explosion« und »Krieg«.*)

BOOT Es soll uns sicher ans rettende Ufer bringen, wo uns ein neues Leben lacht. Treibt es in ruhigem Wasser dahin, bedeutet das eine ruhigere Fahrt unseres Lebensschiffleins im Wachleben. Steuert man es auf bewegtem Wasser, kann man mit Hektik und Unausgeglichenheit im bewussten Leben rechnen. Wer das Boot im Dunkeln treiben lässt, der weiß im Augenblick nicht, wohin die Ereignisse für ihn laufen.
(*Siehe auch »Schiff« und »Wasser«.*)

BORDELL Man sollte aus einem seelischen Zwiespalt herausfinden und den Umgang mit Menschen suchen, die ohne moralische Hemmungen das Seelische wieder »auf Vordermann« bringen. Mit einer Hure zu schlafen bedeutet demnach einen Gewinn an Lebenserfahrung, weist aber in einigen Fällen auch auf unbefriedigte Bedürfnisse und auf verdrängte Lustgefühle im Wachleben hin.
(*Siehe auch »Dirne«.*)

BOTE Ob er Glück oder Unglück bringt, muss aus weiteren Symbolen erschlossen werden.
(*Siehe auch »Briefträger« und »Postbote«.*)

BRAND Das Feuer der Vernichtung und der Leidenschaft, die Leiden schafft. Die Entdeckung eines Brandherdes im Traum

BRAND
kann, wenn er nicht Erinnerung an wirkliches Geschehen ist, eine Umstellung unseres bisherigen Lebens bewirken. Es liegt oft eine geistig-seelische Krankheit vor, die es zu erforschen und dann durch die Besinnung auf unser besseres Ich zu heilen gilt. Man sollte beobachten, wo im Haus (*siehe dort*) der Brand ausbricht. Ist es im Dachstuhl, lässt das zum Beispiel auf eine mindere geistige Entwicklung schließen. Beim Brand in einem Stall sind unsere Triebkräfte betroffen. Brandträume sind im Gegensatz zu Träumen vom Feuer (*siehe dort*) immer ein Gleichnis von Gefahr, die uns oder unsere Lieben bedrohen könnte. Man sollte in diesem Fall einmal Gefühls- und Gewissensforschung betreiben, um einen möglichen seelischen Brandherd aufzuspüren und danach das Wiederaufbauen verlorener Substanz zu versuchen.
(*Siehe auch »Feuerwehr« und »Flammen«.*)

BRANDGERUCH Deutet eine Leidenschaft an, an der wir uns verbrennen können. Hier tut Gewissensforschung Not, damit wir erkennen können, wo es möglicherweise brennt, wo unsere Gefühle in eine Sackgasse geraten sind.

BRANNTWEIN Siehe »Alkohol«.

BRATEN Wer etwas brät, möchte zum guten Gelingen einer Sache beitragen, sich vielleicht auch bei seinen Gästen, den Mitmenschen, in ein gutes Licht setzen. Wenn der Braten anbrennt, haben wir vielleicht einiges Wohlwollen verspielt.

BRATPFANNE Wer in ihr etwas brät, will einen anderen schmoren lassen, um mehr bei ihm zu erreichen. Bei Freud hat die Pfanne weiblich-sexuelle Bedeutung. Artemidoros denkt dabei an ein lüsternes Weibsbild, das einen Mann im eigenen Saft schmoren lassen möchte.

BRAUN Die Farbe der Erde, des naturverbundenen Lebens. Sie hat etwas Warmherziges, Mütterliches an sich. Wer sich braune Kleidung im Traumbild anlegt, sollte einen bisher recht flotten Lebenswandel auf eine ruhigere Gangart umstellen.

BRAUT Die Braut trägt in unseren Breiten meist ein weißes Kleid, die Farbe der Unschuld, aber auch der Enthaltsamkeit und im gewissen Sinne ebenso die der Gefühlskälte (*Siehe auch »Weiß«.*). Mit der eigenen Braut zu schlafen bedeutet für den Mann ein Abenteuer. Wer mit einer Fremden im Brautkleid schläft, könnte wegen seines allzu großen forschen Vorgehens im Wachleben Schwierigkeiten bekommen. Bei Frauen könnte der Brauttraum Liebesglück beinhalten, vor dem sie aber zurückschrecken, weil irgendetwas in ihrem Leben dagegen spricht.

BRAUTSCHUHE Der Volksmund sagt, dass durchtanzte Brautschuhe auf einen Seitensprung hinweisen würden. Man muss sie zum Schuster (*siehe dort*) tragen, wenn man das eigene Lotterleben beenden und seriöser werden will.

Brett Wer es im Traum zurechtsägt, möchte in seinem Leben manches verändern. Wer mit einfachen Brettern eine Hütte baut, möchte mit sich selbst ins Reine kommen und mehr sein als scheinen.
(*Siehe auch* »Haus«, »Holz«, »Hütte« *und* »Säge«.)

Brief Oft beschäftigt uns etwas, von dem wir mehr erwarten, als dabei herauskommt. Gelegentlich deutet der Brief auch auf eine seelische Kontaktarmut des Träumers hin.
(*Siehe auch* »Briefträger«, »Notiz«, »Postbote« *und* »Telegramm«.)

Briefmarken Wer sie sammelt, möchte einen neuen Bekanntenkreis um sich herum aufbauen; wer sie aufklebt, geht in Gedanken auf die Reise.

Briefträger Der Mensch, der mit uns Kontakt aufnimmt und uns etwas bringt, auf das wir vielleicht schon sehnsüchtig gewartet haben. Er erfüllt wohl die Hoffnung im guten, wie auch im schlechten Sinn.
(*Siehe auch* »Postbote«.)

Brillanten Symbolisieren Minderwertigkeitskomplexe oder Großmannssucht und weisen darauf hin, dass irgendetwas in uns noch abgeschliffen werden müsste.
(*Siehe auch* »Diamant«.)

Brille Sie zeigt Fehlerpunkte in unserem Ich an. Die schlecht sitzenden Augengläser verraten zum Beispiel, dass man sich von irgendetwas ein schiefes Bild macht. Setzt man im Traum die Brille eines anderen auf, sollte man sich im Wachleben mehr auf seine eigene Kraft statt auf trügerische Ratschläge der Mitmenschen verlassen. Durch eine klare Brille zu schauen heißt, dass man im Wachleben den rechten Durchblick haben wird. Man achte auch auf die Farbe (*siehe dort*) des Gestells. Eine rosarote Brille kann beispielsweise bedeuten, dass wir die Dinge zu rosig sehen und dabei alles Negative übersehen möchten. Wer durch eine beschlagene Brille schaut, will manches nicht so recht einsehen, was ihm nützlich wäre. Die zerbrochene Brille umschreibt das Glück, das leicht zerbrechen könnte.
(*Siehe auch* »Glas«.)

Brombeere Gilt als sexuelles Symbol herbsüßer Verführung, wobei man die Stacheln des Strauches nicht außer Acht lassen sollte.

Brot Die Speise, die Seele und Körper stärkt. Wer vom Brot träumt, dessen Leben bekommt einen Sinn, weil er innerlich wieder mit der Gemeinschaft zusammenwächst. Der Brotlaib kann auf eine geliebte Person hinweisen, die man gern ganz für sich vereinnahmen möchte.
(*Siehe auch* »Backen« *und* »Bäcker«.)

Brücke Sie beinhaltet das Überbrücken von Schwierigkeiten und Gegensätzen. Wenn wir über die Brücke zum anderen Ufer gehen, erwartet uns eine neue Tätigkeit, die uns zufrieden stellen wird, oder der Anfang einer beglückenden Liebe. Die Brücke ist auch das Symbol einer innigen Verbindung zwischen zwei Menschen oder das der Wiederaufnahme einst guter Beziehungen. Die Art der Brückenkonstruktion verrät uns, ob auf unserem Lebensweg Hindernisse aufgebaut sind: Das fehlende Geländer oder die noch im Bau befindliche Brücke zeigen dem Träumer gefahrvolle Stellen an. Eine eingestürzte Brücke sagt uns, dass wir irgendetwas in unserem Seelenleben in Ordnung zu bringen haben beziehungsweise dass wir Umwege zum großen Glück machen müssen.
(Siehe auch »Abgrund« und »Bauen«.)

Bruder In Männerträumen oft das zweite Ich, das auf seelische und charakterliche Unebenheiten aufmerksam macht und dazu anregt, sich wieder auf sich selbst zu besinnen. Auch in Frauenträumen kaum der eigene Bruder, eher der Nächste, der Mitmensch, der sich uns brüderlich zuwendet und möglicherweise hilft, Schweres zu überwinden. Der Bruder ist also oft als Symbol der Brüderlichkeit zu verstehen.
(Siehe auch »Geschwister« und »Schwester«.)

Brunnen Archetypisches Symbol der Verjüngung, der seelischen Wiedergeburt, das sprudelnde Urbild des Lebendigen. Er kommt häufig in Träumen von Schwangeren vor, umschreibt aber auch sexuelle Probleme, die zur Lösung anstehen. Wer aus einem Brunnen Wasser schöpft, möchte auf seine ihm noch unbewussten Kräfte zurückgreifen und irgendetwas in seinem Leben erneuern. Ist das Wasser sprudelnd und klar, kann das neben der Stärkung der seelischen Kraft auch Freude und Frohsinn in guter Gesellschaft bedeuten. Ein Brunnen ohne Wasser umschreibt die Missgunst, die uns im Wachleben entgegengebracht werden könnte. Wer im Traum in einen Brunnen stürzt, fällt in alte schlechte Gewohnheiten zurück und wird sich kaum Freunde machen.
(Siehe auch »Quelle« und »Wasser«.)

Brust Von Freud als frühkindliches Symbol verstanden, das dem Säugling sexuelle Gefühle gegenüber der Mutter suggeriert, von der er gestillt wird. Diese frühkindliche Erfahrung, die sich in einer zu starken Mutterbindung des Träumers äußert, spiele vor allem in Männerträumen eine Rolle. Natürlich spiegelt der Traum von der Brust das Mütterliche, Lebenserhaltende, Nährende, aber diese Träume spiegeln auch die geistige Nahrung wider, die der Seele zugute kommt. Wer an der Brust verletzt ist, sucht vielleicht nach seelischer Übereinstimmung oder hat daheim Kummer. Möglich aber auch, dass eine schöne Frauenbrust auf ein beglückendes Liebeserlebnis und die Brust einer alten Frau auf die Angst vor mangelnder Potenz hinweisen.

Buch Als »Buch des Lebens« gedeutet. Titel oder Thematik können Aufschluss über die eigene geistige Haltung geben. Aber auch die Farbe (*siehe dort*) des Einbandes kann zur Deutung herangezogen werden. Manchmal zeigt der Inhalt Parallelen zum eigenen Leben auf, oder das Buch umschreibt den Wunsch nach mehr Wissen im Alltagsleben.

Buckel Hat nichts mit der körperlichen Missbildung zu tun. Wer im Traum einen Buckel trägt, hofft darauf, einen Rucksack voll Glück nach Hause zu bringen. Und wer einen Buckligen sieht, sollte sich bemühen, in sich zu gehen und nicht die Fehler anderer zu kritisieren.

Büffel Wie beim Stier (*siehe dort*) ist hier von Triebhaftigkeit, dem Ausleben der eigenen Triebe die Rede. Nur manchmal umschreibt der Büffel die Lernfähigkeit (»Büffeln«) des Individuums.
(*Siehe auch* »Bock«.)

Bügeln Im Sinn von »etwas ausbügeln«. Vielleicht kann man eine schwebende Angelegenheit bald zum eigenen Vorteil erledigen.

Burg Dieses Haus, das seiner wichtigsten Funktion nach ja ein Schutzbau ist, hat etwas Bedrohliches. Gemeint ist meist die seelische Unausgeglichenheit, in die Ordnung gebracht werden müsste. Eine Burgruine ist demgemäß gleichzusetzen mit seelischer Zerrüttung, mit einem Tohuwabohu gegensätzlicher Gefühle, das sehr leicht eine bestehende Verbindung in die Krise führen kann. Aber die Burg kann auch als Haus (*siehe dort*) verstanden werden, das man mit den Funktionen des menschlichen Körpers vergleichen kann.
(*Siehe auch* »Zugbrücke«.)

Bürsten Wer irgendetwas ab- oder ausbürstet, möchte kein Stäubchen an sich sehen, makellos dastehen. Ob's gelingt, müssen andere Symbole zeigen.

Busch Steht für Heimlichkeiten, weil man sich darin oder dahinter verstecken kann; übersetzt wird damit auch eine gewisse Abkapselung von der Umwelt. Ist der Busch grün, lässt er die Hoffnung zu, dass man bald wieder zu blutvollem Leben (auch zur Liebe) zurückfinden wird, ist er dürr, steht man im Widerstreit mit seinen Gefühlen.
(*Siehe* »Gebüsch«.)

Busen Siehe »Brust«.

Butter Wird sie im Traum aufgetischt, verheißt sie meistens Gutes; denn sie gibt uns die Kraft, Neues glücklich zu Ende zu bringen. Wer sein Brot mit Butter bestreicht, soll nach einer alten Volksweisheit durch seine eigene Energie erfolgreich sein. Wer beim Buttern zusieht, könnte dagegen leicht von anderen Menschen »untergebuttert« werden.

Cello bis Dynamit

Cello Wer es streicht oder jemanden es spielen sieht, dem winkt die glückliche Vereinigung im Erotisch-Geistigen, wobei man allerdings manchmal den Bogen überspannen kann.
(Siehe auch »Saiteninstrumente«.)

Champagner Wer im Traum geistige Getränke – zumal den spritzigen Schaumwein – trinkt, möchte das Leben genießen, ohne an den Morgen zu denken. Vielleicht wird hier eine moralische Sperre ausgeklinkt, die im sexuellen Bereich enthemmen könnte.
(Siehe auch »Alkohol«.)

Chaos Chaotische Zustände im Traumgeschehen offenbaren seelische Beklemmungen und Gefühle, die sich nicht einordnen lassen.

Chauffeur Er lenkt unseren Schicksalswagen. Hört er auf uns, werden wir im bewussten Leben schnurstracks auf ein erstrebenswertes Ziel zusteuern; gehorcht er uns nicht, können wir uns im Wachleben nicht durchsetzen. Oft ist es auch nur ein Bote (siehe dort), der in einer Chauffeursuniform auftritt.

Chef oder Chefin: Meist ein Teil des eigenen Ichs, das streng darauf bedacht ist, den Träumer an seine Pflichten zu erinnern.

Chor Ihn singen hören und mitsingen: Man will gute zwischenmenschliche Beziehungen pflegen, findet im Alltagsleben einen Gleichklang der Gefühle mit Freunden und Nachbarn, für den man dankbar ist.
(Siehe auch »Musik«.)

Clown Er ist eine Gestalt zwischen Lachen und Weinen und steht für das Gefühl

Clown der Unsicherheit (kann auch sexuell gedeutet werden). Der Clown ist die lustbezogene Figur des eigenen Ichs, die uns aber an die Kehrseite des Lebens erinnern soll, gewissermaßen an das Ende aller Dinge.
(Siehe auch »Zauberer« und »Zirkus«.)

Dach Meist der Kopf des Träumenden, das »Oberstübchen«. Wenn im Traum dort etwas nicht in Ordnung ist, sollten wir im Wachzustand prüfen, ob wir unsere Gedanken nicht besser ordnen müssen. Dachbodenträume erinnern manchmal an sexuelle Erlebnisse in der Jugend. Wenn Feuer unterm Dach ist, sind Probleme manchmal allein nicht zu bewältigen und der Träumende sollte sich um therapeutische Hilfe bemühen. Übrigens wacht man nach einem solchen Traum meistens mit Kopfschmerzen auf. Steigt man jemandem im Traum aufs Dach, will man ihn mit großem Wissen überflügeln.
(Siehe auch »Brand« und »Haus«.)

Dachziegel Fallen sie vom Dach herunter, umschreiben sie einen Widersacher, der uns mit geistigen Mitteln schlagen will.

Dackel Ein guter Kamerad geht an unserer Seite, aber er kann uns nicht helfen, weil er selbst hilflos ist.
(Siehe auch »Hund«.)

Dame Mit einer Dame gesellschaftlich oder sexuell verkehren wollen: Man sehnt sich nach besserem Umgang oder nach einem sexuellen Abenteuer, das auch einen geistigen Reiz hat. Hinter der Dame kann sich auch die eigene Mutter (siehe dort) verbergen, die Autorität, die uns ermahnen will, anders zu leben als bisher. Man achte bei der Deutung des Traumes darauf, ob es sich tatsächlich um eine »richtige« Dame gehandelt hat.

Dämmerung Schildert eine unklare Lage, in der wir uns befinden. Die Abenddämmerung führt uns nicht aus diesem Problem heraus, nur die Morgendämmerung lässt hoffen, dass wir unsere Probleme schließlich doch lösen werden.
(Siehe »Abend« und »Morgen«.)

Dampf Das Verpuffen einer Hoffnung; ein Plan löst sich in nichts auf. Der Wasserdampf behindert unseren Blick in die Ferne, übersetzt in die Zukunft.
(Siehe auch »Nebel«, »Rauch« und »Wasser«.)

Dampfer Das Schiff, das Dampf ablässt, steht für die eigene Unruhe, dass die Lebensreise in unbekanntes Fahrwasser führen könnte. Des Schornsteins Rauch verhüllt gewissermaßen die Zukunft. Da bleibt nur der Trost fürs Wachleben, dass jede Reise einmal zu Ende geht.

Darmentleerung Übersetzt die Befreiung von Schuld-, auf jeden Fall von unguten Gefühlen, die Verdrängung böser Erinnerungen, vielleicht auch eines Liebes-

kummers. Das Unbewusste will damit unsere Seele von unnützen Gedanken befreien. Vielfach wird diese menschliche Handlung auch als Freigebigkeit gedeutet, die man vom Träumer erwartet.
(Siehe auch »Kot« und »Toilette«.)

DATTEL Die süße Frucht kann sexuell gedeutet werden, besonders, wenn man sie im Traum verzehrt.
(Siehe auch »Früchte«.)

DAUMEN Von Freud als Symbol sexueller Triebhaftigkeit bezeichnet, umschreibt er wohl eher die künstlerische Begabung des Menschen; denn er verleiht der Hand ja erst die Geschicklichkeit und Beweglichkeit sowie die Fähigkeit, fest zuzupacken. Ist der Traumdaumen zu kurz geraten, ist man künstlerisch nicht allzu sehr auf der Höhe oder hat auch nur zu wenig Energie.
(Siehe auch »Finger« und »Hand«.)

DAUMENLUTSCHEN Symbolisiert für uns die Angst, sich wegen seines Tuns schämen zu müssen. Für manche Psychoanalytiker umschreibt es Onanie und Masturbation.

DEFLORATION Siehe »Entjungferung«.

DEGEN Als Phallussymbol steht er wohl für übertrieben herausgestellte Männlichkeit. Wenn Frauen davon träumen, haben sie vielleicht im Wachleben überspitzte sexuelle Wünsche. Der im Traum gezogene Degen kann auf einschneidende Erlebnisse hinweisen, manchmal suggeriert dann aber das Unbewusste, man solle seine Gedanken besser in der Gewalt haben. Psychoanalytisch betrachtet, könnte ein rostiger oder gebrochener Degen auf mangelnde Potenz oder aber auf eine Krankheit des Unterleibs hinweisen.

DEMONSTRATION Wenn man begeistert an ihr teilnimmt, weist das Unbewusste wohl darauf hin, dass wir uns mehr um unsere Umwelt kümmern sollten, statt untätig nur das eigene Ich zu pflegen. Wir sollten mit anderen Worten auf unsere Mitmenschen zugehen. Wird im Traum vor uns ein Experiment demonstriert, sollten wir feststellen, um was es sich dabei handelt, um daraus unsere Schlüsse zu ziehen.

DENKMAL Mit ihm will das Unbewusste einen Denkanstoß geben, Vorbildern nachzueifern. Sieht man sich selbst auf dem Sockel stehen, überschätzt man sich wohl im Wachleben maßlos. Nur hier und da deutet das Denkmal darauf hin, dass man es im Leben zu etwas bringen wird. Das Denkmal in Form eines Grabsteins soll nach alten Traumdeutungen langes Leben bedeuten.
(Siehe auch »Grab«.)

DETEKTIV Der Mann, der uns nachspürt und unsere geheimsten Gedanken errät; übersetzt bedeutet er auch die Angst, vor der Umwelt bloßgestellt zu werden. Vielleicht will uns das Unbewusste auch nur

DETEKTIV
mahnen, endlich mit unseren Heimlichkeiten Schluss zu machen.

DIAMANT Der reinste und härteste Edelstein wirkt als Symbol der psychischen Ganzheit. Oft umschreibt er klare Gedanken, die sich auf den Lebenserfolg konzentrieren, die feste Haltung gegenüber Menschen, die uns weich machen wollen.
(*Siehe auch* »Brillanten«.)

DIEB Das Signal für Verluste, die man erleiden könnte, wenn man sich nicht rechtzeitig absichert. Das »Diebesgut« können eigene Besitztümer, vor allem aber seelisch-moralische Werte sein. In Frauenträumen haben sie oft mit einem Sich-wegstehlen-Wollen aus einer Liebesbeziehung zu tun, mit Heimlichkeiten, die man vor dem Partner hat. Fasst man den Dieb, kann Besitz gerettet oder ein seelischer Spannungszustand abgebaut werden. Man sollte auch beachten, wo der Dieb auftaucht.
(*Siehe auch* »Einbrecher« *und* »Einbruchswerkzeuge«.)

DIETRICH Irgendwer möchte sich ins Haus (*siehe dort*) einschleichen, ein Herz aufschließen, damit es ihm ganz allein gehört.

DIKTATOR Oft das eigene Ich, das sich über alles hinwegsetzt und nur dem eigenen Gewissen folgt. Das Unbewusste will uns mit dieser Figur klarmachen, dass es gewillt ist, uns mit aller Gewalt davon abzuhalten, dass wir selbst unserer Psyche Schaden zufügen.
(*Siehe auch* »Chef« *und* »Kaiser«.)

DINOSAURIER Siehe »Drache«.

DIRIGENT Er dirigiert unsere Gefühlswelt, die er harmonisieren will. Dabei spürt er Disharmonien in unserem Innenleben auf.
(*Siehe auch* »Musik«.)

DIRNE Stellt meist das Sichhinwegsetzen über bürgerliche Moralbegriffe dar, etwas Unbeschwertes, das aber auch in schlechter Gesellschaft genossen werden kann. Mitunter handelt es sich bei dem Dirnentraum auch um den Wunsch nach mehr Freiheit in der eigenen Beziehung, weil der Traum oft von den »ewigen« Junggesellen geträumt wird.
(*Siehe auch* »Bordell«.)

DISTEL Sticht sie uns im Traum, macht uns das Unbewusste wohl auf versteckte Neider und auf Missgunst aufmerksam. Vielleicht sticht uns im Wachleben ins Auge, dass wir jemanden in unserer Umwelt gekränkt haben, was wir wieder gutmachen sollten.

DOGGE Von einer Dogge oder einem anderen großen Hund gebissen zu werden, umschreibt den Tatbestand, dass uns jemand in den Rücken fällt, den wir für treu und ehrlich hielten.
(*Siehe auch* »Hund«.)

Dolch Wenn Frauen im Traum von einem Dolch getroffen werden, deutet das nach Meinung von Psychoanalytikern darauf hin, dass sie sich willenlos ihrem Geliebten hingeben möchten.
(*Siehe auch* »Degen«, »Messer« *und* »Schwert«.)

Donner Beendet das zuckende Feuer des Blitzstrahls, kann also zum Guten oder zum Schlechten hin ausgelegt werden. Man muss dazu die anderen Symbole deuten, um zu wissen, warum es donnernd kracht.
(*Siehe auch* »Blitz«.)

Dorf Für einen Städter der Wunsch, zu einer naturgemäßen, einfachen Lebensweise zurückzukehren, aber auch die Umschreibung einer Enge, die uns vielleicht gefühlsmäßig belastet.

Dornen Symbol der Besinnung auf alte Tugenden, im christlichen Sinn auf das Erleidenmüssen, um anderen zu helfen. In Frauenträumen haben Dornen oft mit der sexuellen Angst vor dem Mann zu tun, den man heimlich liebt. Wenn Dornen stechen oder man ihnen hängen bleibt, gerät die Liebe in eine Krise oder bleibt sogar auf der Strecke.

Dose Eine verschlossene Dose, die man nicht aufbekommt, hat mit Gefühlen zu tun, die man auf jeden Fall unter Verschluss halten möchte. Eine offene Dose dagegen zeigt den Überschwang der Gefühle an, die man zu verschenken bereit ist.

Drache Archetypisches Symbol urtümlicher und kaltblütiger Vitalität, aus der das Geistige verbannt zu sein scheint. Das Positive des Drachentraums: Das Untier in uns wird meistens besiegt. Der Kampf mit dem Drachen umschreibt die Auflehnung des Träumenden gegen sich selbst und seine Gefühle. Der Drache (der weibliche natürlich!) ist oft die Rabenmutter, die ihr Kind ablehnt. Ein Drache, der Abscheu erzeugt, weist nach Ansicht des griechischen Traumdeuters Artemidoros auf ernste Gefahren hin, ein sich vom Träumer abwendender Drache auf eine unglückliche Wendung im Leben.
(*Siehe auch* »Eidechse« *und* »Ungeheuer«.)

Draht Mit Draht kann man etwas eingrenzen, um es zu besitzen und an sich zu binden – übersetzt: Wir wollen eine geliebte Person an uns fesseln oder auch einen nicht mehr genehmen Freund aus unserem Gedankenkreis aussperren. Stacheldraht kann verletzen, und im Traum ist es dann die Seele, die verletzt wird, unser Ich, das sich im Wachleben tausend kleinen Sticheleien von missgünstigen Menschen ausgesetzt sieht.
(*Siehe auch* »Seil«.)

Dreck Meist positiv gewertet. Man kann ja den Wagen aus dem Dreck ziehen, ihn also wieder flottmachen.

Drei Die seit jeher heilige Zahl (»Dreifaltigkeit«) drückt die Schöpferkraft aus. Sie

Drei ist das Element unseres Willens, der Idee, das Ergebnis der Vereinigung von Frau und Mann, die Zukunft gebärend. Die Drei kann Gutes und Schlechtes andeuten. In Träumen, die auf Negatives hinweisen, ist es oft kurz vor drei Uhr. (Wer abergläubisch ist, klopft ja auch dreimal auf Holz!)

Dreieck Obwohl die Drei, wie alle ungeraden Zahlen, männlich definiert wird, ist das Dreieck ein weibliches Sexualsymbol, das mit anderen Traumsymbolen in Zusammenhang gebracht werden muss. Ein gleichseitiges Dreieck kann die Klarheit der Gedanken, den schöpferischen Geist des Träumers andeuten.

Dreifuss Die griechische Priesterin Pythia saß in Delphi auf einem Dreifuß und deutete Orakel. Der Schemel mit den drei Beinen hat von jeher eine günstige Auslegung gefunden: Förderung etwa im Beruf, oder Familienglück, das man sich erhofft.

Dreizehn Die erste Zahl nach den Urzahlen eins bis zwölf. Sie symbolisiert den Tod, aber damit auch die Wiedergeburt, keinesfalls das Unglück.

Dreschflegel Schwingt hin und her und ist von daher als voreiliges Handeln zu deuten, von Fall zu Fall auch als Schlagen und Geschlagenwerden.

Droge Siehe »Opium«.

Drohung Das Wortgebilde steht leer im Raum, sodass wir uns davor nicht zu fürchten brauchen. Eine Drohung ist also nichts Bedrohendes, sondern höchstens eine Warnung davor, etwas Unüberlegtes zu tun.

Droschke Das Symbol des Pferdewagens bringt uns in eine Oase der Ruhe. Übersetzt: Das Bedürfnis der Seele nach Frieden und Entspannung.
(Siehe auch »Taxi«.)

Drossel Der Krammetsvogel, eine Drosselart, soll nach mittelalterlicher Ansicht Frauen eine neue Bekanntschaft vermitteln und Männern unerwartete Zuneigung bescheren.
(Siehe auch »Amsel« und »Vogel«.)

Dünger Er lässt alles wachsen. So könnten mit dem großen Haufen Mist, den man im Traum sieht, das Ansehen oder auch die Finanzen wachsen. Wird der Dünger allerdings abgefahren, stehen vielleicht unbezahlte Rechnungen an.

Dunkelheit Die kleinen Schatten auf unserer Seele, das Ungeklärte, das wir im Wachleben schnell aufklären sollten.
(Siehe auch »Nacht«.)

Durcheinander Siehe »Chaos«.

Durchfallen Wer durch ein Examen (siehe »Prüfungsträume«, Seite 40 bis 41) fällt, das er längst bestanden hat, fürchtet sich im bewussten Leben vielleicht vor einem Termin oder einer Verhandlung. Die Angst ist aber unbegründet, weil der Träumende ja das Rüstzeug mitbringt, um alles gut zu bewältigen.

Durst Kann als innere Unruhe übersetzt werden, als das Dürsten nach Ausgeglichenheit etwa. Wer Durst hat, der fühlt sich allein gelassen, ohne Hoffnung, dass sich seine Lage bessern könnte. Durst ist auch ein Zeichen, Kontakte mit lieben Menschen zu suchen und falsche Freunde zu meiden. Den Durst im Traum stillen heißt, auf die schnelle Besserung seiner Lage zu hoffen. Meist wird ein Dursttraum nicht zu Ende geträumt, weil das Durstgefühl den Träumer erwachen lässt.
(*Siehe auch* »Hunger«.)

Dusche Wenn man eine kalte Dusche bekommt, ist das wörtlich zu nehmen: Man kommt vom Regen in die Traufe.

Dynamit Man hat etwas in der Hand, das den Rahmen des Üblichen sprengen könnte. Da es unter Umständen in diesem Fall zur Explosion (*siehe dort*) kommen könnte, sollten wir lieber die Finger davon lassen, sonst passiert etwas, das uns nicht behagt.

Ebbe bis Explosion

Ebbe Symbol für seelische Entspannung. Es kann auch die Leere in der Kasse bedeuten, die nie lange andauern wird, weil nach jeder Ebbe die Flut kommt.

Ebenbild Wenn der Träumer sein Ebenbild sieht, will er sich im Wachleben vielleicht ein klares Bild von sich selbst machen. Mit anderen Worten sucht er eine neue Identifikation für sein eigenes Ich. (*Siehe auch »Bild«, »Fotografieren« und »Spiegel«.*)

Ebene Sorgt für ein nicht allzu beschwerliches Fortkommen. Hier kann man Hindernisse frühzeitig sehen und sie umgehen. Der Traum von der Ebene lässt den Alltagserfolg erhoffen, warnt aber wohl auch vor allzu großer Bequemlichkeit.

Eber Siehe »Bock«, »Keiler«, »Schwein« und »Stier« – meist etwas ungünstiger.

Echo Wenn wir vom Widerhall der eigenen oder einer anderen Stimme träumen, will sich Jemand unsere Meinung zu Eigen machen oder die eigene Meinung bei uns durchsetzen.

Ecke Wer sich im Traum an einer Ecke stößt, eckt vielleicht im Wachleben irgendwo an und setzt sich damit der Kritik aus. Man kann sich auch in eine Ecke verkriechen, dann scheut man sich wohl davor, zu handeln.

Edelstein Das selten vorkommende Mineral ist oft der Blickfang eines schönen Schmuckstücks; übersetzt: der Kern unseres Ichs, das nach außen strahlen möchte. Der Edelstein hat besonderes herausragende Eigenschaften (wie Klarheit, Glanz und ein gewisses Feuer), die auf die hohen Anlagen des Träumers im Wachleben hinweisen können. Wer allerdings einen Edel-

EDELSTEIN
stein verliert, dem bricht wohl ein Zacken aus seiner Krone.
(Siehe auch »Juwelen« und unter den einzelnen Edelsteinnamen.)

EDELWEISS Wer es am Berg pflückt, hat eine zu hohe Meinung von sich selbst. Er sollte besser so widerstandsfähig sein wie die Alpenblume und sich guten Argumenten nicht verschließen.

EFEU Wie der Efeu an einer Hausmauer hochklettert, so ranken sich im Wachleben die Gedanken um unser Fortkommen.

EGGE Mit ihr einen Acker bearbeiten heißt, dass man ganz schön zu ackern hat, bis man ein gestecktes Ziel erreicht.
(Siehe auch »Acker«.)

EHE Die Eheschließung im Traum beweist, dass man sich einsam fühlt (das kann auch vorkommen, wenn man längst verheiratet ist), dass man sexuell nicht ganz befriedigt ist. Wer im Traum zur Ehe gezwungen wird, hat im Wachleben wohl Zwangsvorstellungen, die ihm das Zusammenleben erschweren.
(Siehe auch »Scheidung«.)

EHEBRUCH Der Ehebrecher im Traum wünscht in einem festen Verhältnis etwas zu verändern. Brechen andere die Ehe, ist das Hinweis darauf, sich nicht in anderer Leute Dinge einzumischen.

EI Symbol der Wiedergeburt, Keimzelle für Neues, sich Wandelndes. Wie das Kind (siehe dort) im Traum kündigt es eine neue Entwicklung, das Bewältigen einer neuen Aufgabe oder auch den Beginn einer neuen Lebensphase an. Seelisch Bedrückendes wird einer neuen Lebenseinstellung weichen. Ein Erfolg ist gesichert, wenn gleich mehrere Eier im Traumbild erscheinen. Ein zerbrochenes Ei deutet auf ein seelisches Debakel hin.

EICHE Symbol der überbetonten Männlichkeit, aber auch der Willenskraft. Die Eiche kann als Lebensbaum auch bei Frauen auf die seelische Reife hinweisen, auf die Festigkeit des eigenen Standpunkts.
(Siehe auch »Baum«.)

EICHELN Der Samen der Eiche steht für das keimende Leben, für einen Neuanfang mit geringen Mitteln. Wer Eicheln vom Boden aufliest, beugt gern den Rücken, um Vorteile zu erlangen.

EICHHÖRNCHEN Das possierliche Tierchen schmeichelt sich auch im Traum bei uns ein; das heißt: Es warnt uns vor Schmeichlern, die uns übers Ohr hauen möchten. Beißt es uns, ist das ein Zeichen dafür, dass uns jemand belügen und betrügen möchte. Wer im Traum ein Eichhörnchen tötet, ist deshalb jedoch noch kein Tierquäler; dieses Traumbild suggeriert uns, im Alltagsleben Neider zu erkennen und falsche Freunde auszuschalten.

Eidechse Sie ist der Drache im Kleinformat; übersetzt: Der Träumer möchte im Alltag größer und wichtiger sein, als er in Wirklichkeit ist.
(Siehe auch »Drache«.)

Eieruhr Siehe »Sanduhr«.

Eifersucht Spiegelbild dessen, was der Träumer denkt, seine heimlich Angst, verlieren zu müssen, was er liebt.

Eile Man wird gehetzt, aber der Eilende kommt fast nie ans Ziel. Es ist, als ob das Unbewusste mit dem Sprichwort mahnt: Eile mit Weile! Langsam kommt man eben auch voran.

Eimer Das Gefäß, mit dem man Wasser schöpft, in das man aber auch manchen Schmutz füllt; übersetzt: Man kann hilfreiche Erkenntnisse aus dem Unbewussten schöpfen, wie unsere Psyche von lästigem Druck befreit werden kann.

Einbahnstrasse Die Straße, die man auch im Traum nur in einer einzigen Richtung befahren darf. Unser Unbewusstes rät uns, einen geraden Weg zu gehen, ohne auf Vergangenes Rücksicht zu nehmen. Wer in der Einbahnstraße ungehindert in der entgegengesetzten Richtung fährt, dessen Gedanken hängen der Vergangenheit an und können sich momentan nicht so leicht von ihr lösen.

Einbrechen Wer in den Boden unter sich einbricht, läuft Gefahr, den Boden unter seinen Füßen zu verlieren. Wer ins Eis einbricht, wird vor seelischen Schäden gewarnt, die ihm widerfahren könnten.
(Siehe auch »Eis«.)

Einbrecher Sie drängen sich in unseren Seelenfrieden, wollen Besitz ergreifen von dem, was uns lieb und teuer ist. Der Einbruch in unser Haus ist oft nur der triebhafte Gedanke, der auf Abwege sinnt.
(Siehe auch »Dieb« und »Haus«.)

Einbruchswerkzeuge Mittel der Gewalttätigkeit, gegen die sich unser Unbewusstes wehrt, weil es unsere Psyche schützen will. Bei jungen Frauen oder Mädchen können sie manchmal als Ausdruck heimlicher (meist sexueller) Wünsche oder Ängste übersetzt werden.

Einkaufen Die Übersetzung heimlicher Wünsche: Im zwischenmenschlichen Bereich will man etwas haben, was einem bisher verwehrt wurde. Man will sich Liebe erkaufen oder auch nur das Verhältnis zum Partner festigen. Das Traumbild setzt auch Zweifel: Kann man Liebe und Anerkennung wirklich kaufen? Kauft man neue Kleider, ist das ein Hinweis darauf, dass man im Alltag in eine andere Haut schlüpfen möchte, dass man mit sich und seiner Umwelt nicht mehr ganz zufrieden ist.
(Siehe auch »Geld«, »Kleid« und »Laden«.)

Einmaleins Bei Kindern die Erwartung von guten Noten, die sie dann meistens auch bekommen. Bei Erwachsenen das Wissen darum, dass man Erlerntes manchmal zur unrechten Zeit anwendet, weshalb man als Besserwisser gelten könnte.

Einpacken Im Allgemeinen die Vorbereitung auf etwas Neues. Man kann es aber auch mit dem burschikosen Wort umschreiben: Jetzt kannst du einpacken! Dann könnte man eine Niederlage erleiden.
(Siehe auch »Reise« und »Bahnhof«.)

Eins Die urtümliche, ungeteilte Einheit, die den Anfang (etwa einer Liebe, einer Zuneigung, einer Freundschaft, aber auch einer Arbeit, eines Unternehmens) darstellt. Sie kann ebenso den Einzelgänger bedeuten, der sich durchbeißen muss. Man steht wie eine Eins, wenn man Rückgrat beweist.
(Siehe auch Zahl und Zahlen von »Zwei« bis »Dreizehn«.)

Einsagen Wer in der Schule etwas einsagt, kann leicht erwischt werden. Hier will das Unbewusste anmerken, dass es nichts nützt, sich bei anderen anzubiedern, die uns möglicherweise gar nicht wohl wollen. Wer im Traum einsagt, gibt vielleicht gern fremden Einflüsterungen nach, von denen er wissen müsste, dass sie ihm schaden könnten.
(Siehe auch »Schule« und »Lehrer«.)

Einschiffen Der Bruch mit dem Bisherigen, unser Lebensschiff soll auf neuen Kurs gehen. Es steckt auch etwas Ratlosigkeit in dem Vorgang des Einschiffens: Man weiß bei diesem Traumbild nie, wohin die Fahrt gehen wird.
(Siehe auch »Fahren«, »Reise« und »Schiff«.)

Einsiedler Mit ihm will uns unsere Seele zeigen, wie einsam wir uns fühlen, obwohl wir uns in fröhlicher Gesellschaft sehr kontaktfreudig geben. Es ist die Einsamkeit, die von innen heraus kommt, die Suche nach einem Menschen, der uns ganz versteht und uns so nimmt, wie wir sind.

Einsteigen Bezeichnet den Einstieg in fremdes Terrain, umschreibt den Wunsch, sich eventuell auf nicht ganz legalem Weg das zu verschaffen, was wir sonst nicht erreichen können.

Eis Die Angst vor dem Einfrieren enger Beziehungen im Privatleben, der Komplex, nicht mehr weiterzukommen, in finanzieller oder erotischer Hinsicht einzubrechen.
(Siehe auch »Einbrechen«, »Frieren«, »Gefrorenes«, »Rutschbahn« und »Schlittschuhe«.)

Eisbär Wie unter »Bär«, beinhaltet aber wohl noch mehr eine drohende Gefahr, weil der Eisbär das Kalte, Berechnende ins Bild bringt.

Eisenbahn Das Mittel zum Fortkommen auf der Lebensreise. Man will alles hinter

sich lassen, etwas Neues beginnen. Verpasst man den Anschluss, muss man sich in seine augenblickliche Lage fügen. Kommt man an der Endstation an, kann man auch im Wachleben sein Ziel erreichen. Erreicht man mit der Bahn dieses Ziel nicht, heißt das aufs bewusste Leben übertragen, dass man sich treiben lässt, dass man sich vielleicht schon aufgegeben hat und recht gedankenlos in den Tag hineinlebt. Zu spät zu kommen bei der Abfahrt des Zuges deutet aufgestauten Ärger und Unsicherheiten in seinen Kontakten mit der Umwelt an.
(Siehe auch »Abreise«, »Ankunft«, »Bahnhof«, »Fahrschein«, »Reise« und »Schlafwagen«.)

Eislauf Als beglückendes Ereignis erlebt, wird er kaum zur Rutschpartie. Bricht man aber während des Laufes ins Eis ein, sind Schwierigkeiten im Wachleben zu erwarten, vor allem zwischenmenschlich.
(Siehe auch »Einbrechen«, »Eis« und »Rutschbahn«.)

Eiszapfen Kommen hier und da in Frauenträumen vor, wobei der Grund dafür eventuell in einem Erkalten der erotischen Beziehung zu suchen ist.

Ekel Wer im Traum Ekel empfindet, dessen Seele wehrt sich gegen eine im Bewussten ausgesprochene Äußerung oder ein falsches Handeln und gibt damit dem Träumer Gelegenheit, einmal über sich und sein Tun nachzudenken. Das Unbewusste setzt den Ekel ein, weil solch ein Gefühl in der Regel gut im Gedächtnis des Erwachten haften bleiben wird.
(Siehe auch »Erbrechen«.)

Elefant Der Dickhäuter kann als mütterliches Wesen gedeutet werden, dessen mächtigen Schutz wir suchen. Übertragen auf das Wachleben: Wir sollen darauf bauen, dass uns kein Übel etwas anhaben kann. Wer auf einem Elefanten reitet, plant einen Aufstieg in höhere Sphären.
(Siehe auch »Rüssel«.)

Elektrizitätswerk In ihm wird Strom erzeugt, also Energie, die das Unbewusste dem Träumer zuspielt, damit er endlich energischer an die Alltagsprobleme herangeht. Nur manchmal soll ihm auch die tödliche Gefahr des elektrischen Stroms bewusst gemacht werden, übersetzt: Er soll mit seinen (psychischen) Energien haushalten, da sonst ein Zusammenbruch die Folge sein könnte.

Elf Diese Zahl kann Arbeit und Mühsal bedeuten oder einen schwierigen Neubeginn. Aber die beiden Einsen deuten manchmal auch den Zusammenhalt zwischen zwei Menschen an, die in einem von der Umwelt nicht verstandenen Verhältnis zueinander stehen. Nicht umsonst wird von einigen Traumdeutern darauf hingewiesen, dass die Elf – sie ist ja eine nicht auflösbare Primzahl – ebenso einen kaum zu lösenden Konflikt symbolisieren kann.

ELFENBEIN Die Stoßzähne des Elefanten (*siehe dort*) werden im Allgemeinen sexuell gedeutet, wobei sie auf die männliche Aggressivität hinweisen. Das Hantieren mit Elfenbein kann als Hinweis gelten, dass der Träumer sich nach einer anderen Tätigkeit umsehen sollte.

ELSTER Von dem schwarz-weißen Vogel wird öfter geträumt, als man gemeinhin annehmen möchte. Wenn Elstern durch die Traumlandschaft fliegen, bedeutet das Verwirrung. Man müsste ihr nachgehen, um den seelischen Grund dafür zu finden. Es könnte die Furcht vor einer anstehenden Prüfung sein oder die Angst, dass man uns übel mitspielen könnte. Die diebische Elster weist möglicherweise auch darauf hin, dass wir mehr auf unser geistiges Eigentum achten sollten.

ELTERN Mutter und Vater (*siehe dort*), die für eine glückliche Jugend sorgten, treten im Traum dann auf, wenn sich ein Träumer nach jener Geborgenheit zurücksehnt, die er im Elternhaus empfand. Das Unbewusste nimmt sie als Beispiel, wenn in der eigenen Familie des Träumers Unstimmigkeiten aufkommen. In Pubertätsträumen tauchen die Eltern als Gegner auf – Beweis dafür, dass man sich von ihnen lösen möchte. Wenn man den schon verstorbenen Eltern begegnet, wird das als Ratsuchen gewertet, man braucht Hilfestellung in einer prekären Lage. Waren die Eltern in der Jugend kein Vorbild, kann solch eine Begegnung gegenteilig interpretiert werden, man wehrt sich dann gegen Menschen, die man für schlechte Ratgeber hält. (*Siehe auch »Familie«.*)

ENGE Eine Enge, durch die wir uns zwängen müssen, kann Erinnerung an unsere Geburt sein (man fühlt sich dann wie neugeboren). Meist zeigt das Traumbild an, dass wir nach einem Ausweg aus einer schwierigen Lage suchen. Vor einem Wechsel im Beruf oder Privatleben deutet die Enge oft den Engpass an, durch den wir hindurch müssen, um uns in einer neuen Situation zurechtfinden zu können. (*Siehe auch »Gang«, »Schicht« und »Spalte«.*)

ENGEL Er will uns seelisch den rechten Weg weisen, der manchmal auch ein Ausweg aus persönlichen Schwierigkeiten sein kann. Der Engel deutet an, dass wir Hilfe brauchen, weil wir allein nicht mehr weiterkommen. Wer sich selbst als Engel sieht, sollte seine Einstellung im Wachleben überdenken und prüfen, ob er sich wirklich »engelhaft« benimmt. Vielleicht muss man sich auch von etwas Liebgewordenem trennen oder wird weggeholt in einen anderen, fremden Kreis.

ENTBINDUNG Sie hat immer etwas mit der Wiedergeburt, mit neuen Erkenntnissen zu tun. Bei Frauen weist sie auf die Entfaltung der eigenen Persönlichkeit, auf ein glückliches neues Verhältnis oder auf die Absage an ein brüchiges altes hin. Bei Männern

kann sie die Geburt einer neuen Idee oder eine private Umstellung bedeuten, durch die man weiterkommen wird. Verläuft die Entbindung problemlos, können wir auf das Anbrechen eines positiven Zeitabschnitts hoffen, in dem uns beinahe alles gelingen wird. Eine schwere Entbindung dagegen verheißt Verlust; das kann das Fehlschlagen eines Plans oder einer Unternehmung sein oder die Trennung von jemandem.
(Siehe auch »Geburt« und »Schwangerschaft«.)

ENTE Ihr watschelnder Gang deutet Schwierigkeiten und Langsamkeit an, die unser Fortkommen behindern. Enten, die man schwimmen sieht, lassen dagegen auf eine flotte Ausführung von Plänen hoffen, die kaum ins Wasser fallen werden.
(Siehe auch »Federvieh« und »Gans«.)

ENTHAUPTUNG Drückt die Angst aus, in einer bestimmten Sache den Kopf zu verlieren, unehrenhaft zu handeln oder als Schwächling erkannt zu werden. Oft will uns das Unbewusste auch deutlich machen, dass wir mit einer anderen Einstellung, mit neuen Gedanken unser bewusstes Dasein beleben sollten, um vor uns selbst bestehen zu können.
(Siehe auch »Amputation« und »Kopf«.)

ENTJUNGFERUNG Aus männlicher Sicht die Erkenntnis, dass man im Sexuellen nicht richtig handeln könnte. In Frauenträumen deutet sie an, dass die Träumerin sich in den zwischenmenschlichen Beziehungen unsicher fühlt. Oft verliert man auch etwas, an dem man sehr gehangen hat.
(Siehe auch »Jungfrau«.)

ENTLASSUNG Der Albtraum von der Entlassung aus einem festen Verhältnis geistert durch die Träume Berufstätiger vor allem in unsicheren Zeiten. Man fühlt sich überfordert und glaubt nicht so recht an sich selbst. Seltsamerweise sind aber kaum die Leute von solchen Angstträumen befallen, die arbeitslos sind, sondern jene, die eigentlich gar keine Angst zu haben bräuchten, ihren Job zu verlieren. Die meisten von ihnen haben eher Schwierigkeiten in der Familie mit der Gefahr, ihr häusliches Glück zu verlieren. Das Unbewusste bringt diese Probleme also auf einem anderen Gebiet unter, es verschleiert Tatsächliches.
(Siehe auch »Arbeitsloser«.)

ENTMANNUNG Casanova hätte davon träumen können, von dem Zuviel an sexuellen Gelüsten nämlich, das auf ein normales Maß beschränkt werden müsste, damit die Potenz erhalten bleibt. Positiv: Sinnliche Verlockungen können dem Träumer nicht mehr schaden. (Sonst ähnlich wie »Entjungferung«.)

ERBRECHEN Wir bringen etwas hinter uns, das uns unangenehm, quasi »unverdaulich« erscheint. Manchmal will uns das Un-

ERBRECHEN
bewusste auch mit diesem Bild mahnen, nichts von uns zu geben, was andere verletzen könnte.
(Siehe auch »Ekel«.)

ERBSCHAFT Weist auf seelische Fähigkeiten hin, mit denen das Privatleben leichter gestaltet werden könnte. Das im Traum übernommene Erbe ist etwas, das uns seelisch entlasten kann, hat also nichts mit finanziellen Werten zu tun.

ERBSEN Schmetterlingsblütler, die im Hin- und Hergewoge der Umwelt nach oben streben und Nützliches erzeugen. Übersetzt: Das vernünftige Taktieren im Wachleben, um für sich etwas zu erreichen. Wer im Traum Erbsen zählt, steht vor einem langwierigen Entwicklungsprozess.

ERDBEBEN Warnt vor plötzlichen Veränderungen, die unseren Lebensrhythmus durcheinander wirbeln können. Nach einem Traum-Erdbeben sollte man sich auf die eigene Tüchtigkeit verlassen und gewissermaßen Stein für Stein neu aufbauen, vielleicht sogar einen Neuanfang versuchen. Manchmal weist das Erdbeben nur auf eine uns selbst nicht ganz verständliche Veränderung in unserem Charakterbild hin, das zurechtgerückt werden muss.

ERDBEERE Positives Sexualsymbol, ähnlich der weiblichen Brustwarze (*siehe* »Brust«), das auf Ehe und Mutterschaft hinweisen soll. Erdbeeren können also die Erfüllung süßer Erwartungen sein, die wir auf erotischem Gebiet hegen.

ERDE Archetypisches Symbol, der mütterliche Schoß, der neues Leben verspricht. Wer im Traum Erde umgräbt, der will im Wachleben tiefer in die Dinge eindringen, seinen eigenen Standpunkt festigen. Wer sie isst, sollte sich mehr um Irdisches kümmern, statt in Wolkenkuckucksheim Irreales zu suchen. Wer im Atlas den Planeten Erde betrachtet oder ihn als Globus sieht, möchte wohl dem eigenen Wirkungskreis entfliehen, hinaus in die Welt ziehen und sich den Wind fremder Länder um die Ohren wehen lassen.

ERFRIEREN Der Traum vom Erfrieren basiert oft auf äußeren Einflüssen. Manchmal weist unser Unbewusstes darauf hin, dass in uns etwas einzufrieren droht, dem wir mehr Wärme geben müssen. Oft umschreibt das Erfrieren das Erkalten einer Beziehung, die Gefühlskälte, einen seelischen oder charakterlichen Notstand.
(Siehe auch »Eis« und »frieren«.)

ERKÄLTUNG Wer sie hat, dessen Inneres ist irgendwie verschnupft über sein bewusstes Handeln. Man suche den Grund und kann von daher vielleicht zu mehr innerem Frieden gelangen.

ERNTE Ein günstiges Vorzeichen für die eigenen charakterlichen Anlagen; der

Wunsch, Begonnenes erfolgreich abzuschließen, zumal hier die Arbeit Früchte trägt. Oft wird mit der Ernte im Herbst eine zur Neige gehende Zeit beschrieben, die für ältere Menschen einen sorglosen Lebensabend erhoffen lässt. Ist die Ernte schlecht, müssen wir mit einer kargen Zeit rechnen, aber die neue Saat lässt hoffen.
(Siehe auch »Herbst« und »Saat«.)

Ersticken Das Gefühl, keine Luft mehr zu bekommen, löst auch im Traum natürliche Gegenwehr aus: Man wacht auf und empfindet eine Erleichterung, die den ganzen Tag über anhalten kann. Von Kranken, die im Traum zu ersticken drohten, weiß man, dass sie im Wachleben plötzlich Willenskräfte freisetzten, mit deren Hilfe sie schließlich die Krankheit zu überwinden vermochten.

Ertrinken Wer im Traum zu ertrinken droht oder Ertrinkende sieht, dem geht irgendetwas verloren, das ihm wertvoll war. Es ist auch ein Hinweis darauf, in Zukunft Acht zu geben, damit bestimmte Fehler nicht mehr passieren. Wer vor dem Ertrinken gerettet wird, dem sagt das Unbewusste, dass noch nicht alles verloren ist.

Erwachen Ermahnt den Träumer, endlich wach zu werden, aufgeweckter und entschlossener durchs Leben zu gehen. Dem Erwachen im Traum folgt meistens das Wachwerden.
(Siehe auch »Schlafen«.)

Esel Ein störrischer Esel besagt wohl, dass man noch eine Weile an einem Päckchen zu tragen hat, das man sich selbst aufgebürdet oder auch unfreiwillig auf sich geladen hat. Es kann sowohl eine körperliche als auch eine seelische Last sein. Oft fordert der Esel dazu auf, Geduld zu haben, auf bessere Tage zu hoffen.

Esse Der Fabrikschornstein hat mit übersteigerten sexuellen Bedürfnissen zu tun, die wir nicht beherrschen. Bei einer starken Rauchentwicklung der Esse möchten wir gern eine schwache Seite unseres Charakters überdecken.
(Siehe »Fabrik«, »Kamin« und »Schornstein«.)

Essen Erinnern Sie sich daran, was Sie im Traum gegessen haben, um daraus Ihre Schlüsse zu ziehen. Die Traumspeise ist oft gleichzusetzen mit der geistigen Nahrung, die uns abgehen könnte und nach der man sich heißhungrig drängt. Verweigern wir das Essen, deutet das auf einen Widerwillen gegen etwas im Leben hin, den es zu überwinden gilt.
(Siehe auch »Ekel«, »Hunger«, »Kauen« und »Mahlzeit«.)

Essig Wer im Traum Essig trinkt, dem stößt im Wachleben wahrscheinlich etwas sauer auf. Geistig-seelisch wird dann wohl manches zu Essig, das heißt: nicht verwirklicht, was wünschenswert wäre.

Eule Hat nichts mit dem schreienden Käuzchen zu tun, das bevorstehenden Tod oder ein Unglück ankündigen soll. Sie ist das Tier der Nacht, aus deren Dunkelheit manches nur schemenhaft auftaucht. Das kann das allzu Triebhafte in uns sein, das uns die Ruhe raubt, auch die seelische Ausgeglichenheit, die wir in einer Welt voller Anfeindungen für unser Ich suchen.
(Siehe auch »Dunkelheit«, »Nacht« und »Wald«.)

Euter Deutet nur manchmal auf etwas Triebhaftes hin. Er sollte eher übersetzt werden als nützlicher Hinweis darauf, wie man besser an geistige Nahrung gelangen kann. Im negativen Fall macht man dabei vielleicht eine Milchmädchenrechnung auf, bei der am Ende weniger herauskommt, als man sich erhoffte.

Examen Siehe »Lehrer«, »Prüfung« und »Reifeprüfung«.

Exkremente Siehe »Kot«.

Explosion Gefahrenzeichen: Irgendetwas in unserem zentralen Nervensystem ist vielleicht nicht in Ordnung. Man sollte darauf achten, was im Traum explodiert, um daraus eventuell eine Bedrohung unseres psychischen und physischen Wohlergehens ablesen zu können. Doch auch Geräuschempfindungen von außen, die ein sofortiges Erwachen bewirken, sind manchmal in das Traumbild integriert, können daher nur im Zusammenhang mit anderen Symbolen gedeutet werden.
(Siehe auch »Blitz«, »Donner«, »Dynamit« und »Gewitter«.)

Fabrik bis Füttern

Fabrik Das Haus, in dem das Unbewusste für uns die Dreckarbeit macht, umschreibt unsere seelische Belastbarkeit und die daraus resultierende Widerstandskraft gegen äußere Einflüsse. Oft ergeben sich Ansatzpunkte, von denen man auf die psychischen Schwierigkeiten schließen könnte, die das Unbewusste aus dem Weg geräumt haben will.
(Siehe auch »Esse« und »Haus«.)

Fächer Mit ihm will man seine wahren Absichten verschleiern, vielleicht auch etwas Wind machen, damit andere auf einen aufmerksam werden. Bei Frauen umschreibt der Fächer manchmal die Koketterie, mit der sie dem anderen Geschlecht gegenübertreten möchten.

Fackel Archetypisches Zeichen für die Ehe; denn zu Urzeiten entzündete man nach der Hochzeit den ehelichen Herd mit einer Fackel. Im Traum lässt sie das Feuer der Liebe und des Erfolgs brennen oder verlöschen, sie kann mit anderen Worten unser Leben erhellen, aber auch – im Gegenteil – uns ins Dunkel hinabgleiten lassen. Die Fackel ist also im positiven wie auch im negativen Sinn Teil der psychischen Energie.
(Siehe auch »Feuer«.)

Faden Wem das Einfädeln nicht so recht gelingen will, der schafft es im Wachleben augenblicklich kaum, seine Nerven unter Kontrolle zu halten, wodurch ein möglicher Erfolg ins Gegenteil verkehrt werden kann. An einem Faden hängen oft die zwischenmenschlichen Beziehungen, wenn sie auf eine Zerreißprobe gestellt werden. In diesem Fall ist die Farbe des Fadens besonders wichtig.
(Siehe auch einzelne Farben, »Nadel« und »Nähen«.)

Fahne Archetypisches Symbol weltlicher Freude, folglich oft ein Bild der Sinnlichkeit, die aber kaum vom Gefühl, eher vom Trieb her zu deuten ist. Von Psychoanalytikern manchmal als Stock mit einem flatternden Stück Tuch gesehen; übersetzt: der phallische Stab mit dem mütterlich-weiblichen Stoff, wobei das Flattern als die Vereinigung gedeutet wird. Darüber hinaus ist auch hier die Farbe (*siehe dort*) des Tuches wichtig.

Fähre Wer sich oder einen anderen auf einer Fähre sieht, die wie das Schiff (*siehe dort*) sein Lebensschiff darstellt, will in kurzer Zeit eine Änderung bewirken, ein neues Ziel ansteuern und alles Altbekannte über Bord werfen.

Fahren Das Weiterkommenwollen auf der Lebensfahrt, das Streben nach echten Werten.
(*Siehe auch »Automobil«, »Eisenbahn« und »Reisen«.*)

Fahrkarte Siehe »Fahrschein«.

Fahrrad Von ihm träumen oft junge Leute, die durch eigene Kraftanstrengungen etwas erreichen wollen – eine bessere Schulnote vielleicht oder den exzellenten Abschluss der Lehrlingsarbeit. Manchmal fährt man auch mit seinem Partner Rad, was als unbekümmerte, heitere Fahrt ins Leben gesehen werden könnte. Hat jedoch einer von beiden eine Panne, ist in sexueller und partnerschaftlicher Hinsicht einiges nicht in Ordnung.

Fahrschein Wer die Fahrkarte vor Antritt einer Reise nicht bezahlen kann, dem fehlen einfach die Mittel zur Durchsetzung seiner persönlichen Pläne; er sollte also von einer Veränderung seiner augenblickliche Lage Abstand nehmen. Bezahlt man den Fahrschein, wird man zielbewusst die nächste Lebensstation ansteuern können. Schwarzfahrer im Traum versuchen, billig über die Runden zu kommen.
(*Siehe auch »Fahren«, »Reise« und einzelne Verkehrsmittel.*)

Fährte Wer den Fußspuren eines Menschen folgt, hat im Alltagsleben möglicherweise dunkle Absichten; oft wird hier ein Verliebter geschildert, der vor lauter Eifersucht (*siehe dort*) Spuren sucht, die seinen Verdacht bestätigen können. Auf die Fährte eines Tieres setzt sich ein Träumer, der sich aus seinem bisherigen Leben davonschleichen möchte, um in der freien Natur sein verkrampftes Ich zu lösen.

Fahrzeug Ein Verkehrsmittel, mit dem man hofft, auf dem Lebensweg schneller voranzukommen. Die alten Ägypter sagten von dem, der ein Fahrzeug sah oder in ihm fuhr, er wolle einen sicheren Vorsprung vor seinen Konkurrenten erlangen, die ja zu Fuß schlechter vorwärts kämen.
(*Siehe auch »Fahren«, »Reise« und einzelne Verkehrsmittel.*)

FAKIR Der Fakir ist der Träumer selbst, der im Wachleben vielleicht hart gebettet oder auch hart im Nehmen ist, der auf dem Weg zum Ziel selbst magere, entbehrungsreiche Zeiten in Kauf nimmt.

FALKE Der Falke, der im Sturzflug auf seine Beute herunterstößt, umschreibt die Aufforderung des Unbewussten, in einer noch ungeklärten Angelegenheit endlich zuzupacken. Zieht der Vogel ungestört am Himmel seine Kreise, ist von den hohen Idealen die Rede, die man im Leben verwirklichen sollte.
(Siehe auch »Vogel«.)

FALLE Fängt man andere in einer Falle, möchte man listig ein Ziel erreichen; gerät man selbst hinein, könnte man im Wachleben in eine ausweglos erscheinende Situation gelangen.

FALLEN Fallträume haben nach Freud meist sexuelle Bedeutung (er dachte wohl an die »gefallenen Mädchen«). Sie weisen auf innere Hemmungen hin, auf Kontaktschwierigkeiten in den zwischenmenschlichen Beziehungen. Manchmal ist auch der Hochmut gemeint, der vor dem Fall kommt. Wer in bodenlose Tiefe fällt, hat Anpassungsschwierigkeiten, im Traum aber kann er sich gehen lassen und braucht nicht aus lauter Rücksicht auf die anderen an sich zu halten. Oft wird auch eine Kombination aus Fallen und Fliegen geträumt.
(Siehe auch »Absturz« und »Fliegen«.)

FALLSCHIRM Bremst den tiefen Fall ab, wenn er sich öffnet; übersetzt: Man kann sich des Lebens freuen. Bleibt der Fallschirm geschlossen, wenn man damit abgesprungen ist, sollte man im Wachleben in nächster Zeit nichts Neues beginnen, weil der Erfolg kaum gesichert ist.
(Siehe auch »Absturz«, »Fallen« und »Fliegen«.)

FAMILIE Träume von der eigenen Familie können meist günstig ausgelegt werden, es sei denn, man hat sich in der Vergangenheit mit ihr überworfen. Angehörige stehen im Traum für gut oder schlecht gesinnte Menschen im Privatleben.
(Siehe auch »Eltern«.)

FANGEN Was man fängt, hat man mehr oder weniger fest in der Hand. Zusätzliche Symbole sagen etwas darüber aus, wen oder was man im Wachleben fest in der Hand hat. Lässt man sich fangen, kann das ebenso eine mögliche Hörigkeit in einem Liebesverhältnis umschreiben wie das Gefangensein in einer Idee oder einem Gefühl, das auf unsere große Begeisterungsfähigkeit hinweist.
(Siehe auch »Gefängnis«.)

FARBEN Erklären psychische Erlebnisse, die wesentliche Aussagen über den seelischen Zustand des Träumers machen können. Nach Meinung einiger Traumforscher verfügen Menschen, die farbig träumen, über mehr Temperament als andere, die alles nur schwarz-weiß sehen. Wer mit

FARBEN
Farben hantiert, will irgendetwas übertünchen, das ihm nicht gefällt.
(Siehe auch unter einzelnen Farben.)

FASAN Der Hühnervogel galt bei den Chinesen als Glückssymbol, wenn er im Traum auftauchte. Bei uns umschreibt er oft eine seelische Hochstimmung oder hochfliegende Gedanken, die sich freilich leicht in nichts auflösen. Man achte auch auf die Farbe des Traumfasans.
(Siehe auch »Vögel«.)

FASCHING Sieht man sich oder einen anderen (das »andere Ich«) als Narr (siehe dort) verkleidet, besagt das, dass man sich einmal anders als in der Zwangsjacke des Konventionellen zeigen möchte, dass man etwas von dem nach außen gekehrten Ich ablegen will.

FASS Ein Fass ohne Boden deutet an, dass in unserer Geisteshaltung irgendetwas nicht in Ordnung ist. Ist das Fass voll, können wir im Wachleben mit einer vollen Kasse rechnen. Ist es hingegen leer, dürfte bei uns eher Schmalhans Küchenmeister sein.

FASSADE Die Fassade eines Hauses schildert den äußeren Eindruck, den wir auf unsere Umwelt machen. Ist das Äußere eines im Inneren reparaturbedürftigen Hauses schön, halten wir den äußeren Schein in einer brüchigen Verbindung aufrecht. Bei einer bröckelnden oder rissigen Fassade sollten wir mehr Wert auf unser Äußeres legen; denn »wie du kommst gegangen, so wirst du empfangen«.
(Siehe auch »Haus«.)

FASTEN Wer fastet, hat im Wachleben nicht genügend Energie, um sich tatkräftig durchzusetzen. Manchmal weist das Fasten im Traum auch auf psychische Mangelzustände hin, es hat aber nichts zu tun mit dem alltäglichen Wunsch, schlanker werden zu wollen.
(Siehe auch »Essen« und »Hunger«.)

FAULHEIT »Wer nicht richtig faulenzen kann, kann auch nicht richtig arbeiten«: Hier signalisiert das Unbewusste, wir sollten alles langsamer angehen, um unsere Kräfte nicht so schnell zu verbrauchen. Faulheit weist manchmal auch auf Übermüdung im Wachleben hin.

FAUST Kämpferisches Zeichen. Nur: Wer sich mit der Faust durchsetzen will, dem fehlen meist die Argumente.
(Siehe auch »Hand«.)

FECHTEN Wer sich selbst oder einen anderen im Traum fechten sieht, der müsste, um sich durchzusetzen, »fechten« (betteln) gehen – ein Umstand, gegen den sich unsere Seele sträubt.

FEDERN Sie fliegen im Wind bald hierhin, bald dorthin – es ist das Wetterwendische in unserem Wesen, das uns der Traum vor Augen führen möchte, eine Warnung aus dem Unbewussten, nicht eines Tages Federn lassen zu müssen.

Federvieh Warnt, wenn es laut gackert, vor Neidern und vor missgünstigen Menschen, die vielleicht über uns Gerüchte verbreiten. Schlachten wir im Traum Federvieh, möchten wir uns wohl vor übler Nachrede schützen.
(Siehe auch »Gans« und »Hühner.)

Fee Die gütige Schöne tritt manchmal in entscheidenden Augenblicken ins Traumbild, wenn es gilt, ganz private Wünsche zu erfüllen. Bei Frauen kann sie das eigene Ich repräsentieren, das seelisch aufpoliert werden möchte, bei Männern die Frau oder die Freundin, die man gern williger sähe.
(Siehe auch »Hexe«.)

Fegen Wer im Traum die Stube oder etwas anderes fegt, dem signalisiert das Unbewusste, dass etwas in seinem Seelenhaushalt nicht stimmt.

Fehlgeburt Bringt Unsicherheiten und Veränderungen im Wachleben zum Ausdruck. In Frauenträumen schildert sie die Angst, nicht zu bekommen, was man sich sehnlich wünscht. In Männerträumen drückt sich in diesem Bild das eigene Fehlverhalten aus.

Feige Meist hat sie erotische Bedeutung, ihre Süße lässt glückliche Zweisamkeit erhoffen. Das Essen einer Feige könnte der Wunsch nach sexueller Vereinigung symbolisieren (Phallusnachbildungen, die griechische Frauen bei Dionysosfesten in einem Korb bei sich trugen, waren aus Feigenholz geschnitzt), meist aber wird nur die schöpferische männliche Kraft angedeutet, die das Ewigweibliche belebt. In südlichen Ländern hat die Feige dieselbe Bedeutung wie bei uns die Pflaume (siehe dort).

Feilen Wenn wir uns oder einen anderen im Traum an etwas feilen sehen, schickt uns das Unbewusste eine Mahnung für das Wachleben: Wir sollten uns nicht gehen lassen, sondern ständig an unserem Charakter arbeiten, damit sich unsere innere Haltung stärkt und von außen kommenden Einflüssen wirksam entgegenstemmen kann.

Feinde Die zwei Seelen in des Menschen Brust, die einander bekämpfen, um Fehler zu beseitigen, die unseren Charakter verfälschen. Erkennt man im Traum einen Widersacher aus dem Wachleben und tötet ihn, will uns das Unbewusste sagen, dass diese Feinschaft uns nur schaden kann.
(Siehe auch »Krieg«.)

Feld Siehe »Acker«.

Fell Das Fell ist die Schale, die man nach außen hin trägt, es stellt also meist die raue Hülle eines weichen Kerns dar.

Felsen Wer auf einen Felsen klettert, dem ist ein Streben nach Höherem nicht abzuerkennen. Im Wachleben wird jedoch das Ziel nur mit Mühe erreicht. Wer aber auf Felsen baut, findet ein gutes Fundament für seine Pläne.

Fenster Steht in Verbindung mit dem Haus (*siehe dort*), mit unserem offenen oder zugeknöpften Wesen. Fenster können auch auf die Öffnungen unseres Körpers hinweisen, was einer sexuellen Deutung gleichkommt.
(*Siehe auch* »Tür«.)

Ferse Der Teil des Fußes, der leicht verwundbar ist – die aus der Mythologie bekannte »Achillesferse«. Ist die Ferse verletzt, ist unser Fortkommen gehemmt. Oder wir müssen vielleicht das berühmte »Fersengeld« geben.
(*Siehe auch* »Bein« *und* »Fuß«.)

Fesseln Wer eine Fessel trägt, der ist im Wachleben von irgendetwas gefesselt, vor dem das Unbewusste warnen möchte. Möglicherweise umschreiben die Fesseln auch das Gefesseltsein an einen Menschen, etwa in einer nicht ganz glücklich verlaufenden Ehe oder einer zerbrechlichen Freundschaft.
(*Siehe auch* »Kette«.)

Fest Wer im Traum feiert, möchte des Alltags Mühen und Plagen einmal vergessen und ausspannen vom eigenen Ich.
(*Siehe auch* »Ball«.)

Festkleidung Siehe »Abendkleidung«.

Festung Siehe »Burg«.

Feuer Archetypisches Bild des Geistes und der Liebe, eines der großen Symbole der Libido, der wärmenden Sinneslust, aber auch so verzehrend wie diese: die Leidenschaft, die Leiden schafft. Nach Jung ein Element der Läuterung, das Altes und Abgestandenes verbrennt. Am heimischen Herd lässt es uns Wärme und Geborgenheit verspüren. Wo das Feuer drinnen oder draußen hell leuchtend brennt, wird Neues entstehen, können Ideen verwirklicht werden. Wo es uns zur Freude gen Himmel lodert, lassen sich brennende Probleme lösen. Erlischt das Traumfeuer, könnte das auf eine Vereitelung oder gar auf das Auslöschen mancher unserer Pläne hinweisen. Hier und da kann das Feuer auch zum gefährlichen Brand werden.
(*Siehe* »Brand« *und* »Flammen«.)

Feuersbrunst Das unbewusste Triebleben, das man ins Wachleben übersetzen möchte. Oft ist sie nur eine Steigerung des beim Symbol »Brand« gesagten (*siehe dort*).

Feuerwehr Sie löscht im Traum die Brände, übersetzt: die in uns keimenden wilden

Leidenschaften, die uns zu vernichten drohen. Ihr scharfer Wasserstrahl tötet Krankheitskeime ab, die unseren Körper oder unsere Seele schwächen wollen.

Feuerwerk   Wer im Traum ein Feuerwerk sieht, will im Leben neue Glanzpunkte setzen. Zündet er es selbst, möchte er sich seiner Umwelt im strahlenden Licht des Erfolges präsentieren, und das gelingt ihm meist auch.
(Siehe auch »Rakete«.)

Feuerzeug   Wer es in Brand setzt, will im Wachleben gewissermaßen zündeln. Ob das in der Liebe oder im Beruf und positiv oder negativ zu deuten sein wird, drückt sich in weiteren Symbolen des Traums aus.

Fidibus   Ähnlich wie »Feuerzeug«. Allerdings könnte er auch darauf hinweisen, dass man sehr am Althergebrachten hängt und lieber auf kleiner Flamme kocht, sich also nicht allzu feurig dem Leben stellt.

Fieber   Eine Leidenschaft sollte abgebaut werden, die uns fiebern lässt; mit echten Krankheitssymptomen hat das Fieber im Traum kaum zu tun.
(Siehe auch »Thermometer«.)

Film   Siehe »Kino«.

Filmen   Wir wollen uns produzieren und uns in einer Rolle sehen, die anders ist als jene, die wir im Wachleben zurzeit spielen müssen. Sich selbst filmen sehen, aber den Apparat nicht bedienen können oder keinen sicheren Platz für das Stativ finden: Uns fehlt der richtige Standpunkt, wir müssten ihn suchen, um im Leben Standfestigkeit beweisen zu können.

Finger   Sitz des Tastsinns und Teil der Hand, der den Wunsch nach größerer Handlungsfreiheit signalisieren kann. Mit den Fingern kann man im Traum spielen, weshalb es wichtig ist, den Gegenstand zu kennen, mit dem sie spielen. Wer einen Finger verliert, der könnte im Wachleben leicht danebengreifen. Sieht man seine Finger übergroß, möchte man wohl etwas ergreifen, was nur schwer zu erlangen ist, eventuell eine finanzielle Besserstellung. Wer sich die Finger schmutzig macht, hat entweder Mühe und Not, eine schwere Arbeit hinter sich zu bringen, oder ist von Menschen umgeben, die Unmögliches von ihm verlangen. Lange Finger übersetzen kaum den Langfinger, den Dieb, sondern eher das Ergreifen einer günstigen Gelegenheit. Aber man kann sich natürlich auch daran die Finger verbrennen.
(Siehe auch »Arm«, »Daumen« und »Hand«.)

Finsternis   Siehe »Dunkelheit«.

Fisch   Der Fisch wird von Psychoanalytikern oft als Gleichnis der männlichen Sexualität angesehen (schon bei den Babyloniern galten Fische ja als phallisches Symbol). Nach unserer Ansicht umreißen die

FISCH
Fische im Traum die Tiefe der menschlichen Seele. Sie sind positiv als Speise und damit als Ausdruck seelischer Energie zu werten, aber auch Gefahr androhend als große Lebewesen, die wir nicht bezwingen können, weil sie aus den unergründlichen Tiefen (des Bewusstseins!) plötzlich auf uns zustoßen. Wenn man im Traumbild selbst ein Fisch ist, kann man sich nach C. G. Jung im Bad der Lebensquelle erneuern und verjüngen. Liegende Fische deuten auf eine Abschwächung der Vitalität hin, im klaren Wasser schwimmende Fische auf den heiter beschwingten Seelenzustand des Träumers.
(Siehe auch »Angeln«, »Netz«, »Quelle«, »Schuppen« und »Wasser«.)

FISCHER Er fischt nach den Inhalten unsere Seele. Wer zum Beispiel im Traum als Fischer zu bequem ist, seinen Fang von der Angel oder aus dem Netz zu nehmen, bringt sich wohl im Wachleben um die Früchte seiner Arbeit. Wenn er den Fisch schuppt, bevor er ihn zubereitet, fällt es dem Träumer im bewussten Leben wie Schuppen von den Augen, wie er eine Sache anpacken muss, um Nutzen davon zu haben.

FLAGGE Siehe »Fahne«.

FLAMME Sofern sie als männliches Geschlechtsorgan verstanden wird, muss ihr Verlöschen auf die Angst hindeuten, die Liebeskraft zu verlieren. Näher liegt es, eine hell brennende Flamme als Zeichen der inneren Läuterung zu sehen. Flackernde Flammen weisen auf verzehrende Leidenschaften hin. Als Warnzeichen gelten sie, wenn sie ein Haus (übersetzt: den eigenen Körper) umlodern; sie deuten dann auf psychischen und physischen Schaden hin.
(Siehe auch »Brand«, »Feuer« und »Haus«.)

FLASCHE Eine zerbrechende Flasche übersetzt das Sprichwort »Glück und Glas, wie leicht bricht das«. Wer aus einer heilen Flasche trinkt, kann demnach das Glück in vollen Zügen genießen, wobei freilich das, was getrunken wird, zur Deutung mit herangezogen werden sollte. Gelegentlich kann die Flasche auch als männliches oder weibliches Sexualsymbol gedeutet werden.

FLECK Vor allem auf der Kleidung: Dunkle Punkte auf der Seele, die uns unsicher werden lassen.
(Siehe auch »Kleid«.)

FLEDERMAUS Sie schießt unverhofft aus der Nacht auf uns zu und bringt Unruhe und Grauen mit sich; übersetzt: Unser seelisches Gleichgewicht ist gestört, wir fühlen uns verfolgt und sollten Angstzuständen ernsthaft nachgehen.
(Siehe auch »Vampir«.)

FLEISCH Wer es isst, dem fehlt es an seelischer Nahrung, irgendetwas kommt bei ihm zu kurz. Oft deutet das Fleisch einen

Mangelzustand an, der möglichst bald beseitigt werden sollte. Eine sexuelle Deutung ist jedoch kaum angebracht, obwohl von der »Fleischeslust« gesprochen werden könnte.

Flicken Siehe »Nähen«.

Flieder Umschreibt Gefühle wie die Sehnsucht nach Liebe und Zärtlichkeit, wobei die Farbe wichtig ist.
(*Siehe auch* »Violett« *und* »Weiß«.)

Fliege Wer im Traum von ihr belästigt wird, sollte seine Nerven beruhigen. Fliegen umschreiben auch lästige Menschen oder Dinge, die wir lieber schnell vergessen möchten.
(*Siehe auch* »Insekten«.)

Fliegen Flugträume sind sehr häufig. Sie setzen im Allgemeinen Warnzeichen, besonders, wenn der Träumer selbst wie ein Vogel, also ohne Hilfsmittel, fliegt. Freud deutete derartige Traumbilder als erotische Wunschvorstellungen. Tatsächlich versetzt das Fliegen im Traum viele Menschen in eine Art Rauschzustand, der schon im Altertum als Liebesrausch interpretiert wurde. Die moderne Traumforschung wertet das Fliegen dagegen als eine gefährliche Übersteigerung des Selbstbewusstseins. Im Übrigen kann der Schluss gezogen werden, dass das Fliegen in großer Höhe schon das spätere Fallen (*siehe dort*) einschließt; übersetzt: Nur zu leicht kann jemand bei einem Höhenflug abstürzen und ins bodenlose Nichts fallen. Auf der anderen Seite kann die Seele des Flugträumers Flügel bekommen und von aller Erdenschwere losgelöst sein. Wer ohne Fluggerät fliegt und über der Traumlandschaft dahinschwebt, scheint im Wachleben mit seinen Gedanken weit weg zu sein und sich den Realitäten des Lebens gegenüber zu verschließen.
(*Siehe auch* »Flugzeug«.)

Fliegeralarm Wenn nicht die Erinnerung an Kriegserlebnisse mitspielt, spiegelt er meist einen inneren Erregungszustand wider, den man ergründen muss.

Flinte Das Schießgerät des kleinen Mannes, das Liebesglück verheißen soll, wenn man im Traum damit schießt; ein phallisches Symbol, das manchmal auch Ladehemmung hat.
(*Siehe auch* »Gewehr«.)

Floh Das unangenehme Ungeziefer weist auf ebensolche Gedanken oder auf gereizte Nerven im Wachleben hin.
(*Siehe auch* »Ungeziefer«.)

Floss Das Wasserfahrzeug, das mit Menschenkraft gesteuert wird und von der Strömung abhängig ist – übersetzt: Man sollte Vertrauen in die eigene Kraft und in die guter Freunde und Gönner haben, um sicher das Ziel seiner Wünsche zu erreichen.
(*Siehe auch* »Boot« *und* »Schiff«.)

Flöte Wie alle Blasinstrumente (*siehe dort*) ist sie als männlich-sexuell zu deuten. Wer von fern eine Flöte spielen hört, hat Sehnsucht nach einem lieben Menschen. Spielt er selbst darauf, soll das auf Liebeskummer hindeuten.

Flucht Oft die Flucht vor sich selbst, vor der eigenen Unentschlossenheit. Gelingt die Flucht im Traum, können wir im Vertrauen auf das eigene Können zu uns selbst zurückfinden.

Flugzeug Flugzeuge jagen durch unseren Kopf, schießen über uns hinweg, verwirren uns. Rote Flugapparate haben häufig mit Sexuell-Triebhaftem zu tun, das krankhafte Züge aufweist. Im Allgemeinen sind Flugzeuge jedweder Farbe Alarmzeichen der Seele, der Träumer sollte seinen allzu fröhlichen Lebenswandel auf ein gesundes Maß zurückschrauben. Wer in einem Flugzeug reist, will Belastendes zurücklassen. Aber obwohl das Flugzeug ein so schnelles Verkehrsmittel ist, kann der Träumer, der in ihm reist, kaum hoffen, dass seine Sorgen und Schwierigkeiten auch superschnell überwunden werden; denn die Seele hält die Reise mit dem Flugzeug für gefährlicher, als sie tatsächlich ist. Positiv kann man eine solche Reise als Vermittlung weit reichender Gedanken auslegen, die uns zufliegen, aber sie kann auch als Loslösen von unangenehmen Belastungen verstanden werden.
(*Siehe auch* »Fliegen« *und* »Reise«.)

Flur Der lange Flur umschreibt den Weg aus einer Enge (*siehe dort*) zu einem noch unbekannten Ziel; übersetzt: Der Träumer sollte sich bemühen, von einer allzu engen Betrachtungsweise loszukommen, psychische Not zu überwinden, auch wenn er noch nicht weiß, wohin sein Lebensschiff treibt. Gehen wir durch einen dunklen Flur, wollen wir die kleinen Schatten auf unserer Seele beseitigen, oder wir haben Angst, dass uns jemand mit der Absicht überfallen könnte, uns zu seinem Gefolgsmann zu machen.
(*Siehe auch* »Dunkelheit«.)

Fluss Wenn er graues und schlammiges Wasser führt, spült er manchen Unrat zutage. Hier steht er für den Kummer, den das Unbewusste wegspülen möchte. Überschwemmungen lassen die Sorgen begründet erscheinen, die wir uns machen. Das klare Wasser eines ruhig dahinfließenden Flusses steht für ein zukünftiges sorgenfreies Leben.
(*Siehe auch* »Boot«, »Schiff«, »Strom« *und* »Wasser«.)

Flusstal Ist ein Einschnitt in unserem Leben: Je nach Strömung werden wir mitgerissen oder können beschaulich dem bunten Treiben der Menschen um uns herum zusehen.

Flut Spült manches an Land, umschreibt somit die Angst, unsere Seele könnte durch irgendeinen widrigen Umstand Schaden nehmen. Wenn die Flut kommt und die Deiche halten, weist das auf unsere Widerstandskraft hin, allen Gewalten zu trotzen. (Siehe auch »Ebbe«.)

FORELLE Der muntere Fisch im klaren Wasser umschreibt die Lebensfreude des Träumers, seine springlebendige Art, mit der er seine Umwelt entzückt.

FOTOGRAFIEREN Man nimmt etwas auf, um sich ein klares Bild von seinen Mitmenschen oder von einer bestimmten Lage zu machen, was aus weiteren Traumelementen erhellt werden kann. Wenn wir von uns selbst ein Bild machen, das uns gar nicht gefällt, sollten wir unsere innere Grundhaltung überprüfen, denn dann stimmt damit etwas Grundsätzliches nicht. (Siehe auch »Bild«.)

FRACK Siehe »Abendkleidung«.

FRAU Unbekannte Frauen symbolisieren laut C. G. Jung die Anima, die unbewusste weibliche Seite der Psyche eines Träumers, die über seine Gefühle, seine Stimmungen, aber auch über seine Liebesfähigkeit etwas aussagt. Handlungen solcher Frauen weisen auf unbewusste Eigenschaften hin. In Frauenträumen sind sie beliebige weibliche Personen und können fast nur aus dem Zusammenhang heraus gedeutet werden. In Männerträumen weisen sie nach Freud meist auf sexuelle Wünsche hin, die wegen moralischer Bedenken im bewussten Leben nur im Traum erfüllt werden können. Man sollte besonders auf die Haarfarbe der Traumfrau achten und darauf, was sie tut, wie sie sich bewegt und in welcher Umgebung sie ist. Dann erst kann man sich an die Interpretation heranwagen.

FREUND/FREUNDIN Der Freund oder die Freundin sind meist Schatten unseres eigenen Ichs, ständige Begleiter (siehe dort) auf unserem Lebensweg, die gern im falschen Augenblick eingreifen und uns in ein schlechtes Licht rücken. Freund oder Freundin tragen oft nur deren Züge, entpuppen sich dann jedoch möglicherweise als unsere Intimfeinde, die uns eins auswischen möchten. Wenn man im Traum mit einem besonders guten Freund Streit hat, dann ist jener andere gemeint, der uns übers Ohr hauen will, der große Unbekannte oder der Doppelgänger in uns selbst, vor dem uns das Unbewusste warnt.
(Siehe auch »Bekannte«.)

FRIEDHOF Erscheint in einer Zeit echter Lebenskonflikte im Traum. Dann suchen wir Rat bei denen, die man dort besucht – von den verstorbenen Eltern (siehe dort) verspricht man sich Trost, der schon die Überwindung anstehender Probleme bedeutet. Man sucht also am Grab den Ausweg aus der Situation, die sich dunkel und unheildrohend vor einem auftut. Bei Friedhof- und Sargträumen spielen meistens lösbare Probleme eine Rolle.
(Siehe auch »Begräbnis«, »Grab« und »Sarg«.)

Frieren Die Angst vor Erkältungen, die sich aus dem Frieren ergeben, wird als Furcht vor Unannehmlichkeiten übersetzt. Mit dem Frieren kann aber auch das Einfrieren einer langjährigen Freundschaft gemeint sein. Ist das Kälteempfinden nur auf eine äußere körperliche Reizwirkung zurückzuführen, kann es meistens nicht in die Deutung einbezogen werden, es sei denn, andere Symbole würden das verlangen.
(Siehe auch »Einfrieren«.)

Friseur Wild Wucherndes wird bei ihm in Ordnung gebracht – ein Hinweis, uns nach außen hin zivilisierter zu geben. Das Frisieren selbst ist auch oft eine Aussage über unser körperliches Wohlbefinden.
(Siehe auch »Haare«.)

Frosch Häufiger in Frauenträumen zu finden (Männer träumen eher von Kröten). Der Frosch ist trotz seines nicht gerade anziehenden Äußeren positiv zu werten, zumal seine Entwicklung vom Laich zum Frosch (und weil er sowohl im Wasser als auch auf dem Land lebt) als seelische Wandlung übersetzt werden kann, als der gute Kern, den eine eher hässliche Gestalt umschließt. Er kann auf die Überwindung einer Abneigung hindeuten. Hüpft er fort, kann das ein Zeichen dafür sein, dass Bruder Leichtsinn bei uns zu Gast war. Tritt man auf einen Frosch (oder auf eine Kröte), will man im Wachleben seine Macht über schwächere Menschen demonstrieren.
(Siehe auch »Kröte«.)

Früchte Je nach Form oft als männliche oder weibliche Sexualsymbole gedeutet. Wer Früchte pflückt, könnte man also sagen, wird Liebe ernten. Sind sie aber faul und wurmstichig, bedeutet das kommenden Ärger.
(Siehe auch unter den einzelnen Früchten.)

Frühling Die Zeit, da alle Knospen sprießen, ist Beweis unserer Potenz, auch bei älteren Menschen steht der Frühling für jugendlich-sexuelle Unbekümmertheit. Er ist aber ebenso eine Warnung, dass es nicht immer so weitergehen wird, dass wir für den Winter, das Alter, vorsorgen sollten, wobei der Lenz als Lebensalter das Werden, die Jugend umschreibt.
(Siehe auch einzelne Jahreszeiten.)

Fuchs Oft steht er für den falschen Freund oder die listige Schläue, mit der man selbst gern das Ziel seiner Wünsche erreichen möchte, wobei auch sexuelle Neigungen gemeint sein können. Wer einen Fuchs fängt, hat sich und sein Temperament in der Gewalt, und man wird ihm so schnell nichts anhaben. Wer dieses Tier tötet, kommt jemandem auf die Schliche, der es übel meint. Begegnet der Träumer zwei oder mehreren Füchsen, sollte er bestimmten Leuten in seiner Umgebung misstrauen. Nach Artemidoros ist man übler Nachrede ausgesetzt, wenn man Meister Reineke im Traum sieht.

Fund Der Zufall, der uns helfen soll. Mit ihm rät uns das Unbewusste, wir sollten uns mehr auf eigene Fähigkeiten verlassen.

Fünf Nach der chinesischen Philosophie die Zahl der Mitte, in der sich das Weibliche (Yin) mit dem Männlichen (Yang) verbindet. Das Weibliche steht dabei für das Erdhafte, Nachgiebige, das Männliche für das Himmlische, Starke. Sie ist die Zahl des natürlichen, frischen Lebens. Wo immer sie im Traum erscheint, ist das Glück nicht mehr weit.
(*Siehe auch »Zahlen«.*)

Funken Wenn sie sprühen, wird man selbst vor Freude sprühen können. Hier ist von den zündenden Funken die Rede, die das Feuer der Liebe entfachen und damit Hochzeit und Eheglück versprechen. Im negativen Sinn können sie freilich Ursache für einen Brand sein.
(*Siehe auch »Brand«, »Feuer« und »Feuerwerk«.*)

Furcht Siehe »Angst«.

Fuss Weist auf den eigenen Standpunkt hin, auf das zügige Weiterschreiten auf dem Lebensweg, das nicht gelingt, wenn der Fuß verletzt ist. Wer sich im Traum ohne Fuß oder Bein sieht, muss fürchten, den Boden unter den Füßen oder die reale Einstellung zum Leben zu verlieren. Und wer seine eigenen Füße riesengroß vor sich sieht, dem bedeutet das Unbewusste, dass er augenblicklich auf zu großem Fuß lebt. Sigmund Freud gab dem Fuß phallisch-sexuelle Bedeutung, weil er ja tatsächlich in den Schuh (sprich: die Vagina) schlüpft.
(*Siehe auch »Bein«.*)

Futteral Wird im Allgemeinen sexuell gedeutet. Ein leeres Brillenfutteral kann zum Beispiel auf die Ratlosigkeit in einer Liebesbeziehung hinweisen.

Füttern Das Füttern von Tieren soll auf Gefühle der Einsamkeit und Verlassenheit des Träumers und den Wunsch hinweisen, jemanden zu finden, dem er zugetan sein kann oder der ihm zugetan ist.

Gabel bis Gürtel

Gabel Wer mit einer Gabel im Essen herumstochert, ist lustlos und sucht vielleicht auch Streit. Dagegen bringen Heu- und Mistgabel wohl Glück, weil sie Zeichen einer Erfolg versprechenden Arbeit sind.

Galerie In der Gemäldegalerie wird sich der Träumer ein Bild davon machen, was für seinen Lebensweg aufgezeichnet ist. Kann man sich erinnern, welche Bilder man gesehen hat, erleichtert dies die Deutung. Oft gibt die Galerie auch einen Hinweis auf die eigene Bildung oder auf den Wunsch, sich weiterzubilden. Nur manchmal deutet das Wandern von Bild zu Bild die Umständlichkeit an, mit der man im Wachleben vorgeht.
(Siehe auch »Bild« und »Gemälde«.)

Galgen Man hängt Lasten daran auf, an denen man schwer trägt. Das Zeichen des Galgens kann also durchaus als Glücksversprechen gedeutet werden; denn wenn man im Traum selbst am Galgen hängt, hat man das Schlimmste überwunden.
(Siehe auch »Aufhängen«.)

Gamaschen Mit ihnen will man die Füße schützen, damit sie auch durch unwegsames Gelände voranschreiten können; übersetzt: die Angst des Träumers vor einem schwierigen Abschnitt auf dem Lebensweg oder auch vor missgünstigen Menschen.

Gang In einer Lebenskrise steckt, wer in einem dunklen Gang das Ende kaum sehen kann und sich nur mit Mühe heraustasten wird. Der Gang kann auch die Ratlosigkeit umschreiben, die den Träumenden bei der Frage erfasst, welche Tür er öffnen soll, um aus einer unübersichtlichen Lage herauszukommen.
(Siehe auch »Dunkelheit«, Enge«, »Flur« und »Tür«.)

GANS Tatsächlich geht eine »dumme Gans« durch unseren Traum, die auch auf sexuelle Unerfahrenheit oder Verklemmungen hinweisen kann. Eine gerupfte Gans ist unser Ebenbild, wenn wir uns im Wachleben weiterhin ausnutzen lassen oder das Geld unnütz ausgeben. Schnatternde Gänse lassen auf unliebsame Gäste schließen, die uns ausnehmen wollen. In diesem Fall kann ebenso üble Nachrede im Spiel sein, die uns schaden wird.

GARBEN Das Erworbene, das man festbinden sollte, damit man es nicht verliert. Wer Garben bindet, wünscht sich aber vielleicht einen neuen Partner, den er an sich binden möchte.

GARDINE Wer sie zuzieht oder sich hinter ihr verbergen möchte, zeigt seine Angst, dass irgendetwas aufgedeckt werden könnte, über das er lieber den Mantel des Schweigens breiten möchte. Wer Gardinen zurückzieht, wird wohl in einer bestimmten Angelegenheit bald klarer sehen.

GARN Spinnt man Garn, will man jemand von seiner Aufrichtigkeit überzeugen.
(Siehe auch »Faden« und »nähen«.)

GARTEN Der Traumbereich, in den man nur wenige hereinlässt. Oft ist er mit einer Mauer oder einem Zaun umgeben; sein Eingang ist eng – ein Hinweis darauf, dass man niemanden in sein Inneres schauen lassen möchte. Aus seinem Zustand – ob gepflegt oder verwildert – lassen sich Rückschlüsse auf den Zustand der eigenen Seele ziehen. Steht alles in Blüte, erkennt man Wachstum und Fruchtbarkeit, dann zeigt das unsere Lebensfreude und meist auch ein intaktes Liebes- und Familienleben an. In erotischen Männerträumen entspricht der Garten dem Leib der Frau, ist er das Paradies, das es wiederzufinden gilt.
(Siehe auch »Acker«, »Blumen« und andere Gartengewächse.)

GÄRTNER Sie ziehen das Unkraut aus unserem Seelengarten, bringen Ordnung ins Leben, das sonst zu verwildern droht. Der Traum vom Gärtner weist oft darauf hin, dass in unserer Psyche irgendetwas in Unordnung geraten ist. Hilft der Träumer bei der Gartenarbeit, wird er nach Meinung vieler Traumforscher schon bald seine Probleme ohne fremde Hilfe lösen können.
(Siehe auch »Bauer« und »Garten«.)

GAST Bedeutet manchmal unser zweites Ich, das es auch einmal so schön haben möchte wie die anderen. Der Gasttraum übersetzt vielfach nur den Wunsch nach Geselligkeit; man möchte nicht mehr allein sein.

GASTHAUS Bezeichnet unseren eigenen Körper. Es könnte also umschreiben, dass wir unserem Körper etwas geben müssten, damit wir wieder leistungsfähiger sein werden. Oft deutet das auch eine Pause im Arbeitsstress an, die wir uns gönnen soll-

ten. Das könnte zum Beispiel ein Urlaub, eine Kur oder generell mehr Freizeit sein.
(*Siehe auch* »*Gast*« *und* »*Haus*«.)

GATTER Verwehrt es uns den Einlass, zum Beispiel auf eine blühende Wiese (*siehe dort*), werden wir auf die Erfüllung eines Wunsches wohl noch etwas warten und uns mit dem bescheiden müssen, was uns augenblicklich geboten wird. Das Gatter stellt immer ein Hemmnis auf dem Lebensweg dar. Wer es öffnet, muss sehen, was ihn dahinter erwartet.

GAUMEN Er verspricht Gaumenfreuden, die wir übrigens manchmal im Traum richtig schmecken können.

GAUNER Sie sind auch im Traum Menschen, die uns übervorteilen wollen. Wo ein Gauner im Traum auftaucht, sollten wir im Alltagsleben misstrauisch werden.

GEBET Meist das Hilfe suchende Unbewusste, dass den Träumer aus der Klemme führen kann.

GEBIRGE Türmt es sich vor uns im Traum Furcht erregend auf, haben wir jede Menge Schwierigkeiten und Hemmnisse auf dem Lebensweg zu beseitigen. Sucht man dort einsame Pfade, die nach oben führen, will man aus eigener Kraft einen Neubeginn wagen. Manchmal umschreibt das Gebirge auch die Sehnsucht nach einem naturgemäßen Leben ohne Rücksicht auf schwierige Umstellungen, die sich daraus ergeben könnten.
(*Siehe auch* »*Berg*« *und* »*Bergführer*«.)

GEBISS Siehe »Zähne«.

GEBUNDENSEIN Ist man im Traum an Händen und Füßen gebunden, will man im Wachleben die Fesseln (*siehe dort*) sprengen und vielleicht aus einem festen Verhältnis ausscheren. Es kann aber auch auf einen inneren Reifungsprozess hinweisen, der wahrscheinlich vor seinem Abschluss steht.

GEBURT Träume von der Geburt kündigen im Allgemeinen den Beginn einer günstigen Lebensphase an. Bei Frauen sollte ein geheimer Wunsch in Erfüllung gehen, das muss aber keinesfalls der Wunsch nach einem Kind sein, sondern eher wohl die Sehnsucht, neue Möglichkeiten für sich zu erschließen. Der Mann, der selbst ein Kind bekommt, kann wohl bald eine zündende Idee verwirklichen. Genaueres kann man aus der Art der Geburt und damit aus anderen Symbolen erfahren.
(*Siehe auch* »*Entbindung*«, »*Hebamme*« *und* »*Kind*«.)

GEBURTSTAG Den eigenen Geburtstag feiern, beweist die gute Konstitution des Träumers, die ihm noch viele Geburtstage, das heißt ein langes Leben bescheren wird. Wer den Geburtstag anderer mitfeiert, gönnt auch seinen Mitmenschen Vorteile.

GEBURTSTAG
Wer aber im Traum zum Geburtstag Geschenke fordert, sollte seinen Egoismus etwas abbauen.

GEBÜSCH Das ideale Versteck, um sein Tun vor anderen zu verbergen.
(Siehe auch »Busch«.)

GEFAHREN Sie sind nicht wörtlich, sondern oft nur als Warnung vor einer Konfliktsituation zu nehmen, die es zu meistern gilt. Sie können auch im positiven Sinn als Hinweis auf eine nötigen Lebensumstellung verstanden werden. Ebenso können damit Komplexe, falsche Bindungen und sexuelle Notstände gemeint sein. All diese Probleme sind aber lösbar.

GEFANGENER Wer sich als Gefangener sieht, fühlt sich an Umstände oder Menschen gebunden, von denen er sich freimachen sollte.

GEFÄNGNIS Meist sind dort unsere Gefühle gefangen, wir sind mithin nicht mehr frei in unseren Entscheidungen. Wir sehen uns in unseren Möglichkeiten eingeschränkt und haben eventuell völlig falsche Vorstellungen von der Lebenswirklichkeit. Das Unbewusste mahnt uns zu realistischerem Denken.
(Siehe auch »Gitter« und »Zuchthaus«.)

GEFÄSS Nach Freud weisen Gefäße auf Sexuelles hin, leere möglicherweise auf Potenzschwierigkeiten. Wir glauben, dass diese eher einen Mangel anzeigen, etwa eine leere Kasse. Das volle Gefäß könnte dagegen die gute Lage des Träumers bedeuten, der aber deswegen nicht gleich in Völlerei verfallen sollte.
(Siehe auch »Glas« und »Krug«.)

GEFLÜGEL Siehe »Federvieh«.

GEFRORENES Wer es im Traum isst, wünscht wohl, das in einem Verhältnis endlich das Eis gebrochen wird, dass es zu einem herzlichen Einvernehmen kommt.
(Siehe auch »Eis«.)

GEHEN Der Schrittzähler auf dem Lebensweg. Geht man im Traum langsam, sollte man im Wachleben ebenfalls langsam vorgehen. Bei schneller Gangart könnte ein anstehendes Vorhaben rasch erledigt werden. Ein Spaziergang deutet immer auf eine optimistische Grundeinstellung im Wachleben hin.
(Siehe »Spaziergang«.)

GEIER Archetypisches Bild der Gefahr, die aus einer krankhaften Ichbezogenheit resultiert. Hier wird der Aasgeier geschildert, der stets sein Opfer sucht. Seelische Einsamkeit ist die Folge. Erlegt man im Traum den Geier, ist das ein Signal des Unbewussten, gegen eine schlechte Angewohnheit anzugehen, sie abzulegen und sich auf sich selbst zu besinnen.
(Siehe auch »Aas«.)

Geige Sie wird wie das Cello (*siehe dort*) mit den rundlichen Formen einer Frau verglichen. Sie soll deren erotische Ausstrahlung und das Drängen dessen offenbaren, der den Bogen führt und nach glückhafter Vereinigung verlangt. Der Klang der Geigen lässt meistens auf das harmonische Zusammenspiel eines Liebespaares schließen.
(*Siehe auch* »Saiteninstrumente«.)

Geister Spukgestalten zeigen meist eine Verwirrung in unserem Innenleben an. Vielleicht weisen sie auch darauf hin, dass wir leicht in Versuchung zu führen sind und möglicherweise einen labilen Charakter haben.

Geistlicher In Frauenträumen oft eine männliche Figur, die das Gefühl vertieft, manchmal aber auch eine Gardinenpredigt hält. Sonst die Erinnerung an einen fürsorglichen Menschen, dessen Rat wir gerade im Augenblick gut gebrauchen könnten.
(*Siehe auch* »Gottesdienst« *und* »Kirche«.)

Gelb Dies ist die goldglänzende Farbe der Sonne, die das Leben erhellt und erleuchtet. Goldgelb steht für die Weisheit und Großherzigkeit, mittelgelb für Egoismus und blassgelb für Enttäuschungen, die das Leben beschert.
(*Siehe auch* »Farben« *und* »Sonne«.)

Geld Versinnbildlicht seelische Energie. Wer also Geld findet, dessen innerer Akku sollte aufgeladen werden, wer es verliert, muss vielleicht den Verlust eigener emotionaler Antriebskräfte beklagen. Hier handelt es sich also meist um seelische Werte, um deren Potenz oder Impotenz, Gewinn oder Verlust. Wichtig sind die Herkunft des Geldes, der Ort, wo man es erhält, findet oder verliert, seine Farben und seine Zahlen (*siehe dort*). Einige Psychoanalytiker glauben, dass das Geld, besonders Goldmünzen, bei Männern ein Zeichen ihrer Leistungsfähigkeit in der Liebe und im Leben seien, während Silbermünzen die Hinwendung zum Weiblichen umschreiben; bei Frauen handle es sich beim Geld oft um erotische Spekulation.

Geldbörse Hier geht es um seelische Inhalte, die unter dem Symbol »Geld« zusammengefasst sind. Eine leere Geldbörse, ein leerer Geldschrank oder Safe deuten zum Beispiel auf Gefühlsverlust oder auf Willensschwäche hin.

Geldschein Siehe »Banknote«.

Geleise Sind vorgezeichnete Pfade auf unserem Lebensweg, gewissermaßen unser Schicksal, dem wir nicht ausweichen können.
(*Siehe auch* »Eisenbahn«.)

Geliebte/Geliebter Wer von einer neuen Liebe mit sexueller Erfüllung träumt, ist im Wachleben oft allzu sehr von einem anderen Menschen abhängig, ihm vielleicht

Geliebte/Geliebter
sogar hörig. Das Unbewusste möchte mit dem drastischen Bild der verbotenen Liebe auf diesen Umstand aufmerksam machen. Bei Verheirateten spiegelt solch ein Traum oft die mangelnde Befriedigung im Ehe- und Sexualleben wider.

Gemälde Malen unsere seelische Verfassung in mehr oder weniger leuchtenden Farben, wobei es darauf ankommt, welche Farbe vorherrscht (*siehe dort*). Oft verfälschen die Gemälde unser Ebenbild, was auf einige Charakterschwächen hinweisen könnte, deren wir uns entledigen sollten.
(*Siehe auch »Bild«, »Fotografieren«, »Galerie«.*)

Gemüse Einige Gemüsesorten weisen wie manche Früchte auf weibliche oder männliche Geschlechtsorgane hin. Der Anbau von Gemüsesorten, die an bestimmte Körpergegenden erinnern, lässt auf sexuelle Freuden hoffen. Gemüse, das bläht, kann eine körperliche oder seelische Verstimmung umschreiben. Selbst der Anbau von solchem Gemüse deutet in diese negative Richtung.
(*Siehe auch unter den verschiedenen Gemüsesorten.*)

Genesung Bedeutet, dass allmählich eine schwere Zeit zu Ende geht, die manche Prüfung mit sich brachte. Die Genesung im Traum weist nicht immer auf die körperliche oder seelische Gesundung des Menschen hin. Mit diesem Bild rät das Unbewusste uns auch, dass wir in Zukunft etwas kürzer treten, uns in mancherlei Hinsicht nicht mehr überanstrengen sollten.
(*Siehe auch »Krankenhaus« und »Krankheit«.*)

Genitalien Symbolisieren weniger das Werkzeug sexueller Handlungen, als vielmehr die Vitalität eines Menschen. Ob es sich dabei um ein Zuviel oder ein Zuwenig handelt, können andere Symbole aussagen.
(*Siehe auch »Phallus« und »Vagina«.*)

Gepäck Die erweiterte Persönlichkeit des Träumers, seine Kraft und seine Fähigkeit, die Lebensreise gut zu überstehen. Kommt ihm das eine oder andere Gepäckstück abhanden, kann das Energieverlust bedeuten, vielleicht sogar auch eine Krankheit, gegen die er im Wachleben ankämpfen muss.
(*Siehe auch »Koffer« und »Reise«.*)

Gericht Wer dort angeklagt ist, hat Angst, im Alltagsleben Freunde zu verlieren. Wird man verurteilt, liegt irgendein dunkler Punkt auf der Seele des Träumers. Sieht man nur das Gerichtsgebäude, macht man sich unnötig Sorgen um sein Privatleben.
(*Siehe auch »Anklage« und »Richter«.*)

Gerichtsvollzieher Er pfändet im Traum das, was uns seelisch belastet, ist also eine positive Traumfigur.
(*Siehe auch »Kuckuck« und »Pfand«.*)

Gerüst Weist auf einen Neuanfang hin, bei dem auf Altem, vielleicht morsch Gewordenem aufgebaut werden soll. Mit dem eingerüsteten Haus will uns das Unbewusste raten, wir sollten mehr an unsere Gesundheit denken. Gerüste, die nur mit großer Mühe zu besteigen sind, geben uns zu verstehen, dass wir es schwer haben werden, nach oben zu kommen, erfolgreich zu sein. Wer auf einem Gerüst schwindelfrei arbeitet, dessen Angelegenheiten können zu einem guten Ende gebracht werden.
(Siehe auch »Haus«.)

Gesäss Nach Freud das Symbol des Infantil-Sexuellen, wobei man sich meist an seine Jugend erinnert fühlt und dort die Wurzeln allen Übels sucht. Wer das Gesäß im Traum entblößt, gibt sich im Wachleben vielleicht ein Blöße, die auf Minderwertigkeitsgefühle schließen lassen könnte.

Geschäft Hier handelt es sich meist um Gegengeschäfte, die uns das Unbewusste anbietet, damit wir seine Ratschläge befolgen. Junge Leute träumen kaum von Geschäften, die sie machen, weil sie noch am Anfang des Lebenskampfes stehen. Ältere Menschen ziehen schon eher einmal im Traum Bilanz, wobei es aber kaum um finanzielle Dinge geht.
(Siehe auch »Leben« und »Warenhaus«.)

Geschenke Lassen sich nicht immer eindeutig einordnen. Meist sind sie mit einer Umwandlung des Lebensstils verbunden, da uns bisher vielleicht nichts geschenkt wurde. Die Traumforscher im alten Ägypten glaubten, dass Geschenke, die man bekommt, auf eine spürbare Besserung der eigenen Verhältnisse hinweisen können.
(Siehe auch »Geburtstag« und unter den Symbolen, die üblicherweise mit Geschenken in Verbindung gebracht werden können.)

Geschirr Wäscht man im Traum Geschirr ab, ist man in einer unklaren Lage, bei der einem manches aus der Hand rutschen kann (das kann auch auf den Abwasch mit einem Geschirrspüler bezogen werden). Glückhafte Änderungen im familiären Bereich sollen sich ergeben, wenn wir neues Geschirr kaufen, weil wir vielleicht das alte zerbrochen haben; hier gilt also das Sprichwort »Scherben bringen Glück«.
(Siehe auch »Glas« und »Porzellan«.)

Geschlechtsverkehr Siehe »Koitus«.

Geschwister Im Traum Menschen, die unterschiedlicher Meinung sind und sich doch vertragen. Beim Mann sind es die Ich-Schatten der Seele, die in der Gestalt des Bruders das Schwache, aber auch das unbewusst wertvoll Gebliebene darstellen. Bei der Frau ist die Schwester der Schatten des eigenen Ichs, der Bruder ist Vertreter der inneren männlichen Gefühlswelt. Streit mit Geschwistern wird als Verdruss im Alltag übersetzt, als eine Verschlechterung der augenblicklichen Lage. Spricht man im Traum von oder mit Geschwistern, sollte

Geschwister
man das als Warnung nehmen, sich nicht in Missverständnisse zu verstricken. Verliert man im Traum Geschwister, kann über kurz oder lang in eine Zwangslage geraten.
(*Siehe auch »Bruder« und »Schwester«.*)

Geschwür Das Ausufernde des eigenen Charakters, das man rasch beseitigen sollte, um wieder mit sich klarzukommen.

Gesellschaft Wer sie aufsucht, will vielleicht im Wachleben nicht mehr so einsam sein, möchte sich anderen Menschen mitteilen, um Bedrückendes zu überwinden.
(*Siehe auch »Gast«.*)

Gesicht Auch im Traum kann man sein Gesicht verlieren – ein Warnzeichen für das Wachleben, dass irgendetwas in unserer Psyche in Unordnung geriet, vielleicht aber auch ein Hinweis darauf, dass wir uns und unsere Leistung mehr in den Vordergrund rücken sollten. Oft hält uns das Traumbild einen Spiegel vors Gesicht, damit wir Schwächen unseres Ich daran ablesen können. Mittelalterliche Traumdeuter glaubten auch Folgendes: Ein blasses Gesicht künde schlechte Nachricht an, ein frisches gebe freie Fahrt für die Liebe; ein schönes verspreche Freuden, ein hässliches Leiden. Wer das Gesicht im Traum schminkt, will möglicherweise eine Charakterschwäche überdecken, wer es wäscht, will sich vielleicht von einer Schuld reinwaschen.
(*Siehe auch »Spiegel«.*)

Gespenster Siehe »Geister«.

Getreide Die Frucht, die der Acker (*siehe dort*) trägt, wird eingefahren, um unser Ich zu verstärken. Das Getreide weist darauf hin, dass vor dem Vergnügen harte Arbeit steht, wenn wir es zu etwas bringen wollen. Ein wogendes Getreidefeld mit schwerer Frucht verdeutlicht das ebenso. Wenn aber Gewitter und Sturm die Ernte vernichten, sollten wir der verlorenen Zeit nicht nachtrauern, sondern unsere Anstrengungen auf ein anderes Gebiet verlagern.
(*Siehe auch »Ernte«.*)

Gewalt Üben wir Gewalt aus, zeigt uns das Unbewusste das Nutzlose unseres Strebens auf, mit aller Gewalt ans Ziel unserer Wünsche zu gelangen. Wird uns im Traum Gewalt angetan und erdulden wir sie, ohne uns zu wehren, sagt das etwas über Minderwertigkeitsgefühle im Wachleben aus.

Gewehr Mit ihm können wir über unser Ziel hinausschießen – übersetzt: Wir sollten kühl auf die Gelegenheit warten, um im richtigen Augenblick das Richtige zu tun. Wer im Traum auf eine Person schießt, will im Wachleben vielleicht einen Nebenbuhler oder Konkurrenten treffen. Manche Psychoanalytiker halten das Gewehr für ein reines Sexualsymbol. Wenn ein Mann es trägt oder schussbereit macht, hat er in dieser Auslegung eindeutige Absichten, die er vielleicht aus Schüchternheit oder

einem anderen Grund im Wachleben nicht erfüllen kann.
(Siehe auch »Flinte« und »Maschinenpistole«.)

Geweih   Man setzt es denen auf, mit denen man nichts mehr gemein haben will. Geweihe oder Hörner von Tieren bergen stets die Gefahr der Trennung von liebenswerten Menschen oder Gegenständen in sich. Nicht umsonst spricht man ja von Leuten, denen Hörner aufgesetzt werden.

Gewinn   Hat kaum je einmal mit Geld zu tun, sondern steht eher für ideelle Güter wie eine neue Freundschaft, eine sich verzehrende Liebe oder Glück in der Familie und im Privatleben.

Gewitter   Das Zerstörerische im Traum weist auf die reinigende Kraft der Seele hin.
(Siehe auch »Blitz« und »Donner«.)

Gewürze   Wenn sie nicht auf geschmackliche Reize zurückzuführen sind, deutet ihre Schärfe auf psychische Reizbarkeit oder auf die Angriffslust dessen hin, der sie im Traum schmeckt. Sie können auch Hinweise darauf geben, dass man einem bestimmten Menschen oder einer gerade anstehenden Angelegenheit mehr Aufmerksamkeit schenken sollte.

Gicht   Wenn man sie selbst hat, umschreibt das die Sorge, man könne mit den anderen nicht mehr so recht mithalten. Sieht man einen Gichtkranken, ist der eigene Seelenhaushalt oder der Kontakt zu Mitmenschen gestört. Gicht kann auch auf den eigenen Umkreis und auf die Angst hinweisen, ein Nahestehender könnte durch Krankheit oder einen Unfall geschwächt werden.
(Siehe »Krankheit«.)

Gift   Gibt man im Traum jemandem Gift, möchte man im Wachleben vielleicht lästige Konkurrenten aus dem Weg räumen. Gibt uns ein anderer Gift, sollten wir uns vor denen in Acht nehmen, die gegen uns giften.

Gitarre   Hat wie die meisten Saiteninstrumente (*siehe dort*) mit dem Eros zu tun, der völligen Hingabe in der Lust und in der Liebe. So soll der Träumer, der selbst auf der Gitarre spielt, sexuelle Wünsche haben, die bisher keine Erfüllung fanden. Hört man Gitarrenspiel, weist das aber mehr auf das vergnügte Beisammensein mit lieben Menschen hin.

Gitter   Drückt Trennungstendenzen aus. Sie können durch einen Umzug bedingt sein oder auf eine Reise hinweisen, bei der uns die Rückkehr verbaut ist. Man beachte deshalb die weiteren Symbole.
(Siehe auch »Gefängnis« und »Zuchthaus«.)

Glas   Kann uns auf die Zerbrechlichkeit einer Beziehung hinweisen, aber auch auf durchsichtige Gedanken, mit denen man im Wachleben spielt. Trübes Glas deutet

GLAS an, dass uns in gewissen Dingen der rechte Durchblick fehlt. Ein Glasfenster erlaubt uns die Sicht auf etwas, das wir erreichen können. Ein Glasgefäß, das zerbricht, verschafft uns wohl Klarheit über eine mögliche Trennung, kann aber auch auf die Zerbrechlichkeit des Träumers hinweisen. Ein bis zum Rand gefülltes Glas schenkt uns frohe Stunden, und wenn wir es bis zur Neige austrinken, gute Gesundheit. Wer im Glashaus sitzt, könnte schwache Nerven haben oder gibt gern anderen die Schuld an eigenen Versäumnissen. Freud sah im Glasgefäß ein Sinnbild für das weibliche Geschlechtsorgan – nun ja!
(Siehe auch »Brille«, »Fenster«, »Gefäß«, »Geschirr« und »Kristall«.)

GLATZE Haare (siehe dort) sind sekundäre Geschlechtsmerkmale. Diese seit Jahrtausenden bekannte Tatsache veranlasste Artemidoros zu der Meinung, sehe man im Traum einen kahlen Kopf, würde das den Potenzverlust im Wachleben bedeuten. Heute weist das Traumbild von der Glatze eher auf eine herbe Enttäuschung in den zwischenmenschlichen Beziehungen hin oder auf die Angst, man könne etwas Liebgewordenes verlieren.

GLEIS Siehe »Geleise«.

GLETSCHER Die Traumlandschaft vom ewigen Eis hat etwas Bedrohliches an sich, weist sie doch auf das Einfrieren aller Gefühle hin, auf die zu Eis erstarrte Beziehung. Wer den Gletscher überwindet, für den bricht im Wachleben eine Zeit der Liebe und Zuneigung an.
(Siehe auch »Eis«, »Frieren«, »Gefrorenes« und »Schnee«.)

GLETSCHERSPALTE Deutet ein Erstarren im zwischenmenschlichen Bereich an, das auf die Einsamkeit und Kontaktarmut des Träumers hinweisen kann. Wer in eine Gletscherspalte fällt, dem tun sich Probleme auf, die kaum zu bewältigen sind; wer aus ihr gerettet wird, steht nach einem Zeitabschnitt voller ernsthafter Probleme vor einem Neubeginn, der die Hoffnung begründet, dass eigentlich im Leben alles nur besser werden kann.
(Siehe auch »Spalte«.)

GLOCKE Glocken, die nur schwingen und nicht klingen, kündigen dem Träumer an, dass er im Wachleben nicht so recht weiß, woher der Wind weht, dass er sich in einer Sache, die gerade ansteht, nicht recht auskennt. Hört er sie klingen, steht Erfreuliches ins Haus.
(Siehe auch »Läuten«.)

GLOCKENTURM Wer dort etwas an die große Glocke hängt, will mit schlechten Argumenten überzeugen. Oft ist der Glockenturm, den man (quasi als Wegweiser) aus der Ferne sieht, der Anhaltspunkt, dass man den rechten Weg aus einer verfahrenen Lage finden wird.

GLÜCKSRAD Dreht es sich im Traum, will uns wohl das Unbewusste darauf aufmerksam machen, dass alles Glück trügerisch ist, dass man sich also besser auf sein Können verlassen sollte.

GOLD Da Gold allen Witterungseinflüssen widersteht, galt es bei unseren Vorfahren als Sinnbild der Unsterblichkeit. Das archetypische männliche Symbol, der Sonne *(siehe dort)* vergleichbar, setzt neue geistige und seelische Energien frei. Wer im Traum Gold findet, bekommt möglicherweise unerwartet Geld ins Haus oder kann mit einem Erkenntnisgewinn rechnen. Wer es verliert, sollte in nächster Zeit seinen Geldbeutel nicht so offenherzig herzeigen. Verschenkt der Träumer Gold, muss er sich im Wachleben zurückhalten. Und wer sich übermäßig mit Gold schmückt, wird wohl ein wenig leichtsinnig sein.
(Siehe auch »Geld« und »Juwelen«.)

GOLF Das Spiel weist auf die Lust nach Partys und Geselligkeit hin, die aber auf die Dauer langweilig werden könnten. Manchmal übersetzt der gelungene Golfschlag auch das Glück, das auf einen Schlag ins Haus steht.

GONDEL Das schwankende Verkehrsmittel umschreibt oft das Abenteuer, aus dem man kaum ungeschoren herauskommt.

GORILLA Im Gegensatz zu anderen Affen *(siehe dort)* scheint beim Gorilla als Traumgestalt eine Brutalität durch, mit der man im Wachleben Gegner bezwingen will oder mit der man selbst von ihnen bezwungen werden soll. Der Gorilla gilt als Schreckgespenst, das sich aber Furcht erregender gibt, als es in Wahrheit ist.

GOTTESDIENST Mit diesem Bild möchte uns das Unbewusste mahnen, in uns zu gehen, uns auf uns selbst und auf die höheren Werte zu besinnen, die uns die Schöpfung offenbart. Manchmal wird uns auch eine Predigt gehalten, wie wir Seelisches in Ordnung bringen, gute Vorsätze in die Tat umsetzen oder innere Spannungen oder Depressionen beseitigen können.
(Siehe auch »Geistlicher« und »Kirche«.)

GOTTESHAUS Siehe »Kirche« und »Tempel«.

GRAB Wer vom eigenen Grab oder dem anderer träumt, der ist um eine Hoffnung ärmer. Er begräbt gewissermaßen eine Idee, einen Plan, von dessen Durchführung er sich viel versprach. Aber im Traumgrab kann auch ein Problem begraben werden, das man lange genug mit sich herumgetragen hat. Ebenso umschreibt die Grabstätte die Ratlosigkeit, die sich im bewussten Leben breit zu machen droht. Bei älteren Leuten sind Träume vom Grab oft ein Zeichen dafür, dass sie mehr in der Vergangenheit leben. Mit diesem Bild möchte das Unbewusste vielleicht daran erinnern, dass auch der ältere Mensch noch eine Zukunft

GRAB vor sich hat, für die es sich zu leben lohnt.
(Siehe auch »Begräbnis«, »Denkmal«, »Friedhof« und »vergraben«.)

GRABEN Wer im Traum mutig einen Graben überspringt, der kann im Wachleben mit Bravour ein Hindernis nehmen. Wer hineinfällt, kann sich aus einer misslichen Lage nur schwer befreien. Das Graben nach einem Schatz oder etwas anderem verdeutlicht, dass man nur durch harte Arbeit ein Ziel erreichen kann. Oft lässt dieses Graben in die Tiefe auch erkennen, dass man in die eigene Psyche tiefer eindringen möchte.
(Siehe auch »Abgrund«.)

GRANATE Wenn sie im Traum einschlägt, kündigt sie den plötzlichen Umschwung in einem Belang an, der einem sehr am Herzen liegt.
(Siehe auch »Explosion« und »Krieg«.)

GRAS Wenn es grünt und frisch ist, kündigt es Wohlergehen und Wohlstand an, dürres Gras dagegen bedeutet Kummer. Manchmal gibt das Traumbild zu verstehen, man solle Gras über eine bestimmte Angelegenheit wachsen lassen, die Probleme schafft.
(Siehe auch »Grün«, »Rasen« und »Wiese«.)

GRASHÜPFER Siehe »Grillen« und »Heuschrecken«.

GREIS Siehe »Alter«.

GRENZE Setzt unserem Ich eine Schranke. Wir müssen uns einschränken. Überschreiten wir eine Grenze, wechseln wir in einen neuen Lebensabschnitt, wobei andere Symbole erklären können, ob diese Veränderung positiv auszulegen ist. Das heimliche Überschreiten einer Grenze lässt den Willen des Träumers erkennen, im Wachleben andere Wege zu gehen, weil er sich in einer verfahrenen Lage sieht.
(Siehe auch »Schranke«, »Schlagbaum«, »Straße«, »Weg« und »Zoll«.)

GRILLEN Wer die zirpenden Tierchen fängt, dem werden die Grillen ausgetrieben, das heißt, er wird im Wachleben einiges zurechtrücken müssen, um nicht in eine Klemme zu geraten.
(Siehe auch »Heuschrecken«.)

GROSSELTERN Sie stehen nicht nur für Kindheitserinnerungen, die in den Traum hineinspielen. Selbst wenn die Großeltern längst gestorben sind, erscheinen sie dem Träumer noch als Beschützer, die ihn möglicherweise vor einer Dummheit bewahren werden. Freilich müsste er dann ein gutes Verhältnis zu ihnen gehabt oder zumindest von den eigenen Eltern von ihrer Güte erfahren haben. Der Großvater erscheint wie der Vater (*siehe dort*) im Traum oft als Ratgeber (auch in finanziellen Dingen), die Großmutter mehr als die Übermutter (siehe »Mutter«), die alles richten möchte, was den Träumer bedrückt. Nur manchmal weisen Großeltern auf ererbte Schwächen hin.

GROTTE Archetypisches Bild, das auf Probleme im Zusammenleben hinweisen kann. Entspringt eine Quelle in der Traumgrotte, kann das als Hinweis gelten, zu einem naturgemäßen Leben zurückzukehren. Die dunkle, feuchte Grotte wird von vielen Traumforschern mit dem weiblichen Geschlechtsorgan verglichen.
(*Siehe auch* »Höhle« *und* »Quelle«.)

GRÜN Die Farbe des Frühlings, der Hoffnung, der Empfindungen steht für die Beziehung des Träumers zur Wirklichkeit, zum einfachen Leben, dem er mehr Beachtung schenken sollte. Diese Farbe verspricht Liebesglück, Wohlstand und Freude. Nur das giftige Grün hat ein negatives Vorzeichen – es gilt als die Farbe des Teufels.
(*Siehe auch* »Farben«, »Gras« *und* »Teufel«.)

GURKEN Sie sind, meist in Frauenträumen, gleichzusetzen mit sexueller Begierde. Wer in eine saure Gurke beißt, sollte im Wachleben ein anstehendes Problem schnell lösen. Wer Gurken pflanzt, muss auf einen Erfolg lange warten; wer sie erntet, hat das bessere Ende für sich.
(*Siehe auch* »Gemüse«.)

GÜRTEL Symbol für männliche Kraft und Potenz sowie für weibliche Tugend (»Keuschheitsgürtel«). Der umgelegte Gürtel weist auf eine Intimbeziehung hin, in der die Liebe blüht, vielleicht auch auf das feste Band, das eine Ehe umschließt. Muss der Gürtel enger geschnallt werden, wird eine Freundschaft weniger herzlich verlaufen, reißt er, muss man sich von etwas Liebem trennen.

HAARE BIS HÜTTE

HAARE Stehen für die ursprünglichen Kräfte. Sie haben nach Freud als sekundäres Geschlechtsmerkmal phallische Bedeutung. Nach Phaldor sind die Haare geistige, intellektuelle und materielle Güter, ihr Verlust bedeute demnach Misserfolg und Demütigung. Auch in der modernen Traumdeutung steht der Verlust von Haaren als Warnung vor einem Verlust im Wachleben oder als die Angst davor. Wer von Haaren träumt, sollte nicht nur seine Triebseite, sondern auch seine geistige Einstellung zu den Dingen in Ordnung bringen; denn oft schildern die Haare unseren Seelenzustand. In diesem Zusammenhang weisen wir auf die moderne Genanalyse hin, bei der aus einer Haarprobe gerichtsmedizinische Erkenntnisse gewonnen werden können. Auch die Farbe (*siehe dort*) der Haare kann einiges aussagen.
(*Siehe auch* »Bart«, »Friseur«, »Glatze«, »Kopf«, »Locke« *und* »Perücke«.)

HAFEN Wer in einen Hafen einläuft, ist am Ziel seiner Reise; übersetzt: an einem neuen Lebensabschnitt angelangt. Der Hafen umschreibt oft die Erfüllung einer Hoffnung. Man kommt an bei denen, die man liebt.
(*Siehe auch* »Bahnhof«, »Meer« *und* »Schiff«.)

HAFER Wen der Hafer sticht, der ist ausgelassen wie ein mit Hafer gefüttertes Pferd. Und wer Hafergrütze isst, sagt der Volksmund, dem sind Vernunft und Geduld (im Wachleben) besonders nütze.
(*Sonst wie* »Getreide«.)

HAGEBUTTE Die rote Scheinfrucht der Rose (*siehe dort*) könnte auf den Hagestolz hinweisen, den freiwillig Ehelosen, den eingefleischten Junggesellen.

HAGEL Der eisige Niederschlag im Traumbild lässt möglicherweise darauf schließen,

Hagel
dass es im Wachleben zurzeit Vorwürfe hageln wird, die uns sehr mitnehmen können, oder er lässt Streit erahnen, bei dem harte Worte – eigentlich grundlos – nur so hin- und herfliegen.

Hahn Ein Hahn auf dem Kirchturm mahnt, dass es Zeit wird, etwas Bestimmtes zu tun. Das Tier aus Fleisch und Blut dagegen gilt als männliches Sexualsymbol vor allem in Frauenträumen; für eindeutige Absichten steht er in Männerträumen. Kräht er im Traumgeschehen, ist Untreue im Spiel. Der rote Hahn hat weniger mit einer Feuersbrunst als mit dem besonders leidenschaftlichen Feuer der Liebe zu tun. (*Siehe auch »Federvieh« und »Feuer«.*)

Hals Auf ihm sitzt der Kopf. Er verbindet mit anderen Worten Geist und Körper. Ist der Hals geschwollen, gilt das nicht als Krankheitszeichen, sondern dann weist er auf eine prall gefüllte Geldbörse hin. Wunden oder Geschwüre am Hals lassen auf eine krankhafte Veränderung im seelischen oder körperlichen Bereich schließen. (*Siehe auch »Kopf«.*)

Halsband Siehe »Leine«.

Halstuch Tragen wir im Traum ein Halstuch, könnte das heißen, wir sollten den Mund nicht zu voll nehmen, sondern lieber einmal schweigen (wir sprechen ja aus der Kehle, also aus dem Hals).

Haltestelle Sie ist ein Haltepunkt für unser Ich, an dem man das bisherige Leben einmal gründlich überdenken sollte, vor allem wenn man im Traum allein und verlassen an dieser Haltestelle verweilen musste. (Sonst auch oft ähnlich wie »Bahnhof« und »Hafen«.)

Hammer Ein Symbol der Kraft, das uns darauf hinweist, dass mit roher Gewalt allein letztlich nichts erreicht werden kann.

Hand Sie greift, arbeitet, hält fest oder lässt locker, ist also das körperliche Instrument des Handelns. Mit diesem Bild nimmt das Unbewusste Anleihe im Bewussten: Wer von der Hand und ihrer Tätigkeit träumt, kann diese Handreichung ins Wachleben übertragen. So wird auch das Hand-in-Hand-Gehen als Anknüpfung freundschaftlicher Beziehungen gedeutet. Wer an der Hand verletzt wird oder etwa von einem Hund in die Hand gebissen wird, scheint auch im Wachleben augenblicklich handlungsunfähig zu sein. Die schmutzige Hand ist oftmals als ein Zeichen für ehrenrühriges Verhalten im Wachleben zu werten. Nach Ansicht vieler Analytiker ist übrigens die linke Hand ein weibliches Symbol, die rechte ein männliches. (*Siehe auch »Arm«, »Finger«, »Links« und »Rechts«.*)

Handschuhe Sie werden übergestreift und machen die Hand unsichtbar, was wohl umschreibt, dass man andere über sein

Handeln im Unklaren lassen, vielleicht sogar etwas vertuschen möchte. Ein Handschuh, den man im Traum achtlos fallen lässt, ist der Fehdehandschuh, den man einem Konkurrenten hinwerfen möchte.

HANDTASCHE Beinhaltet oft den Vorrat an weiblichem Eros. Man beachte, wie viel Geld man darin vorfindet, ob man daraus zahlen muss oder ob sie verschlossen ist. (Siehe »Tasche« und »Zahlen«.)

HANDTUCH Wer sich damit im Traum abtrocknet, also die meistens als unangenehm empfundene Feuchtigkeit von der Haut aufsaugen will, möchte im Wachleben Betrübliches vergessen.

HANDWERKSZEUG Wer es fein säuberlich bei sich trägt, möchte mehr Ordnung in sein Leben bringen. Sucht er es, so macht ihn das Unbewusste auf etwas Fehlerhaftes aufmerksam, das er beseitigen sollte. (Siehe auch unter einzelnen Werkzeugen.)

HARFE Das bekanntermaßen schwer zu spielende Musikinstrument deutet wohl darauf hin, dass der Träumer, der sich oder einen anderen darauf spielen sah, nicht allzu hoch gespannte Erwartungen in einer bestimmten Angelegenheit hegen sollte. (Siehe auch »Musik« und »Musikinstrumente«.)

HARNDRANG Fast jeder hat diesen Drang schon erlebt. Manchem passiert dabei etwas, das ihn nach dem Erwachen erschrecken lässt. Mitten im Traumgeschehen pressierte es den Träumenden wohl sehr. Meistens wird er, wen er Harndrang verspürt, wach und sucht schlaftrunken das so genannte stille Örtchen auf. Kinder werden oft erst wach, wenn es passiert ist. Viele Erwachsene träumen dabei manchmal vom Wasser (siehe dort).

HASE Nach der Mythologie die fruchtbringende Kraft des Mondes (siehe dort), der über Pflanzen und Gewässer herrscht und auch die Zeiten der Frau angibt. In der modernen Traumdeutung das Symbol der animalischen Fruchtbarkeit: Wer also im Traum einen Hasen sieht, dem wird es in seinem Intimleben mehr um die Quantität denn um die Qualität gehen. Dieses Tier ist in seiner Fresslust harmloser zu deuten als Ratte und Maus (siehe dort und unter »Nagetiere«), als innere Feigheit etwa, die man überwinden sollte. Der Hase ist wegen seines Haken schlagenden Laufstils und seiner Schnelligkeit schwer zu fangen, man müsste schon blitzartig zupacken; und dieses Zupackenmüssen ist oft die Lehre, die viele Träume vom Hasen erteilen wollen. Wenn man einen Hasen schießt, umschreibt dies in Männerträumen den Wunsch, bei einem »Sexhäschen« zum Ziel zu gelangen.

HAUPT Siehe »Kopf«.

HAUS Gibt Aufschluss über unsere innere und äußere Verfassung. Es wird schon seit

Haus alters her im übertragenen Sinn mit dem menschlichen Körper verglichen. So wird die Fassade auf der psychischen Ebene als die der Gesellschaft zugewandte Seite des Menschen bezeichnet, sie ist der äußere Schein, die Persönlichkeit. Die Stockwerke sind dementsprechend einzelne Körperregionen oder seelische Bereiche, auf die das Unbewusste hinweisen möchte. Das Dach und der Dachstuhl stehen für den Kopf des Träumers in seinen verstandesmäßigen Funktionen, ebenso die oberen Etagen. Der Keller in seiner Dunkelheit wird dem Unbewussten selbst zugeordnet. Öffnungen werden meist dem sexuellen Bereich zugesprochen. Der Traum schildert den Zustand der einzelnen Regionen und was an ihnen renoviert werden müsste. Ein altes, baufälliges Haus etwa will uns daran erinnern, dass wir notwendige Aufbauarbeiten oder Korrekturen an uns selbst vornehmen sollten. Die Luxusvilla umschreibt hier und da, dass wir nach außen mehr scheinen möchten, als wir in Wirklichkeit zu bieten haben. Das Haus, in dem wir arbeiten, gibt Hinweise auf unser Berufsleben und was daran eventuell geändert werden müsste.
(Siehe auch »Gasthaus« und einzelne Teile des Hauses.)

Haustier Wo es im Traum auftaucht, kann bei vielen Menschen auf mangelnde Zärtlichkeit im Wachleben geschlossen werden. Häufig nimmt der Träumer selbst die Gestalt des Tieres an, wobei das Unbewusste ihn darauf aufmerksam macht, dass er sich vor Gefühlsarmut und Einsamkeit besser schützen sollte. Ein Haustier, das man im Traum streichelt, kann auch der Partner sein, dem man in letzter Zeit wenig Zärtlichkeit entgegenbrachte oder mit dem man sich zu viel gestritten hat.
(Siehe auch unter den einzelnen Haustieren.)

Haut Sie ist der »Anzug« des Menschen. Sie spürt zuerst den Schmerz, der von außen kommt, hält aber auch manches Schädliche ab. Verbrannte Haut im Traum gilt als Beweis, dass uns jemand schaden möchte, um uns nach außen, unserer Umwelt gegenüber, in ein schlechtes Licht zu setzen. Wer die Haut eines Tieres oder eines anderen Menschen abzieht, wird im Wachleben vielleicht ohne Schutz vor böswilligen Leuten dastehen. Wenn Hände zärtlich die Haut streicheln, will vielleicht irgendwer (in einer Liebesbeziehung?) etwas erschmeicheln und erreichen, das er mit Gewalt nicht durchsetzen konnte. Weitere Bedeutungen können aus dem Traumzusammenhang gedeutet werden.

Hebamme Die Geburtshelferin verspricht unerwartete Hilfe, eventuell sogar die Aufdeckung eines Geheimnisses.
(Siehe auch »Geburt«.)

Heft Als Schul- oder Notizheft erinnert es den Träumer an Wichtiges, das er besser aufschreiben sollte, da es sonst seinem Gedächtnis verloren gehen könnte. Mitunter auch zu deuten im Sinne von »das Heft in die Hand nehmen«, also mit Entschlossenheit eine Angelegenheit in den Griff bekommen.

HEIDEKRAUT Die Pflanze des Herbstes verspricht älteren Menschen eine geruhsame Zeit, jüngeren eher das baldige Ende einer an sich günstigen Entwicklung. Oft aber umschreibt es auch die Ausdauer, mit der man Gegner hinhalten kann, bis sie von selbst aufgeben. Ist es verwelkt, muss unter eine enge Beziehung vielleicht der Schlussstrich gezogen werden.
(Siehe auch »Blumen«.)

HEIM Das eigene Heim spielt auch im Traumgeschehen eine Rolle. Fühlt sich der Träumer darin wohl, braucht er sich um seinen Seelenfrieden keine Sorgen zu machen. Ist es unaufgeräumt oder sieht man es ohne die gewohnten Möbel, ist die Psyche etwas angeknackst. Wer es anstreicht, braucht auch im Wachleben einmal eine Art von Tapetenwechsel.
(Siehe auch »Haus« und »Wohnung«.)

HEIMAT Ohne in der Fremde zu sein, können wir von der Heimat träumen. Vielleicht fühlen wir uns dann im Wachleben irgendwie entwurzelt, ohne Halt im bisherigen Umkreis. Das Unbewusste kann mit dem Bild der Heimat ebenso darauf hinweisen, dass wir uns besser in unsere Umwelt einfügen sollten, um uns dort nicht fremd zu fühlen.

HEIMWEH Spiegelt meist den Schmerz über irgendetwas unwiederbringlich Verlorenes, das Sich-zurück-Sehnen nach der Geborgenheit (zum Beispiel in den Schutz des Elternhauses).

HEISERKEIT Haben wir oder andere eine heisere Stimme, bringen wir im Wachleben möglicherweise keinen Ton heraus, um uns gegen üble Anschuldigungen oder böse Machenschaften zur Wehr zu setzen. Vielleicht reden wir aber auch gern um den heißen Brei herum, sodass uns das Unbewusste mit der Heiserkeit warnen möchte, nur dann etwas Wichtiges zu sagen, wenn wir unserer selbst ganz sicher sind.
(Siehe auch »Stottern«.)

HELM Wer ihn trägt, will seinen Kopf schützen; dieses Bild kann bedeuten, man solle all seinen Verstand zusammennehmen und erst handeln, wenn nicht mehr die Gefahr besteht, etwas falsch zu machen. Hat man das Visier eines Helmes heruntergeklappt, kann auch von einer Sache die Rede sein, die man blindwütig angehen will.
(Siehe auch »Hut« und »Kopf«.)

HEMD Nur im Hemd dastehen bezeichnet die Angst, bloßgestellt zu werden. Hier und da gilt es auch als Bloßstellen im erotischen Sinn. Wer sein Hemd wäscht, will glänzen (in der Liebe?). Und wer sich in einem schmutzigen oder zerrissenen Hemd sieht, dem ist eigentlich alles egal. Wer es

Hemd
wechselt, will im Wachleben vielleicht die Gesinnung ändern.
(Siehe auch »Kleid« und »Manschetten«.)

Henker Er besorgt unsere Hinrichtung; mit diesem Bild will uns das Unbewusste auf eine seelische Unebenheit hinweisen, die wir möglichst ausmerzen sollten. Der Henker ist also die Traumfigur, die etwas Bestimmtes bei uns richten soll.
(Siehe auch »Aufhängen«, »Galgen« und »Hinrichtung«.)

Henne Sie schützt ihre Eier. Das bedeutet für den Traum übersetzt: Sie sorgt dafür, dass uns seelisch so leicht nichts bedrückt. Wer sie also im Traum schlachtet, schadet sich durch eine Unachtsamkeit im Wachleben selbst. Im Altertum glaubte man, wer eine Henne mit vielen Küken im Traum sähe, dem werde Kinderglück zuteil.
(Siehe auch »Ei« und »Federvieh«.)

Herberge Das Haus, in dem wir uns als Fremde fühlen, aber viele treffen, mit denen wir reden können, umschreibt eine psychische Einsamkeit, die wir durch größere Aufgeschlossenheit beseitigen sollten. Sind wir allein in der Herberge, ist eventuell ein körperlicher Schaden psychisch bedingt.
(Siehe auch »Gasthaus«, »Haus« und »Hotel«.)

Herbst Die Zeit, in der geerntet wird, in der jedoch auch etwas zur Neige geht. Wenn ältere Menschen vom Herbst träumen, sind sie oft auf der Höhe ihrer Schaffenskraft, denken aber eventuell schon daran, sich zur Ruhe zu setzen, um das auszukosten, was sie in langen Jahren erwirtschaftet haben. In Männerträumen klingt manchmal die Furcht vor Potenzverlust an. Bei jüngeren Menschen kann der Herbst das Ende eines Lebensabschnitts bedeuten, der oft sehr erfolgreich war. Vielfach umschreibt er auch die Ahnung vom baldigen Auslaufen einer intimen Beziehung, die im Augenblick noch aufrechterhalten wird. Der Herbst symbolisiert dann ein Erkalten, ein Ausklingen von Gefühlen.
(Siehe auch unter »Ernte« und den anderen Jahreszeiten.)

Herd Gilt seit dem Altertum als das Symbol der Familie, die uns Wärme und Geborgenheit schenkt, auch wenn er heute kaum noch verwendet wird. In Träumen vom Herd wird viel über die Lebensbedingungen ausgesagt. Erlischt zum Beispiel die Herdflamme, gilt das als Signal, das irgendetwas in unserem Inneren nicht stimmt. Von einigen Psychoanalytikern wird der Herd in Männerträumen als Darstellung der eigenen Frau gedeutet, weil er das Feuer gebiert, das für warme Kost sorgt (gemeint ist damit die Kost der Seele), oder als Sexualsymbol, weil man in ihm das Feuer schüren und immer wieder neuen Brennstoff nachlegen muss, um es zu erhalten.
(Siehe auch »Feuer«, »Flamme« und »Ofen«.)

HERDE Man treibt sie vor sich her, was bedeuten könnte, dass man im Wachleben ständig die Verantwortung vor sich herschiebt. Auch der Herdentrieb könnte gemeint sein, der für die eigene Unselbstständigkeit steht.
(Siehe auch »Tiere«.)

HERZ Der Herztraum ist ein Warnzeichen. Meist ist eine Krankheit damit gemeint (manchmal bei einem engen Anverwandten). Er weist auch auf Herzneurosen hin, die bekanntlich die Folge von Konflikten im zwischenmenschlichen Bereich sein können. In einigen Kulturen gilt das Herz als Sitz der Seele. Wem es also im Traum weh tut, der hat seelische Probleme, vielleicht Liebeskummer, der ja mit einem gebrochenen Herzen umschrieben wird.

HEU Wer sich ins Heu legt, der muss sich im Wachleben an bescheidenere Verhältnisse gewöhnen. Wer es aber einbringt, bei dem wird wahrscheinlich bald die Kasse klingeln, wenn man der Redensart »Geld wie Heu« trauen darf.

HEULEN Der Hund oder der Wolf, die in unserem Traum heulen, signalisieren uns, dass irgendetwas in unserer Umgebung wohl nicht so recht in Ordnung ist.
(Siehe auch »Hund«, »Weinen« und »Wolf«.)

HEXE Meist eine alte, oft auch hässliche Frau, die vor charakterlosen Menschen warnt. Die böse Fee, die Unordnung in unser Seelenleben bringt. Auch das negative Muttersymbol, das Einmischung in die persönlichsten Dinge bedeuten kann. Ein Mann, der im Traum mit einer Hexe schläft, spürt im Wachleben eine zerstörerische Leidenschaft, möglicherweise ist er einer Frau hörig.
(Siehe auch »Besen« und »Fee«.)

HIMBEERE Die süßen, roten Früchte, die Liebe versprechen. Wer sie pflückt, ist vielleicht heimlich verliebt; wer sie isst, kann sich auf intime Stunden freuen.
(Siehe auch »Früchte« und »Rot«.)

HIMMEL Der mythologische Wohnsitz der Götter umschreibt hochfliegende Gedanken und schöpferische Einfälle, ein himmlisches Wohlfühlen im Wachleben. Ist der Himmel blau, lacht dem Träumenden das Glück, ist er wolkenverhangen, weist das auf Depressionen im bewussten Leben hin, die auf mangelnden Erfolg zurückzuführen sein könnten.

HIMMELSRICHTUNGEN Nach Süden führt uns in unseren Breiten das Gefühl, die Herzenswärme; nach Norden geht es in die Gefühlskälte, aber auch in den Bereich des kühlen Verstandes; nach Westen in das Gebiet, wo die Sonne untergeht, in die Nacht; nach Osten der Sonne entgegen, dem Licht, das unseren Lebensweg erhellt. Der Träumende sollte sich erinnern, aus welcher Richtung der Wind wehte.
(Siehe auch »Nacht«, »Sonne« und »Wind«.)

Hindernis Die genaue Deutung hängt von der Art der Behinderung und der Tätigkeit ab, bei der dem Träumer das Hindernis im Wege steht.
(Siehe auch »Barriere« und »Schranke«.)

Hinken Wer hinkt, der kommt auf seinem Lebensweg nicht allzu schnell vorwärts und jammert vielleicht darüber, statt sich zusammenzunehmen und mit Energie gegen die schlechten Eigenschaften und die eigene Feigheit anzukämpfen. Hinkende Menschen im Traum lassen oft die eigene Überheblichkeit erkennen, mit der man Behinderten gegenüber auftritt.
(Siehe auch »Bein« und »Fuß«.)

Hinrichtung Immer ein Hinweis darauf, dass wir uns etwas Neues einfallen lassen sollen, dass wir unser Leben verändern müssen, um neu motiviert ins Erfolgsrennen zu starten. Die Hinrichtung ist also nie lebensgefährlich, sondern deutet nur auf eine seelisch-geistige Umstellung hin.
(Siehe auch »Henker«.)

Hinterteil Siehe »Gesäß«.

Hintertreppe Wer im Traum über eine Hintertreppe entwischen will, versucht sich im Wachleben vor einer Verantwortung zu drücken oder über einen Umweg zum Ziel zu gelangen. Diese versteckte Treppe kommt auch in erotischen Träumen vor und kann da ein zweifelhaftes Verhältnis umschreiben.

Hintertür Steht für heimliche Gedanken und/oder Taten. Das kann auch sexuell verstanden werden.
(Siehe auch »Tür«.)

Hirsch Symbol der Erlösung, wobei das Geweih (siehe dort) mythologisch die Himmelsleiter versinnbildlicht. Brunftkämpfe kennzeichnen die Potenz des Hirsches, weshalb dieses Traumbild auch sexuell verstanden werden kann. Manchmal verspricht der geträumte Hirsch Frauen Liebesglück, wobei sie möglicherweise jemandem Hörner aufsetzen müssen; Männern kündigt er Erfolg und zündende Ideen an, die sich nicht allein aufs Erotische und Sexuelle beschränken.

Hirte Hirten mit einer großen Herde (siehe dort) lassen auf Vermögen hoffen, das sich vermehren wird. Älteren Leuten soll der Hirte einen geruhsamen Lebensabend versprechen, weil sie von einem guten Hirten beschützt werden.

Hitzegefühl Kann Ankündigung einer Krankheit sein, die im Wachleben durchgestanden werden muss. Manchmal deutet es auch auf eine Arbeit hin, bei der vor den Erfolg der Schweiß gesetzt ist.

Hobeln Wo gehobelt wird, fallen auch im Traum Späne: Erziehungsversuche, die wir starten, um unsere Umwelt in unserem Sinn zu beeinflussen. Sehen wir andere hobeln, haben wir Angst, dass sie uns am

Zeug flicken könnten. Vielfach gibt uns das Unbewusste mit dem Bild des Hobelns einen Hinweis darauf, dass wir Ideen und Gedanken erst auf den richtigen Nenner bringen, also zurechthobeln müssten, um daraus Nutzen ziehen zu können.
(Siehe auch »Holz«.)

HOCHZEIT Wechsel von einer Lebensphase in eine andere. Die Hochzeit gilt als Archetyp der Vereinigung. Feiern wir zum Beispiel im Traum unsere eigene Hochzeit, obwohl wir längst verheiratet sind, wird sich unser Lebensstil wohl in naher Zukunft verändern, das bedeutet aber nicht, das wir geschieden werden. Ist man bei einer Hochzeit zu Gast, verspricht das einen Umschwung im zwischenmenschlichen Bereich.
(Siehe auch »Braut«.)

HOF Ist er von schönen Gebäuden gesäumt, will man sich mit netten Menschen umgeben. Ein finsterer Hinterhof lässt sich als Hinweis auf unsere Kontaktarmut deuten.

HÖHLE Vielfach der dunkle Raum, aus dem das Leben stammt, das Mütterliche, das uns Neuanfang, Erneuerung verheißt. Tritt man im Traum aus einer Höhle ins Freie, darf man gewiss sein, eine schwere Zeit glücklich überstanden zu haben. Wer dort übernachtet, ist im Wachleben seelisch in einer ausweglosen Lage.
(Siehe auch »Grotte«.)

HÖLLE Das schlechte Gewissen, das sich in uns regt und uns manchmal wahre Höllenqualen bescheren kann.
(Siehe auch »Teufel«.)

HOLZ Das Sägen von Holz schildert die Mühe, mit der wir manches im Wachleben verrichten. Schichtet der Träumende das Holz auf, beweist das seinen Willen, Ordnung in sein Leben zu bringen. Wer Holz hackt, wird belohnt, weil er zu teilen vermag. Sehen wir andere im Traum Holz hacken, steht möglicherweise eine Trennung ins Haus – vom wem oder was, sollten andere Symbole verraten. Wer Holz ins Feuer wirft, schürt die Leidenschaft.
(Siehe auch »Brett« und »Hobeln«.)

HONIG In Indien das Symbol des Feuers, das in jedem brennt, der Enthüllung des eigenen Ichs. Bei vielen Naturvölkern gilt Honig als Sinnbild der Wiedergeburt, übersetzt: das so genannte süße Leben.

HORN Als Blasinstrument (*siehe dort*) deutlich sexuell zu verstehen. Als tierischer Kopfschmuck wie unter »Geweih«.

HOSE Zieht man sie im Traum an, deutet das auf übermäßiges Machtstreben hin (man hat ja die Hosen an!). Wer sie auszieht, gibt sich demnach im Wachleben eine Blöße. Benutzt man Hosenträger, will man sich der Hilfe anderer versichern.

HOSPITAL Siehe »Krankenhaus«.

Hotel Der Aufenthalt dort gilt als Übergangsstation auf unserem Lebensweg, das Hotelzimmer demnach als ein etwas dubioser, unpersönlicher Raum. Die anderen Gäste sind bedenkliche Schatten unseres eigenen Wesens: Irgendetwas in uns scheint auf unbewusster Reise zu sein. Man achte auf den Namen des Hotels, dann könnte man die Reise unseres Ichs mit entsprechenden Symbolen in Verbindung bringen.
(*Siehe auch* »*Gasthaus*«, »*Herberge*«, »*Portier*« *und* »*Zimmer*«.)

Hufeisen Wer es auf sich gerichtet sieht, sollte sich im Wachleben vor missgünstigen Menschen hüten, die auf eine falsche Fährte lenken möchten. Ist auch in gewissen Fällen als Glücksbringer zu deuten.
(*Siehe auch* »*Magnet*«.)

Hüfte Die Körperzone zwischen Herz und Geschlecht übersetzt die Verbindung von Gefühl und Trieb. Wen es dort schmerzt, der hat im Wachleben vielleicht mit einer schmerzlichen Erfahrung in der Liebe zu rechnen.

Huhn Gackern Hühner in unseren Träumen, können sie uns leicht in Panik versetzen; übersetzt: die Gedanken, die wir nicht unter Kontrolle haben.
(*Siehe auch* »*Federvieh*« *und* »*Henne*«.)

Hülsenfrüchte Wer sie im Traum isst, wird vom Unbewussten möglicherweise auf die aufgeblähte Arroganz aufmerksam gemacht, mit der er seinen Mitmenschen gegenübertritt. (Sonst wie »Bohnen«.)

Hummeln Wenn sie uns im Traum umschwirren, weisen sie auf wirre Gedanken und nicht ausgereifte Ideen im Wachleben hin, die lieber noch einmal gründlich überdacht werden sollten.
(*Siehe auch* »*Bienen*« *und* »*Wespen*«.)

Hund Die sexuelle Bedeutung von Hunden im Traum erhellt sich wohl aus deren Eigenart, ihre Paarung in aller Öffentlichkeit zu vollziehen. Als Angsttier im Traum ist der Hund nur die Umschreibung des eigenen schlechten Gewissens. Wo der Hund uns begleitet, hält der Instinkt uns wach; wo er angekettet ist oder gequält wird, brodeln in unserem Unbewussten Minderwertigkeitsgefühle, die im Wachleben hochkochen. Große Hunde verstärken das bisher Gesagte, kleine schwächen es ab. Auch die Bedeutung »auf den Hund gekommen« ist im Verbund mit anderen Symbolen manchmal angebracht. Trägt man einen Hund auf dem Arm, hat man wohl das Triebhafte in seiner Gewalt. Ein toter Hund deutet darauf hin, dass in irgendeinem Seelenwinkel etwas abgestorben ist, das wir zu neuem Leben erwecken sollten. Stekel meinte, dass der Biss eines Hundes in den Fuß die Warnung vor tierischen Leidenschaften, die Angst vor Infektionen oder den dunklen Rest der Kastrationsangst beinhalte. Hunde, die bellen und beißen, sollen nach Meinung des Artemidoros beweisen, dass je-

mand dem Träumer größere Verluste beibringen wolle.
(Siehe auch »Bellen«.)

Hunger Das Verlangen nach Speise, nach Lebensenergie. Oft in Angstträumen vorhanden, wobei die Seele uns vor psychischen, aber auch physischen Schäden warnen möchte.
(Siehe auch »Durst«, »Kauen«, »Koch« und »Mahlzeit«.)

Hure Siehe »Dirne«.

Husten Der Husten im Traum kann am besten anhand der Redewendung »dem werde ich was husten« verstanden werden. Oft spielt hier auch tatsächliches Husten in den Traum, von dem man aber meist sofort geweckt wird.

Hut In Verbindung mit anderen Symbolen umschreiben Hüte die gebündelten Ideen, die uns durch den Kopf schießen oder die Redensart »man ist in guter Hut«. Psychoanalytiker halten den Hut jedoch für ein reines Sexualsymbol, das zum männlichen Organ und zu empfängnisverhütenden Kondomen in Verbindung gebracht wird. Ein besonders schicker und großer Hut weise auf Gefühlssehnsüchte und triebhafte Fantasien hin.
(Siehe auch »Helm« und »Kopf«.)

Hütte Das kleine Haus (übersetzt: unser Körper), in dessen Enge die Seele Schaden nehmen kann, wobei das Unbewusste den Hinweis geben mag, man solle aus seiner augenblicklichen Enge herauskommen, mehr aus sich herausgehen.
(Siehe auch »Haus«.)

Igel bis Juwelen

Igel Das Unbewusste setzt die Stacheln gleich mit der Abwehrbereitschaft, sprich: Der Träumer sollte im Wachleben ruhig einmal Stacheln gegenüber Menschen zeigen, die ihm nicht wohl wollen. Wenn sich der Traumigel einrollt, ist das sicher ein Zeichen, dass wir im bewussten Leben endlich unsere Ruhe haben wollen.

Impfen Auch das Unbewusste sieht den Vorgang der Impfung als Schutzmaßnahme an. Wer im Traum Angst davor hat, wehrt sich im Wachleben vor etwas, das eigentlich zu seinem Nutzen sein könnte. Impft man selbst jemanden, will man ihm im Alltag seinen Willen aufzwingen. Wird ein Kind geimpft, könnte das ein Hinweis darauf sein, dass man einen Wehrlosen gegen Umwelteinflüsse schützen möchte.

Inflation Hat im Traum wenig mit der Geldentwertung zu tun, eher mit der Angst, dass man sich psychisch oder physisch verausgaben könnte.

Insekten Wenn sie durch den Traum surren, weisen sie meist auf die Stärke oder Schwäche der Nerven hin, die hundertfach Eindrücken und Einflüssen ausgesetzt werden. Da können einem leicht die Nerven durchgehen, wenn man zusätzlich auch noch von den kleinen Wesen gestochen wird.
(Siehe auch unter den einzelnen Insektennamen.)

Insel Unsere Trauminsel ist ein Zeichen der Einsamkeit des Ichs in einer ruhelosen Zeit. Ein Fluchtpunkt, auf den man sich zurückziehen sollte, um für den Lebenskampf neue Kräfte zu sammeln.

Inserat Wer im Traum mit Genuss eine Anzeige liest, dem wird im Wachleben etwas geboten, bei dem er zugreifen sollte.

INTERNET Wer im Traum mit dem Internet verbunden ist, sucht wohl Anschluss zu Leuten, die ihm nützen könnten. Klappt die Verbindung nicht, könnte der Träumende im Wachleben um eine Hoffnung ärmer werden.

INVALIDE Die Warnung, nicht an Menschen vorüberzugehen, die unserer Hilfe bedürfen. Sieht man sich selbst als Invaliden, sollte man sich im Alltagsleben ein wenig mehr zusammenreißen und in einem bestimmten Fall nicht aufgeben, selbst wenn sich einem erhebliche Widerstände entgegenstellen.
(*Siehe auch »Krüppel«.*)

INZEST Beischlafähnliche Szenen mit engen Verwandten oder gar mit dem eigenen Vater oder der eigenen Mutter haben meist keine sexuelle Bedeutung. Die Seele signalisiert vielmehr, dass man sich mehr um den kümmern sollte, mit dem im Traum geschlafen wurde. Beim Traum vom Inzest könnte eher klar werden, dass in den Beziehungen zwischen Eltern und Kind oder unter Geschwistern die Herzlichkeit fehlt, nach der sich der Träumende sehnt. Manchmal kann Inzest mit einem Verwandten auch heißen, dass dieser in Not ist und auf jeden Fall unserer Hilfe bedarf; oder der Inzest umschreibt ebenso das Heimweh nach der Person, mit der man im Traum geschlafen hat.
(*Siehe auch unter »Mutterkomplex« und den Abschnitt »Sexuelle Träume« auf Seite 34.*)

IRRENHAUS Völlig normale, geistig und seelisch gesunde Menschen träumen manchmal davon, dass sie in ein Irrenhaus eingeliefert werden, aus dem sie nicht mehr herauskommen sollen. Übersetzt in die Wirklichkeit umschreibt diese Anstalt nichts anderes als den vielleicht augenblicklich unsteten Lebenswandel des Träumenden, der wieder in die richtigen Bahnen gelenkt werden muss. Der Traum kann auch eine gewisse Auswegslosigkeit in einer bestimmten Alltagssituation offen legen. Das kann auf Krankheiten hinweisen oder berufliche Kränkungen widerspiegeln, über die wir im Innersten nicht so recht hinwegkommen.

IRRGARTEN Siehe »Labyrinth«.

JAGD Wer im Traum auf die Jagd geht, sucht im Wachleben vielleicht den verständnisvollen Partner oder den idealen Chef. Er jagt mit anderen Worten seinem Glück hinterher. Kommt er ohne Beute zurück, steht er auch im Alltagsleben mit leeren Händen da und ist verzweifelt, dass ihn niemand verstehen will. In diesem Zusammenhang sollte man auch auf die Tiere achten, die man im Traum vielleicht jagt.
(*Siehe dann unter einzelnen Tiernamen.*)

JAHRMARKT Oft der Jahrmarkt der Eitelkeiten, der uns von unserem Unbewussten vorgespielt wird. Das laute Treiben soll uns an die vielen Unwägbarkeiten erinnern, mit denen wir im Leben zu tun haben. Schlendern wir allein über den Jahrmarkt, fühlen wir uns wohl im Alltagsleben ein wenig lieblos behandelt.

JASMIN Die wohlriechende Blume übersetzt die reinen Gefühle, die wir in einer Liebesbeziehung hegen möchten. Verblühter Jasmin könnte das Ende dieser Beziehung umschreiben.

JAUCHE Das Unbewusste führt uns die stinkende Brühe eher als Beispiel vor, wie aus Minderwertigem etwas gemacht werden kann, das anderes wachsen und gedeihen lässt.
(*Siehe auch* »Dünger«, »Kot«, »Misthaufen«.)

JOCH Sehen wir im Traum einen Ochsen sein Joch tragen, werden wir daran erinnert, dass auch wir manches von einem Augenblick zum anderen zu tragen haben.

JOHANNISBEEREN Die mehr sauren als süßen aromatischen roten Beeren symbolisieren ein heimliches Verhältnis, das vielleicht nicht in süßer Liebesseligkeit enden wird.

JONGLEUR Wenn man ihn und seine Kunst bewundert, will man sich im Wachleben Vorteile verschaffen, indem man anderen bei der Arbeit lieber zuschaut, als selbst etwas zu tun. Wer selbst als Jongleur auftritt, möchte wohl stets die Balance halten, ohne dass dabei etwas zu Bruch geht.
(*Siehe auch* »Zirkus«.)

JUCKEN Der Traum nimmt oft den Reiz von außen auf und übersetzt ihn als seelische Nöte, die gerade anstehen, wie die Angst vor einer Prüfung oder die Eifersucht gegenüber einem Nebenbuhler. Wenn kein Reiz von außen gegeben ist, dann »juckt« es den Träumer, irgendetwas Bestimmtes zu tun, vielleicht juckt ihn auch das Geld in seinen Fingern.

JUGEND Vor allem nach dem vierzigsten Lebensjahr wird der Träumende öfter in seine Jugendzeit zurückgeführt. Er zieht gewissermaßen Bilanz seines bisherigen Lebens, sitzt wieder auf der Schulbank oder macht noch einmal sein (längst bestandenes) Examen – und fällt oft genug durch. Häufig spiegeln solche Träume die Beschäftigung mit den Sorgen und Nöten der eigenen Kinder oder Enkelkinder wider, manchmal aber zeigen sie auch eigene unnötige Ängste auf.
(*Siehe auch* »Kind« und »Schule«.)

JUNGFRAU Symbol der Unberührtheit und Reinheit. In Männerträumen die Verkörperung der Anima, in Frauenträumen der eigene Schatten, der auf Vergangenes oder auf eine starke Vaterbindung verweist, möglicherweise aber auch Gefühlskälte umschreibt. Männer, die von einer Jungfrau träumen, haben meist einen Mutterkomplex (*siehe dort*), weil ihnen die eigene Mutter vorbildhaft erscheint. Gerade jungen Männern erscheint die Jungfrau als Wunschbild der Frau, die sie heiraten

Jungfrau
wollen oder gerade geheiratet haben.
(Siehe auch »Entjungferung«, »Frau«, »Mädchen« und »Mutter«.)

Juwelen Man kann sie als Wunsch nach einem besseren Auftreten deuten, als Hoffnung darauf, dass man in der Gesellschaft einmal glänzen kann oder dass man zu etwas kommt. Die Hoffnung trügt nur zu oft: Wer im Traum Juwelen trägt, ohne sie tatsächlich zu besitzen, wird es meist nicht sehr weit bringen; er findet oft nicht die richtige Einstellung zum Leben, weil er zu sehr an Äußerlichkeiten hängt.
(Siehe auch »Gold« und »Schmuck«.)

Kabel bis Kutsche

Kabel Wer sich im Traum mit dem Kabel einer elektrischen Leitung befasst, sucht oder findet Anschluss im Wachleben. Ist das Kabel zerstört, lässt das auf einen Träumer schließen, der im wachen Zustand keinen rechten Kontakt bekommt.
(Siehe auch »Elektrizitätswerk«.)

Käfer Wo sie kribbeln und krabbeln, nagen an unserer Seele Zweifel, sind die Nerven oft bis zum Zerreißen gespannt. Das kann von einer Liebesbeziehung herrühren, mit der man nicht so richtig fertig wird, aber auch vom Alltagsstress. Hier und da weisen die kleinen Tiere auf Freunde hin, die einem allmählich mit ihrer Aufdringlichkeit auf die Nerven gehen.
(Siehe auch »Insekten«.)

Kaffee Die Form der Bohne ist erotisch zu deuten. Wer den Kaffee allein trinkt, will möglicherweise ein Liebeserlebnis zu zweit haben; wer ihn in Gesellschaft genießt, setzt sich in der Liebe vielleicht zwischen zwei Stühle. Auf jeden Fall wird mit dem Traumkaffee etwas Anregendes genossen.

Käfig Er schildert die gefühlsmäßige Beengtheit. Wenn ein Tier im Käfig eingesperrt ist, wird man der negativen Aussage des entsprechenden Tiersymbols Herr, sitzt man selbst oder ein anderer Mensch in einem Käfig, deutet das auf Minderwertigkeitskomplexe hin, auf ein Gefangensein der Seele, die das Gute will, aber zurzeit noch nichts gegen den alltäglichen Schlendrian bewirken kann.
(Siehe auch unter verschiedenen Tiernamen.)

Kahn Siehe »Boot«.

Kaiser Er ist nicht der Herrscher, sondern er symbolisiert den Kaiser unserer Seele, dessen Eingebungen wir bedin-

KAISER gungslos befolgen sollten. Wenn er sich im Traum als historische Persönlichkeit zu erkennen gibt, sollten wir ausloten, was dieser Herrscher an Besonderheiten zu bieten hat, die wir auf uns selbst ummünzen könnten.
(Siehe auch »König«.)

KAJÜTE Man will aus der meist halbdunklen Enge ans Licht. Kajüten kündigen manchmal eine Ortsveränderung oder einen beruflichen Wechsel an, wodurch man endlich aus der bisherigen Beschränktheit der Verhältnisse ausbrechen kann.
(Siehe auch »Reise« und »Schiff«.)

KAKAO Wer ihn im Traum trinkt, will im Wachleben vielleicht jemanden durch den Kakao ziehen, der es eigentlich nicht verdient.

KAKTUS Die charakteristischen Stacheln dieser Pflanze sind ein Sinnbild der Abwehrbereitschaft, aber auch für entschlossenes Handeln. Der Kaktus gilt als Hinweis, im Wachleben ruhig einmal jemanden auszustechen, der mit rücksichtslosen Mitteln gegen uns arbeitet.
(Siehe auch »Igel«.)

KALB Oft stellt das Kalb im Traum uns selbst dar. Wir können also seine Unerfahrenheit und Tollpatschigkeit auf die eigene Person beziehen.
(Siehe auch »Jugend«, »Kuh« und »Stier«.)

KALENDER Wir sind vielleicht mit der Einteilung unserer Arbeit unzufrieden, wollen sie zum eigenen Vorteil verändern, um so etwas mehr Zeit für andere Dinge zu bekommen.

KÄLTE Im Traum ist Kälte immer ein Zeichen, dass innerlich in einem etwas friert. Kann als Gefühllosigkeit und Herzenskälte ausgelegt werden. Manchmal mahnt sie uns auch, vorbeugend etwas gegen eine mögliche Krankheit zu unternehmen.
(Siehe auch »Frieren«.)

KAMEL Auch im Unbewussten ist es ein Lastenträger. Es kommt nur darauf an, wer sie trägt: das Kamel (übersetzt: einer unserer Mitmenschen) oder wir selbst, wobei die Lasten psychischer oder physischer Natur sein können. Reitet man im Traum auf einem Kamel, kann man damit rechnen, dass man auf seiner Lebensreise kräftig durchgeschüttelt wird und nur gemächlich ans Ziel gelangen wird.
(Siehe »Karawane«.)

KAMIN Nach Freud ein weibliches Sexualsymbol. Brennt das Feuer im Traumkamin lodernd und hell, haben wir weder im Intimleben noch im Beruf etwas zu befürchten, weil wir stets mit Leidenschaft und Ausdauer bei der Sache sind. Qualmt der Kamin und zieht der Rauch schlecht oder gar nicht ab, ist im Privatleben »Qualm in der Küche«.
(Siehe auch »Esse« und »Schornstein«.)

KAMINKEHRER Der volkstümliche Glücksbringer befreit uns im Traum vor allem von seelischen Lasten, bringt uns insofern auch hier Glück und das Gefühl, irgendetwas überwunden zu haben, das uns besonders bedrückte. Das können auch Minderwertigkeitskomplexe oder Charakterfehler sein, die uns das friedliche Zusammenleben mit unseren Mitmenschen erschweren.

KÄMMEN Mit dem Kamm wird das Haar in Ordnung gebracht: Man schafft Ordnung in seinem Triebleben und gewinnt dadurch das Herz des Partners. Wer beim Kämmen sein Haar noch mehr in Unordnung bringt, pflegt im Wachleben ein so genanntes schlampiges Verhältnis oder hat in der Liebe Komplexe, die er durch besonders forsches Auftreten verschleiern will.
(Siehe auch »Haare«.)

KAMMER Wenn sie klein und eng ist, deutet sie auf körperliches Unbehagen hin (sonst wie »Zimmer«).

KAMMERDIENER Selbst ein Bettler könnte von dem stets Hilfsbereiten träumen, der für Ordnung sorgt, wobei er als Hilfskraft des Unbewussten sich mehr um unsere seelische Verfassung kümmert. Wer sich selbst im Traumbild als Kammerdiener sieht, sollte prüfen, ob er seine Hilfe nicht zu aufdringlich anbietet.

KAMPF Wer sich im Traum in einen Kampf einlässt, will einen Konflikt lösen, hatte bisher aber nicht den Mut dazu. Wenn man besonders aktiv in ein Kampfgetümmel eingreift, kann man sich im Wachleben gegen eine aussichtslos erscheinende Lage anstemmen und sie meistern. Schaut man einem Kampf jedoch nur zu, will man sich wahrscheinlich aus Schwierigkeiten mithilfe anderer Menschen heraushalten.
(Siehe auch »Krieg«.)

KANAL Wer in einen Abwasserkanal schaut, der schlammig trübes Wasser führt, wird wohl in einer bestimmten Angelegenheit kaum vorwärtskommen, vielleicht sogar in die Röhre schauen. Führt ein großer Kanal reines Wasser, trägt er unsere Hoffnungen, dass wir Problematisches schon bald in Ordnung bringen werden.
(Sonst wie »Fluss«, siehe auch »Wasser«.)

KANARIENVOGEL Das Lieblingstier vieler einsamer Menschen ist als Luftwesen wie jeder Vogel (siehe dort) geistig-seelisch zu deuten, umschreibt daher die psychische Einsamkeit und die innere Unfreiheit des Träumenden.
(Siehe auch »Vogelkäfig«.)

KANINCHEN Siehe »Hase«.

KANNE Wer im Traum aus einer Kanne trinkt, schöpft neue Kraft in vollen Zügen; wer aus einer leeren Kanne trinken will, mit dem ist gesundheitlich irgendetwas nicht in Ordnung.
(Siehe auch »Gefäß«.)

KANNIBALE Wer Menschenfleisch zu sich nimmt, will vielleicht einen Konkurrenten ausschalten oder hat jemanden zum Fressen gern, weitere Traumsymbole können Ergänzendes dazu aussagen. Freud sah im Traumkannibalen einen triebhaften Sadisten.

KANONENDONNER Ist meist als Nachricht zu verstehen, die uns Sorgen bereitet. (Siehe auch »Donner« und »Lärm«.)

KAPELLE Sie mahnt zur besinnlichen Einkehr; wir sollen unser Handeln überdenken und prüfen, ob wir auch alles richtig gemacht haben. (Zur Musikkapelle siehe unter »Orchester«.)

KAPITÄN Er steuert unser Lebensschiff durch alle Unbilden und Wechselfälle. Wenn auch das Ziel seiner Fahrt stets im Nebelhaften bleibt, können wir doch darauf vertrauen, dass uns ein treuer Begleiter und vertrauter Freund zur Seite steht. (Siehe auch »Schiff«.)

KARAWANE Ähnlich wie das unter »Kamel« Gesagte, nur dass sich hier die Lasten verteilen, also Helfer am Werk sind, die uns langsam ans Ziel bringen, wenn auch erst nach abenteuerlicher Reise.

KARNEVAL Siehe »Fasching«.

KARREN Es ist meistens der Karren, den wir aus dem Dreck ziehen müssen. Ist er überladen, schleppen wir wohl etwas mit uns herum, das uns Kummer macht, eventuell eine Krankheit, die unsere psychische Belastbarkeit mindert. In diesem Fall sollten wir wohl einen Arzt konsultieren. Die alten Ägypter glaubten, wenn ein Fremder im Traum den Karren zieht, sei ein Familienmitglied bedroht.

KARTEN Wer im Traum Karten spielt, den warnt sein Unbewusstes vor Leichtsinn im Wachleben, der eine Stange Geld kosten könnte. Manchmal bedeutet das Kartenspiel auch eine Arbeit, die mit Zeitverschwendung verbunden ist. (Siehe auch »Landkarte«.)

KARTOFFELN Die essbaren Knollen, die unter der Erde wachsen, umschreiben, dass irgendetwas im Unbewussten wächst und gedeiht, das uns als Nahrung für unsere Seele vorgesetzt wird und damit auch unseren Charakter stärkt. Eine Deutung der Kartoffel als Sexualsymbol ist sicher viel zu weit hergeholt. (Siehe auch »Erde«.)

KARUSSELL Das Karussell, das sich im Traum für uns dreht, zeigt wahrscheinlich an, dass es im Wachleben in absehbarer Zeit »rundgehen« wird, wir uns mithin auf einen sehr turbulenten Lebensabschnitt vorbereiten sollten.

KASERNE Das Haus (siehe dort), in dem wir einem gewissen Zwang unterliegen, steht für unseren Körper, dem wir zu viel zumuteten, für die mangelnde Kondition, die uns vorzeitig im Beruf wie in der Liebe schlapp werden lässt.

Kasse Die leere Kasse deutet auf die augenblickliche Leere in unseren Umweltbeziehungen hin, kann aber auch auf möglichen Geldzuwachs hinweisen (denn leerer kann sie ja nicht werden). Wer das Geld in der Kasse zählt, will wissen, wo es in nächster Zeit langgehen kann, oder er will sein Geld zusammenhalten und zögert, zu viel auszugeben.
(Siehe »Geld«.)

Kastration Siehe »Entmannung«.

Katze Das katzenhaft Ungebundene, das mit Samtpfötchen das – meist sexuelle – Ziel zu erreichen sucht, dann aber mit scharfen Krallen zupackt und nicht mehr loslässt. Übersetzt auch die »wilde Katze« im Wesen einer Frau, das Triebhafte, dass im Wachbewusstsein oft scheu überdeckt wird und nur im Traum in Gestalt dieses Tieres offenbart wird. In Männerträumen ist die Katze manchmal das Ersatzbild der Frau, die man sexuell besitzen möchte. In Frauenträumen steht dieses Traumbild auch für charakterliche Eigenschaften wie ausgeprägte Individualität, Egozentrik und ein unstetes Wesen.

Kauen Tätigkeit, die an das Mahlen der Mühlen erinnert. Das Sprichwort »Gut gekaut, ist halb verdaut« ist hier anzubringen: Man sollte keine Mühe scheuen und viel Geduld aufwenden bei der Lösung von Problemen, die augenblicklich anstehen.
(Siehe auch »Essen« und »Müller«.)

Kaufen Deutet auf den Willen hin, sich etwas zuzulegen, was man noch nicht hat. Das kann auch die Standfestigkeit umschreiben, an der es uns bisher gemangelt hat. Manches, was uns unbewusst fehlt, kann man auch aus anderen Symbolen herauslesen.
(Siehe auch »Einkaufen«, »Geschäft«, »Laden« und »Warenhaus«.)

Kaufmann Er ist der Vermittler, der unsere seelische Kaufkraft auf die richtige Ware lenken soll, der seelische Mangelzustände behebt, indem er handelt. Oft sind wir selbst der Kaufmann, weil wir aus eigenem Antrieb etwas für uns tun wollen. Weitere Deutungshinweise ergeben sich aus der im Traum sichtbaren Handelsware.
(Siehe auch »Kaufen«.)

Kauz Siehe »Eulen«.

Kegeln Wer im Traum kegelt, möchte im Wachleben vielleicht mal eine ruhige Kugel schieben.

Kehricht Wenn der Träumer sich selbst oder jemand anders mit einer Kehrschaufel Schmutz zusammenfegen sieht, lässt das Unbewusste keinen anderen Schluss zu, als

Kehricht
dass wir etwas Seelisches bewältigen sollten, das schon Patina angesetzt hat. Wer im Kehricht etwas sucht, will vielleicht den Splitter im Auge des Nachbarn finden und übersieht dabei den Balken im eigenen. Das Unbewusste benutzt hierfür das Bild, man solle erst mal vor seiner eigenen Tür kehren.
(*Siehe auch* »Abfall«.)

Keiler Die wilde Triebhaftigkeit, die in vernünftige Bahnen gelenkt werden sollte, umschreibt das Glück, das man beim anderen Geschlecht möglicherweise haben wird. Der Keiler ist also positiver als der Stier (*siehe dort*) zu deuten.

Kelch Es wird aus dem Kelch der Leiden getrunken; übersetzt: Wir müssen Bitteres hinunterschlucken, wenn wir einen neuen Anfang wagen wollen.
(*Siehe auch* »Becher« *und* »Gefäß«.)

Keller Der Bereich des Unbewussten. Wer in den Keller hinabsteigt, der hofft, etwas aus der Dunkelheit ans Licht bringen zu können. Tappt man in einem dunklen Keller umher und fürchtet sich, will jemand dem Träumer am Zeug flicken. Suchen wir im Keller nach einem Einbrecher, fürchten wir im Wachleben einen Menschen, der ungefragt in unser Leben eindringen will. Da der menschliche Körper in der Sprache des Unbewussten das Haus (*siehe dort*) ist, umschreibt der Keller auch die unteren Extremitäten; stürzt er ein, sind also unsere Beine und Füße bedroht, was damit übersetzt werden könnte, dass wir aus einer augenblicklichen Lage kaum einen gangbaren Ausweg finden.

Kernkraft Die von Menschen entdeckte Kraft, die leicht Gewalt über uns selbst haben kann, wenn wir sie nicht bändigen können. Das moderne Bild der Kernkraft erzeugt also Angst.

Kerze Schon im Altertum ein männliches Sexualsymbol: Wenn die Kerze hell leuchtend brennt, wird die Liebe erwidert, wenn sie erlischt, kommt man nicht ans Ziel seiner Wünsche.
(*Siehe auch* »Fackel«.)

Kessel Wie andere Gefäße (*siehe dort*) sind Kessel nicht unbedingt günstig zu deuten. So soll ein voller Kessel viel Arbeit mit ungebetenen Gästen ankündigen, ein leerer Streitigkeiten. Kocht der Kessel über, werden wir wohl von einer Aufregung in die andere gestürzt.

Kesselflicker Wer sich von ihm einen Kessel flicken lässt, muss wohl im Wachleben Kompromisse schließen; denn der Kesselflicker, vor langer Zeit ein fahrender Handwerker, kann ja nur Altes ausbessern.

Kette Schon bei Artemidoros das Symbol des Sich-gebunden-Fühlens. Zerreißt eine Kette von selbst, steht wohl eine Trennung bevor. Zerreißen wir sie, stehen wir vor einem Neubeginn, der Erfolg verspricht. Wer sich mit einer Kette gefesselt fühlt, erreicht im Leben nicht allzu viel, weil er sich nicht (von Vorurteilen?) frei machen kann. (Siehe auch »Fesseln«.) Bei der Halskette kommt es auf das Material an, aus dem sie besteht, etwa aus Gold, Diamanten oder Perlen (*siehe dort*).

KIEFER Eine schön gewachsene, alte Kiefer verhieß nach Traumbüchern aus dem Mittelalter ein gesundes, zufriedenes Alter nach einem sorgen- und arbeitsreichen Leben.
(*Siehe auch* »*Baum*«.)

KILOMETERSTEIN Als Grenzstein (siehe »Grenze«) steht er an einem Wendepunkt des Lebens. Der normale Kilometerstein ist eher ein Anhaltspunkt, welche Strecke wir auf unserer Lebensreise bereits zurückgelegt haben oder bis zum nächsten Lebensabschnitt noch zurücklegen müssen.
(*Siehe auch unter* »*Reise*« *und einzelnen Fahrzeugen*.)

KIND Als Symbol nicht immer günstig, weil oft abschätzig gemeint: »Nur Kinder können so handeln!« Das Traumkind umreißt vielfach eine »unmündige« Meinung, wobei man sich kleiner macht, als man eigentlich ist. Aber das Kind ist auch das Symbol neuer Möglichkeiten, die eine ganz andere Bewusstseinslage ergeben können. In Schwangerschaftsträumen (*siehe dort*) wird es von der Träumerin ausgetragen und geboren. In diesem Fall zeigt es ebenfalls eine neue Entwicklung an, um die wir uns im Wachleben bemühen sollten, oder – und das widerspricht dem vorher Gesagten nicht – das Ende eines Lebensabschnitts. Es macht Eltern auf Schwierigkeiten ihres eigenen Kindes aufmerksam, selbst wenn das Traumbild Günstiges vorgaukelt. Aber es weist auch auf einen verborgenen Weg hin, den man beschreiten könnte, oder auf eine Kostbarkeit, die man gewinnen könnte. Im negativen Sinn zeigt das Kind einen allgemeinen Notzustand auf, oder es steht für ein Tier, das unserer Hilfe bedarf. Mehrere Kinder im Traum weisen darauf hin, dass irgendetwas in unserer Seele in Aufruhr ist, dass man der Umwelt ratlos gegenübersteht. Wer ein Kind auf dem Arm trägt, sollte aus einer Konfliktsituation herausfinden; wer es fallen sieht, dem droht ein Missgeschick.
(*Siehe auch* »*Baby*«, »*Geburt*«, »*Jugend*«, »*Sohn*« *und* »*Tochter*«.)

KINO Im Traum wird uns oft der Teil eines Filmes vorgespielt, den wir vielleicht gerade erst vor ein paar Tagen gesehen haben. Aber er ist sichtbar verändert: Hier wird ein Abschnitt unseres eigenen Lebensfilms vorgeführt! Das Unbewusste schildert uns gewissermaßen in einem Gleichnis die Situation, in der wir uns gerade befinden. Aus dem Halbdunkel des Seelenkinos wird sich manches erhellen.
(*Siehe auch* »*Filmen*« *und* »*Fotografieren*«.)

Kirche Auch bei unreligiösen Menschen oder Atheisten eine Stätte der Besinnung. Wenn der Weg in eine Kirche versperrt ist, hat man im Wachleben alltägliche Konflikte zu lösen. Wer in der Kirche sitzt, sucht Ruhe und innere Ausgeglichenheit. Der halbdunkle Raum dort kann auf das Ungewisse im Leben hinweisen, auf das Nichtmehr-ein-noch-aus-Wissen. Wenn in einer Kirche Obszönes geschieht, deutet das auf Unbeherrschtheit oder eine ernst zu nehmende Störung im Intimleben hin.
(Siehe auch »Geistlicher«, »Gottesdienst« und »Tempel«.)

Kirsche Der kirschenförmige Mund spielt ins Traumbild hinein, wenn die süße rote Frucht dort erscheint. Sie wird zum Symbol des Gefühls und der Liebe. Pflückt man Kirschen, gewinnt man neue Freunde oder festigt eine bestehende Verbindung. Süße Kirschen sind wie Küsse, saure können auch Enttäuschungen signalisieren, schwarze manchmal eine Leidenschaft, die Leiden schafft. Die Kirschblüte deutet auf die ewig junge Liebe und auch viel Herzlichkeit hin, die zu einem baldigen Neubeginn ermutigen. In einigen mediterranen Ländern gilt der Kirschbaum als Baum der Erkenntnis (siehe »Baum«).

Kissen Hier gilt das Sprichwort: »Wie man sich bettet, so liegt man«. Wer ein Kissen aufschüttelt, ist besorgt ums eigene Heim; wer es frisch überzieht, sorgt für Glück und Freude und ist sehr gastfreundlich. Ein daunenweiches Kissen kündigt uns entweder nach mittelalterlicher Meinung unsere nahe Hochzeit oder eine sichere neue Stellung an.

Kiste Überraschendes verspricht sie und ein Geheimnis, das wir lieber für uns behalten sollten. Ist sie geöffnet, können wir unsere Neugier stillen und im Glück – andere Symbole müssen es bestätigen – schwelgen. Manchmal deutet sie (»Fertig ist die Kiste!«) einen guten Abschluss an.
(Siehe auch »Brett« und »Holz«.)

Kitzeln Wenn wir jemanden im Traum kitzeln, wollen wir ihm im Wachleben vielleicht eine Kränkung zufügen; werden wir selbst gekitzelt, sollten wir nicht den Gekränkten spielen.
(Siehe auch »Lachen«.)

Klagen Ständiges Klagen – das wissen wir – erzeugt nicht Mitleid, sondern eher Schadenfreude. Daher übersetzen manche Traumforscher das Jammern und Klagen im Traum oft mit der Freude, die uns Mitmenschen (oder wir diesen) machen. Wer vor Gericht klagt, will seine eigene Meinung ohne Rücksicht auf Verluste durchsetzen.
(Siehe auch »Gericht«.)

Klarinette Siehe »Blasinstrumente«.

Klavier Das Tasteninstrument deutet die Gefühlsskala an. Dabei können die mit der linken Hand zu spielenden Tasten, die

dunkle Töne erzeugen, zum inneren, seelischen Bereich gezählt werden, die mit der rechten Hand zu spielenden zum äußeren, bewussten Bereich. Tasten, die klemmen, weisen auf eine menschliche Verklemmung hin. Wie bei allen anderen Instrumenten kann das Klavierspiel ebenfalls erotisch ausgelegt werden.
(Siehe auch »Musik« und »Saiteninstrumente«.)

KLEBEN Der Klebstoff, der im Traum benutzt wird, steht für das Konservative im Träumer, sein Kleben an Althergebrachtem, an einem Amt, einer Stellung, einem Zustand, der ihn nicht weiterbringt. Bei entsprechenden anderen Symbolen kann es auch auf einen Konkurrenten hinweisen, dem man gern »eine kleben« möchte.
(Siehe auch »Klette« und »Leim«.)

KLECKS Unschöne Kleckse auf Papier umschreiben dunkle Punkte in unserem Leben, die unsere Neider ausnutzen, um uns zu schaden. Tintenkleckse dagegen sind positiv auszulegen.
(Siehe auch »Fleck« und »Tinte«.)

KLEE Ist in der Deutung nicht immer der Glücksklee, sondern auch das Unkraut, die seelische Unebenheit, die man beseitigen muss.

KLEID Das Kleid steht für das Lebenskleid, die »Verpackung«, die wir unserem Inneren im Außen geben. Ziehen wir ein unordentliches Kleid an, ist in unserer Seele nicht alles in Ordnung; wir sollten im Wachleben im übertragenen Sinn ein anderes anziehen, um wieder zu uns selbst zurückzufinden. Ein Kleid aus Omas Kleiderschrank, das meist ältere Träumer anziehen, übersetzt den Wunsch, in Würde alt zu werden und nicht der Spötter zu achten, die uns manches missgönnen. Wer ein Kleid vor anderen im Traum auszieht, möchte entweder seine Überlegenheit über althergebrachte Moral und Tradition beweisen oder gibt sich leider manche Blöße. Man beachte auch die Farbe der Kleider, die durch unsere Träume gehen, und andere Symbole, um ein möglichst umfangreiches Bild unserer Persönlichkeit zu erlangen.
(Siehe auch »Nacktheit« und unter einzelnen Farben.)

KLEMPNER Der Mann, der mit der Zange hantiert und Reparaturbedürftiges in Ordnung bringt, umschreibt, dass wir einen nicht sehr erfolgreichen Lebensabschnitt beenden und etwas Neues beginnen wollen, wobei die Zange im übertragenen Sinn die Geburtszange ist.
(Siehe auch »Geburt« und »Zange«.)

KLETTE Oft wächst sie auf dem Schutt (siehe dort), was man positiv mit dem Festhalten am Althergebrachten übersetzen könnte. Aber die Kletten halten auch zusammen, womit das Zusammengehörigkeitsgefühl im bewussten Leben gemeint sein könnte. Und ihre kugeligen Blüten-

Klette köpfchen kleben an allem fest, das in ihre Nähe kommt, was jemanden umschreibt, den man im Wachleben nicht mehr loswird.
(Siehe auch »Kleben«.)

Klettern Man will unter Mühen ein Ziel erreichen, aber man kann sich dabei nie so ganz sicher fühlen, denn ohne Kratzer geht das Klettern kaum ab. Mit anderen Worten: Es fehlt wohl an der nötigen Selbstsicherheit im Wachleben.
(Siehe auch »Abstürzen« und »Berg«.)

Klingel Wer an einer Klingel läutet, möchte im bewussten Leben wohl jemanden, den man mag, auf sich aufmerksam machen.

Klinik Siehe »Krankenhaus«.

Klippe Sieht man an einer Klippe ein Schiff stranden, muss das Lebensschiff einen Umweg machen, um wieder flott zu werden. Die Klippe, die nur knapp über die Wasseroberfläche hinausragt, deutet immer auf das mögliche Stranden hin; übersetzt: Man hat Schwierigkeiten, einen guten Plan oder eine Arbeit erfolgreich durchzuführen.
(Siehe auch »Meer«, »Schiff« und »Wasser«.)

Klosett Siehe »Toilette«.

Kloster Sieht man sich in ein Kloster versetzt, möchte man seelische Einkehr halten, wahrscheinlich auch mehr Ruhe in sein Leben bringen.
(Siehe auch »Einsiedler«, »Kirche«, »Mönch« und »Nonne«.)

Klotz Der grobe, auf den ein grober Keil gehört. Stoßen wir uns an einem Klotz, stellt uns vielleicht jemand im Wachleben eine Falle. Spalten wir Holz auf einem Hackklotz, haben wir Vorteilhaftes von Leuten zu erwarten, die uns früher recht gleichgültig gegenüberstanden, die wir möglicherweise vor einiger Zeit, aber mit überzeugenden Ideen auf unsere Seite bekommen konnten.
(Siehe auch »Holz«.)

Klub Der Klub, in dem man Geselligkeit pflegt, ist manchmal ein Zeichen für die Sehnsucht des Träumers nach mehr Offenheit im Freundeskreis.

Knall Ein Knall aus heiterem Himmel, ohne dass eine Explosion (siehe dort) erfolgte, umreißt unser vergebliches Bemühen im Wachleben, bei bestimmten Menschen eine durchschlagende Wirkung zu erzielen.

Knäuel Das Woll- oder Garnknäuel im Traum ist etwas Verschlungenes, im übertragenen Sinn etwas, das man kaum entwirren kann. Wer Garn, Wolle oder andere Textilfäden aufwickelt, braucht viel Zeit, um im Wachleben zu einem brauchbaren Ergebnis zu kommen. Sind die Fäden ein einziges wüstes Durcheinander, weist das

auf sprunghafte Gedanken und Ideen hin, die man kaum umsetzen kann. Das geträumte Menschenknäuel umschreibt vielfach die Angst, dass man bei einer Bewerbung nicht zum Zuge kommen wird oder dass zu viele Menschen bei bestimmten Dingen mitreden möchten.
(Siehe auch »Knoten« und »Labyrinth«.)

KNEBEL Werden wir im Traum geknebelt, fehlen uns im Wachleben wohl die richtigen Worte, um das, was wir fühlen, auch sagen zu können.

KNECHT Wer als Knecht im Traum schwere Arbeit verrichten muss, ist vielleicht im bewussten Leben der Herr, ein Vorbild für andere, die nicht so einsatzbereit sind. Nur hier und da übersetzt der Knecht die Unterwürfigkeit.

KNIE Das Gelenk im Bein (siehe dort) versinnbildlicht eine Schaltstation im Leben. Hier wird dafür gesorgt, dass alles wie geschmiert läuft. Schmerzt es, kommt man nicht so recht voran, man muss mit schleppendem Geschäftsgang rechnen. Steife Knie lassen auf die unbeugsame Haltung der Umwelt gegenüber dem Träumenden schließen. Wer die Knie beugt, hat die rechte Demut; wer aber auf den Knien rutscht, wird wohl im Wachleben durch eigene Schuld von anderen gedemütigt.

KNOBLAUCH Das »stinkende Gewand« nannten die alten Griechen eine unserer wertvollsten Pflanzendrogen. Viele Menschen mögen ihn wegen seines starken Geruchs nicht. Das übersetzt auch das Traumsymbol: Wer von Knoblauch träumt, hat oft Beschwerden vorzubringen, die für ihn kein positives Ergebnis bringen. Für manchen Träumer ist die Pflanze jedoch heilsam, weil sie vor bösen Menschen schützt, die man nicht in seine Nähe lassen will.

KNOCHEN Sie gehören zum Skelett des Menschen und können im Traum auf dessen Rückgrat schließen lassen. Wer an Armen und Beinen nur die Knochen sieht, legt etwas bloß, das ihm früher wichtig war, oder er hat »keinen Mumm in den Knochen«, kann sich also nicht durchsetzen. Und wer Knochen abnagt, dem steht eine teure Zeit ins Haus, möglicherweise deutet das Traumbild aber auch auf allzu große Sparsamkeit hin.
(Siehe auch alle Einträge, die mit Knochen in Verbindung gebracht werden können.)

KNOPF Der Knopf hält etwas zusammen, und so ist dieses Symbol auch meistens zu verstehen. Der abgerissene Knopf kann also auf eine abgerissene Verbindung hinweisen. Bekommt man einen Knopf angenäht, erhält man im Wachleben Protektion; näht man ihn sich selbst an, bleibt man im Beruf fest im Sattel. Knöpfe stehen auch ab und zu einmal für Geldstücke, die man einnehmen, aber für Nutzloses schnell wieder ausgeben wird.
(Siehe auch »Nadel« und »Nähen«.)

KNOSPE Offenbart aufkeimende Liebe, bei der man sich aber noch bedeckt hält. Wenn eine Knospe abgepflückt wird, kann sich möglicherweise ein bisher herzliches Verhältnis trüben.
(Siehe auch »Blumen«.)

KNOTEN Stehen für schwer zu lösende Probleme oder für Situationen, bei denen man nie so recht weiß, wie man sie meistern soll. Manchmal erinnert das Unbewusste auch an den schier unentwirrbaren Gordischen Knoten, den Alexander der Große löste, indem er ihn mit dem Schwert durchschlug; wer es dem Welteroberer im Traum gleichtut, dem werden zündende Ideen und durchführungsreife Pläne zum Erfolg im Wachleben verhelfen.
(Siehe auch »Knäuel«.)

KOBOLD Auch Kobolde und Nixen geistern hier und da durch unseren Traum. Meist helfen sie uns seelisch auf die Sprünge. Als Waldgeister decken sie aber auch Schattenseiten unseres Charakters auf.
(Siehe auch »Geister«, »Nixen« und »Nymphen«.)

KOCH Es ist der Seelenkoch, der uns entweder ein trübes Süppchen vorsetzt, an dem wir im Wachleben ganz schön zu würgen haben, oder er stillt unser Verlangen nach Speise, die uns Lebensenergie vermittelt. Es gilt aber auch zu bedenken, dass viele Köche den Brei verderben können.
(Siehe auch »Hunger« und »Rezept«.)

KOCHEN Sieht man sich kochen, könnte ein Familienfest in Sicht sein; wenn andere kochen, steht vielleicht eine Einladung ins Haus. Meist aber umschreiben diese Bilder, dass man vor Wut kocht oder sein Süppchen am Feuer anderer zubereiten will, die auch nur mit Wasser kochen.
(Siehe auch »Küche«.)

KOFFER Die Last, die der Träumer auf seiner Lebensreise mit sich herumschleppt, in der Sorgen, Probleme und unausgereifte Ideen und Gedanken verpackt sind, die eines Tages ausgepackt werden müssen.
(Siehe auch »Gepäck«.)

KOHL Siehe »Gemüse«.

KOHLEN Hier gebraucht das Unbewusste vielfach die volkstümliche Umschreibung: Kohle gleich Geld. Ein großer Haufen Kohlen lässt demnach finanziellen Gewinn erwarten. Aber die Kohlen sind auch im Traum Energieträger; wenn sie zum Beispiel hell brennen, lässt das auf ein freudvolles Ereignis schließen. Schwelen sie aber nur unter großer Rauchentwicklung, ist unsere Zukunftsplanung gefährdet oder Trauer steht ins Haus.
(Siehe auch »Geld«.)

KOITUS Lässt nur bedingt eine sexuelle Deutung zu. Als Symbol meint er oft die geistige Befruchtung, die Neugeburt der Seele.
(Siehe auch »Beischlaf«.)

Kompass Mit ihm ortet der Träumer einen Weg, der ihn aus einer verfahrenen Situation herausführen kann.

Komponieren Wer im Traum mit Notenschlüssel und Noten beschäftigt ist, sucht im Wachleben die Harmonie, den Schlüssel zum Gleichklang der Gefühle.
(Siehe auch »Musik«.)

Konditor Ein Mann, der süße Sachen zu bieten hat, lässt Hoffnungen wach werden, dass man in eine sorglosere Lebensphase eintreten kann. Sonst aber ist er wie der Bäcker (siehe dort) zu deuten.
(Siehe auch »Backen« und »Kuchen«.)

König Archetyp des Vaters, der in schwierigen Situationen Beistand vermitteln kann. Mit diesem Bild wird häufig die Vater-Kind-Beziehung beleuchtet und das Abhängigkeitsverhältnis von der Vaterfigur aufgezeigt.
(Siehe auch »Kaiser« und »Vater«.)

Kontrabass Wie alle Saiteninstrumente (siehe dort) von stark erotischer Bedeutung. Der »Brummbass« umschreibt die derben Liebespraktiken, die man ins Wachleben umsetzen möchte, wobei man aber nicht weiß, wie der Partner darauf reagieren wird. Der Traum vom Kontrabass ist in solchem Fall Ausdruck der eigenen Begierde.

Konzert Wer in einem großen Kreis Musik (siehe dort) hört, möchte in harmonischer Umgebung leben, sozusagen in guter Gesellschaft.

Kopf Von ihm aus werden alle Sinne und der gesamte Verstandesapparat gesteuert; nimmt er im Traum Schaden, sollte man im Wachleben einmal den Arzt aufsuchen. Die Enthauptung (siehe dort) umschreibt den bewussten Tatbestand, dass man in irgendeiner Weise seinen Kopf verlieren könnte. Bei den Chinesen ist der Kopf Sitz des Himmelslichts, bei Freud Symbol der Männlichkeit, bei C. G. Jung archetypisches Symbol des Selbst, dessen oberem Teil auch phallische Bedeutung zukäme – unter Hinweis auf die Geburt der Athene aus dem Haupt des Zeus im griechischen Mythos.
(Siehe auch »Körper«.)

Köpfen Siehe »Enthauptung«.

Korb Nach Meinung von Psychoanalytikern umschreibt er als weibliches Geschlechtssymbol in Männerträumen die mangelnde Befriedigung, weil zu viel Luft an das kommt, was man hineinsteckt. Oft stellt der Korb ein Hindernis dar, das den Träumer festhält und durch dessen Zwischenräume man etwas sehen kann. Wer im Traum einen Korb bekommt, erreicht kaum das Ziel seiner Sehnsüchte.

Korn Ein Fruchtbarkeitssymbol, das wachsen und reifen lässt.
(Siehe auch »Bauer«, »Ernte«, »Getreide« und »Saat«.)

KÖRPER Der Körper und seine Funktionen übersetzen meist seelische Belange. Mit einem körperlichen Mangel zeigt also das Unbewusste seelische und geistige Schwachstellen auf. Wer mit seinem Körper im Traum zufrieden ist, der kann im Wachleben auf seine geistige Kraft bauen. Löst sich der Körper in nichts auf, scheint die Psyche gesundheitlich nicht in Ordnung zu sein, sodass ein Arzt helfen müsste.
(Siehe auch unter den Bezeichnungen einzelner Körperteile.)

KORRIDOR Siehe »Enge«, »Flur« und »Gang«.

KORSETT Hier ist von dem Korsett die Rede, das man Seele und Geist anlegt. Wenn es eng geschnürt wird, zeigt es seelische Verkrampftheit im Wachleben an oder die Tatsache, dass wir in unserem Denken und Fühlen augenblicklich auf der Stelle treten und nicht weiterkommen.

KOT Kotabgabe hat wie alles in Analträumen Vorkommende nichts mit der übel riechenden Masse zu tun, die unser Körper ausscheidet. Kot ist vor allem deshalb positiv zu deuten, weil er als landwirtschaftlicher Dünger wachstumsfördernd ist. In vielen Fällen wird daher der Traum vom Kot als Übersetzung von Geld oder als Charakterdeutung gewertet. Das Ausscheiden von Exkrementen könnte demnach mit Freigebigkeit oder Ordnungssinn umschrieben werden, die Verstopfung analog als Geiz, Pedanterie, Herrschsucht, aber auch als die Angst vor einem Verlust (von Geld?). Manche Psychoanalytiker sahen die Abgabe von Kot als Kastrationssymbol. Freud glaubte, Kinder, die davon träumen, erleben einen Verlust; daran sei vor allem die übertriebene Erziehung des Kleinkinds zur Reinlichkeit schuld, diese sei eine der Wurzeln späterer Neurosen und Verklemmungen. Moderne Psychotherapeuten sind ähnlicher Auffassung, sehen jedoch auch einen Verlust oder Mangel an Liebe darin.
(Siehe auch »Darmentleerung« und »Toilette«.)

KRAFTWERK In ihm wird dem Träumer die Energie zugespielt, damit er alle Alltagsprobleme meistert. Hier kann auch von der Gefahr die Rede sein, die sich aus übermäßigen Kraftanstrengungen ergeben kann.
(Siehe auch »Elektrizitätswerk«.)

KRAGEN Gehört bei manchen Psychoanalytikern in die Kategorie »alles, was rund ist«, müsste also demnach sexuell gedeutet werden. Der saubere Kragen, den sich der Träumer umlegt, kann aber getrost als Vorbereitung auf eine wichtige (nichtsexuelle) Angelegenheit im Wachleben übersetzt werden. Zerreißt der Kragen im Traum, könnte dem Träumer auch im bewussten Leben der Kragen platzen.

KRÄHEN Stehen häufig für die Redensart, dass eine Krähe einer anderen kein Auge aushackt. Schreiende Krähen gelten als Vorzeichen für einen Verlust oder für gra-

vierende Veränderungen in den intimen Beziehungen, die sich für den Träumer negativ auswirken könnten.
(Siehe auch »Rabe« und »Vögel«.)

KRALLEN Sie packen im Traum zu. Und man kann sich aus ihnen nur schwer befreien; übertragen auf das Wachleben heißt das, dass sich der Träumer von seinen Verklemmungen freimachen oder sich aus einem Verhältnis lösen muss, das ihn zu erdrücken scheint.

KRAMPFADERN Siehe »Adern«.

KRANKENHAUS Wer in einem Krankenhaus liegt, den bedrücken Sorgen, deren er ohne fremde Hilfe nicht Herr wird. Sie haben meist nichts mit Krankheiten zu tun, sondern sind eher psychisch bedingt. Wer in einer Klinik auf das Operationsergebnis wartet, dem steht im Wachleben ein einschneidendes Erlebnis bevor. In diesem Zusammenhang sollte man auch auf die Diagnose des Traumarztes achten, die Hinweise darauf geben könnte, was in unserem Seelenhaushalt in Unordnung geraten ist. Auch das jeweilige Stockwerk, in dem das Krankenzimmer liegt, kann auf psychische oder physische Mängel in den bestimmten Körperbereichen aufmerksam machen.
(Siehe auch »Haus«, »Arzt«, »Kranker«, »Operation«.)

KRANKENSCHWESTER Sie ist nicht immer die Person, die uns pflegt und zu unserer Heilung beiträgt. In Frauenträumen steht sie oft für die Nebenbuhlerin. Im positiven Sinn ist sie aber auch als die Seelenschwester zu sehen. Als gefühlvolles Wesen (die Anima) tritt sie positiv wie negativ in Männerträumen auf. Möglicherweise sucht der Träumer im Wachleben nach jemandem, der ihn versorgen und trösten kann. (Siehe auch »Mutter« und »Schwester«.)

KRANKER Der Kranke im Traum ist meist der Träumer selbst, der sein seelisches Gleichgewicht verloren oder im Gefühlsbereich mit Problemen zu kämpfen hat. Wer im Traum Kranke besucht, bemüht sich im Wachleben wohl um Kontakte, die ihm aus einem psychischem Tief heraushelfen können. Wer Kranke pflegt, der ist aus diesem Tief schon fast befreit.

KRANKHEIT Sie weist meistens auf einen Mangel im Seelenleben hin. Wer es am Herzen hat, leidet vielleicht im Gefühlsbereich; wer über Augenschmerzen klagt, sollte im Wachleben eine bestimmte Person vielleicht einmal mit anderen Augen sehen. Magen- und Darmbeschwerden weisen auf etwas hin, das erst einmal verdaut werden muss, bevor man es ins Reine bringen kann.
(Siehe auch »Arzt«.)

KRANZ Die Bindung an den Mitmenschen, die Freude oder Trauer beinhalten kann. Wer selbst einen Kranz aus Blumen bindet, kann auf eine Glück verheißende Zukunft

Kranz

hoffen; wessen Kranz verwelkt, der wird vielleicht eine Enttäuschung erleben, an der er schwer zu tragen hat. Auch als Ersatzbild für einen Ring zu deuten, und zwar als Sehnsucht nach einer Bindung.
(Siehe auch »Blumen« und »Ring«.)

Kräuter Wer sie sucht oder isst, will etwas für seine Gesundheit tun, um so im Leben mehr Erfolg zu haben.

Krebs Die lebensgefährliche Krankheit ist damit nicht gemeint, auch wenn man sich im Traum krebskrank sieht, sondern das Tier, das bei Gefahr meist den Rückwärtsgang einlegt; das Bild umschreibt gewissermaßen die mögliche Zurückführung auf einen Weg, den man schon einmal gegangen ist und der für uns im Augenblick wohl der gangbarste wäre.

Kredit Auch im Traum wird die Vertrauenswürdigkeit eines Schuldners festgestellt, mit anderen Worten, ob er Kredit hat. Manchmal wird der Träumer von Menschen umgeben, die ihm ihr Geld förmlich aufdrängen wollen. Es sind die falschen Ratgeber, regelrechte Kredithaie, vor denen das Unbewusste warnt. Man achte auf die weiteren Symbole, um zu erkennen, wer einem übel will.

Kreide Mit ihr wird »etwas angekreidet«, das uns oder eine andere Person im Wachleben stört, wobei die Farbe *(siehe dort)* der Kreide oder das, was man damit schreibt, genauere Hinweise geben können.

Kreis Die unendliche Linie ist ein Ganzheitssymbol, das entweder von der geometrischen Figur selbst oder einer im Kreis stehenden Menschengruppe, einem runden Platz oder Ähnlichem ins Bild gesetzt wird; es besagt: Die seelische Energie soll zusammengehalten werden, man umkreist das Objekt seiner Gunst oder schließt den Kreis seiner (meist positiven) Eindrücke. Rund wie der Kreis ist auch die Zirkusmanege, in der wilde Tiere (sprich: die ungezügelten Triebkräfte) gebändigt werden. Wer in einen Kreis eindringt, steuert ein bestimmtes Ziel an.
(Siehe auch »Arena«, »Ball« und »Zirkus«.)

Kreuz Ordnungssymbol, oft als Lebensstation gedeutet, die entscheidend für unseren weiteren Weg ist; es wird uns Mut gemacht, mit der augenblicklichen Situation fertig zu werden.
(Siehe auch »Wegweiser«.)

Kreuzung Deutet auf Ratlosigkeit hin. Man weiß nicht, wie man seinen Lebensweg fortsetzen soll. Das Unbewusste zeigt damit die Lebensangst auf, die auf eine psychische Krankheit oder mangelnde Entschlusskraft zurückgehen kann. Manchmal aber wird im Traum der Weg vorgegeben, wobei man darauf achten sollte, in welche Richtung man geht.
(Siehe »Himmelsrichtungen«.)

Krieg Wenn es kein Erinnerungstraum ist, schildert der Krieg die Angst, in etwas hineingezogen zu werden, das dem eigenen Wollen zuwiderläuft. Er wird oft auch als Gleichnis einer schwierigen seelischen Lage gesehen oder als Konfliktsituation gedeutet, die ausweglos erscheint, aber mit kämpferischen Mitteln bewältigt werden kann.
(Siehe auch »Kampf«.)

Kristall Das fein geschliffene Kristall lässt erkennen, dass uns nur gute Manieren zu einem Erfolg im zwischenmenschlichen Bereich verhelfen können. Bricht es das Licht, stehen wir möglicherweise vor der Außenwelt im Zwielicht da.
(Siehe auch »Glas«.)

Krokodil Negatives Symbol unserer inneren Energien, das bei Träumern auftaucht, die nicht die rechte Einstellung zum Leben gefunden haben. Es symbolisiert auch die Unbarmherzigkeit, die es auf der Welt gibt, oder böse Nachbarn, die uns das Leben schwer machen können.
(Siehe auch »Drache«.)

Krone Symbol der Macht, das auch ihren Missbrauch einschließt. So deutet die goldene Krone darauf hin, dass man sich seinen Mitmenschen gegenüber erhaben fühlt und Gefahr laufen könnte, über Gut und Geld sein eigenes Herz zu vergessen. Die Dornenkrone zeigt Leid an, die Myrthenkrone eine Hochzeit (es braucht nicht unbedingt die eigene zu sein) oder den Beginn einer neuen, glücklicheren Zeit.

Kropf Siehe »Hals«.

Krücken Zeichen der Unsicherheit und der Hilfsbedürftigkeit. Wer sich im Traum auf sie stützen muss, braucht sie im Wachleben vielleicht, um Liebeskummer oder geschäftlichen Ärger zu überwinden. Wer jemanden an Krücken gehen sieht, hat sich wahrscheinlich zu sehr um andere gekümmert und sein eigenes Fortkommen nicht beachtet. Wer seine Krücken zertrümmert oder wegwirft, überwindet eine Notlage rasch.

Krug Er deutet auf persönliche Probleme des Träumers hin: der zerbrochene Krug auf Streit in der Familie, der überlaufende auf Tränen (das »Tränenkrüglein«), ein leerer auf den leeren Kopf oder die Gedankenarmut, ein voller eventuell auf ein übervolles Herz, das man ohne jede Gegenleistung verschenkt. Wie jedes Gefäß (siehe dort) hat auch der Krug bei manchen Psychoanalytikern sexuelle Bedeutung, wobei der zerbrochene auf die Defloration hinweisen soll.

Krüppel Sehen wir im Traum einen Krüppel oder sind wir selbst einer, umschreibt das unsere Hilflosigkeit in psychischer Hinsicht. Er ist der Hinweis darauf, dass irgendetwas in unserer Seele krankt.
(Siehe auch »Invalide«.)

Küche Der Ort, an dem die Speisen zubereitet werden, die uns unsere Lebenskraft schenken. Küchenträume haben mit seelischer Verdauung zu tun. Viele Gegenstände in der Traumküche deuten nach Freud auf sexuelle Wünsche hin (Pfanne, Feuerloch, Kartoffelstampfer und so weiter), nach deren Erfüllung man sich sehnt. Wer in der Küche arbeitet, der scheut keinen Weg, um auf einen grünen Zweig zu kommen.

Kuchen Der Kuchen ist übersetzt meist die Süße, die uns das Leben verspricht. Wer im Traum ein Stück davon abbekommt, dem ist das Glück der Liebe hold. Backen und Essen eines Kuchens weisen meist auf Freude in den zwischenmenschlichen Beziehungen hin.
(Siehe auch »Konditor« und »Süßigkeit«.)

Kugel Wie der Kreis (siehe dort), jedoch dynamischer zu werten. Oft umschreibt sie das seelische Gleichgewicht oder auch den guten Kern des Träumers und seine Beziehung zur Umwelt, die sich erfreulich gestalten könnte.

Kuh Symbol des Mütterlichen und des Sichverschenkens. Bei allein stehenden Frauen gibt eine Kuh oft Hinweise darauf, dass es den Träumenden an Wärme, Geduld und Güte fehlt, dass sie recht anspruchslos dem Leben gegenüberstehen. Wer sieht, dass eine Kuh gemolken wird, kann sicher sein, dass man ihn im Wachleben ausnutzen will. Wer selbst eine Kuh melkt, möchte demnach eine Lage so ausnutzen, dass er finanziellen Gewinn daraus ziehen kann. Seltsamerweise verläuft sich die Kuh selten in Männerträume; wenn es doch einmal der Fall ist, zeigt das meistens den Typ des Muttersöhnchens an.

Küken Im Altertum wurde auf Kindersegen geschlossen, wenn Küken aus dem Ei schlüpfen. Auf jeden Fall sind sie Glücksbringer besonderer Art. Sitzen sie aber in einem Behälter und piepsen sie dort fröhlich herum, kann man gewiss sein, dass man ein Problem schnell lösen wird.

Kulisse Sie weist meist auf eine trügerische Lage oder darauf hin, dass sich der Träumer im Wachleben irgendetwas vorstellt, das kaum eintreffen wird. Manchmal will man auch einen Menschen, den man zu seinen Freunden zählt, anders sehen, als er in Wirklichkeit ist. Man achte auf die Farben (siehe dort) und dem, was dargestellt ist, um sich ein genaueres Bild zu machen. Wer die Kulisse ständig hin- und herschiebt, führt ein unstetes Leben.
(Siehe auch »Theater«.)

Kündigung Umschreibt die Angst, dass wir etwas nicht richtig gemacht haben könnten. Im Wachleben löst sich das meist in Wohlgefallen auf; wir zeigen uns im Beruf bemüht, alles gut zu machen, und werden sogar ge- oder befördert. Kündigen wir im Traum selbst jemandem, weist das wohl auf einen Vertrauensverlust hin.

Kuss Wenn er in erotischen Träumen gegeben wird, ist eine Beziehung in Ordnung, auch wenn es im Traum vielleicht nicht der Partner ist, den man küsst. Oft ist mit dem Kuss auch die geistige Kommunikation gemeint. Wenn andere uns im Traum küssen, ist Vorsicht geboten – es könnte ein Judaskuss sein.
(*Siehe auch* »Lippen«, »Mund« *und* »Zunge«.)

Kutsche Eine geträumte Kutsche ist der fahrbare Untersatz, der einen nur gemächlich seinem Ziel entgegenbringt, übersetzt die ungewisse Zukunft, vor der man ein wenig Angst hat. Steigt man aus oder springt man während der Fahrt ab, will man sein Leben mit großer Entschiedenheit selbst bestimmen.
(*Siehe auch* »Automobil« *und* »Droschke«.)

Laboratorium bis Lupe

Laboratorium Der Raum, in dem unser Unbewusstes experimentiert. Ob die Experimente gelingen und Seelisches gut verarbeitet wird, darüber geben die anderen Symbole des Traumes sicherlich noch Aufschluss.

Labyrinth Ein seelisches In-die-Irre-Gehen wird hier angezeigt. Wer glücklich aus dem Irrgarten herausfindet, hat eine schlimme Zeit hinter sich gebracht. Vom Labyrinth wird gar nicht so selten geträumt, wie man vielleicht annehmen mag. Es kann übrigens manchmal auf eine geistig-seelische Verirrung hinweisen, auf eine heimliche Liebe zu einer Person, die sie nach Meinung unserer Mitmenschen nicht verdient hat. Das Labyrinth kann auch ein dunkler Keller (*siehe dort*) sein, durch dessen Gänge man sich im Traum durcharbeiten muss, ohne zu wissen, wohin die Reise geht.

Lachen Es ist gewissermaßen der befreiende Seufzer der Seele darüber, dass man aus einer (verfahrenen?) Situation herausgefunden hat. Im Altertum verkehrte man Lachen in Weinen und Weinen in Lachen, was wir aus eigener Erfahrung jedoch nicht bestätigen können. Der Träumende wacht übrigens meistens während des Lachens auf, er lacht dann noch mit offenen Augen weiter.

Laden Wer einen Laden betritt, erwartet, dass man ihn bedient; aber man muss schon wissen, was man will – übersetzt: Wer nicht weiß, was er kaufen soll, ist im Wachleben ein Mensch mit mangelnder Entschlusskraft, wer es weiß, fasst Entschlüsse, die ihm weiterhelfen werden. Wenn das Ladengeschäft leer ist, hat man sich im Wachleben irgendwie verkalkuliert. Ist man der Verkäufer, bietet man sich selbst feil, macht sich vielleicht sogar zum

LADEN Gespött seiner Mitmenschen. Nur in wenigen Fällen kann man sich als Besitzer eines Traumladens auf finanzielle Vorteile freuen. Geht der Träumende an einem Laden vorbei, verpasst er im bewussten Leben vielleicht eine günstige Gelegenheit.
(Siehe auch »Geschäft«, »Kaufen« und »Kaufmann«.)

LAGER Lebt man als Gefangener oder Flüchtling, ohne es zu sein, in einem Lager, hat man im Wachleben mit Problemen zu kämpfen, ist man in Vorurteilen befangen. Nur die Freizeitlager lassen positive Schlüsse zu: Man will sich im Kreis fröhlicher Menschen bewegen, sehnt sich aus der Einsamkeit heraus nach Harmonie und Geselligkeit.

LÄHMUNG Wer sich oder einen anderen gelähmt sieht, leidet im Wachleben unter einem seelischen oder geistigen Hemmnis, kann momentane Schwierigkeiten nicht so schnell überwinden, wie er gern möchte. Das Unbewusste mahnt den Träumer manchmal auch, er solle einmal etwas kürzer treten, nicht so viel wagen.
(Siehe auch »Arm«, »Bein« und andere Körperteile.)

LAMPE Es kommt darauf an, ob die Lampe hell leuchtet oder ob es sich um eine trübe Funzel handelt. Die hell strahlende Lampe verspricht fröhliche Ausgeglichenheit, die Funzel seelische Verkrampfungen. Verlischt unsere Lampe im Traum, weiß die Seele sich keinen Rat in einer für uns vielleicht prekären Lage. Zerbricht die Lampe, mahnt das zur Vorsicht, da in unserem Inneren irgendetwas zerbrechlich ist oder bereits zerbrochen sein könnte. Zünden wir im Traum die Lampe an, kommen wir dagegen aus einer verworrenen Situation glücklich heraus.
(Siehe auch »Laterne« und »Licht«.)

LANDKARTE Verrät die Richtung, die man im persönlichen Bereich einschlagen muss, um ein gestecktes Ziel zu erreichen. Sie weist auf Pläne hin, die man durchführen kann, wenn man im Traum die Kartenzeichnung genau erkennt. Ist sie verwischt oder findet man sich auf der Karte nicht zurecht, blockiert etwas Gravierendes den Lebensweg.

LANDSCHAFT Eine sonnige Landschaft erfüllt unsere Wünsche nach einem sorglosen, naturverbundenen Leben; liegt sie im Nebel oder ist sie wolkenverhangen, hegen wir im Wachleben trübe Gedanken, die uns nicht weiterbringen. (Weiteres unter den Bezeichnungen von Naturerscheinungen und Landschaftsformen.)

LANDSTREICHER Siehe »Vagabund«.

LANZE Trotz ihrer Altertümlichkeit nach Freud und seinen Anhängern auch heute noch häufiges Sexualsymbol in Träumen, die sich mit dem intimen Zusammenleben von Mann und Frau beschäftigen. Die Lanze umschreibt danach ebenso die Überwindung einer schwierigen (sexuellen) Situation. Bei älteren Menschen erscheint sie oft als die, mit der ein römischer Soldat Christus die Seite geöffnet hat, also als Bild des Leidens, das auf Unpässlichkeiten oder Krankheiten hinweisen kann, aber auch auf deren Überwindung. Eine gebrochene Lanze kann bedeuten, dass man vielleicht einmal für jemanden eine Lanze brechen sollte.

LÄRM Wenn er nicht auf äußeren Einflüssen beruht, durch die wir wach werden, kündigt er Unruhe und Aufregung in unserem privaten Bereich an. Manchmal schlägt auch das Unbewusste Lärm, um uns mit Nachdruck auf eine Gefahrensituation aufmerksam zu machen, die bevorsteht.

LARVE Wer von Tierlarven träumt, steht im Wachleben vielleicht am Anfang einer neuen Entwicklung; nur selten umschreiben sie die Hilflosigkeit, in der man augenblicklich befangen ist.
(*Gesichtslarve siehe* »*Maske*«.)

LAST Die Bürde im Alltag, an der man schwer zu tragen hat. Wem sie aufgelastet wird, der muss wahrscheinlich im Wachleben Verantwortung übernehmen; wer sie andere schleppen lässt, scheut sich eventuell, eine verantwortungsvolle Position zu übernehmen. Wer unter einer Last stöhnt, sollte sich auf eine schwierige Aufgabe gefasst machen, die ihm gestellt werden könnte.
(*Siehe auch* »*Gepäck*«, »*Kamel*«, »*Karawane*« *und* »*Koffer*«.)

LASTWAGEN Das eigene Ich, dem besondere Lasten auferlegt werden (sonst wie »Automobil«).

LATERNE Wenn die Straßenlaterne im Traum aufleuchtet, wird einem im Wachleben wohl ein Licht aufgehen, das heißt, man wird erkennen, dass man in eine ungewisse Zukunft steuert, wenn man so weitermacht wie bisher (siehe auch unter »Dunkelheit«), oder wir werden über eine Lage oder die Absichten eines bestimmten Menschen aufgeklärt.
(*Sonst wie* »*Lampe*«, *siehe auch* »*Leuchtturm*«.)

LATTE Sie wird nicht nur für Hochspringer aufgelegt, sondern bedeutet für manche Träumer, dass sie endlich über ihren Schatten springen und ihre Hemmungen ablegen sollten. Oft ist die Latte auch ein Wink mit dem Zaunpfahl, nichts unüberlegt zu tun.
(*Siehe auch* »*Zaun*«.)

LAUB Grünes Laub soll nach Meinung antiker Traumdeuter Freude bringen, welkes Melancholie.
(*Siehe auch* »*Blatt*« *und* »*Herbst*«.)

LAUBE Das kleine Haus im Garten, das auf Heimlichkeiten in unserem Inneren schlie-

Laube
ßen lässt. Das könnte zum Beispiel eine heimliche Liebe oder das Wissen um das Geheimnis anderer sein; genauere Hinweise sind aus weiteren Symbolen herauszulesen.
(Siehe auch »Garten« und »Haus«.)

Laufen Wer mit Ausdauer läuft, strebt im Wachleben mit Energie einem Ziel entgegen, das er auch erreichen wird. Manchmal verbirgt sich hinter diesem Symbol aber auch eine gewisse Kopflosigkeit, die Hemmungen aufzeigt.
(Siehe auch »Rennen«.)

Lauge In ihr wird schmutzige Wäsche gewaschen; übersetzt: Ein nicht gerade schöner Abschnitt unseres Lebens geht zu Ende, wir können uns frei fühlen.
(Siehe auch »Kleid« und »Waschküche«.)

Laus Läuse kribbeln und krabbeln und geben keine Ruhe; sie weisen auf die Nerven des Träumers im Wachzustand hin, auf seine innere Unruhe, die Ziellosigkeit und den Unverstand, mit denen er nichts erreichen wird. Sieht man Läuse im Traum und vernichtet sie, streicht man nach Artemidoros ein nervenbelastendes Ereignis aus seinem Gedächtnis.
(Siehe auch »Ungeziefer«.)

Laute Siehe »Gitarre«.

Läuten Wer im Traum die Glocke (siehe dort) läutet, hängt im Wachleben wohl manches an die große Glocke, das es eigentlich nicht wert ist. Vielleicht hört er es aber auch läuten, das heißt, dass er im Wachleben etwas erfährt, was ihm Antrieb für eine gute Tat oder bei einer neuen Arbeit gibt.
(Siehe auch »Klingel«.)

Lawine Die Lawine, die im Traum den Berg (siehe dort) hinunterdonnert, ist im Wachleben die Gefahr, die man erkennt, vor der man aber nicht wegrennen kann. Hier alarmiert das Unbewusste unseren wachen Verstand, uns mutig auf eine Gefahr einzustellen und standhaft zu bleiben, wenn es auch wahrscheinlich schwer fallen dürfte.

Lazarett Siehe »Krankenhaus«.

Leber Kommt meist nur in Reizträumen vor, wobei ein deutlicher Schmerz in der Lebergegend gespürt wird, der aber nach dem Erwachen oft nicht mehr geortet werden kann. Trotzdem sollte man diesem Traumreiz nachgehen und – wenn er wiederholt gespürt wird – eventuell einen Arzt aufsuchen.
(Siehe auch »Leibschmerzen«.)

Leder Mit der Lederbekleidung, glauben manche Traumforscher, würden sadomasochistische Neigungen verdeutlicht, wobei man »vom Leder zieht«. Wir denken aber, dass es sich hier um den festen Stoff han-

delt, der uns vor mancherlei Gefahren schützen kann.
(Siehe auch »Kleid«.)

Lehm Wer sich mit Lehm ein Haus (*siehe dort*) baut, will im Wachleben schädliche Einflüsse von sich fern halten und als unnahbare Persönlichkeit auf seine Umwelt wirken. Für den, der im Lehm stecken bleibt, hat das Unbewusste den Hinweis parat, er solle ruhig einmal ichbezogen reagieren und versuchen, aus eigener Kraft weiterzukommen. Da Lehm in der Medizin auch für Wickel und Verbände verwandt wird, kann daraus vielleicht gedeutet werden, dass uns jemand einwickeln möchte, der möglicherweise keine ehrlichen Absichten verfolgt.

Lehnstuhl Sitzt man in Urgroßvaters Lieblingssessel, baut man im Wachzustand wohl auf die Förderung anderer, um ein bequemes Leben zu haben; man will außerdem seine Ruhe haben, bemerkt aber nicht, dass einem die Felle wegschwimmen, weil man selbst nicht allzu viel leistet.
(Siehe auch »Sessel«.)

Lehrer Mal ein Weiser, dessen Wegweisung wir oft nicht folgen, weil uns einfach die Kraft fehlt, dann wieder der eigene Vater, der Chef oder ein alter Mann, deren Meinung wir uns zu Eigen machen sollten. Oft auch schlicht das Unbewusste, das uns eines Besseren belehren will. Der Lehrer im Traum warnt vor einer verfahrenen Lage, will uns einen gangbaren Weg zeigen. Ist der Lehrer besonders streng, ist die Situation im Wachen sehr ernst. Oft lässt man sich im Traum auch von einem bekannten oder unbekannten Lehrer ins Heft schauen, dann wird im Wachleben wohl offen gelegt, was man gern verbergen möchte. In Prüfungsträumen ist der Lehrer übrigens meist nur eine Randfigur, um dem Traumbild einen gewissen Rahmen zu geben.
(Siehe auch «Alter«, »Chef«, »Schule«, »Prüfung« und »Vater«.)

Lehrling Erinnert an die eigene Jugend und deckt Schwächen auf, die uns erst jetzt bewusst werden (man lernt ja nie aus!). Träumt ein Chef von seiner Lehrzeit, weist ihn das Unbewusste wohl darauf hin, dass er die jungen Leute von heute besser verstehen lernen sollte. Der Lehrling im Traum ist oft eigentlich der Meister, der uns lehren will, wie wir unsere Angelegenheiten besser meistern können.
(Siehe auch »Schule« und »Schüler«.)

Leibschmerzen Sind sie im Wachzustand nicht mehr zu spüren, deuten sie auf innere Zweifel hin, die man beseitigen sollte, manchmal auch auf körperliche Schwächezustände, die in die Krankheit münden könnten, gegen die man rechtzeitig Vorsorge treffen sollte.
(Siehe auch »Magen«.)

Leiche Deutet auf etwas längst Erledigtes, auf ein Absterben bestimmter Gefühle,

Leiche

die man trotzdem immer noch mit sich herumschleppt, auf eine Beziehung, die man eigentlich beenden sollte. Leichen tauchen häufig in Träumen von Menschen auf, die in oder mit ihrem Beruf unzufrieden sind: Man will etwas ändern, aber es gelingt einfach nicht. In einigen Träumen sind Leichen auch ein Sinnbild für überwundene Schwierigkeiten. Träumt man häufiger von einer Leiche, sollte man das durchaus ernst nehmen und die Konsultation eines Psychiaters oder Psychotherapeuten in Erwägung ziehen.
(*Siehe auch »Grab«, »Mörder«, »Sarg« und andere Stichwörter, die mit dem Begriff Leiche zusammenhängen.*)

Leichenzug Mit ihm wird etwas zu Grabe getragen, manchmal nur die Angst, man könnte versagen. Oder ein Kapitel unseres Lebens wird abgeschlossen und wir stehen vor einem neuen Anfang, schauen aber vielleicht wehmütig auf Vergangenes zurück.

Leierkasten Er spielt immer die alte Leier; wer ihn also im Traum hört oder sieht, möchte sich von einer bestimmten Bindung lossagen, die außer Langeweile nichts mehr bringt.

Leihhaus Wer sich oder einen anderen im Traum in einem Leihhaus sieht, muss im Wachleben wohl etwas hergeben, an dem er einmal sehr gehangen hat. Das Leihhaus umschreibt auch unsichere Gefühle, manchmal sogar psychische Störungen, die in der Angst begründet sind, nach außen nicht so zu wirken, wie man sich selbst gern sehen möchte.
(*Siehe auch »Pfand«.*)

Leim Wer damit im Traum arbeitet, hält entweder an einmal gefassten Plänen fest oder wird – im negativen Sinn – geleimt. Vielleicht kommt er auch von irgendetwas (einer intimen Beziehung oder einer destruktiven Bindung generell) nicht los, obwohl er darunter leidet.
(*Siehe auch »Kleben«.*)

Leine Man führt auch im Traum einen Hund daran spazieren. Möglicherweise sind wir aber selbst dieser Hund, den im Wachleben andere am Gängelband halten. Es kommt also darauf an, wen man da im Traum an der Leine hat; auf jeden Fall will man im Wachleben jemanden für sich einnehmen, wenn nicht gar nach eigenem Belieben lenken. Wer an einer Leine zieht, der möchte im Wachleben eventuell »Leine ziehen«, sich auf und davon machen, weil ihm irgendetwas nicht passt.

Leisten Wer seine Schuhe im Traum über einen Leisten spannt, steht vor einer schwierigen Phase auf seinem Lebensweg, weil er alles über einen Leisten schlägt, also alles nach ein und derselben Art behandelt.
(*Siehe auch »Schuster«.*)

LEITER Diese tragbaren Treppen bedeuten übersetzt unsicheres Fortkommen und Unbeständigkeit. Auf der Leiter Sprosse für Sprosse höherzusteigen deutet für das Wachleben einen beschwerlichen Weg nach oben an, der Sturz von ihr ist ein Fall ins Bodenlose. Die Ansicht von Freud, das beständige Auf- und Absteigen auf einer Leiter umschreibe den Geschlechtsakt, erscheint uns allzu weit hergeholt.
(Siehe auch »Fallen«, »Sprosse« und »Treppe«.)

LERCHE Sie schwingt sich auch in manchen Träumen tirilierend in die Lüfte, was im Wachleben wohl ein schnelles Emporkommen verspricht oder auf eine augenblickliche Hochstimmung hinweist.
(Siehe auch »Vogel«.)

LEUCHTTURM Das große Licht, das uns aufgeht, der Wegweiser auf dem Lebensweg, dessen nächste Station schon erhellt ist. Der Leuchtturm lässt stets Positives aufleuchten.
(Siehe auch »Lampe«, »Laterne« und »Licht«.)

LICHT Die geistige Energie, die freigelegt wird – man sieht alles licht und klar. Das Ursymbol spendet Hoffnung, zeigt einen Neuanfang auf (»das Licht der Welt erblicken«); wir brauchen uns keine Sorgen zu machen, weder über unsere Gesundheit noch über unser Wohlergehen. Geht das Licht im Traum gerade an, können wir im Wachleben tiefe Erkenntnisse schöpfen; brennt es in der Ferne, werden neue, aber erfüllbare Wünsche wach. Verlischt es jedoch plötzlich und lässt uns in der Dunkelheit zurück, könnten wir psychisch geschockt werden oder haben zumindest mit schlechten Neuigkeiten zu rechnen. Auch zu viel Licht, das den Träumer blendet, ist negativ zu bewerten, was weitere Symbole bestätigen sollten.
(Siehe auch »Dunkelheit« und unter den Bezeichnungen einzelner Lichtquellen.)

LIED Hier ist der Liedtext wichtig; denn durch ihn lässt sich der Traum deuten. Lieder im Traum lassen den Schläfer im Allgemeinen fröhlich erwachen, sie werden wohl nur von musikalischen Leuten geträumt.
(Siehe auch »Chor«, »Musik« und »Singen«.)

LIFT Bringt uns der Traumlift in eine höhere Etage, werden wir wohl mit fremder Hilfe aufsteigen können; wer aber mit ihm rasch nach unten fährt, kann im Augenblick höheren Ansprüchen kaum genügen. Kommt dagegen der Lift im Keller an, wird für den Wachzustand signalisiert, man möge einmal seine Gefühle überprüfen, es könnte da Schockierendes ans Tageslicht kommen.
(Siehe auch »Treppe« und »Keller«.)

LILIE Symbol der Macht, aber nicht wie andere Blumensymbole erotisch zu deuten. Hält der Träumer zum Beispiel Lilien in seinen Händen, kommt er im Wachleben besonders gut zurecht und wird eine Position erreichen, in der er zu bestimmen hat.

Lilie Sind die Lilien verblüht oder wirft er sie weg, gehört er zu jenen Menschen, die zum Machtmissbrauch neigen. Lilien, die man im Traum verschenkt, deuten auf reine Gefühle im Wachleben hin.
(Siehe auch »Blumen«.)

Links Orientierungsbegriff: Links sitzt das Herz, das Gefühl, die psychische Energie, allgemein auch der Sitz des Unbewussten. Zugleich ist links auch die weibliche Seite der oder des Träumenden.
(Siehe auch »Rechts«.)

Linsen Wer sie im Traum kocht, dem sollen sie Verdruss bringen (denn für ein Linsengericht verkaufte Esau seine Erstgeburt); wer sie isst, will sich bereichern (sonst wie »Bohnen«).

Lippen Rote Lippen deuten meist auf die Erfüllung sexueller Wünsche hin. Verkniffene versprechen in der Liebe Leid.
(Siehe auch »Kuss« und »Rot«.)

Loch Nach Freud eindeutig sexuell zu werten. Aber das Loch, das sich vor einem Träumenden auftut, hat auch etwas Bedrohliches: Fällt man hinein, wird man vielleicht im Wachleben auf schlechte Freunde oder Konkurrenten hereinfallen, eventuell auch mit einem sexuellen Problem nicht fertig werden. Nur ein kleines Loch hat eine positive Bedeutung – da kann man ja nicht hineinfallen.

Locke Das krause Haar im Traum lässt auf krause Gedanken schließen. Schneiden wir einer Traumfigur eine Locke ab, kann das auf das Ende einer bisher guten Beziehung hindeuten, die man aber stets in guter Erinnerung behalten wird.
(Siehe auch »Haare«.)

Lokomotive Die motorische Kraft, die uns im Leben vorwärts schiebt. Ein günstiges Zeichen, das uns einer glücklichen Zukunft entgegensehen lässt, wenn nicht Signale in die falsche Richtung leiten. Handelt es sich um eine Dampflok und ist deren Dampf weiß, bringt unsere weitere Lebensreise Erfolg und gute Ergebnisse, stößt die Lok dunkle Rauchschwaden aus, liegt unsere Zukunft ebenso im Dunkeln. Wegen ihres Kolbengestänges wird die Lokomotive auch zum Symbol der Potenz und Lebensfreude.
(Siehe auch »Dampf«, »Dunkelheit«, »Eisenbahn« und »Reise«.)

Lorbeer Der immergrüne Lorbeerbaum ist ein archetypisches Symbol. Ein aus seinen Zweigen geflochtener Kranz verhieß den antiken Helden Ruhm und Ehre. Der Träumende, der sich damit schmückt, hat vom Leben noch viel zu erwarten. Die immergrünen Blätter sollen Wohlstand versprechen.
(Siehe auch »Baum«, »Blatt«, »Grün« und »Kranz«.)

Los Das Lotterielos im Traum umschreibt unser Los im Wachleben, wobei Gewinn und Niete gewissermaßen die Vorzeichen bilden. Es hat also kaum etwas mit finanziellem Glück oder Unglück zu tun. Und trotzdem kann man mit den Losen des Traumes etwas gewinnen oder verlieren. Erkennen wir zum Beispiel die Zahlen darauf und können wir sie uns merken, geben sie als Symbole weitere Deutungshinweise; sind die Zahlen nicht zu sehen, sollten wir uns lieber auf unserer Hände Arbeit verlassen.
(Siehe auch »Gewinn« und »Zahlen«.)

Löschen Wer im Traum einen Brand löscht, kann sich im Wachleben gerade noch aus einer unglücklichen Lage befreien.
(Siehe auch »Brand« und »Feuerwehr«.)

Lotse Die positive Traumgestalt, die uns über Schwierigkeiten hinweghilft und uns wieder auf den richtigen Weg führt.
(Siehe auch »Schiff«.)

Lotterie Der Schein täuscht uns, wenn wir im Traum Lotterie oder Lotto spielen. Die Gewinnchance ist gleich null. Hier wird unser vergebliches Bemühen aufgezeigt, ans große Geld zu gelangen – mehr nicht!
(Siehe auch »Los«.)

Löwe Als Symbol in antiken Traumdeutungen der Urgewalt der Sonne (*siehe dort*) gleichgesetzt. Er ist das Zeichen ungebändigter Seelenenergie, ein Sinnbild für Leidenschaft und Kraft, das uns im Traum manchmal erschreckt; übersetzt: Wir werden im Wachleben von unseren Leidenschaften übermannt und müssen möglicherweise darunter leiden. Menschen, die vom Löwen träumen, kann man so leicht nichts vormachen; sie schreiten, ohne nach rechts oder links zu blicken, geradeaus durchs Leben. Ihnen gelingt viel, aber sie sind oft große Menschenverächter, also schwierig im Zusammenleben. Es sind Persönlichkeiten, die das Triebhafte beherrschen. Wo der Löwe zum Sprung auf den Träumer selbst ansetzt, ist dieser von einer selbstsicheren Person bedroht. Mit anderen Worten: Der Traumlöwe kann geistig-schöpferische Kräfte freisetzen, aber auch zerstörerische Aggressionen.
(Siehe auch »Wüste«.)

Luftballon Siehe »Ballon«.

Luftschiff Siehe »Zeppelin«.

Lügen Zeugen von einer Unehrlichkeit gegen uns selbst, das Nicht-wahrhaben-Wollen eines seelischen oder körperlichen Zustandes, der uns Sorgen machen müsste. Erzählen andere uns im Traum Lügen, wollen Leute in unserer Umgebung irgendetwas vor uns verbergen oder geben sich uns gegenüber nicht so, wie sie in Wirklichkeit sind.

Lumpen Abgetragene Kleider im Traum sind die etwas schäbige Verpackung, die wir uns augenblicklich im Wachleben geben. Die Lumpen zeigen auf, dass irgendetwas in uns einen psychischen Knacks hat. Der Träumende, der Lumpen kauft oder verkauft, will etwas vor anderen verbergen.
(*Siehe auch* »Kleid«.)

Lunge Wenn wir im Traum kräftig durchatmen, ist das ein gutes Zeichen für unsere seelische Verfassung – ein Beweis, dass wir im Wachleben geistig und körperlich fit sind. Wer aber im Traum keine Luft bekommt, ist im Alltagsleben vielleicht von Stress geplagt.

Lupe Der Träumer, der alles durch eine Lupe sieht, will im Wachleben mehr scheinen, als er in Wirklichkeit ist, oder er ist ein kleinlicher Pedant.
(*Siehe auch* »Mikroskop«.)

MACHTGELÜSTE BIS MUTTERKOMPLEX

MACHTGELÜSTE Unterdrückte Wünsche aus dem Wachleben, in dem man sich viel einbildet, aber wenig darstellt. Die so genannten Waschlappen haben im Traum oft Machtgelüste.

MÄDCHEN Taucht es in Männerträumen auf, weist die noch nicht Erwachsene oft auf verwegene sexuelle Wünsche hin, die im Wachleben als nicht moralisch gelten. Mit einem hübschen Mädchen tändeln hat weniger mit der Wunscherfüllung in der Liebe als vielmehr mit unnützen Geldausgaben zu tun, wobei die Tändelei zum Vertändeln wird. Sehen Frauen sich selbst als junges Mädchen, obwohl sie schon in reiferen Jahren sind, kann das mit Torschlusspanik übersetzt werden oder mit der Angst, nicht mehr anziehend genug auf den geliebten Mann oder auf Männer allgemein zu wirken.
(*Siehe auch »Frau« und »Jungfrau«.*)

MADE Siehe »Wurm«.

MAGEN Fühlt man im Traum, dass plötzlich der Magen schmerzt, ohne dass das im Wachleben der Fall ist, so ist das ein ernst zu nehmendes Warnsignal. Es deutet an, dass irgendetwas nicht ganz in Ordnung ist, also auf den Magen drückt: eine Sorge, von der man sich befreien muss, eine Liebelei, die zu Ende geht, oder der Zorn über eine ungerechte Behandlung, die wir einfach noch nicht verwunden haben.
(*Siehe »Bauch« und »Leibschmerzen«.*)

MAGERKEIT Hier handelt es sich um geistige und seelische Magerkeit, die uns das Unbewusste vorgaukelt, damit wir im Wachzustand mehr auf unsere Mitmenschen zugehen und wohlgemeinte Lehren als geistige Nahrung zum eigenen Nutzen verarbeiten. Sehen wir uns dürr wie einen Strich durch die Traumlandschaft gehen,

MAGERKEIT obwohl wir im Wachleben wohl- oder überproportioniert sind, kann man wahrscheinlich damit rechnen, dass uns der Erfolg im Leben einige Zeit versagt bleiben wird.
(Siehe auch »Rippe«.)

MAGNET Er hat auch im Traumbild etwas Anziehendes, deutet also auf Verbindungen hin, die wir im Wachleben gern knüpfen möchten, um unseren Lebensstandard heben zu können. Nehmen wir selbst den Magneten zur Hand, werden wir Verbindungen zu unseren Gunsten nutzen können. Lässt ein anderer den Magneten etwas anziehen, kann das mitunter auf Treulosigkeit im privaten Bereich hinweisen.

MÄHER Übersetzt manchmal das Sprichwort vom Hochmut, der vor dem Fall kommt. Betätigen wir selbst die Mähmaschine, versuchen wir im Wachleben Konkurrenten nicht zu hoch kommen zu lassen. Wer den Mäher nur hört, dem spielen im wachen Zustand vielleicht die Nerven manchen Streich oder jagen ihm Gedanken durch den Kopf, die nur mühsam verarbeitet werden können.
(Siehe auch »Gras«, »Maschine«, »Rasen« und »Wiese«.)

MAHLEN Hier wird geistige Nahrung verarbeitet, die im Alltagsleben zum eigenen Nutzen verwendet werden soll. Das Mahlen hat stets positive Tendenz.
(Siehe auch »Mühle«.)

MAHLZEIT Wer im Traum eine Mahlzeit zu sich nimmt, wird seelisch gefestigt durch sein Wachleben gehen. Wer mit anderen zusammen speist, sollte mehr für die geistige und seelische Übereinstimmung mit engen Freunden sorgen. Lässt der Träumende aber andere zuschauen, während er isst, sollte er einmal überlegen, ob er seinen Mitmenschen gegenüber nicht allzu egoistisch auftritt. Bewirtet er andere, findet er leicht Kontakt, weil er sich großzügig zeigt.
(Siehe auch »Essen« und »Hunger«.)

MAIGLÖCKCHEN Die Blume, die den Mai einläutet, weist auf ein Liebeserlebnis hin, das bitter enden könnte (denn Maiglöckchen sind ja giftig!).

MAIS Der Maiskolben ist ein Phallussymbol, das über die Lebens- und die Liebeskraft des Träumenden etwas aussagen soll.

MALEN Man beachte die einzelnen Farben (siehe dort) und das, was man malt oder was gemalt wird, und deute dann aus den sich ergebenden Symbolen.

MALER Tritt in unseren Träumen als beschwingter, aber etwas leichtsinniger Mann auf, der seinen Pinsel (nach Auffassung vieler Traumforscher ein reines Sexualsymbol) schwingt und in bunten Farben das malt, was wir im Geheimen vom Wachleben erwarten. Was er schwarz auf weiß zeichnet, ist besonders zu beachten, es könnte eine

etwas triste Situation in unserem Lebensalltag beschreiben.
(Siehe auch »Malen«, »Palette« und »Pinsel«.)

MANEGE Siehe »Arena«, »Kreis« und »Zirkus«.

MANN Nach C. G. Jung im Männertraum die unbewusste Schattenseite des Träumers, die im Wachleben zu einer Auseinandersetzung mit sich selbst und den eigenen Mängeln zwingen möchte. In Frauenträumen ist er der Animus, die unbewusste männliche Seite der Frauenpsyche. Jungen Mädchen erscheint dieser Animus oft in Gestalt des Lehrers, des Vaters oder eines Idols. Spricht eine Träumerin mit einem jungen Mann, darf sie mit viel Ablenkung im Alltagsleben rechnen, die sie manche Sorge vergessen lässt. Befolgt man im Traum den Rat eines alten Mannes, kann man auf eine glückliche Wende im Leben hoffen.
(Siehe auch »Lehrer«, »Vater« und andere männliche Symbole.)

MANSCHETTEN Spielen sie im Traum eine Rolle, hat man – wie es im Volksmund heißt – vor irgendetwas Manschetten. Freilich ist die Angst, die daraus spricht, unbegründet, vor allem wenn der Ärmelabschluss des Hemdes sauber ist.
(Siehe auch »Hemd«.)

MANTEL Etwas wird verhüllt, eingehüllt – ein Geheimnis, das man sich nicht entreißen lassen möchte, oder die Liebe, die man sich bewahren will. Wer sich selbst oder einen anderen mit einem Mantel zudeckt, möchte im Wachleben über irgendetwas den Mantel des Schweigens breiten. Zieht man sich einen neuen Mantel an, wird man nach außen hin glänzen und viel Verständnis für sich finden können. Ein zu weiter oder zu kurzer Mantel deutet an, dass man zwar den guten Willen hat, ein Geheimnis für sich zu behalten, dass es aber irgendwann einmal entfleuchen könnte.

MARDER Siehe »Fuchs« und »Raubtier«.

MARIONETTE Siehe »Puppe«.

MARKT Ein Platz der Kommunikation, der Begegnung mit unseren Mitmenschen. In seiner Weitläufigkeit und in der Vielfalt seiner Angebote kann man sich allerdings auch verlieren. Können wir uns im Traum für nichts, was wir dort sehen, entscheiden, sind wir auch im Wachleben vor eine heikle und schwierige Situation gestellt und werden wohl nicht so bald erreichen, was wir gerne wollen.
(Siehe auch »Platz«.)

MASCHINE Wo sie dröhnt und arbeitet, da ist Leben – übersetzt: das glückhafte Erleben einer erfolgreichen Tätigkeit. Eine alte, verrostete Maschine umschreibt jedoch eine psychische Störung, der man nachgehen sollte.
(Siehe auch »Lokomotive«.)

MASCHINENPISTOLE Wie die Pistole (*siehe dort*) Symbol sexueller Spannungen und Verspannungen. Hier spielt aber eine zusätzliche Aggressivität hinein, was sich auf das Triebleben gefährlich auswirken kann. Mit anderen Worten: Von der Maschinenpistole träumen Menschen, die ihre Triebe kaum in der Gewalt halten können.
(*Siehe auch »Gewehr«.*)

MASKE Die Gesichtslarve weist auf Unaufrichtigkeit hin; man möchte sich verstecken, sein wahres Gesicht nicht zeigen. Mancher, der sich im Traum hinter einer Maske versteckt, hat im Wachleben Minderwertigkeitsgefühle oder ist in sexueller Hinsicht gestört. Die Maske im Fasching (*siehe dort*) hat vielfach andere, meist abschwächende Bedeutung: Man möchte sich im Kreis fröhlicher Menschen einmal von einer ganz anderen Seite zeigen.
(*Siehe auch »Bart«.*)

MASKENBALL Das Faschingsfest lässt auf ein fröhliches, meist kurzes Abenteuer im Wachleben schließen. Der Maskenball außerhalb der Karnevalszeit aber könnte durchaus auch bedeuten, dass man im Alltag zum Spielball seiner Launen wird, mit denen man seine Mitmenschen nervt.
(*Siehe auch »Fasching«.*)

MASS Wer an irgendetwas im Traum Maß anlegt oder etwas ausmisst, sollte die Zahlen (*siehe dort*) beachten, die sich dabei ergeben. Das Maßnehmen kann auch auf die eigene Unsicherheit hinweisen oder darauf, dass man sich im Wachleben zu sehr mit Kleinigkeiten abgibt. Legen andere das Maß an, werden wir im Beruf an unserer Leistung gemessen.

MASSAGE In den meisten Fällen wohl sexuell zu deuten. Wer sich massieren lässt, will in der Liebe den bequemsten Weg gehen. Massiert man selbst einen anderen, werden verschiedene Wünsche wach. Manchmal umschreibt die Traummassage aber auch das Bemühen, etwas aus uns herauszupressen, das uns Schaden zufügen könnte.

MATRATZE Sie ist lediglich ein Teil des Bettes (*siehe dort*). Wer also nur auf ihr liegt, hat im Leben irgendetwas verpasst, muss sich mit dem begnügen, was er augenblicklich besitzt. Das Glück lässt ihn noch ein wenig warten.

MATROSE Spielt auf unserer Lebensreise die Rolle eines Helfers, der dafür sorgt, dass nichts schief läuft. Wer mit ihm streitet, könnte im Wachleben einen hilfreichen Freund oder Kollegen verlieren.
(*Siehe auch »Kapitän« und »Schiff«.*)

MAUER An einer Mauer Schutz suchen: Man will im Wachleben seelischen Kummer verbergen. Steht man davor und hat die Mauer kein Tor, soll irgendetwas verbaut werden, vor allem wenn sie hoch ist. Das Tor in einer Mauer umschreibt nach

Freud unsere erotischen Wünsche; wir möchten es zwar durchschreiten, haben jedoch nicht den rechten Mut dazu. Stehen wir auf einer Mauer und springen wir von dort hinab, gleicht das dem Sprung in ein Abenteuer im Wachleben. Stürzen wir aber von einer Traummauer, sollten wir im Alltag lieber die Finger von Wagnissen lassen. Mauern, die erdrücken, sich verengende Straßen oder Berge, die plötzlich zusammenrücken, werden übrigens mit den Atmungsorganen in Zusammenhang gebracht, auch mit Schilddrüsenstörungen, Asthma und Angina Pectoris.

MAULKORB Selbst wenn ihn nur Hunde tragen, deutet das auf Minderwertigkeitsgefühle hin, die uns schweigen lassen, wenn wir reden sollten. Wer anderen Menschen oder auch einem Hund einen Maulkorb verpasst, möchte wahrscheinlich im Wachleben Schwätzern den Mund stopfen.
(*Siehe auch* »Hund«.)

MAULWURF Wer von ihm oder von den von ihm aufgeworfenen Hügeln träumt, ist ein wenig ratlos, weil die Zukunft recht düster vor ihm liegt. Manch einer, der von dem blinden Tier träumt, wühlt ohne Ziel und Zweck in Vergangenem herum.

MAURER Ein Mann, der Stein um Stein aufeinander setzt, bis das Haus (*siehe dort*) fertig ist, umschreibt den Freund (oder auch den Arzt), der dafür sorgt, dass wir seelisch und körperlich in guter Verfassung sind. Wer sich im Traum als Maurer sieht, ohne es im Wachleben zu sein, möchte sich geduldig etwas aufbauen, was ihm und seinen nächsten Angehörigen nützt.
(*Siehe auch* »Mauer«.)

MAUS Außer dem unter Nagetier (*siehe dort*) Gesagten kann das »Mäuschen« in Träumen junger Männer als Sinnbild des weiblichen Geschlechtsorgan gewertet werden. Rote Mäuse bezeichnen dabei abartige sexuelle Wünsche. Die Maus steht hier und da auch für die Schwäche eines Menschen, seine Nase überall neugierig hineinzustecken. Eine ungünstige Bedeutung haben Mäuse, wenn sie in Massen im Traumbild auftauchen; sie zeigen an, dass etwas an uns nagt oder uns Sorgen macht. Angst und Ekel machen sich dann oft in der Traumstimmung breit.
(*Siehe auch* »Ratte«.)

MAUSEFALLE Sitzt eine Maus darin gefangen, so sind wir das selbst, was vielleicht zeigt, dass wir von einer Bindung, die wir eigentlich schon längst beenden wollten, einfach nicht loskommen.

MEDIZIN Die bittere Medizin, die uns im Traum verabreicht wird, soll uns daran erinnern, dass man manches im Leben schlucken muss. Das lässt uns reifer werden und schenkt Erfahrungen, die uns den Weg weisen, wie wir alles besser machen können. Wohlschmeckende Medizin gilt im Allgemeinen kaum als hilfreich; sie deutet eher

Medizin
an, dass man im Wachleben zu wenig wagt, um weiterzukommen.
(Siehe auch »Arzt« und »Krankenhaus«.)

Meer Archetypisches Symbol des blutvollen Lebens mit all seinen Höhen und Tiefen, aber auch Sinnbild des kollektiven Unbewussten; dementsprechend ist sein Ufer (siehe dort) der Grenzbereich zwischen jenem und dem persönlichen Unbewussten. Eine Reise auf dem Meer und seinen haushohen Wellen ist der Aufbruch zu neuen Ufern, zu einem neuen Lebensabschnitt, was auch eine Wandlung der eigenen Persönlichkeit bedeuten kann. Das Ziel der oft gefahrvollen Reise kann nur aus anderen Symbolen gedeutet werden. Auf jeden Fall steht etwas Neues bevor, von dem selbst unser Unbewusstes noch nicht so recht weiß, wie es ausgehen wird. Es signalisiert uns jedoch schon, dass von nun an unsere ganze Persönlichkeit gefragt ist.
(Siehe auch »Kapitän«, »Matrose«, »Schiff«, »Wasser« und Ähnliches.)

Meilenstein Sinnbild für den Beginn eines neuen Abschnitts auf unserem Lebensweg. Andere Symbole können Hinweise darauf geben, wie es weitergehen wird.
(Siehe auch »Kilometerstein« und »Straße«.)

Meineid Der Träumer, der einen Meineid leistet, will wohl im Wachleben verhindern, dass ihm jemand in die Karten schaut. Wird der Meineid von einem anderen geleistet, kann das nur bedeuten, dass man den Träumenden im bewussten Dasein einmal hinters Licht führen will.

Melken Siehe »Kuh«.

Mensch Siehe »Frau« und »Mann«.

Menschenmenge Wer sie im Traum sieht, dem versprechen ägyptische Traumforscher Reichtum und Wohlstand. Tatsächlich kennt das Traumbild nur äußerst selten eine Vielzahl von Menschen, da meist nur wenige Menschen in unseren Träumen eine Rolle spielen, die man zur Deutung heranziehen kann.

Messen Siehe »Maß«.

Messer Werkzeug zum Zerschneiden und Zerteilen; übersetzt: des Analysierens und Differenzierens. Man kann jemanden schneiden, das heißt nicht mehr beachten. Man teilt die Verantwortung, hat mithin das Bedürfnis, nicht alles allein zu machen; man schneidet etwas an, um daraus zu lernen; man teilt sich einem anderen mit, um ihn von sich zu überzeugen. Nach Freud hat das Messer, wie alles, mit dem man schneiden und stechen kann, phallisch-sexuelle Bedeutung. Wer also im Traum nur ein solches Schneidwerkzeug sieht, will sich hemmungslos ins Triebleben stürzen; wer es wetzt, wird in Versuchung kommen, den Partner zu betrügen.
(Siehe auch »Degen«.)

METEOR Wie Sternschnuppen symbolisieren Meteore das Aufblitzen von Gedanken, die uns frei machen. Sie weisen auf den Verstand hin, den wir entschlossen einsetzen müssen, falls sich uns etwas Gravierendes entgegenstellen sollte.

MIEDER Etwas Einschnürendes, das die Luft wegnimmt. In Männerträumen kann das die heftige Liebe zu einer hübschen Frau bedeuten, die dem Träumer die Luft abschnürt; übersetzt: Er wird sich im Wachleben wohl heftig verlieben. In Frauenträumen kann dieses Traumbild die Atemlosigkeit symbolisieren, mit der sich die Träumende oder eine andere Person in ein (Liebes-)Abenteuer stürzt.

MIETE Meist handelt es sich hier um eine Bringschuld, die der Träumer begleichen muss. Es kann sich auch um eine Angstvorstellung handeln, bei der man sich fürchtet, womöglich seine Wohnung zu verlieren.

MIKROFON Es weist darauf hin, dass man im Wachleben etwas aufnehmen soll, das einem nützen könnte, oder man braucht Hilfe, um sich seinen Mitmenschen besser verständlich machen zu können.

MIKROSKOP Umschreibt das Erkennen von Kleinigkeiten, die sehr wichtig werden könnten.
(Siehe auch »Lupe«.)

MILCH Hat meistens eine günstige Bedeutung, sie ist das Symbol der Uneigennützigkeit, durch die einem die Herzen zufliegen und manchmal auch das Geld, das uns wohlwollende Mitmenschen wegen unserer Charakterhaltung gern spenden werden. Milch ist geistige und seelische Nahrung, die uns im Traum mit dem Hinweis des Unbewussten verabreicht wird, dass es gerade jetzt an der Zeit wäre, unser Wissen zu mehren. Wer im Traum Milch trinkt, macht sich überall beliebt; wer sie aber verschüttet oder anbrennen lässt, der macht sich über ein Problemchen viel zu viele Gedanken.
(Siehe auch »Kuh«.)

MILITÄR Wer im Traum beim Militär ist und dort strammstehen muss, hat im Wachleben vielleicht eine schlechte Haltung, sollte mehr Disziplin beweisen. Wer als ehemaliger Soldat vom Militär träumt, steht oft vor irgendeiner Prüfung oder einem Ereignis, bei dem er sich als durchsetzungsfähig erweisen muss. Länger dienende Soldaten träumen übrigens meist nicht vom Militär, weil es wohl zu ihrem Alltagsleben gehört und deshalb aus ihren Traumbildern verbannt ist. Die Meinung einiger Psychoanalytiker, dass bei Frauen, die vom Militär träumen, Vergewaltigungswünsche dargestellt würden, die sie im bewussten Leben aus moralischen Gründen unterdrücken, halten wir für sehr weit hergeholt.
(Siehe auch »Mobilmachung« und »Soldat«.)

Millionär Im Traum kann man Millionär sein, auch wenn man im Wachleben ein armer Schlucker ist. Hier will wohl das Unbewusste darauf verweisen, dass der Reiche nicht mehr ist als der Arme – denn keiner kann seinen Reichtum mit ins Grab nehmen. Der Millionärstraum schenkt also dem wenig Begüterten die Hoffnung, dass es bei ihm eigentlich nur besser werden kann. Übrigens kommen Millionenverdienste oder -gewinne zwar in Wunschträumen vor, sind aber kaum realitätsbezogene Vorahnungen.

Missgeburt Wer sich selbst im Traum als Missgeburt sieht, hängt im Wachleben wohl einem krummen Gedanken nach, der ihn in die Irre führen kann. Oft spricht auch der Neid aus dem Bild der Missgeburt, also das Gefühl, dass andere besser dastehen als wir selbst.
(*Siehe auch* »Krüppel«.)

Mist Siehe »Dünger«, »Jauche«, »Kot« und »Misthaufen«.

Mistgabel Wer mit ihr im Traum hantiert, möchte vielleicht etwas ausräumen, das ihm in seinem Alltagsleben auf dem Weg zu Reichtum und Wohlstand oft behindert.
(*Siehe auch* »Jauche« *und* »Kot«.)

Misthaufen Antike Traumdeuter sahen in einem Misthaufen Glück und Reichtum voraus, da der Mist Pflanzen wachsen und gedeihen lässt, was reiche Ernte verspricht. Nach heutiger Sicht ist ein geträumter Misthaufen eher ideell zu werten.

Mittag In vielen Träumen die Lebensmitte oder – wie die anderen Tageszeiten (*siehe dort*) – Hinweis auf die Situation, in der wir uns gerade befinden. Da die Sonne mittags am höchsten steht, gibt uns diese Tageszeit manchmal auch den Stand an, auf dem wir uns befinden (nach Mittag geht's möglicherweise wieder bergab!); das bedeutet oft, dass wir auf der Höhe unserer Leistungskraft angelangt sind.

Mitternacht Die dunkelste Zeit des Tages kündigt oft eine schwierige Lage an, aus der wir uns befreien müssten. Sie umschreibt auch die Geisterstunde, wobei wir als Deutungsversuch Goethes »Zauberlehrling« zitieren möchten: »Die ich rief, die Geister, werd ich nun nicht los«.

Möbel Neue Möbel im Traum übersetzen unsere Alltagswünsche, die durchaus erfüllt werden können, oder die Sehnsucht nach einem nicht vorhandenen schönen Heim.

Mobilmachung Eigentlich nichts Kriegerisches, auch wenn es da im Traum recht martialisch zugehen kann: Mit diesem Bild will uns das Unbewusste aus einer gewissen Lethargie im Alltagsleben reißen und Mut machen für neue Taten.
(*Siehe auch* »Militär« *und* »Soldat«.)

MODE Im weiteren Sinn jede plötzlich auftauchende Nachahmung menschlicher Lebensäußerungen, die von einem engen Kreis der Gesellschaft ausgehen. Im Traum kann also durchaus von einer engen Sicht der Dinge gesprochen werden. Wer im Traum modisch gekleidet ist, hat den Wunsch, vor seinem Umfeld schick, das heißt, makellos dazustehen.
(Siehe auch »Kleid«.)

MODELL Wer sich im Traum als Foto- oder Malermodell sieht, möchte im Wachleben in einem anderen Licht gesehen werden oder sich mit Haut und Haaren einem anderen anvertrauen. Sehen wir ein Modell und arbeiten als Künstler mit ihm, könnte das darauf hinweisen, dass uns im Alltag der Kopf nach anderen Dingen steht als nach dem sprichwörtlichen »trauten Heim, Glück allein«.

MÖNCH Der Mönch erinnert an ein Leben voll des Verzichts und der Entsagung. Ist der Träumer selbst der Mönch, muss er vielleicht im Wachleben auf irgendetwas verzichten, das ihm lieb und wert war. Treffen wir im Traumgeschehen auf einen Mönch, suchen wir eventuell Rat und Hilfe bei einem selbstlosen Menschen.
(Siehe auch »Geistlicher«.)

MOND Das Licht des Unbewussten, das ursprünglich Weibliche (Der Mond ist in den meisten Kulturen weiblich!). Die einzelnen Phasen des geträumten Mondes können als Zeichen des Wechsels in andere Positionen, also durchaus positiv gewertet werden. Der zunehmende Mond ist ein Zeichen dafür, dass man im Wachleben an Ansehen und Geltung gewinnen wird; wenn er besonders hell erstrahlt, deutete das schon in der Antike auf Glück und Geldzuwachs hin. Der Vollmond weist auf eine glückliche Phase des Träumers hin. Wenn der Mond im Traum abnimmt, sollte man rechtzeitig Vorsorge treffen, damit eventuell erarbeiteter Wohlstand auch fernerhin erhalten bleibt. Der Neumond ist schließlich Symbol für die Vorbereitung großer Vorhaben. Der Träumende, der eine Mondscheibe in der Hand hält, soll nach Phaldors Meinung Glück bei einer schönen Frau (Frau Luna) haben, während der Mond eine Träumerin an ihre eigenen geschlechtlichen Vorzüge erinnere, die sie dem Mann gegenüber ins Spiel bringen könne.
(Siehe auch »Sonne« und »Sterne«.)

MONDFINSTERNIS Wenn sich der Mond verfinstert, kann das auf den Kopf stellen, was unter Mond beschrieben wurde.

MOOR Das unsichere Schicksal, auf das man im Wachleben zusteuert. Wer darin zu versinken droht, dem steht vielleicht das Wasser bis zum Hals. Schwebt er darüber hinweg, steht er im Alltag über den Dingen.
(Siehe auch »Sumpf« und »Wasser«.)

MOOS Träume vom Moos deuten auf unser materielles Denken hin (der Volksmund

Moos setzt ja »Moos« mit Geld gleich). Wer also Moos in seinem Traumgarten sieht, dem könnten finanzielle Vorteile wie Unkraut (*siehe dort*) zuwachsen; wer aber auf Moos geht, trampelt möglicherweise manche schöne Hoffnung nieder.

Morast Siehe »Sumpf«.

Mörder Er taucht wie ein Schatten im Traum auf und tötet die Liebe, die Gefühle oder das Aufwärtsstreben. Der Mord ist hier und da auch der gewaltsame Abschluss eines Lebensabschnitts oder Anzeichen für eine schwierige Lage, in die wir, unsere Familienmitglieder oder unsere Freunde hineinschlittern könnten.
(*Siehe auch* »Leiche«.)

Morgen Der Zeitpunkt, an dem die Sonne alles an den Tag bringt, an dem sich entscheidet, ob wir uns zum Guten oder zum Schlechten hin entwickeln. Manchmal zeigt diese Tageszeit auch die eigene Jugend an.
(*Siehe auch* »Sonne« *und andere Tageszeiten*.)

Morgenrot Signalisiert die Wende zum Besseren.
(*Siehe auch* »Rot« *und* »Sonne«.)

Mörser Wer in einem Mörser (oder einem modernen Küchengerät, das dem gleichen Zweck dient) etwas zermahlt oder zerstößt, der könnte im Wachleben einen Menschen verstoßen, der ihm nahe stand.

Mosaik Wer es im Traum sieht oder zusammensetzt, wird wahrscheinlich im Lebensalltag mit komplizierten Dingen konfrontiert, die man Steinchen für Steinchen aufbauen muss, um etwas zu erreichen.

Motor Siehe »Maschine«.

Motorrad Versinnbildlicht zwar wie das Automobil (*siehe dort*) das eigene Ich, das es zu bändigen gilt, warnt aber gleichzeitig davor, im Wachleben zu viel physische Energie oder Triebkraft zu verschwenden. Fährt auf dem Sozius jemand mit, der sich an den Träumer klammert, kann das auf eine Person im Wachleben hindeuten, die man gern für immer an sich fesseln möchte.

Motten Zerfressen Motten unsere Kleidung, weist das auf Kontaktschwierigkeiten und die eigene Unsicherheit hin.
(*Siehe auch* »Kleid« *und* »Ungeziefer«.)

Mücken Siehe »Insekten«.

Mühle Das in Gang gehaltene Mühlrad deutet auf den eigenen Arbeitswillen, die eigene Durchsetzungskraft hin, das stillstehende symbolisiert erlahmende Kräfte. Die unter vollem Wind stehende Mühle soll Gewinne ankündigen, die durch persönlichen Einsatz erzielt werden.
(*Siehe auch* »Mahlen«, »Maschine«, »Wasser« *und* »Wind«.)

Müll Siehe »Abfall« und »Kehricht«.

Müller Der Mann, der das Mühlrad in Gang hält, zeichnet für das Funktionieren der Arbeitsgänge im Alltagsleben verantwortlich. Wer im Traum sich oder einen anderen als Müller sieht, wird im Wachleben jenes Rädchen sein, das ein Vorhaben in Gang bringt, von dem die Gemeinschaft profitiert. Nur manchmal ist er auch der Wetterwendische, der seine Fahne oder, um im Bild zu bleiben, die Mühlenflügel allzu sehr nach dem Wind dreht, um sich beliebt zu machen.
(Siehe auch »Wind«.)

Mumie Von einbalsamierten Leichen träumt man manchmal auch heute noch. Nach alter ägyptischer Auslegung bescheren Mumien dem Träumer ein langes Leben.
(Siehe auch »Leiche«.)

Mund Meist erotisches Sinnbild, das die Potenz des Träumenden umschreibt, ist aber nur in Verbindung mit anderen Symbolen deutbar.
(Siehe auch »Lippen« und »Kuss«.)

Muschel Weibliches Sexualsymbol, dessen Form an die Vulva erinnert; eine von harter Schale umgebene Kostbarkeit, die sich der Mann fürs Leben erobern will. Muscheln sind – auch für die Frau! – stets positiv zu deuten. Eine geschlossene Muschel weist auf Jungfräulichkeit, manchmal aber auch auf mangelnde seelische Reife hin.
(Siehe auch »Schnecke«.)

Museum Das Traummuseum hat viele Säle, in denen man Kontakte mit dem Schönen pflegt. Man merke sich die Bilder oder Gegenstände, die gezeigt werden, um dieses als weitere Symbole deuten zu können.

Musik Hier wird das Gefühl angesprochen! Schon nach alter ägyptischer Deutung lässt schöne Musik, die wir im Traum hören, Herzensfreuden im Wachleben anklingen; schrille Musik dagegen weist auf mögliche Disharmonien im Privatleben hin. Hier und da lässt die gespielte Melodie weitere Deutungen zu.
(Siehe auch »Konzert«, »Lied« und einzelne Musikinstrumente.)

Musikinstrumente Haben vielfach sexuelle Bedeutung. Streichinstrumente sind weiblich (die Spieler mit dem Bogen natürlich männlich!), Blasinstrumente männlich zu deuten. Die Erlebnisse im Traum können vom derben sexuellen Akt bis zum Geistig-Erotischen reichen.
(Siehe auch »Dirigent«, »Orchester« und einzelne Musikinstrumente.)

Musikkapelle Siehe »Orchester«.

Mutter Archetypisches Symbol, nach C. G. Jung auch »das Geheime, das Verborgene, das Finstere, der Abgrund, die belebte Unterwelt, das Verführende und das Vergiftende, das Unentrinnbare oder die magische Autorität des Weiblichen, das Gütige, Hegende, die Stätte der Wiederge-

Mutter
burt«. Oft sehen wir im Traum als Mutter nur die Gestalt irgendeiner Frau, zu der wir in nähere Beziehung treten möchten. Wo die eigene Mutter im Traumbild erscheint, mangelt es dem Träumer vielfach an Selbstständigkeit. Bei Frauen verkörpert die Mutter die Bewusstwerdung des echten weiblichen Wesens, bei Männern die Idealfigur des anderen Geschlechts. Träumt man von der bereits verstorbenen Mutter, ist das eine Warnung, die durch andere Traumsymbole verdeutlicht wird. Die noch lebende Mutter im Traum zu verlieren umschreibt das schlechte Gewissen, das man im Wachleben hat. Im Übrigen kommt es in derartigen Träumen immer auch darauf an, wie man zu seiner Mutter steht oder gestanden hat. Die Mutter, mit der man sich nicht gut versteht oder verstanden hat, kann manche der hier gemachten Aussagen ins Gegenteil verkehren.
(Siehe auch »Eltern« und »Vater«.)

Mutterkomplex Sigmund Freud entwickelte aus der besonderen Beziehung zwischen Säugling und Mutter die Theorie vom Ödipuskomplex. Er meinte, Jungen hätten schon im Säuglingsalter ein sexuelles Begehren nach der Mutter. Das drücke sich auch später in vielen Träumen aus, in denen mit der Muttergestalt Inzest (*siehe dort*) betrieben werde. Tatsächlich begünstigen Störungen in der Mutter-Kind-Beziehung und ein allzu enges Verhältnis zur Mutter in der Kinder- und Jugendzeit spätere Neurosen. Was nun aber den Inzest mit der eigenen Mutter im Traum angeht, so ist dabei kaum vom so genannten Ödipuskomplex zu sprechen. Hier können wir Artemidoros folgen, der meinte, wenn jemand in der Fremde weile, sei es nur natürlich, dass er aus Heimweh von seiner Mutter träume, und wenn er dann mit ihr als Träumer koitiere, werde er wohl bald nach Hause zurückkehren. Nach moderner Auffassung hat ein Inzesttraum ein günstiges Vorzeichen, wenn man für das Liebste, das man als Kind auf der Welt kennt, die Mutter, allgemein die geliebte Frau setze, nach der man sich (manchmal auch als Ersatzmutter) sehne. So sieht C. G. Jung (*siehe auch »Mutter«*) im Mutterkomplex unbewusste Gedanken und Erinnerungen oder – wenn man so will – psychische Energien, die bis ins Alter nachwirken und auch krankhafte Folgen, wie etwa Neurosen, hervorbringen können. Schließlich sei der Mensch in der Entwicklungszeit auch körperlich mit der Mutter verbunden.

NABEL BIS NYMPHE

NABEL Hinweis auf egoistisches Verhalten; denn der Träumer hält sich gewissermaßen für den Nabel der Welt. Das Unbewusste aber versucht ihn darauf hinzuweisen, dass Persönlichkeit nichts mit Egoismus zu tun hat. Die Meinung einiger Psychoanalytiker, der Nabel weise auf den Mutterkomplex (*siehe dort*) hin, ist kaum haltbar, da ja mit der Durchtrennung der Nabelschnur die körperliche Bindung an die Mutter aufgegeben wurde. Und dass im Nabeltraum junger Frauen eine lesbische Neigung sichtbar werden soll, ist ebenfalls wenig überzeugend.

NACHBAR Im Traum ist ein Nachbar nicht immer ein guter Mensch, den wir kennen; es ist oft ein recht böser Typ, der mit uns Streit anfangen will. Hier will das Unbewusste wohl warnend signalisieren, bei der Wahl von Freunden und Bekannten recht vorsichtig zu sein.

NACHT Kennzeichen des Unbewussten, das im Dunkeln liegt und im Wachleben innere Unsicherheit hervorruft; eine Verklemmung, die man an den Tag bringen sollte, um sie zu lösen. Die Nacht verbirgt das geheime Wollen der Seele und lässt Schattenstellen vermuten, die sich im Alltag auch in Launen manifestieren können. Als Zeitbegriff steht die Nacht am Anfang eines Lebensabschnitts, vor dem uns bangt.
(*Siehe auch »Dunkelheit« und die Tageszeiten.*)

NACHTHEMD Siehe »Pyjama«.

NACHTIGALL Sie steigt auch im Traum in die Höhe und singt ihr Lied, was man seit dem Altertum mit einer prächtigen Stimmung übersetzt, die sich ins Wachleben überträgt. Oft kündigt sie eine gute Nachricht an. Ist sie in einen Käfig (*siehe dort*) gesperrt, sind unsere Gefühle auf dem Nullpunkt angelangt.

Nachttopf Ähnlich wie Toilette (*siehe dort*). Nach mittelalterlicher Deutung kann ein Träumer, der einen Nachttopf zerbricht, mit Glück oder Geldgewinn rechnen.

Nachtwächter Verkörpert das Tappen im Dunkeln. Sieht man sich selbst als Nachtwächter, ist man unsicher, hat nicht erkannt, was zum Beispiel die Familie oder das Geschäft bedroht. Ist aber ein anderer im Traumbild der Nachtwächter, ergibt sich für ein Problem oder eine unklare Angelegenheit im Wachleben ein Hoffnungsschimmer; denn der Nachtwächter trägt ja eine Laterne (*siehe dort*), die den Weg jedoch nur ein paar Schritte weit erhellt.
(*Siehe auch* »Lampe« *und* »Nacht«.)

Nacktheit Kommt vor allem in Angstträumen vor. Geht der Träumer nackt oder nur notdürftig bekleidet durch belebte Straßen, hat man sich im Wachleben eine Blöße gegeben oder hat Angst, sie sich zu geben, was auf moralische Bedenken oder Minderwertigkeitsgefühle schließen lässt. Träume, die unsere Nacktheit positiv schildern, geben den Wunsch nach Unabhängigkeit wieder und lassen den Willen erkennen, sich anderen gegenüber bei heiklen Themen ohne Hemmungen zu äußern; für diesen Fall achte man auf weitere Traumsymbole.
(*Siehe auch* »Kleid«.)

Nadel Die kleinen Sticheleien, die wir im Alltagsleben über uns ergehen lassen müssen; eine Kleinigkeit, die sich zum Streit ausweiten könnte.

Nadelkissen In ihm will man die Nadel (sprich: die Sticheleien) möglichst schnell begraben.

Nagel Gewissermaßen der Notnagel, der uns aus einer undurchsichtigen Lage befreien kann. Das Nageln an sich ist ein Festnageln auf einen bestimmten Standpunkt, der uns Standfestigkeit sichert. Krumme Nägel zeigen krumme Wege an, die man im Wachleben zum Erreichen eines Ziels einschlagen müsste, wobei das Ziel immer erreichbar scheint. Dagegen sind Finger- oder Fußnägel, die man im Traum beschneidet, mit Verlusten zu übersetzen, die im Wachleben drohen.
(*Siehe auch* »Hammer« *und* »Schneiden«.)

Nagetiere Nager huschen durch unsere Träume und versuchen uns wichtige Lebensstoffe zu stehlen, wenn sie in unserer Vorratskammer, der Seele, auf die Jagd gehen. Träume von Nagetieren künden meist Unangenehmes an, etwas, das heimlich an unserem Ich nagt, als versteckter Kummer, die Sorge ums tägliche Brot, die Angst, an Lebenskraft zu verlieren.
(*Siehe auch* »Hase«, »Maus« *und* »Ratte«.)

Nähen Eine Arbeit, die man mit viel Geduld und Genauigkeit verrichten muss, um etwas Tragbares zu schaffen. Näht man im Traum einen Flicken auf, bleibt manches im

Wachleben nur Flickwerk, das leicht wieder reißen kann.
(Siehe auch »Faden«, »Garn«, »Nadel« und »Stopfen«.)

NAMEN Hört man seinen Namen im Traum laut rufen, gilt das als Warnzeichen, dass Gefahr im Verzug ist. Ist der Name nur aufgeschrieben, kann das eher auf eine Belobigung oder Auszeichnung hinweisen. Schreibt man aber seinen Namen unter ein Dokument, sollte man Verträge im Wachleben noch einmal genau prüfen und vor allem das Kleingedruckte beachten.

NARBE Die Narbe deutet meist auf Schicksalsschläge in der Vergangenheit hin, aus denen wir lernen sollten, uns in Zukunft besser abzusichern.
(Siehe auch »Verletzung« und »Wunde«.)

NARKOSE Das Beruhigungsmittel, das uns das Unbewusste fürs bewusste Leben gibt. Das Traumbild legt uns nahe, dass wir in Zukunft ruhiger werden sollten.
(Siehe auch »Operation«.)

NARR Siehe »Fasching«.

NARZISSE Weist auf die mythische Gestalt des Narziss hin, der die Liebe der Nymphe Echo verschmähte und dafür mit Selbstliebe bestraft wurde, worauf er sich in sein eigenes in einer Quelle gespiegeltes Bild verliebte. Nimmt man die Narzisse als archetypisches Zeichen, übersetzt sie den Egoismus des Träumers, der nur sich selbst und sonst niemanden kennt.
(Siehe auch »Blumen«.)

NASCHEN Die heimliche Freude an verbotenen Dingen wird in neuerer Zeit auf Sexuelles bezogen. Wer einen anderen beim Naschen erwischt, gönnt diesem nicht den Erfolg, den er im Leben erzielt hat.

NASE Oft der »Riecher«, den der Träumer im Wachleben hat, sich im rechten Moment für das Richtige zu entscheiden. Wenn er seine Nase in Dinge steckt, die ihn nichts angehen, ist für das Wachleben die Deutung erlaubt, dass er zu neugierig, vielleicht auch zu taktlos seiner Umwelt gegenübertritt. Vielfach auch männlich-sexuell zu deuten: Wenn Frauen von einer Nase träumen, sind sie mit ihrem Partner meistens sehr zufrieden; das Gegenteil kann natürlich der Fall sein, wenn die Nase verletzt oder auch hässlich ist. Träumt ein Mann von der Nase, soll ihm das einen guten Intimpartner garantieren.

NASENBLUTEN Sexuell gesehen umschreibt es den Verlust der Manneskraft. Bei Frauen die Angst, einen Partner zu verlieren. Sonst wie unter »Blut« beschrieben.

NATTER Siehe »Schlange«.

NEBEL Symbol für die Hemmnisse und Hemmungen, die uns im Wachleben die klare Sicht nehmen; die Ziellosigkeit, die

NEBEL uns hindert, den Alltag erfolgreich zu meistern. Wenn man vor lauter Nebel im Traum nichts mehr sehen kann, sollte man sich auf andere stützen; denn die eigene Kraft wird nicht ausreichen, um sich im Leben erfolgreich durchzusetzen.

NEBENBUHLER Meist ein Zeichen für (unbegründete?) Eifersucht, die das Zusammenleben zur Qual werden lassen kann.

NELKEN Die in vielen Spielarten vorkommenden Gartenblumen sind die »Näglein«, die uns helfen, über etwas hinwegzukommen, das uns möglicherweise den Schlaf raubte (»mit Näglein besteckt, schlupf unter die Deck«). Wenn wir im Traum Nelken erhalten, verschenken oder sehen, kündigen sie meist Angenehmes an; das kann ein lieber Besuch sein, ein vergnügliches Beisammensein oder eine unerwartete Wendung zum Besseren im Berufsleben.
(Siehe auch »Blumen«.)

NERVOSITÄT Umschreibt eine Ruhelosigkeit der Seele, die im Wachleben auf mangelnde Abwehrkräfte schließen lassen könnte. Oft hat nervöses Handeln im Traum mit (unbegründeten?) Aufregungen im Alltag zu tun, die uns Kopfschmerzen bereiten.

NESSELN Setzt man sich im Traum in die Nesseln, hat das die gleiche Bedeutung fürs Wachleben, wie es der Volksmund andeutet: Man war so unbesonnen, sich in Gefahr zu begeben, und muss nun versuchen, aus eigener Kraft wieder herauszukommen. Greift der Träumer in die Nesseln, sollte er sich einmal einer Kontrolluntersuchung unterziehen, weil möglicherweise unterschwellig ein psychisches Leiden angekündigt wird.

NEST Wer im Traum ein Vogelnest findet, das bewohnt ist, kann auf ein glückliches Familienleben hoffen oder einen eigenen Hausstand gründen. Das leere Nest deutet auf das Allein-gelassen-Sein hin. Ist das Nest zerstört, wird uns ein geschätzter Mensch vielleicht den Rücken kehren. Zerstören wir selbst ein Nest, brechen wir mit allen Konventionen und suchen uns von unserer bisherigen Umwelt zu trennen.
(Siehe auch »Vogel«.)

NETZ Geht man mit einem Netz auf Fischfang, will man sexuell etwas erreichen; ob das viel oder wenig ist, wird der Fang zeigen. Wird man selbst in einem Netz gefangen, möchte man wohl von jemandem gefangen genommen werden, den man liebt. Nur manchmal umschreibt das Bild den ungewissen Zustand, der uns in einer bestimmten Angelegenheit – privat oder beruflich – zappeln lässt.
(Siehe auch »Angeln« und »Fische«.)

NEUBAU Wer im Traum ein Haus baut oder bauen lässt, sollte im Wachleben et-

was für sein seelisches und körperliches Wohlbefinden tun. Der Neubau kann auch eine Schwächeperiode abschließen.
(Siehe auch »Haus«.)

NEUN Diese ungerade, männlich betonte Zahl drückt die vollkommene Harmonie aus (drei mal drei!), das Streben nach absoluter Wahrheit, aber auch die seelisch-geistige Aktivität im Wachleben. Weil die Mutter ihr Kind neun Monate austrägt, steht diese Zahl ebenso für die Neugeburt, den Anfang einer neuen Entwicklung, die den Träumer befriedigen wird.
(Siehe auch »Zahlen«.)

NIEDERKUNFT Bei Frau und Mann umschreibt sie das Erfassen neuer Ideen, die sich wohl bald verwirklichen lassen (sonst wie »Entbindung« und »Geburt«).

NISCHE Sie weist immer auf Heimlichkeiten hin, die man uns im Wachleben sicherlich übel nehmen könnte.
(Siehe auch »Grotte« und »Höhle«.)

NIESEN Im Traum niesen und davon nicht wach zu werden, hat eine gute Vorbedeutung: Man will sich von Lästigem befreien.

NIXE Siehe »Geister«, »Kobold« und »Nymphe«.

NONNE Ähnliche Bedeutung wie Mönch (siehe dort), allerdings dann mit weiblichem Vorzeichen.

NORDEN Siehe »Himmelsrichtungen«.

NORDLICHT Die nur im nördlichen Europa zu sehende, geisterhaft den Nachthimmel überziehende Naturerscheinung soll wohl den Träumer auf sein flatterhaftes Wesen aufmerksam machen, in dem Licht- mit Schattenseiten wechseln.

NOTDURFT Siehe »Klosett«, »Toilette«.

NOTEN Wer im Traum Musiknoten liest, beweist im Wachleben meist große Willensstärke. Bei Noten in Schulzeugnissen achte man auf die Zahl und sehe dort nach. Oft sind solche Noten eine Erinnerung an die Schulzeit und können nun Anwendung auf einen momentan zu lösenden Fall finden.
(Siehe auch »Musik«, »Prüfung« und einzelne Zahlen.)

NOTIZEN Das Unbewusste mahnt den Träumer mit den Notizen, die er oder ein anderer im Traumbild aufschreibt, von einem bestimmten Menschen mehr Notiz zu nehmen. Oft weisen die Notizen auch auf die Gründlichkeit hin, mit der man im Alltag alles überdenken sollte. Kann man sich an das erinnern, was man im Traum notiert hat, sollte man auf jeden Fall die entsprechenden Symbole zur Deutung heranziehen.
(Siehe auch »Zettel«.)

NUDELN Symbol für geistige Nahrung, die uns im Wachleben fehlen könnte, um uns durchzusetzen. Sie weisen auf eine Mangelerscheinung hin, die wir aufspüren sollten, um etwas dagegen unternehmen zu können.

NULL Die Null ist als ein sexuelles Bild, keinesfalls als Zahl zu werten. Viele Nullen weisen auf erotische Erlebnisse hin, die unsere Kräfte sicher überbeansprucht werden.

NUMMER Der Träumer, der eine Nummer trägt, ist im Wachleben nicht unbedingt die große Nummer, die er gern sein möchte. Es geht in diesem Traum um das Selbstbild.
(*Siehe auch »Zahlen«.*)

NUSS Man muss sie knacken! Denn erst unter der rauen und harten Schale steckt der weiche Kern, sprich: die Glückseligkeit. In erotischen Träumen steht die Nuss oft für das weiblichen Geschlechtsorgan.

NUSSKNACKER Wer mit ihm Nüsse knackt, braucht bei einem Problem Hilfe.

NYMPHE Die Nymphe umschreibt als archetypischer Begriff die Naturverbundenheit und Lebenskraft des Träumenden. Aber wer heutzutage von den antiken Naturgottheiten träumt, ist wohl eher romantisch veranlagt. Nur selten ist in Frauenträumen damit die Nymphomanie, die Mannstollheit, angesprochen.
(*Siehe auch »Kobold«.*)

Oase bis Pyramide

Oase Die grünende Wüsteninsel schildert meist das Herausfinden aus einer schwierigen Lage; nun sollte man sich wohlverdiente Ruhe gönnen. Wer die Oase im Traum verlässt, könnte nach einer Zeit der Ruhe und Besinnung in eine Welt voller Anfeindungen zurückkehren oder vielleicht auch um jeden Preis ein Abenteuer suchen.
(Siehe auch »Wüste«.)

Obdach Wer im Traum ein Obdach sucht, muss im Wachleben wohl einmal eine kleine Denkpause einlegen.
(Siehe auch »Dach«.)

Obelisk Er ist von sexuell-phallischer Bedeutung: Man misst dem Intimleben wohl eine zu große Bedeutung bei.

Oboe Wie alle Blasinstrumente (siehe dort) männlich-sexuell zu deuten. Die oft klagenden Töne der Oboe, die traurig wirken können, lassen dabei möglicherweise auf Liebeskummer oder auf mangelndes Verständnis im zwischenmenschlichen Bereich schließen.

Obst Oft sexuell verstanden, aber ebenso Zeichen für unseren Gedankenreichtum, Erfolg und glückliche Wendungen im Alltagsleben.
(Siehe auch »Früchte« und die Bezeichnungen einzelner Obstsorten.)

Ochse Kommt in Angstträumen von Männern vor, die um ihre Potenz fürchten. Bei Frauen drückt er mitunter die weibliche Unterlegenheit aus, das Noch-nicht-emanzipiert-Sein. Manchmal sollen Ochsen im Traum auch einen Wertzuwachs ankündigen, den man erreicht, weil andere sich »wie Ochsen« verhielten.
(Siehe auch »Joch« und »Stier«.)

ÖDIPUSKOMPLEX Siehe »Mutterkomplex«.

OFEN Ein geheizter Ofen deutet auf eine freundliche Umwelt und Gefühlswärme hin, ein kalter auf Lieblosigkeit. Geht der Ofen aus, gelingen vielleicht unsere momentanen Vorhaben nicht (dann ist eben der Ofen aus!) oder die Geschäfte gehen zurzeit schlecht.
(*Siehe auch* »Herd«.)

OFENROHR Wenn es im Traum besonders lang ist, wird man wohl noch lange auf die Erfüllung seiner Wünsche warten, also noch eine Weile in die Röhre schauen müssen.

OHNMACHT Etwas geschieht, und zwar ohne unser Dazutun: Wird man selbst im Traum ohnmächtig, was sehr selten ist, kann man sich möglicherweise auf ein Geschenk, vielleicht sogar auf eine Erbschaft oder eine unerwartete Liebeserklärung freuen. Fallen andere in Ohnmacht, macht uns das Unbewusste auf Leute in unserer Umwelt aufmerksam, die sich auf eine etwas plump vertrauliche Weise bei uns anbiedern wollen und vor denen wir uns im Wachleben hüten sollten.

OHR Weibliches Symbol, wobei die Durchbohrung des Ohrläppchens auf die Defloration hinweisen könnte. Wenn man sich im Traum am Ohrläppchen gezogen fühlt, will das Unbewusste wohl auf eine Person oder auf eine Angelegenheit im Alltagsleben aufmerksam machen, die man möglicherweise mehr beachten sollte. Wer seine Ohren im Traum reinigt, sollte sich im Wachleben von gewissen Vorurteilen freimachen.

OHRFEIGE Sie weist auf Nachlässigkeiten im Wachleben hin, auf die uns unsere Psyche aufmerksam machen möchte. Meist handelt es sich dabei wohl um das egoistische Verfolgen eigener Pläne, was freilich Probleme schaffen könnte.

ÖL Wer im Traum Öl auf seine Wunden gießt oder es wohltuend auf die Haut aufträgt, kann im Wachleben zurzeit friedlich seiner Arbeit nachgehen und alles, was vielleicht auf ihn einstürmte, vergessen; dabei ist der Blick in die Zukunft gerichtet, in die man »wie geschmiert« fahren kann. Brennt Öl mit heller Flamme, ist Freude in Sicht, ist die Flamme rußig, gibt's Verdruss.
(*Siehe auch* »Feuer«, »Flamme« *und* »Wunde«.)

OLIVE Die Frucht des Ölbaums ist eindeutig erotisch aufzufassen. Wer sie isst, will mit Gewalt ein Problem lösen, das sich aus einer so genannten Liebesgeschichte oder einem Ehebruch ergibt. Wer aber die Früchte einsammelt, kann mit einer Herzensbindung rechnen. Der Ölbaum gilt im Vorderen Orient als Baum der Erkenntnis.
(*Siehe auch* »Baum«.)

OLYMPIA Wer im Traum an Olympischen Spielen teilnimmt, sollte eventuell überprüfen, ob er für sich und seinen Körper genug tut, um fit zu bleiben. Im Allgemeinen kann Olympia auch darauf verweisen, dass der Träumer gern in großer Gesellschaft sein möchte, was ihm aber kaum gelingen wird, wenn er Einladungen nicht annimmt, die ihn befähigen würden, im großen Stil daran teilzunehmen.

OMNIBUS Das große Automobil (*siehe dort*), das viele Fahrgäste befördern kann, zeigt an, dass man ein erstrebenswertes Ziel nur gemeinsam mit anderen erreichen kann, weil man als Einzelner einfach nicht genug Kraft dafür aufbringt.

OPER Den Träumer, der sich in einem Opernhaus sitzen sieht und Sänger singen hört, erwartet wohl ein besonders harmonisches Erlebnis im Wachleben. Tritt er aber selbst in einer Oper auf und mimt den Sänger, obwohl er eigentlich gar nicht gut singen kann, macht er sich im Alltagsleben wahrscheinlich allerhand vor und möchte vor anderen gern im falschen Glanz erscheinen.
(*Siehe auch* »*Musik*«.)

OPERATION Eingriff in unseren Seelenhaushalt. Wer also im Traum operiert wird oder bei der Operation anderer zuschaut, sollte seinen Lebensstil in einschneidender Weise ändern, damit sich sein seelisches Gleichgewicht wieder einstellen kann. Nur manchmal deuten Traumoperationen psychische Störungen an, die sich aus weiteren Symbolen ergeben könnten.
(*Siehe auch* »*Arzt*«, »*Amputation*«, »*Krankenhaus*«, »*Narkose*« *und* »*Verletzung*«.)

OPFER Das Opfer im Traum lehnt sich mythologisch an den Opferkult der Antike an. Heute symbolisiert es für das Wachleben, dass man Opfer bringen müsste, um vor seiner Umwelt makellos dazustehen. Vielleicht sollte man auch eine schlechte Angewohnheit opfern, um vor sich selbst bestehen zu können. In diesem Zusammenhang ist wichtig, was symbolisch im Traum geopfert wird.

OPIUM Wer vom Rauschgift träumt, obwohl er noch nie welches genommen hat, erwacht vielleicht im bewussten Leben aus einem Rausch der Gefühle, der ihm nichts eingebracht hat.

ORANGEN Die Liebesäpfel südlicher Länder können auf besonders heiße Liebesbeziehungen hinweisen.
(*Siehe auch* »*Früchte*« *und* »*Obst*«.)

ORCHESTER Wo im Traum ein Orchester aufspielt, streben die Gefühle nach Harmonie, ist der Zusammenklang im familiären und intimen Bereich gesichert. Wer im Traum mitspielt, sehnt sich nach mehr Harmonie, nach Menschen, denen man sich ganz verbunden fühlen darf. Wer das Orchester dirigiert, möchte in diesem Zusammenhang sein Glück erzwingen. Orchester- oder Musikträume sind im All-

Orchester
gemeinen positiv zu deuten, da sie klangliche Disharmonien kaum kennen.
(Siehe auch »Dirigent«, »Musik und einzelne Musikinstrumente.)

Orden Der Träumer, der auf seiner Brust Orden zur Schau stellt, scheint im Wachleben auf Äußerlichkeiten bedacht und ein wenig überheblich zu sein. Von seinen Mitmenschen wird er deshalb wohl kaum freundlich betrachtet. Sieht er aber andere Orden tragen, bewundert er vielleicht neidisch deren Leistungen.

Orgelmusik Weist auf geistige Probleme und ihre Lösung hin. Manchmal spielt auch Trauer mit, im Allgemeinen ist aber der, der im Traum die Orgel spielen hört, mit sich und der Welt zufrieden.
(Siehe auch »Musik« und »Musikinstrumente«.)

Orkan Er tobt sich in unserem Seelenleben aus und kündigt Substanzverluste an. Das ganze Seelenleben kann da durcheinander gewirbelt werden. Mancher, der vom Orkan träumt, ist regelrecht verwirrt, wenn er danach (oft schweißgebadet) aufwacht.

Öse Kann man einen Haken nicht in die Öse einhaken, lässt sich auch in der Liebe oder einem anderen Lebensbereich nichts erreichen.
(Siehe auch »Faden«, Nähen«.)

Osten Siehe »Himmelsrichtungen«.

Pacht Pachtet man irgendetwas im Traum, begibt man sich im Wachleben vielleicht in eine Abhängigkeit, für die man nicht nur Lehrgeld zahlen muss. Sucht man einen Pächter oder verpachtet selbst etwas, möchte man anderen seinen Willen aufzwingen.

Packen Wichtig ist, was man im Traum packt; erst daraus kann man Schlüsse auf einen Wandel zum Guten oder zum Schlechten ziehen. Auf jeden Fall stehen mit dem geträumten Packen Änderungen im Wachleben bevor.
(Siehe auch »Koffer« und »Paket«.)

Page Er bereitet uns auf Marscherleichterungen bei unserer Lebensreise vor und nimmt uns einen Teil der Last ab, die wir mit uns herumschleppen müssen. In Frauenträumen ist er der aufmerksame, hübsche Jüngling, mit dem eigentlich der Partner gemeint ist, der vielleicht nicht mehr so ganz kann, wie man es gern hätte, und dem man das flotte Auftreten des jungen Mannes wünscht.

Paket Pakete, die man auf die Reise schickt, sind die guten Gedanken an einen lieben Menschen, den man gern um sich haben und dem man sich vielleicht sogar selbst schenken möchte. Wer ein Paket erhält, hat eventuell einen Freund, bei dem er noch nicht so recht weiß, als was er sich entpuppen wird. Auch Sexuelles ist in diesem Symbol verpackt. Wer aber schwere

Pakete tragen muss, hat wohl Probleme im Familienkreis.
(Siehe auch »Packen« und »Last«.)

PALAST Man möchte in besserem Licht erscheinen, denn der Palast ist ein Haus (*siehe dort*) mit glänzender Fassade. Freilich sehen uns unsere Mitmenschen in diesem Fall ganz anders, eventuell sogar als Gecken oder Angeber. In Träumen junger Menschen ist der Palast als Haus meist eine Nummer zu groß, weil man sich in jungen Jahren leicht mehr zutraut, als man tatsächlich leisten kann. In Frauenträumen wird mit dem Palast auf die Sehnsucht nach dem Märchenprinzen hingewiesen, der sich dann als der eigene Partner entpuppt, den man sich eben prinzenhafter wünscht. Manchmal umschreibt der Palast auch, dass man dem Geistig-Seelischen mehr Platz einräumen sollte.
(Siehe auch »Fassade«.)

PALETTE Das Arbeitsgerät des Malers, auf dem er die Farben mischt, mit denen er Zukünftiges ausmalt und viele Ideen für das Wachleben einbringt. Man beachte dabei, welche Farben (*siehe dort*) am häufigsten im Traumbild gezeigt werden, um sie zur Deutung heranziehen zu können. Sehen wir eine Palette ohne Farben, gehen uns wohl im Alltag die Ideen aus, oder wir können uns einfach nicht ausmalen, wie es weitergehen soll.
(Siehe auch »Malen«, »Maler«, »Pinsel« und »Zeichnen«.)

PALME Ihre Zweige sind Zeichen des Friedens. Sieht man sich auf eine Palme klettern, bringt uns im Alltag manches auf die Palme. Ansonsten umschreibt sie auch die Sehnsucht nach sonniger Ferne.

PANNE Deutet darauf hin, dass wir uns im Wachleben sehr anstrengen müssen, um ein erstrebtes Ziel zu erreichen. Pannen weisen immer auf eigenes Versagen hin, das uns verzagen lässt.
(Siehe auch »Automobil« und andere Fahrzeugsymbole.)

PANTHER Die schwarzen Panther schleichen sich ein und setzen zum Sprung auf uns an; sie sorgen für Unruhe in unserem Seelenleben. Wo sie im Traum auftauchen, ist Gefahr im Verzug. Vielleicht werden wir in eine dunkle Angelegenheit verstrickt oder haben windige Geheimnisse, die das Tageslicht scheuen.
(Siehe auch »Katze« und »Löwe«.)

PANTOFFELN Wer im Traum Pantoffeln trägt, hat im Wachleben einen Hang zur Bequemlichkeit, aus der manche Ehe- oder Familienkrise entstehen kann. Gehen wir in alten Pantoffeln, fällt es uns im Wachleben schwer, neue Wege zu beschreiten. Die meisten Träumer schämen sich der Pantoffeln, weil sie diese als Zeichen eigener Minderwertigkeit empfinden und deshalb fürchten, eines Tages unter dem Pantoffel zu stehen oder Leisetreter zu werden.
(Siehe auch »Schuhe«.)

Panzer Fahren wir sie im Traumbild, wollen wir uns mit aller uns zur Verfügung stehenden Macht durchsetzen, ohne Rücksicht auf Verluste. Rollen Panzer auf uns zu, müssen wir Schwerem mutig entgegentreten. Wer sich im Traum als gepanzerter Ritter sieht, der sollte die raue Schale ablegen, die sein Herz umschließt.
(*Siehe auch* »Ritter«.)

Papagei Schreit oder spricht er im Traum, zeigt das Klatsch in unserer Umgebung auf; oder es wird etwas ausgeplaudert, durch das wir Schaden nehmen könnten.

Papier Wer Papier im Traum beschreibt oder bemalt, dem möchte das Unbewusste raten, Unerledigtes endlich aufzuarbeiten. Zerreißt man das Papier, möchte man wahrscheinlich mit einer bestimmten Angelegenheit im Wachleben nichts mehr zu tun haben. Man achte für die weitere Deutung auf das, was auf dem Papier geschrieben steht.
(*Siehe auch* »Notiz«.)

Papiergeld Siehe »Banknote«.

Paradies Wer sich im Traum in einem Paradies wähnt, sehnt sich nach Ruhe, nach Glück in der Einsamkeit oder an der Seite eines lieben Menschen.

Paragraphenzeichen Taucht es im Traum auf, überlegt man im Wachzustand vielleicht, wie man dem Gesetz ein Schnippchen schlagen kann. Unter Umständen findet man sich aber auch im Paragraphendschungel des Alltags nicht zurecht.
(*Siehe auch* »Richter«.)

Parfüm Der Duftstoff umschreibt den Willen des Träumers, im Wachleben in gutem »Geruch« zu stehen, angesehen zu sein und respektiert zu werden. Wer im Traumbild Parfüm versprüht, möchte wahrscheinlich anderen Leuten gegenüber seine eigenen Schwächen verdecken.

Park Während der Garten (*siehe dort*) unser Inneres darstellt, weist der Park auf unser Äußeres hin. Wer dort spazieren geht, zeigt sich so, wie er von anderen gesehen werden möchte. Manchmal weist das Traumbild vom Park auch darauf hin, dass wir uns frei bewegen und einmal Pause vom Alltag und seinen Sorgen machen wollen.

Parken Parken wir unser Automobil (*siehe dort*) ein, möchten wir auf dem Lebensweg vielleicht die längst verdiente Pause einlegen. Parken wir trotz eines Verbotszeichens an einer bestimmten Stelle, wollen wir im Wachleben unseren Willen durchsetzen, obwohl Vernunftgründe offensichtlich dagegen sprechen.

Parterre Die Region unseres Körpers, die das Sexuelle beinhaltet. Wer dort einsteigt, will eine Eroberung machen. Steht

eine Wohnung im Parterre leer, wird man kaum das finden, wonach man sich im erotischen Bereich sehnt.
(Siehe auch »Haus«.)

Pass Sieht man ihn als Reisepass mit dem eigenen Bild, heißt das, man soll sich reisefertig für einen günstigeren Lebensabschnitt machen. Oft vergisst man im Traum das Dokument, steht an der Grenze (siehe dort) und wird nicht durchgelassen; in diesem Fall stellt sich im Wachleben jemand quer und macht einem das Dasein schwer. Der Pass im Gebirge ist der Punkt eines bisher eher beschwerlichen Lebensweges, der nun auf Neuland hoffen lässt; andere Symbole werden erweisen, ob dabei ein Erfolgshöhepunkt erreicht wurde, der nicht mehr weiter gesteigert werden kann, weil nun – aufs Traumbild bezogen – der Abstieg beginnt.
(Siehe auch »Aufsteigen« und »Berg«.)

Pate/Patin Oft eine Elternfigur, ein Helfer in bestimmten Notlagen. Sind wir selbst der Pate, sollten wir uns überlegen, ob wir nicht anderen gegenüber ein wenig hilfreicher sein sollten, was uns freilich nicht nur Geld, sondern auch Überwindung kosten könnte. Der Pate, den wir nicht mögen, ist der Schatten in unserem Charakter, den wir beseitigen sollten.
(Siehe auch »Eltern«, »Mutter« und »Vater«.)

Patent Wer im Traum etwas erfindet und darauf das Patent erhält, hat im Wachleben bisher irgendetwas nicht beachtet und zu schätzen gewusst, dessen Wert er plötzlich erkennen wird.

Pauke Haut der Träumende auf die Pauke, wird etwas an die große Glocke gehängt, das ihn in ein nicht immer günstiges Licht setzt.

Pech Wird manchmal wie das Sprichwort »Wer (im Traum) Pech angreift, besudelt sich« übersetzt, womit das Unbewusste uns vor bösen Menschen im Lebensalltag warnen möchte, die uns vielleicht übel wollen. Wer Pech an den Hosen hat, bleibt sitzen, was in der Schule genauso wie in einem anderen Bereich der Fall sein kann. Der Rückstand der Teer- und Erdöldestillation wurde sprachlich zum Gegenteil von Glück, im Traum erscheint uns das Pech meist nur als die grauschwarze Masse, die in vielen Fällen durchaus als Unglückszeichen gewertet werden kann. So ist der Pechvogel eigentlich der an der Pechrute hängen bleibende Vogel – übertragen ins Wachleben der Unglücksrabe, dem augenblicklich einfach nichts gelingen will.
(Siehe auch »Rabe«.)

Pedal Tritt man im Traum kräftig in die Pedale, kann man sicher sein, dass einem im Wachleben viel gelingt; wer aber radelt und nicht von der Stelle kommt, wird mit einer eben erst begonnenen Arbeit kaum fertig werden.
(Siehe auch »Rad fahren«.)

Peitsche Im Traum mit einer Peitsche wahllos durch die Gegend zu knallen deutet auf den Wunsch hin, sich brutaler zu geben, als man im Alltagsleben wirklich ist. Zugleich offenbart sich darin ein Minderwertigkeitsgefühl: Man ist durch die Erziehung in seinen Urgefühlen gehemmt. Wird man im Traum ausgepeitscht (meist fühlt man dabei keinen Schmerz), duckt man sich oft im Leben und überlässt gern anderen die Initiative.

Pelz Das Kleid des Tieres symbolisiert manchmal dessen Eigenschaften. Trägt man im Traum einen Pelz (man achte darauf, von welchem Tier er stammt), sollte man sich im Lebensalltag warm anziehen, um widrigen Bedingungen standzuhalten; dabei kann es sich auch um Krankheitszustände, wie etwa Erkältungen, handeln. Wer im Traum einen kostbaren Pelz trägt, möchte sich vielleicht in gefühlsmäßig eisiger Umgebung zurechtfinden und sich mit seinem Können gegen Nebenbuhler durchsetzen.
(*Siehe auch Tiere, die einen Pelz tragen.*)

Perle In der Traumdeutung des Altertums bedeuten Perlen Kummer. Tauchen Perlen in wiederkehrendem Rhythmus im Traum auf, sollen sie ein Zeichen für Nieren- oder Gallensteine sein. Wer eine Perle, etwa aus einer Muschel, herausbricht, dem dürfte im Wachleben keine Perle aus der Krone fallen, der vergibt sich anderen Menschen gegenüber nichts, wenn er zu ihnen freundlich ist. Und wer sie verschenkt, wirft gewissermaßen seine Perlen vor die Säue und kommt bei seinen Mitmenschen trotz mannigfaltiger Beweise seiner Gutmütigkeit nicht so recht an.
(*Siehe auch »Schmuck«.*)

Perücke Warnt manchmal davor, sich nicht mit fremden Federn zu schmücken. Trägt ein anderer eine Perücke, sollte man sich vor neuen Freunden hüten. Oft weist es, wenn man sich als Perückenträger sieht, darauf hin, dass man seine Ursprünglichkeit wiedergewinnen möchte, die verloren schien.
(*Siehe auch »Haare«.*)

Pfad Der Weg durch unwegsames Gelände mahnt zur Vorsicht. Verliert er sich plötzlich, haben wir möglicherweise mit einem harten Schicksalsschlag zu rechnen; mündet er in einen gangbaren Weg oder in eine Straße, finden wir vielleicht im Wachleben aus einem Dilemma heraus. Ein Pfad im Gebirge, der nach oben führt, umschreibt Schwierigkeiten auf dem Lebensweg.
(*Siehe auch »Gebirge«, »Straße« und »Weg«.*)

Pfadfinder Positive Traumgestalt, die uns im bewussten Leben den richtigen Weg weist.

Pfand Der Einsatz des Unbewussten, den wir im Wachleben einlösen sollten, wobei wir darauf achten müssen, was im Traum zum Pfand genommen wird. Wer ein Pfand

hergibt, ist sich seiner Freundschaft nicht allzu sicher. Pfänderspiele deuten übrigens auf den Wunsch hin, einander in einer ganz bestimmten Absicht näher zu kommen. Eine Pfändung weist auf die Trennung von einer alten Gewohnheit hin.
(Siehe auch »Leihhaus«.)

PFANNE Nach Sigmund Freud wie alles, was man auf den Herd setzen kann, sexuell zu deuten. Wer aber etwas in die Pfanne hineingibt, könnte im Wachleben ebenso die Absicht haben, jemanden in die Pfanne zu hauen.
(Siehe auch »Herd«.)

PFARRER Siehe »Geistlicher«.

PFAU Der Phönix, der siegreich aus der Asche steigt, ist das archetypische Zeichen der Wiedergeburt. Wer einen Pfau im Traumbild sieht, ist beglückt über die bunte Vielfalt des Lebens, kann Gegensätze ausgleichen und zu seelischer Übereinstimmung mit nahe stehenden Personen kommen.

PFEFFER Es ist gar nicht so selten, dass man im Traum Pfeffer sieht, streut oder schmeckt. Damit deutet uns das Unbewusste vielleicht an, wir sollten ruhig etwas lebhafter sein, mehr Pfeffer haben, um die Freuden des Lebens genießen zu können. Wer aber das Gewürz achtlos auf den Boden streut, wünscht wohl einen Konkurrenten dorthin, »wo der Pfeffer wächst«.

PFEIFE Die Tabakspfeife, die sogar ein Nichtraucher im Traum genüsslich raucht, ist nichts anderes als eine Friedenspfeife, die uns einen geruhsamen Alltag in glücklicher Umgebung schenkt. Der Pfeifenrauch bringt uns manchmal Vergangenes in Erinnerung, aus dem wir persönliche Schlüsse ziehen sollten.
(Siehe auch »Rauch« und »Stopfen«.)

PFEIL Wird er im Traum auf uns abgeschossen, ist das die kleine Hinterlist, mit der wir aufs Kreuz gelegt werden sollen. Schießen wir selbst Pfeile auf andere ab, sollten wir uns im Wachleben vor unbedachten Äußerungen hüten.

PFERD Archetypisches Symbol des Weiblich-Mütterlichen wie des Männlich-Geistigen. Sinnbild des ungestümen Temperaments, das nicht nur in Sexualträumen erscheint. Wenn das Pferd mit seinem Traumreiter eine Einheit bildet, ergeben sich für diesen kaum Schwierigkeiten auf seelischem oder sexuellem Gebiet. Wird das Tier im Traum gut behandelt, steht das für einen ungestörten Lebenshaushalt und für das Zügeln eigener Leidenschaften. Wird es aber schlecht gepflegt, jagt es durch die Traumlandschaft als Schreckgespenst unserer gestörten Triebe und beweist so, dass unser Eros Bocksprünge macht. Pferde, die scheuen oder mit einem durchgehen, künden von der Angst, dass die Lebenskraft schwindet, die Potenz bedroht ist. Ein Pferd kann im Traum sogar

PFERD
sprechen und den Träumer mahnen, er solle in einer bestimmten Angelegenheit die Nerven bewahren. Auch die Farbe des Tieres spielt eine Rolle. Ein feuriger Rappe kompensiert die Haltung des Träumers, der seine Vitalität zum Schaden seiner Seele unterdrückt. Auch Schimmel haben etwas Gespenstisches an sich; sie weisen auf mangelndes Gemeinschaftsgefühl, auf etwas Selbstzerstörerisches hin. (Pferde in anderen Farben siehe unter den einzelnen Farben.) Nach Artemidoros ist das schöne Pferd, das man besteigt, gleichzusetzen mit Liebesglück.
(Siehe auch »Reiten«.)

PFLASTER Siehe »Verband« und damit zusammenhängende Begriffe.

PFLAUME Oft wegen ihrer Form verglichen mit dem weiblichen Geschlechtsorgan, gilt sie als eindeutiges Sexualsymbol, das Männern, wenn sie es im Traum sehen oder verzehren, Liebesglück versprechen soll, Frauen dagegen eher Geschlechtsneid. Von alters her galt die Pflaume im Vorderen Orient als ausgesprochenes Glückssymbol, als Sinnbild der Unberührtheit, wenn sie im heilen Zustand keine Schäden aufweist.
(Siehe auch »Obst«.)

PFLUG Archetypisches Zeichen für die Kraft, die Gutes schafft. Wer hinter einem Pflug hergeht, ist im Allgemeinen mit Fleiß bei der Sache, ihr oder ihm kann man so leicht nichts vormachen. Sieht man jemanden pflügen, möchte man die Früchte einer Arbeit ernten, die hauptsächlich von anderen ausgeführt wurde. Ist der Pflug jedoch zerbrochen, besagt das wohl, dass einem die Arbeit zurzeit nicht recht von der Hand gehen will.
(Siehe auch »Acker«, »Bauer« und »Ernte«.)

PFÜTZE Sie steht für das schmutzige Wasser, das die kleinen Flecken auf unserer Seele umschreibt. Wer in sie hineintritt, dem klebt vielleicht das Pech an den Füßen.
(Siehe auch »Wasser« und »Pech«.)

PHALLUS Bei Naturvölkern Symbol der Männlichkeit. Nach Jung die Quelle des Lebens, der Wundertäter, als welcher er »überall Verehrung genoss«. Bei Freud durch alle möglichen langen Gegenstände, »scharfe Waffen und starre Objekte wie Baumstämme und Stöcke« dargestellt.
(Siehe auch »Vagina«.)

PILGERFAHRT Siehe »Beichte« und »Wallfahrt«.

PILLE Siehe »Medizin«.

PILZ Wer als Kenner im Traum Pilze sammelt, kennt die eigenen Schwächen, aber auch die seiner Mitmenschen, und zieht daraus Nutzen. Wenn man dagegen nur Pilze im Traum isst, muss man sich mit kleineren Erfolgen zufrieden geben. Da der

Genuss gewisser Pilze Rauschzustände hervorrufen und ihre Form auf das männliche Geschlechtsteil hinweisen kann, werden Pilzträume manchmal auch sexuell gedeutet.

Pinsel Im Volksmund Bezeichnung für einen einfältigen Menschen. So sieht ihn auch das Traumbild, das mit Nachgiebigkeit im zwischenmenschlichen Bereich umschrieben werden könnte. Der Pinsel des Malers könnte aber auch der Phallus (*siehe dort*) sein; übersetzt: Man verlangt nach Liebe, malt sich aus, wie schön es in trauter Zweisamkeit sein könnte, wobei man beachten sollte, welche Farbe der Pinsel im Traum aufträgt.
(*Siehe auch »Malen«, »Maler« und unter einzelnen Farben.*)

Pistole Bei Freud männliches Sexualsymbol, auch Zeichen sexueller Spannungen und Verspannungen (die Pistole wird ja bekanntlich gespannt). Zielt man im Traum auf jemanden, ohne zu schießen, lässt das auf ein Versagen in der Liebe oder in einem anderen Lebensbereich schließen.
(*Siehe auch »Schuss« und unter den Bezeichnungen anderer Schusswaffen.*)

Plakat Ist als Nachricht zu werten, die sich aus seinem Text ergibt.
(*Siehe auch »Notiz« und »Papier«.*)

Plattfuss Wer im Traum Plattfüße hat, wird in manchen Bereichen des bewussten Lebens – so die Deutung – nicht so recht vorwärtskommen (*sonst wie »Fuß«*). Zum platten Reifen siehe unter »Panne«.

Platz Auf ihn laufen meist viele Straßen (*siehe dort*) zu; er ist also ein zentraler Punkt, übersetzt: das Zentrum unserer Psyche und unseres Seins.
(*Siehe auch »Markt«.*)

Polizist Konfliktzeichen, das zur Umstellung der Lebensführung rät. Sein Auftauchen im Traum lässt vermuten, dass in unserem äußeren wie inneren Handeln etwas Ungehöriges im Spiel ist. Aber der Traumpolizist ist auch positiv zu sehen: Er weist uns den richtigen Weg, zeigt auf, was verboten und gestattet ist; wir müssen uns nur im Wachleben nach den Weisungen richten.

Pomade Der Träumer, der sich mit ihr die Haare glättet, gibt zu erkennen, dass er im Wachleben irgendetwas in Ordnung bringen, glätten möchte, das ihn innerlich stört. Das Traumbild deutet auch an, das man Kummer verdrängen will, vor allem Liebeskummer.
(*Siehe auch »Haare«.*)

Portier Steht im Empfang des Hauses, das wir bezogen haben (Haus gleich Körper!). Er soll die bösen Einflüsse fern halten und die guten einlassen. Der Portier ist gewissermaßen unser eigener Charakter, der leider oft nicht richtig aufpasst und

Portier schon einmal Gut und Böse verwechselt.
(Siehe auch »Haus« und »Hotel«.)

Porträt Siehe »Bild« und »Fotografieren«.

Porzellan Porzellanscherben bedeuten auch in der Traumdeutung Glück. Dagegen sollte, wer im Traum Porzellan zerschlägt, Streit in der Familie möglichst vermeiden.
(Siehe auch »Geschirr« und »Scherben«.)

Posaune Die Posaune ist nicht immer wie andere Blasinstrumente (siehe dort) nur sexuell zu verstehen. Denn wer im Traum die Posaune bläst, hängt im Wachleben manches an die große Glocke, das heißt, er posaunt aus, was er eigentlich verschweigen sollte.

Postbote Er bringt gute oder schlechte Nachricht, was andere Symbole erhellen können. Wenn der vielleicht sehnlichst erwartete Postbote an unserem Haus vorbeigeht, wird sich möglicherweise im Wachleben Enttäuschung breit machen.
(Siehe auch »Brief« und »Briefmarken«.)

Pranger Am Pranger stehend, meist schlecht oder gar nicht bekleidet, muss man im Traum den Spott der Mitmenschen ertragen; das Unbewusste bringt uns damit zum Bewusstsein, dass wir in einem bestimmten schwerwiegenden Fall nicht richtig gehandelt haben. Nach solchen Träumen heißt es umschalten, andere Wege gehen, Schuld (oder Schulden) abbauen.

Predigt Man merke sich den Wortlaut der Traumpredigt und ziehe dann seine Schlüsse aus dem symbolhaft Gesagten. Nur bei einer Gardinenpredigt ist die Sachlage wohl eindeutig.
(Siehe auch »Rede«.)

Prinz Wenn es sich nicht um einen leibhaftigen Prinzen handelt, ist er in Frauenträumen meist der Märchenprinz, der sich oft als der eigene Partner oder der Traumpartner im wahrsten Sinne entpuppt.

Prinzessin Bedeutet sinngemäß das unter »Prinz« Ausgeführte in Männerträumen.

Prostitution Siehe »Dirne«.

Prozess Ein Umstand, der nur durch kämpferischen Mut zu klären ist. Gewinnt man ihn, handelt es sich um das Gewinnen neuer Einsichten, die uns im Leben nützen können. Verliert man jedoch den Traumprozess, ist es an der Zeit, sich mit einem Gegner im Wachleben einmal auszusprechen und zu einigen.
(Siehe auch »Gericht«.)

Prüfung Bei Adler und Freud »die unauslöschlichen Erinnerungen an die Strafen für Kinderstreiche«. Nach Ansicht der modernen Psychologie beziehen sich Prüfungsträume dagegen auf die Gegenwart, auf das Bestehen im Lebenskampf oder – in Albträumen – auf die Angst vor der Zukunft. Übrigens hat man die Prüfungen, an die der Traum erinnert, in den meisten Fällen im realen Leben längst bestanden. (*Siehe auch* »*Aufgabe*«, »*Lehrer*« *und* »*Reifeprüfung*«.)

Prügel Werden sie uns im Traum verabreicht, sind sie im Wachleben der schlagende Beweis für Erfolge, die wir mithilfe von Selbstdisziplin und auch Rücksichtslosigkeit erzielen. Mit Prügeln, die wir selbst austeilen, wird oft unsere Durchsetzungskraft im Leben umschrieben.
(*Siehe auch* »*Schläge*«.)

Pudding Die wabbelige Masse, die wir im Traum zu uns nehmen, könnte das psychisch Weiche, Sensible in uns umschreiben, das uns manchmal etwas labil erscheinen lässt.

Pudel Archetypisches Zeichen, das auf Goethes »Faust« (»Das also war des Pudels Kern!«) verweist; übersetzt: Alle Gelehrsamkeit nützt nichts, wenn man nicht zum Kern der Dinge vordringt, wobei oft der Teufel im Detail steckt.

Puder Pudern wir uns im Traum, wollen wir im Wachleben vielleicht etwas Hässliches oder eine Blöße überdecken oder etwas verschleiern, das uns selbst nicht gefällt.

Pulver Wer im Traum sein Pulver sinnlos verschießt, wird auch im Wachleben seine Energien bald verpulvert haben und über schwache Nerven klagen.

Pumpe Das Unbewusste kritisiert damit manchmal den Zustand unserer Herzpumpe und teilt uns mit, wir sollten im Wachleben in seelischer wie körperlicher Hinsicht etwas mehr für unser Herz tun. Die Wasserpumpe, aus der kein Wasser kommt, umschreibt, dass man sich in eine schier ausweglose Angelegenheit verstrickt hat, von der man besser die Finger lassen sollte. Fließt viel Wasser beim Pumpen, können wir im Wachleben leicht über das Ziel hinausschießen. Nur wenn der Pumpenschwengel in ruhigem und gleichmäßigem Tempo bewegt wird und das Wasser klar und beständig fließt, dürfen wir hoffen, eine schwierige Sache mit Erfolg zu meistern. Pumpen andere, ist das im Sinne von »Anpumpen« zu verstehen, sie wollen sich von uns Geld leihen.
(*Siehe auch* »*Wasser*«.)

Puppe Das (leblose) Wesen, mit dem man nur spielen, aber nicht zusammenleben kann, umschreibt vielfach die Nichterfüllung erotischer Wünsche. Trotzdem lässt das Unbewusste für uns manchmal die Puppen tanzen, wobei es davor warnt, dass wir unsere Mitmenschen als Marionetten sehen, die alles tun, was wir ihnen vorschreiben.

Purpur Trägt man im Traum den Purpur, der ja Königswürde verleiht, sind wir im Wachleben wohl Herr unserer Gefühle. Purpur als Farbe verstärkt die Bedeutung von Rot (*siehe dort*).

Putzen Siehe »Fegen«.

Pyjama Wer nur mit Schlafanzug oder Nachthemd bekleidet durchs Traumbild läuft, schildert dadurch meist seine Angst, im Wachleben Blößen zu zeigen. Ein verführerisches Negligé jedoch weist eher auf eine Sehnsucht hin.
(*Siehe »Kleid« und »Nacktheit«.*)

Pyramide Die Architektur einer Pyramide besteht bekanntlich aus einem Quadrat und vier gleichseitigen Dreiecken, kann also als Traumbild streng auf Ordnung ausgerichtetes Handeln übersetzen. Ägyptische Traumforscher behaupteten, wer eine Pyramide sieht, komme einem Geheimnis auf die Spur.

Quacksalber bis Rutschen

Quacksalber Der untüchtige Arzt taucht dann im Traumbild auf, wenn wir an einem anderen Menschen unrecht gehandelt haben. Wir stellen ihn nämlich selbst dar.

Quadrat Sinnbild für einen Ort, an dem auch heute noch Kampfspiele stattfinden (etwa ein Boxring!): Es bedeutet, dass man sich mit den psychischen Gewalten auseinander setzt, die das Leben bedrohen, und meist eine ganz simple Lösung findet. Wer im Traum ein Quadrat zeichnet, hat viel Ordnungssinn und überträgt ihn auch auf sein Privatleben.

Quaken Das Quaken von Fröschen (*siehe dort*) kündigt nach Meinung antiker Traumdeuter eine gute Nachricht an.

Quelle Als Jungbrunnen zu verstehen, als das sprudelnde Leben und die Lebenslust. Ist ihr Wasser klar, weist es auf Glücksmomente hin; ist es trübe, auf trübe Aussichten, auf Unstimmigkeiten und auf Menschen, die uns nicht wohl wollen.
(*Siehe auch »Wasser«.*)

Quittung Mit ihr gibt uns das Unbewusste den Hinweis, dass wir möglicherweise wegen einer Angelegenheit zur Kasse gebeten werden oder dass wir die Quittung für das bekommen, was wir selbst verschuldet haben. Nur manchmal deutet die Quittung, die wir jemanden im Traum geben, auf größere Ausgaben oder finanzielle Belastungen im Wachleben hin.
(*Siehe auch »Rechnung«.*)

Rabe Der schwarze Vogel fliegt durch unsere Träume als Unglücksrabe, als dunkler Gedanke, der bohrend unser Ich bedroht. Der Totenvogel aus der Mythologie ist als Traumsymbol ein Warnzeichen, das mahnt, finstere Gedanken durch lichte zu ersetzen,

Rabe
umzukehren auf dem bisher eingeschlagenen Lebensweg, der uns ins Nichts führen könnte.
(Siehe auch »Krähen«, »Pech« und »Vogel«.)

Rad Umschreibt die bewegende Kraft, um die sich alles dreht und deren wir uns bedienen, um leichter vorwärts zu kommen. In manchen Träumen steht das Rad auch für den Geist und das Wort, das am Anfang aller Dinge stand.
(Siehe auch »Kreis« und »Wort«.)

Rad fahren Die Vorwärtsbewegung auf dem Fahrrad übersetzt den Willen, im Wachleben aus eigener Kraft weiterzukommen.
(Siehe auch »Automobil« und andere Fahrzeuge.)

Rahmen Das eingerahmte eigene Porträt zeigt unsere Eitelkeit, aber auch den Egoismus, mit dem wir uns selbst in den Vordergrund drängen wollen. Der Rahmen ohne Bild schildert dagegen unsere Hilflosigkeit, etwas zu erreichen, weil es uns an den Mitteln dazu fehlt.
(Siehe auch »Bild« und »Fotografieren«.)

Rakete Umschreibt flüchtige Gedanken und Erinnerungen, die uns durcheinander bringen können. Feuern wir eine Rakete selbst ab, kann das auf unsere etwas unstete Art oder auf eigene Ideen hinweisen, die zischend verpuffen. (Siehe auch »Feuerwerk«.) Die Weltraumrakete symbolisiert wohl eher hehre Gedanken, die sich um Gott und die Welt drehen. Wenn solche Raketen in Angstträumen starten, irren wir ohne Ziel hilflos umher.

Rasen Ein gepflegter grüner Rasen in der Traumlandschaft weist auf unser Wohlergehen hin. Ein ungepflegter Rasen deutet des Lebens Schattenseite, ein so genanntes schlampiges Verhältnis oder ein unordentlich bestelltes Haus an.
(Siehe auch »Garten«, »Gras«, »Park« und »Wiese«.)

Rasieren Als die Barttracht modern war, galt sie als des Mannes Schmuck; rasierte er sich die Haare im Traum ab, hieß das, er habe mit großen Unannehmlichkeiten zu rechnen. Nach heutiger Auffassung macht sich jemand, der sich im Traum rasiert oder sich seinen Traumbart stutzt, eher fein, was auf das Wachleben übersetzt bedeuten könnte, man möchte vor seiner Umwelt als Gentleman erscheinen. Wird der Träumer rasiert, muss er wohl in einer bestimmten Sache zahlen. Schneidet er sich oder wird er geschnitten, wird er sich vielleicht im Wachleben falsch verhalten.
(Siehe auch »Bart«, »Haare« und »Schneiden«.)

Rathaus Hat kaum mit Amt und Würden zu tun, sondern umschreibt vielmehr die Warnung an den Träumer, sich psychisch und physisch nicht über die Maßen zu belasten, sondern eher auf Ratschläge aus der engeren Umgebung zu hören. Auch hier ist also mit dem Haus (*siehe dort*) unser Körper gemeint. Man achte auf Stockwerke und Zimmer, um daraus Näheres zu ersehen.

RÄTSEL Sie signalisieren Alltagsprobleme. Lösen wir sie im Traum, so können wir vielleicht das Geschäft unseres Lebens machen; bleiben sie ungelöst, haben wir noch lange Zeit an einem Problem zu knabbern.

RATTEN Das unter Nagetieren (*siehe dort*) Gesagte kann noch durch eine weitere Angst ergänzt werden: die Angst vor Krankheiten. Ratten im Traumbild sind oft Warnsignale, die man ernst nehmen sollte.

RAUB Werden wir im Traum beraubt, lässt das auf Charakterschwäche oder auf Minderwertigkeitsgefühle im sexuellen Bereich schließen. Räuber, die wir auf frischer Tat ertappen, sind Fehler, die wir mit uns herumschleppen müssen. Wenn wir sie einmal erkannt haben, können wir gegen sie vorgehen.

RAUBTIER Es steht für unser Triebleben, das wir im Zaum halten müssen, weil es sonst ausbricht und alle Schranken niederreißt, die ihm Sitte und Anstand setzen. Man beachte die weiteren Symbole des Raubtiertraums.
(*Siehe auch unter den Bezeichnungen einzelner Raubtiere.*)

RAUBVOGEL Siehe »Vogel«.

RAUCH Steigt er im Traumbild auf, beweist das, dass wir uns in einer unklaren Lage befinden, die uns Kopfschmerzen bereitet. Wir sollten feststellen, ob es sich um den grauschwarzen Rauch eines Brandes oder den weißgrauen eines Feuers handelt, und daraus unsere Schlüsse ziehen.
(*Siehe auch »Brand« und »Feuer«.*)

RAUPE Das Entwicklungsstadium schöner Schmetterlinge deutet auf eine Entwicklungsphase in unserem Leben hin, auf das Unfertige, noch nicht Ausgearbeitete, manchmal auch auf seelische Ratlosigkeit. Das Bild von der Raupe schenkt uns aber die Hoffnung, dass unser Leben bald sehr viel schöner werden kann.
(*Siehe auch »Schmetterling«.*)

RAUSCH Damit will uns das Unbewusste auf einen Zustand im Wachleben hinweisen, in dem wir nicht mehr Herr unserer Sinne sein könnten.

RAUSCHGIFT/RAUSCHMITTEL Siehe »Opium«.

REBELL Der Rebell, der in unseren Träumen Unruhe stiftet, sind wir selber; für unser Wachleben bedeutet das, dass wir uns eventuell ungerecht behandelt fühlen und dagegen ankämpfen wollen. Manchmal lehnt sich auch eine innere Stimme gegen uns selbst auf, weil wir uns irgendjemandem gegenüber schnöde verhalten haben.
(*Siehe auch »Revolution«.*)

Reben Schwer voll Trauben hängende Reben künden seit alters her vom Glück im eigenen Heim; wenn sie ohne Früchte sind, hängt demnach wohl der Haussegen schief.
(Siehe auch »Traube« und »Wein«.)

Rechnung Sie ist in Verbindung mit Zahlen (siehe »Eins« bis »Dreizehn«) zu deuten. Geht sie auf, so geht auch unsere Lebensrechnung auf und wir können frohgemut in die Zukunft schauen und uns an die Verwirklichung neuer Aufgaben machen. Lösen wir die Rechnung nicht, sind wir in einer Konfliktsituation, aus der wir uns nur durch eigenes Zutun befreien können. Oder wir haben Angst vor unserer eigenen Courage, etwas Neues zu beginnen.
(Siehe auch »Quittung«.)

Rechts Die bewusste Lebensrichtung, die sich im Gegenteil zu links (siehe dort) auf das Männliche, die Aktivität, Handlungsfähigkeit und geistige Interessen bezieht.

Rechtsanwalt Hilft uns im Traum, manches zu richten, und weist damit auf eine verfahrene Sache in unserem Wachleben hin. Man achte darauf, ob das Traumbild die Beratung abschließt.

Rede Wer im Traum eine Rede hält, will sich vielleicht im Wachleben allzu sehr in den Vordergrund drängen, auf jeden Fall möchte er auf seine Umwelt wirken und sie in seinem Sinne beeinflussen. Hält ein anderer eine Rede, warnt uns das davor, uns von jemandem etwas einreden zu lassen. Bei der Auslegung können auch der Inhalt des Gesprochenen und die darin enthaltenen Symbole von Bedeutung sein.
(Siehe auch »Predigt«.)

Regen Er befruchtet die Erde. Das umschreibt, dass wir im Wachleben die Früchte unserer (geistigen) Arbeit oder unserer Liebe ernten können, unsere Hoffnungen und Wünsche können in Erfüllung gehen. Peitscht uns der Regen stürmisch ins Gesicht, werden wir uns auf manchen Streit, auf manche vergebliche Liebesmüh gefasst machen müssen. Spüren wir im Traum auf unserer Haut, dass der Regen warm ist, können wir uns wohl auf einen »warmen Regen« freuen, auf eine Aufbesserung unserer Finanzen, zumal ja auch auf Regen immer Sonnenschein folgt. Aber leider kann man manchmal auch vom Regen in die Traufe kommen, also vom Leben enttäuscht werden.
(Siehe auch »Himmel« und »Wolken«.)

Regenbogen Diese fröhliche Naturerscheinung, in der sich alle Farben des Spektrums vereinen, weist auf eine Vereinigung von Gegensätzen hin.

Regenschirm Er umreißt unser Schutzbedürfnis gegen alle Gewalten der Natur. Ein älterer Mann zum Beispiel, der sich im Traum verzweifelt bemüht, seinen verlorenen Regenschirm wieder zu finden, versucht im Wachleben vielleicht krampfhaft, eingebüßte Sexualkraft wiederzugewinnen. Eine Frau, die den Schirm aufspannt, will sich eventuell eines aufdringlichen Verehrers erwehren.

REH Das scheue Waldtier tritt nur gegen Abend (*siehe dort*) aus seinem Versteck heraus, um zu äsen; mit ihm werden, übersetzt, seelische Wünsche wach, unsere Scheu vor anderen abzulegen und aus uns herauszugehen. Oft sind Rehe auch getarnte Glücksboten, die aber wie trügerisches Glück so schnell von hinnen fliehen, wie sie gekommen sind. Der Rehbock soll seit alters her vor übereilten Entschlüssen warnen (er stellt ja seine Lauscher auf, wenn Gefahr im Verzuge ist). Und wer im Traum auf die Rehjagd geht und nicht trifft, sollte sich im Wachleben vor unbedachten Äußerungen hüten
(*Siehe auch »Tier«.*)

REIFEN Ähnlich zu deuten wie Kreis und Rad (*siehe dort*). Wer einen Reifen um ein Fass schlägt, kann eine neue Beziehung anknüpfen oder einen Kreis neuer Bekannter finden.

REIFEPRÜFUNG Muss man das Abitur, das man längst bestanden hat, im Traum noch einmal machen, bedeutet das die Umstellung der eigenen Persönlichkeit auf eine andere Lebensform, die seelische Wandlung des eigenen Ichs. Wer die Reifeprüfung im Traum nicht besteht, hat möglicherweise Angst vor Änderungen, die er glaubt nicht verkraften zu können, oder er wehrt sich gegen Neuerungen, weil er im alten Trott fortfahren möchte.
(*Siehe auch »Prüfung«.*)

REISE Sie hat stets mit einem Wandel des seelischen Standpunkts zu tun, mit dem Wohin unserer Lebensreise. Hier werden Stationen angeführt, an denen wir verweilen möchten; aber auch das Wegwollen von einem bestimmten Ort oder der Wunsch, sich einer Verantwortung zu entledigen, wird angedeutet.
(*Siehe auch unter Fahrzeugen, mit denen man verreisen kann.*)

REISENDE Gehen sie mit uns auf die Reise, sind es – übersetzt – eigene Seelenanteile, die etwas über unsere psychische Konstitution und Lebensführung aussagen. Es ist also darauf zu achten, welchem Typus man im Traum seine Zuneigung schenkt, welcher unserer Wesenszüge uns gewissermaßen in seinen Bann zieht.

REISSBRETT Wer im Traum am Reißbrett zeichnet, schmiedet Pläne, die sich leicht in die Tat umsetzen lassen.
(*Siehe auch »Zeichnen«.*)

REITEN Reitet man in ruhiger Gangart auf einem Traumpferd, wird man im Wachleben seine Triebe unter Kontrolle halten können. Galoppiert das Pferd stürmisch mit uns davon oder geht es gar mit uns durch, sollten wir uns in unserem Trieb-

Reiten
leben häufiger die Zügel anlegen. Neben dem Sexuellen hat das Reiten aber auch manchmal die Bedeutung von Reisen (*siehe dort*), was das Auf und Ab auf unserem Lebensweg umreißen kann.
(*Siehe auch* »Pferd« *und* »Zügel«.)

Reklame Hier handelt es sich um die Eigenreklame, die Art, wie wir uns unserer Umwelt gegenüber selbst darstellen.
(*Siehe auch* »Plakat«.)

Rennen Im Traum ist es meist mehr ein Hinterherrennen, was auf eine im Wachleben verpasste Gelegenheit hinweist, die man im Nachhinein doch noch nützen möchte (leider kommt man aber beim Rennen meistens ganz schön außer Atem). Meist gelingt das jedoch nicht.
(*Siehe auch* »Laufen«.)

Restaurant Wo im Traum für unser leibliches Wohl gesorgt wird, haben wir im Wachleben einen seelischen Notstand zu beseitigen. Nur hier und da umschreibt das Restaurant Vergnügungen, die uns im bewussten Leben eine Menge Zeit und Geld kosten könnten. Hinweise auf weitere Deutungsmöglichkeiten ergeben sich aus dem Traumzusammenhang. Wichtig ist dabei die Art des Restaurants, in dem sich die oder der Träumende – gegebenenfalls zusammen mit anderen Personen (mit welchen?) – aufhält.
(*Siehe auch* »Gasthaus«.)

Rettung Die Rettung aus einer bedrohlichen Situation, die uns das Traumbild zeigt, kann durchaus auf eine Gefahr im Wachleben aufmerksam machen, ebenso auf eine Krankheit, die im Anzug ist. Retten wir selbst jemanden, können wir hingegen froh gelaunt sein, denn wir werden vielleicht für eine besondere Leistung belohnt oder sogar ausgezeichnet.

Revolution Mit der Revolution im Traum rebelliert das Unbewusste gegen einen bewussten Zustand, der dringend nach Veränderung verlangt. Wir sollten aus anderen Symbolen ablesen, welches die Gründe für den Aufstand sind.
(*Siehe auch* »Rebell«.)

Revolver Es kommt darauf an, ob sein Magazin voller Patronen steckt oder ob es leer geschossen ist, was auf die Potenz und Leistungsfähigkeit des Träumers hinweisen könnte.
(*Sonst wie unter* »Pistole«.)

Rezept Kochrezepte im Traum sind ein Zeichen für gute Lebensrezepte, nach denen wir uns richten sollten. Man kann die empfohlenen Verhaltensweisen oft aus den Symbolen ablesen, die in den Traumrezepten enthalten sind.
(*Siehe auch* »Kochen«.)

Richter Er legt unsere Worte im Traum ganz anders aus, als wir sie gemeint haben. Deshalb ist Vorsicht geboten: Man sollte

im Wachleben nichts Unbedachtes sagen und schon gar nicht einen Vertrag unterschreiben, dessen Text mitsamt dem Kleingedruckten man nicht langsam und gründlich zweimal durchgelesen und auch verstanden hat.
(Siehe auch »Gericht« und »Rechtsanwalt«.)

Riegel Was im Traum verriegelt ist, wird uns im Wachleben verwehrt. Die Tür (*siehe dort*), vor die ein Riegel geschoben wurde, umschreibt vielleicht eine Liebesangelegenheit, die uns verzweifeln lässt, oder wir finden nicht den gewünschten Anschluss. Schieben wir einen Riegel zurück, machen wir dagegen das Tor zur Zukunft weit auf; wir werden Erfolge einheimsen, die wertbeständig bleiben.

Riese Die Märchen- und Sagengestalt ist manchmal der Übervater, der uns kuschen lässt, weil wir einfach nicht gegen ihn und seine Größe (sprich Weisheit) ankommen. Mit manchen Traumriesen ist nicht gut Kirschen essen; sie warnen vor einem Triebleben, das auszuufern droht. Riesen, die nur schattenhaft in einem Traumbild zu sehen sind, können auf Riesengeschäfte hinweisen, bei denen man im Allgemeinen Supergewinne machen kann.

Rind Siehe »Kuh«, »Ochse« und »Stier«.

Ring Umschreibt die Bindung an einen Menschen oder an eine Gemeinschaft, ebenso die Treue, mit der wir an einmal eingegangenen Verpflichtungen festhalten. Findet man einen Ring, könnte man sich im Wachleben verlieben. Zieht man ihn ärgerlich vom Finger, verliert man das, was man liebt, oder macht selbst einen Seitensprung. Zerbricht ein Ring, geht wohl oder übel eine Verbindung in die Brüche.
(Siehe auch »Kreis« und »Kranz«.)

Ringkampf Sein Ausgang ist ungewiss, weil wir während des Kampfgetümmels meist aufwachen; da haben wir uns im Wachleben mit einer Angelegenheit auseinander zu setzen, von der wir noch nicht wissen, ob wir als Sieger aus ihr hervorgehen werden. Manchmal ringen wir auch um Einsichten, die uns weiterbringen können, oder zum Beispiel um unser eigenes Image.

Rinne Wer eine Dachrinne im Traum säubert, der möchte im Wachleben klare geistige Erkenntnisse gewinnen, die ihm weiterhelfen sollen. Ist die Rinne verstopft, ist unser Bemühen vergeblich, weil wir doch nichts erreichen und deshalb augenblicklich sehr niedergeschlagen sind. Wer sich an der Dachrinne festhält, um nicht vom Dach zu fallen, hat Einfälle, an denen sie oder er – auch, wenn es schwer fällt, – festhalten will, aber nicht unbedingt sollte.
(Siehe auch »Dach« und »Dachziegel«.)

Rippe Wenn wir im Traum alle unsere Rippen zählen können, sollten wir im Wachleben mehr für unsere Gesundheit tun. Die im Traum gebrochene Rippe übersetzt für

Rippe das bewusste Leben, dass man sich nichts aus den Rippen schneiden kann, dass man in einer bestimmten Angelegenheit nicht weiß, wie man sie erledigen soll. Adams Rippe, aus der Eva geschaffen wurde, kommt als archetypisches Symbol nur noch selten in Träumen vor; sie weist sicher auf Sexuelles hin, aber auch auf den überkommenen Anspruch des Mannes, vor der Frau zu rangieren.

Ritter In Männerträumen stürmt er in voller Montur ins Traumbild und nimmt die Festung ohne Pardon; hier wird von der Überheblichkeit mancher Männer gesprochen, die glauben, für sie sei jede Frau zu haben. Häufig symbolisiert der Ritter auch nur die Lust auf Abenteuer. In Frauenträumen wird mit dieser Gestalt ein kriegerischer Patriarch zum Gentleman umfunktioniert, den sie sich an ihre Seite wünschen.
(Siehe auch »Panzer«.)

Roboter Er stellt einen leblosen Gehilfen dar, der meistens aufgezogen werden muss, um zu funktionieren. Wer sich im Traum auf dieses Hilfspersonal verlässt, möchte im Wachleben faulenzen. Am Ende bleibt ihm aber für sich mehr zu tun, als der Roboter leisten kann.
(Siehe auch »Maschine«.)

Röhre Siehe »Ofenrohr«.

Rolltreppe Auch sie verbindet wie die Treppe (siehe dort) verschiedene Etagen unserer Persönlichkeit miteinander. Aber es geht auf dieser fahrbaren Treppe gemütlicher zu: Man strengt sich beim Höhersteigen nicht an.
(Siehe auch »Haus« und »Stockwerk«.)

Roman Die Bedeutung eines Romans, den man im Traum liest, kann man aus seinem Titel und seinem Inhalt herauslesen. Im Allgemeinen bedeuten aber solche Romane, dass man sich im Alltag zu sehr an anderen orientiert und sich kaum auf eigene Werte verlässt.

Röntgenbild Da die meisten Menschen schon einmal geröntgt wurden, zog auch das Röntgenbild in unsere Träume ein. Es zeigt an, dass man im Wachleben einen Menschen besser kennen lernen möchte; oft wird auch unsere Seele nach Schattenseiten durchleuchtet. Wer eine Röntgenaufnahme von sich selbst sieht, wird auf Fehler aufmerksam gemacht, die er ausmerzen sollte.

Rose Die Blume der Liebe beglückt uns auch im Traum und deutet auf sehr Gefühlvolles hin. Die Größe der Blüte lässt besonderen Reichtum der Seele und ein weites Herz erkennen. Die Nähe des Kreuzes (siehe dort), symbolisiert durch die Dornen, ist nicht zu übersehen. Neben dem Glück und der Beglückung liegen eben manchmal auch abgrundtiefes Leid und vergängliche

Schönheit. Man achte ebenso auf die Farbe der Traumrose, aus der sich weitere Deutungshinweise ergeben.
(Siehe auch »Blumen« und einzelne Farben.)

ROT Die Farbe des Blutes (*siehe dort*) und des Feuers (*siehe dort*). Sie hat etwas Kämpferisches, Leidenschaftliches, ist aber auch Warn- und Signalfarbe. Gemildert ist sie die Farbe der Liebe und der Barmherzigkeit. Als Symbol des Gefühlslebens signalisiert sie Hingabe oder aber Bedrängnis, Tugend oder Laster, was aus weiteren Symbolen zu lesen wäre.

ROTLICHTMILIEU Gar mancher verläuft sich im Traum in das Milieu der Dirnen (*siehe dort*) und Bordelle (*siehe dort*), um sich körperliche Liebe zu kaufen. Das Unbewusste sieht daran nichts Anstößiges und verweist auf den Abbau von Hemmungen im Privatleben und auf den Gewinn an Lebenserfahrung. Gleichzeitig kann aber der Besuch in diesem Milieu auch auf verdrängte Lustgefühle im Wachleben hindeuten.

ROTSTIFT Wer den Rotstift im Traum ansetzt, möchte etwas aus seinem Leben streichen, für das er sich einmal begeistert hat.
(*Siehe auch »Rot«.*)

ROULETTE Im Traum werden die Chancen im Roulette, das in den Spielbanken gespielt wird, meist ins Gegenteil verkehrt: Verlust heißt Gewinn, wobei zum Beispiel aus einer ungünstigen Angelegenheit eine Einsicht gewonnen wird, die zur Besserung der momentanen Verhältnisse beiträgt; und der Gewinn ist ein Verlust – vielleicht die Überheblichkeit, mit der wir unseren Mitmenschen gegenübertreten, oder der Hochmut, der vor dem Fall kommt. Da die Kugel beim Roulette in einen rotierenden Kreis geworfen wird, sollten diese beiden Symbole (Kugel und Kreis) – wie auch die im Traum vorkommenden Zahlen – ebenfalls zur Deutung herangezogen werden.

RÜCKEN Er liegt im Schatten des Bewusstseins, wo wir verwundbar sind. Dort lauern Gefahren aus dem Unbewussten, seelische Schäden, die nur schwer repariert werden können.

RÜCKGRAT Wie beim Rücken (*siehe dort*) kann Hinterlistiges geschehen, wenn zum Beispiel die Knochen der Wirbelsäule im Traumbild heraustreten oder sonstwie unnormal aussehen. Sehen wir aber ein kerzengerades Rückgrat, gilt das als der Hinweis des Unbewussten, uns zusammenzunehmen, in einer schwierigen Situation standzuhalten und uns zu wehren – eben Rückgrat zu beweisen.
(*Siehe auch »Knochen«.*)

RUCKSACK Die Bürde, die man auf der Lebenswanderung trägt, und das Ränkespiel hinter unserem Rücken, das uns psychisch leiden lässt. Wenn der Rucksack im

Rucksack Traum abgelegt wird, heißt das im übertragenen Sinn ein Ablegen dessen, was auf unserer Seele lastet, oder das Erkennen von »Falschspielern«, die intrigieren und uns hintergehen wollen.
(Siehe auch »Tornister« und »Last«.)

Rudern Vergleichbar mit einer schweren Arbeit, die Schweiß kostet, aber am Ende trotz mannigfaltigem Auf und Ab guten Lohn bringt. Kommen wir beim Rudern nicht oder nur wenig von der Stelle, wursteln wir uns auf gut Glück durchs Leben und sind momentan nicht sehr arbeitslustig.
(Siehe auch »Boot« und »Kahn«.)

Ruine Die Ruine eines Hauses weist auf unseren Körper hin, der vielleicht Aufbaustoffe braucht, damit er nicht zu sehr geschwächt oder von Krankheiten geschüttelt wird. Mit der Burg- oder Schlossruine mahnt uns das Traumbild an das Vergängliche, dessen Teil wir sind.
(Siehe auch »Haus«.)

Rumpelkammer Befindet sich meist auf dem Dachboden, dem »Kopf« des Hauses, soll uns also zu mehr geistiger Beweglichkeit anregen, da sonst wirres Gedankengut Platz greift.
(Siehe auch »Dach« und »Haus«.)

Runzeln Die Falten im Gesicht deuten auf Erfahrungen hin, die wir im Leben machen mussten. Wenn wir sie im Traumbild sehen oder selbst tragen, suchen uns momentan möglicherweise trübe Gedanken heim, die wir jedoch schnell wieder abschütteln sollten, damit wir unter Umständen nicht an uns selbst verzweifeln.

Russ Ein rußiger Ofen oder Kamin (siehe dort) lässt auf Probleme im Intimleben schließen. Ruß, der sich im Traumbild niederschlägt, umschreibt Schattenstellen auf unserer Seele, die meist jedoch ohne fremde Hilfe beseitigt werden können.

Rüssel Der Elefantenrüssel wird von manchen Psychoanalytikern als riesengroßer Penis und demnach als Ausdruck großer Potenz gewertet. Wir schließen uns aber eher der Meinung jener Psychologen an, die das Umschlungenwerden von einem Rüssel als Schutz interpretieren.
(Siehe auch »Elefant«.)

Rute Will man sie selbst binden, schafft es aber nicht, hat man im Wachleben verworrene Vorstellungen oder kommt mit einer bestimmten Arbeit nicht voran. Wer mit Ruten geschlagen wird, ordnet sich unter, auch wenn es schwer fällt. Wer andere im Traum damit schlägt, beweist ein geringes Anpassungsvermögen oder die Kleinlichkeit, mit der sie oder er manches betrachtet. Die Wünschelrute beweist, dass wir das Glück suchen.

Rutschbahn Sie stellt das ewige Auf und Ab im Traum dar, mit dem die meisten Menschen im Laufe des Lebens konfrontiert werden; allerdings kann damit auch eine augenblickliche Lebenslage gemeint sein. Hier und da ist diese Bahn auch eine ebene Eisbahn, auf der man immer und immer wieder seine Rutschversuche macht. Dann liegt es an der Standfestigkeit (dem Charakter!) des Träumers, ob er sich im Wachleben einen Ausrutscher leistet.

Rutschen Der Rutschvorgang weist auf ein Abgleiten nach unten hin. Möglicherweise kann man sich in solch einem Fall in einer bestimmten Position nicht mehr lange halten oder hat zu wenig Charakterfestigkeit.

Saal bis Süssigkeit

Saal In diesem großen Raum fühlt man sich inmitten von vielen Menschen versteckt, was für das Wachleben beweisen könnte, dass man sich nur als Mitläufer fühlt, der sich der Masse anpasst. Steht man im Traum allein in einem Saal und kommt sich verloren vor, sollte man möglichst schnell im Wachleben Kontakte suchen, sonst wird man eines Tages keinen Freund mehr an seiner Seite wissen und damit sehr allein sein. Der Traum will uns vor Kontaktarmut warnen.
(*Siehe auch »Zimmer«.*)

Saat Die im Traum aufgehende Saat bedeutet den Neubeginn, den wir versuchen und bei dem wir vorsichtig taktieren müssen, um die zarten Pflänzchen nicht zu zerstören, die die Kontakte in dieser neuen Welt darstellen. Wer über die aufgegangene Saat achtlos hinwegschreitet, wird im Alltagsleben womöglich ebenso unachtsam sein und manche Chance zunichte machen, die sich ihm bietet.
(*Siehe auch »Bauer«, »Ernte«, »Getreide« und »Säen«.*)

Säbel Ähnlich wie Degen (*siehe dort*), als schlagstärkere Waffe, aber schärfer in der Auslegung.

Sack Wer im Traum einen vollen Sack auf der Schulter schleppt, trägt im Wachleben schwer an großer Verantwortung. Ein leerer Sack deutet Armut und Entbehrung an, aber mitunter auch schwindende Potenz.

Säen Der Sämann im Traum sorgt für das Wachsen und Gedeihen neuer Pläne, die nur mit harter Arbeit verwirklicht werden können. Das Säen kann auch sexuell gedeutet werden, weil man in die Furche den Samen einbringt.
(*Siehe auch »Ernte«, »Saat« und »Samen«.*)

Säge Das Sägen im Traum weist auf etwas tief Einschneidendes im Wachleben hin. Wer sägt, will sich vielleicht aus einer schlechten Lage befreien. Sieht er einen anderen sägen, steht wohl eine Trennung durch eigenes schuldhaftes Verhalten bevor, die aber verkraftet werden kann. Ist die Traumsäge nicht scharf genug, wird man einen Kummer kaum los, jedenfalls momentan noch nicht so leicht. Das Sägen deutet manchmal auch darauf hin, dass man sich im Wachleben eines bestimmten Menschen entledigen will.
(Siehe auch unter den Bezeichnungen anderer Werkzeuge.)

Sägespäne Sie erinnern im übertragenen Sinn an die kleinen Dinge, die man stets vergisst, achtlos liegen lässt oder einfach übersieht. Das Unbewusste möchte uns mit diesem Traumbild darauf aufmerksam machen, dass auch Kleinigkeiten ihren Wert haben.

Sahne Siehe »Milch«.

Saiten Wer die Saiten eines Saiteninstruments im Traum stimmt, wird eine geringfügige Verstimmung im Wachleben schnell vergessen.

Saiteninstrumente Während Blasinstrumente (siehe dort) eindeutig männlich definiert werden, umschreiben Saiteninstrumente das Weiblich-Gefühlvolle, wobei der über die Saiten streichende Bogen wiederum als männliches Organ verstanden wird.
(Siehe auch »Musik« und unter den Bezeichnungen einzelner Streichinstrumente.)

Salat Obwohl die Gemüseart bei uns einen männlichen Artikel hat, wird sie als Traumsymbol weiblich definiert. Man sagt, Männer, die im Traum Salat essen würden, seien im Wachleben davon überzeugt, dass sie jede Frau als Gespielin bekommen könnten. Welker Salat (»Da haben wir den Salat!«) kann auf zu Ende gehende Freundschaften schließen lassen. Hier und da umschreiben aber auch Salatpflanzen, die wir im Traum sehen, unsere Freude am einfachen Leben. Wer den Salat in Reih und Glied anpflanzt, möchte vielleicht etwas mehr Ordnung in sein Intimleben bringen.
(Siehe auch »Gemüse«.)

Salbe Sie heilt auch im Traum. Wer sie benutzt, wird wohl bald vergessen können, was ihm im Wachleben momentan noch zusetzt. Dick aufgestrichene Salbe könnte dagegen das vergebliche Bemühen um jemanden im Wachleben umschreiben, der es einfach nicht wert ist, dass man sich weiterhin mit ihm beschäftigt.
(Siehe auch »Balsam«.)

Salz Auch im Traumbild ein lebenswichtiger Stoff. Verschütten wir es, leiden wir vielleicht an einer Mangelerscheinung, die uns das Unbewusste damit anzeigen will. Um Gesundheitsstörungen vorzubeugen, sollte diese Warnung ernst genommen werden. Wer eine versalzene Suppe (*siehe dort*) auslöffeln muss, kann im Wachleben damit rechnen, dass er für etwas büßen muss, an dem er eigentlich gar nicht schuld ist.

Samen Oft psychische Energie, die auf fruchtbaren Boden fällt. Wer ihn im Traum sät, legt wohl im Wachleben den Grundstock für eine erfolgreiche Tätigkeit. Wer Samen kauft, ihn aber nicht sät, dem werden im persönlichen Bereich Hemmungen zu schaffen machen.
(*Siehe auch* »Saat« *und* »Säen«.)

Samt Streicht man im Traum über Samt, möchte man im Wachleben etwas Weiches, Liebes streicheln oder sehnt sich auch nur nach einfühlsamen Worten, die ein bisschen Zuneigung vermitteln. Wer dagegen in Samt und Seide geht, sollte seine Nase nicht zu hoch tragen und sich nicht über andere erhaben fühlen; denn jeder Stoff verschleißt auch allmählich.

Sanatorium Im Sanatorium macht man eine Kur, um endlich wieder zu vollen Kräften zu kommen. Mit diesem Traumbild signalisiert das Unbewusste unsere Hilfsbedürftigkeit im Wachleben.
(*Siehe auch* »Krankenhaus«.)

Sand Oft die Körnchen, die wir anderen in die Augen streuen möchten. Wer im Traum einen Sandsturm sieht oder in ihn hineingerät, wird vielleicht durch den Unverstand seiner Mitmenschen einen herben Verlust erleiden. Gräbt man sich in Sand ein oder liegt man in einer Sandkuhle, untergräbt man seine eigene Existenz.
(*Siehe auch* »Sturm«.)

Sanduhr Sie weist auf die unwiederbringlich verrinnende Zeit in einer bestimmten Angelegenheit hin, die uns im Wachleben sehr zu schaffen macht. Wer träumend eine Sanduhr sieht, dem verrinnt meist die Zeit zu schnell, der möchte den Augenblick festhalten und nicht an das Morgen denken. Manchmal bedeutet der Traum auch die Trennung von etwas Liebem; Genaueres lässt sich anhand weiterer Symbole deuten.

Sarg Mit dem Tod hat der Traumsarg nicht allzu viel zu tun. Wenn er verschlossen ist, steht der Abschied von einem Menschen oder von einer beruflichen Stellung bevor. Schwimmt er wie ein Boot auf dem Wasser, wird etwas hinweggeschwemmt, das uns ängstigte. Der Sarg schließt im Traumbild also irgendetwas ab, umschreibt ein Abschiednehmen von Vergangenem. Er beseitigt aber auch Vorurteile. Wer eine Leiche (*siehe dort*) im Sarg sieht, möchte vielleicht in einer Freundschaft oder vielleicht sogar in der Liebe einen Trennungsstrich ziehen; das kann auch auf eine Ehescheidung hinweisen. Liegen wir selbst in einem Sarg, sollten wir die Vergangenheit vergessen und nur auf die Zukunft bauen.
(*Siehe auch* »Begräbnis« *und* »Grab«.)

Sattel Er lässt uns bequemer reiten (*siehe dort*), was auch sexuell gesehen werden kann: Wer sein Pferd (*siehe dort*) sattelt, freut sich auf ein sinnliches Erlebnis, das gleichzeitig Rasanz verspricht. Das Satteln lässt jedoch ebenso ideellen Gewinn erhoffen. Sattelt ein anderer oder sehen wir nur den Sattel, können wir erwarten, dass unsere (manchmal schwere) Lebenslast von jemand anderem mitgetragen wird.

Säugling Siehe »Baby«.

Saurier Siehe »Drache«.

Schach Sich als Schachspieler in einer günstigen Position zu sehen, bedeutet, dass man zwar mit wachem Verstand arbeitet, aber seine Überlegenheit im Allgemeinen viel zu wenig ausnützt. Spielt man schlecht, wird man sich wohl einen Partner suchen müssen, der mehr Glück hat, um von ihm im Wachleben zu profitieren. Werden die Schachfiguren aus lauter Ärger auf den Boden geworfen, sollte man guten Freunden gegenüber zurückhaltender sein, um sie nicht zu vergraulen.

Schaf Sinnbild der Geduld und Duldsamkeit, die man sich im Wachleben zu Eigen machen sollte, um Erfolg zu haben. Selbst schwarze Schafe sind nach Artemidoros von guter Vorbedeutung. Übrigens: Die sprichwörtlich dummen Schafe kennt der Traum nicht.
(*Siehe auch* »Hund«, »Schäfer« *und* »Widder«.)

Schäfer Er gibt aus dem Unbewussten heraus die Anregung, sich anzupassen und nicht gegen Gesetzmäßiges zu verstoßen, so wie die Schafe gewissermaßen von den Hunden daran erinnert werden, bei der Herde zu bleiben.
(*Siehe auch* »Hirte«.)

Schaffner Der Traumschaffner übt eine Kontrollfunktion auf unserer Lebensreise aus und achtet darauf, dass wir in die richtige Richtung fahren. Oft ist er auch der Freund, der uns in einer schwierigen Situation hilfreich zur Seite steht.
(*Siehe auch* »Eisenbahn« *und* »Reise«.)

Schafott Eine schicksalsträchtige Zeit, in der man sich nicht immer richtig benommen hat, liegt hinter uns. Wer ein Schafott im Traum aufgebaut sieht, kann mit der Möglichkeit rechnen, dass ihn so genannte gute Freunde von einer für ihn günstigen Veränderung in seinem Leben abhalten wollen. Wer es besteigt, lässt Vergangenes zurück und gewinnt neue Einsichten, die sich im Leben auszahlen werden.
(*Siehe auch* »Henker« *und* »Hinrichtung«.)

Schale Symbol des Schoßes, übersetzt auch die Opferschale; man opfert sich im Wachleben vielleicht für jemanden auf oder gibt sich (vor allem als Frau) jemandem ganz hin. Zerbricht eine Schale im Traum, dann könnte auch die Liebe zerbrechen.
(*Siehe auch* »Gefäß« *und* »Porzellan«.)

Scharfrichter Er beendet mit einem Streich oder einem Knopfdruck eine Zeit der Bedrückung. Wer also einen Scharfrichter im Traum sieht, kann sich eine glückliche Zukunft ausrechnen, in der er wohl sorgenfrei leben kann, weil er nicht mehr auf Vergangenes Rücksicht zu nehmen braucht.
(Siehe auch »Henker«.)

Scharte Die durch Schnitt oder Bruch hervorgebrachte Vertiefung oder Öffnung ist ein Hindernis auf dem eigenen Lebensweg – eine Scharte, die wir erst noch auswetzen müssen.
(Siehe auch »Schießscharte«.)

Schatten Das Ungewisse, das uns Furcht einjagt. Sehen wir im Traum einen Schatten (und sei es nur unser eigener), fehlt uns im Wachleben der Mut und wir fürchten uns vor allem und jedem – eine Angst, die schon an Verfolgungswahn grenzt. Sitzen wir aber im Schatten, während die Sonne scheint, wird sich bald eine bestimmte Angelegenheit zu vollster Zufriedenheit klären lassen.
(Siehe auch »Sonne«.)

Schattenriss Er ist als solcher wie unter Schatten zu deuten. Wer ihn aber ins Positive verkehrt sieht, kann damit rechnen, dass sich eine anstehende, recht ominöse Angelegenheit erhellt und zu unserer Genugtuung günstig zu Ende gebracht werden kann.

Schatz Die Schatzsuche im Traum eröffnet ungeahnte Möglichkeiten. Findet man den Schatz trotz intensiver Suche nicht, jagt man im Wachleben vielleicht irgendeinem Phantom hinterher, wird aber keinen allzu großen Schaden erleiden. Gräbt man den Schatz aus, wird man möglicherweise um eine Hoffnung ärmer, vielleicht spitzt sich unsere (finanzielle?) Lage zu, sodass wir uns an einen Strohhalm klammern. Vergräbt man einen Schatz, will man wohl einen Mitmenschen, der einem bisher freundlich gesonnen war, verprellen, wovor das Unbewusste mit dem Bild vom Schatzgräber warnt. Vergräbt ein anderer den Traumschatz, will uns vielleicht jemand im Wachleben einen üblen Streich spielen.

Schaufel Wer mit einer Schaufel nach Verborgenem gräbt, duckt sich im Wachleben nicht nur bei der Arbeit, sondern auch vor höheren Instanzen, um deren Wohlwollen zu erhalten. Wer die Schaufel trägt, aber nicht mit ihr arbeitet, will wohl aller Welt beweisen, wie tüchtig er ist.

Schaukel Wer im Traum auf einer Schaukel sitzt, dessen Gefühle schwanken hin und her. Vielleicht kann er sich zwischen zwei Menschen nicht so recht entscheiden, unter Umständen sitzt er aber auch momentan im Berufsleben zwischen zwei Stühlen. Wer andere auf der Traumschaukel sieht, ist möglicherweise von unsicheren Kantonisten umgeben, die in ihrer Meinung sehr schwanken. In Frauenträumen

Schaukel soll die Schaukel auch auf erotisches Verlangen schließen lassen, da es ja immer auf- und abgeht; wir halten eine solche Deutung nicht unbedingt für stichhaltig, glauben aber, dass das Schaukeln im Traum auch eine Gefahr signalisieren oder auf unbedachtes Handeln schließen lassen kann – vor allem, wenn die Schaukel an einem dürren Ast (*siehe dort*) oder in zu luftiger Höhe hängt.

Schaum Im Traum weist er auf den Schaumschläger hin, der im Wachleben seine Mitmenschen nur blenden will.

Schauspieler Oft einer, der im Wachleben Theater macht. Wahrscheinlich sollte man sich auch vor Leuten hüten, die nur das nachreden, was ihnen andere einsagen. Wer sich selbst als Schauspieler sieht, will sich wohl in den Vordergrund spielen; ob das gelingt, werden weitere Symbole des Traumes erläutern können.
(*Siehe auch* »Oper« *und* »Theater«.)

Scheck Im Traum kaum jemals ein Zahlungsmittel, sondern eher ein Versprechen oder eine Verpflichtung, die eingelöst werden muss. Wer also einen Scheck ausschreibt, löst im Wachleben ein Versprechen ein. Werden zu viele Schecks auf einmal im Traum sichtbar, lädt man sich im Alltag vielleicht zu viel auf und kann kaum halten, was man versprochen hat. Wichtig sind natürlich die Zahlen auf den Schecks, manchmal auch der Name, den man darauf liest.
(*Siehe auch unter den einzelnen Zahlen.*)

Scheidung Im Traum steht sie weniger für den Schlussstrich unter eine Ehe, sondern eher für die Tatsache, dass man nicht allzu viel Glück mit Intimpartnern hat. Oft umschreibt das Bild auch, dass man freundlicher zu seinem Partner sein sollte, um weiter in Eintracht mit ihm leben zu können.
(*Siehe auch* »Ehe« *und* »Ehebruch«.)

Scheintot Sieht man sich im Traum scheintot, will man sich im Wachleben dünn machen oder sich vor einer Verantwortung drücken. Wenn man andere scheintot sieht, sollte man sich im Wachleben nicht über Dinge aufregen, die so schlimm auch wieder nicht sind.
(*Siehe auch* »Tod«.)

Scheinwerfer Wenn er im Traum auf einen bestimmten Punkt oder Gegenstand gerichtet ist, sollte man sich diesen gut merken: Er macht wahrscheinlich auf ein besonders wichtiges Ereignis in unserem Leben aufmerksam. Ist der Scheinwerfer auf uns gerichtet und blendet er uns, dann hat uns jemand durchschaut und glaubt nun, mit uns spielen zu können.
(*Siehe auch* »Licht« *und andere Lichtquellen.*)

Scheiterhaufen Er wird auf unseren Schuldgefühlen aufgerichtet und lässt psy-

chische Unsicherheiten erkennen. Brennt der Scheiterhaufen, sollten wir uns im Wachleben zurückhalten und nur auf Sparflamme kochen, um nicht anzuecken. Sieht man sich selbst auf dem Scheiterhaufen, sollte man in sich gehen und sein bisheriges Leben überdenken, um daraus vernünftige Lehren für die Zukunft zu ziehen, vielleicht auch noch einmal von vorn beginnen und dabei alte Fehler vermeiden. Aufgeschichtete Scheiterhaufen sind ebenso Warnungen davor, sich fremden Menschen unbedacht anzuvertrauen.
(Siehe auch »Schafott«.)

SCHEMEL Die Hilfe im Haus, damit man es bequemer hat. Wer seine Füße auf einen Schemel stellt, ist gut versorgt; sitzt man aber auf einem Schemel, duckt man sich zu Hause.
(Siehe auch »Stuhl«.)

SCHENKEN Wer im Traum etwas geschenkt bekommt, kann im Alltagsleben mit Entgegenkommen rechnen; dabei sollte man für die weitere Deutung darauf achten, was geschenkt wurde.
(Siehe auch »Geschenk«.)

SCHERBEN Sie bringen im Traum nicht immer Glück.
(Siehe auch »Glas«, »Porzellan« und andere zerbrechliche Materialien und Gefäße.)

SCHERE Umschreibt die Angst, dass man etwas verkehrt machen könnte, ihr Schnitt ist ja endgültig! Auch auf Ärger und Streitigkeiten weisen Scheren hin. Wer eine geschenkt bekommt, will vielleicht das Band zerschneiden, das ihn bisher mit dem Schenkenden verbunden hat. Sieht man einen anderen schneiden, möchte der uns eventuell in Zukunft schneiden.
(Siehe auch »Schneiden«.)

SCHERENSCHLEIFER Übersetzt ist er der Mann, der in ein enges Verhältnis Zwietracht säen möchte. Wo er im Traum auftaucht, wird ein trübes Süppchen gekocht, steht möglicherweise ein Nebenbuhler vor der Tür oder gar schon mitten im Zimmer. Der Scherenschleifer macht die Schere oder das Messer (siehe dort) scharf, damit sie besser zerschneiden können, was im Wachleben auf Trennung von Altgewohntem oder von etwas, das einem lange Zeit lieb und wert war, hinweisen könnte.

SCHEUNE Das Haus (siehe dort), in dem für Vorrat gesorgt wird, steht für triebhafte, aber auch geistige Energie. Ist sie leer, sollten wir im Wachleben nicht allzu viel Fortschritt erwarten. Ist sie gefüllt, ist auch unsere Kasse nicht leer, sodass wir uns ein fröhliches Leben gönnen können, auch wenn die Lebensumstände bisher recht karg erschienen.

SCHIEDSRICHTER Der Mann mit der Pfeife, der alles sieht, was wir falsch machen. Man sollte ihm aber nicht allzu sehr vertrauen, da er auch nur ein Mensch mit Fehlern ist.

Schienen Siehe »Geleise«.

Schiessen Siehe »Schuss«, »Pistole« oder andere Waffen, mit denen man schießen kann.

Schiessscharte Bei dieser Öffnung kommt der Schuss von innen, was wohl eher darauf hinweisen könnte, dass man im Wachleben gezielt vorgehen möchte, ohne sich selbst dabei etwas zu vergeben (weil man sich ja hinter der Schießscharte sicher wähnt). Das Traumbild könnte auch sexuell gedeutet werden.

Schiff Übersetzt meist das Lebensschiff, die auf schaukelnden Wellen getragene Persönlichkeit, die sich immer wieder zu neuen Ufern aufmacht und dabei nie auslernt. Schon das chinesische Weisheitsbuch »I Ging« hebt den psychischen Wert einer Schiffsreise (im Traum) hervor, es sei »gut, das Wasser zu überqueren«. Aus dem Traumverlauf heraus kann jeder selbst deuten, ob die Lebensreise einen guten oder einen schlechten Aspekt enthält, wenn er weitere Symbole zur Erklärung heranzieht. Oftmals ist schon der Rauch (*siehe dort*) eines Dampfschiffes symbolträchtig, ebenso ob die Maschine (*siehe dort*) volle Fahrt voraus macht oder ob sie das Schiff nicht vorwärts bringt.
(*Siehe auch »Boot« und andere Wasserfahrzeuge, »Einschiffen«, »Hafen«, »Reise«, »Ufer«, »Wasser« und andere Begriffe, die mit der Seefahrt zu tun haben.*)

Schiffbruch Unsere Lebensreise wird jäh angehalten. Seelisches ist bedroht. Entgehen wir im Traum dem drohenden Untergang, wird eine vorübergehende Schlechtwetterlage in einem bestimmten Lebensbereich angezeigt. Gehen wir unter oder sehen wir andere untergehen, bekommen wir wohl einen seelischen Knacks, wobei nicht nur wir selbst leiden müssen. Können wir uns im Traum jedoch an Land retten, nimmt eine unübersichtliche Angelegenheit, in die wir verwickelt waren, eine glückliche Wende.

Schild Archetypisch ist der Schild, den unsere Urahnen bei ihren kriegerischen Unternehmungen zum eigenen Schutz mit sich trugen; übersetzt: Man kann im Wachleben gar nicht vorsichtig genug sein und sollte vorsorgen, damit einem nichts Arges widerfährt. Das Verkehrsschild lässt die Richtung erkennen, in die wir uns im Alltag bewegen sollten. Beispiel: Ein Stoppschild mahnt, nicht im alten Trott weiterzumachen, sondern erst zu überdenken, wohin wir steuern müssen, damit es uns gut geht. (*Siehe auch »Einbahnstraße« und »Straße«.*)

Schildkröte Sie symbolisiert den schützenden Panzer, den wir um unser oft angefeindetes Ich legen, die Einkehr, die wir in uns selbst halten. Als Traumsymbol mahnt sie zur Zurückhaltung.

Schildwache Mit der anachronistischen Schildwache erinnert uns das Unbewusste daran, mit wachen Augen durchs Leben zu gehen und Vorsicht walten zu lassen, weil viele Gefahren im Hinterhalt lauern.

Schilf Das Traumbild appelliert an unsere Entschlossenheit zum sofortigen Handeln; denn wer im Schilf steht, ist dem rettenden Ufer zwar nahe, steht aber auch im Morast oder Sumpf (*siehe dort*), der ihn zu verschlingen droht. Schneidet man im Traum Schilfrohr und bringt es an Land, ist die Situation günstiger, denn man ist dabei, sich mit beiden Händen aus dem Sumpf zu ziehen, sodass man bald wieder auf der Straße des Glücks weitergehen und manchen Erfolg für sich verbuchen kann. (*Siehe auch* »*Schlamm*«.)

Schirm Grundsätzlich wie Regenschirm zu deuten. Ein Sonnenschirm signalisiert Schutzbedürfnis vor Menschen, die sich in unserem Glanz sonnen möchten.

Schlachten Ein Begriff, der negatives Tun umschreibt. Wenn wir davon träumen, sollten wir überlegen, ob wir uns etwas vorgenommen haben, bei dem möglicherweise unser guter Ruf leiden könnte. Der Schlachter ist also der Mensch, der uns rechtzeitig vor solch rufschädigendem Verhalten warnt.

Schlafanzug Siehe »Pyjama«.

Schlafen Übersetzt oft die volkstümliche Redensart »Da haben wir aber mal wieder ganz schön geschlafen«; mit anderen Worten: Man sollte wach werden, um endlich seine Probleme zu lösen. Vielleicht stehen wir auch im Begriff, im Wachleben etwas Wichtiges zu verpassen, das uns unwiederbringlich verloren gehen könnte. Der Schlaf im Traum kann ebenso das eigene Gewissen umschreiben (»Ein gutes Gewissen ist ein sanftes Ruhekissen«). Das Unbewusste sieht im Traumschlaf manchmal eine Überbetonung des eigenen Anstands und mahnt, durchsetzungskräftiger zu werden. Sehen wir andere schlafen, können wir damit rechnen, dass sie auch nicht gerade wach durchs Leben gehen, sodass wir sie (im Beruf?) überholen können. Schlafen wir mit einem Partner im Traum, kann das auf gute Freundschaft hinweisen.
(*Siehe auch* »*Bett*«.)

Schlafwagen Wer sich in einem fahrenden Schlafwagen sieht, möchte die eigene Bequemlichkeit nicht missen. Sie lässt ihn freilich manches im Leben verpassen, weil er wichtige Stationen verschläft. Nach einem solchen Traum sollten wir uns buchstäblich selbst wachrütteln und mit mehr Elan an die Dinge herangehen, damit wir nichts Wichtiges versäumen.
(*Siehe auch* »*Eisenbahn*«.)

Schlafzimmer Der Raum, in dem sich unser Intimleben abspielt und in dem unser Ich im Traum in ein anderes Ich schlüpfen kann. Betritt man ein fremdes Schlafzimmer, könnte man im Wachleben zu je-

SCHLAFZIMMER
mandem in Beziehung treten, der sich bisher zurückgehalten hat. Vielleicht geht es jedoch auch um einen Seitensprung. Oft deutet das geträumte Schlafzimmer auch Liebesleid an – vor allem, wenn man darin mit einer Person zusammen schläft, die man eigentlich nicht leiden kann. Ist das Schlafzimmer rot (*siehe dort*) ausgelegt, deutet das auf sexuelle Sehnsüchte hin, die bisher nicht erfüllt wurden. Steigt ein Fremder in unseren Schlafraum ein, werden wir im Lebensalltag vielleicht beleidigt oder in peinliche Verlegenheit gebracht. (*Siehe auch* »Bett«.)

SCHLAGBAUM Steht er an einer Grenze (*siehe dort*), lässt das auf ein gehemmtes Fortkommen schließen, ein Nicht-mehr-Weiterkommen in einer Beziehung. Öffnet sich der Schlagbaum zur Weiterfahrt, lässt das die vage Hoffnung zu, dass sich einiges in unserem bisherigen Leben zum Guten wenden könnte.

SCHLÄGE Bekommen wir im Traum Schläge, ist das häufig der Nachschlag, den wir im Wachleben erwarten dürfen, die Extrazuteilung an (geschäftlichem?) Erfolg. Teilen wir selbst Schläge aus, umschreibt das den unbedingten Willen zum Durchsetzen der eigenen Meinung und Persönlichkeit. (*Siehe auch* »Prügel«.)

SCHLAMM Wer im Traum durch den Schlamm watet, pflegt im Wachleben vielleicht nicht den besten Umgang; es könnte da Leute geben, die den Träumer gern zu sich in den »Sumpf« ihres ausschweifenden Lebens herabziehen möchten. (*Siehe auch* »Moor«, »Schilf« *und* »Sumpf«.)

SCHLANGE Weist als archetypisches Zeichen nach Jung auf etwas Bedeutsames im Unbewussten hin. Es kann sowohl gefährdend wie auch heilbringend sein. Als ein auf rätselhafte Weise Feindschaft hervorbringendes Wesen wird die Schlange zum Träger tiefster, energievoller Seelenkräfte, die sich allerdings nur zu oft im Widerstreit befinden, also in gute oder schlechte Richtung aus dem Unbewussten aufbrechen. Eine Schlange, die aus dem Dunkel auftaucht, bedeutet die Furcht, ein sorgsam gehütetes Geheimnis könnte uns entrissen werden. In Frauenträumen ist eine gelbe Schlange oft die Angst vor der Begegnung mit der männlichen Sexualität, die rote geht oft in die Gestalt des Phallus (*siehe dort*) über, die weiße deutet Seelentiefe an. Dunkle Schlangen können den Träumenden auf eine Umstellung seiner bisherigen Lebensführung hinweisen, grüne auf Energien im Körperhaushalt, die man noch einsetzen könnte. Das sprichwörtliche Bild von der Natter, die man an seinem Busen nährt, kann auch in der Traumdeutung angewendet werden: Wer mit Schlangen freundschaftlichen Kontakt pflegt, ist eventuell Verrat und Betrug ausgesetzt. Mit entsprechenden anderen Symbolen zusammen kann das Tier jedoch sehr positiv gedeutet werden, nämlich als etwas ausgesprochen Heilendes mit großer Kraft.

SCHLEIER Er deutet Geheimnisse, oft auch Jungfräulichkeit an. Wer sich im Traum mit einem Schleier verhüllt, will im Wachleben etwas verbergen, man will sich nicht so zeigen, wie man eigentlich ist. Tragen andere einen Schleier, sollen wir getäuscht werden. Ein zerrissener Brautschleier steht oft für Gefühle, die uns abhanden gekommen sind. Ein Trauerschleier dagegen ist nur Staffage; in diesem Fall brauchen wir niemanden zu beweinen, den wir lieben.
(Siehe auch »Braut« und »Jungfrau«.)

SCHLEIFEN Mit diesem Bild will das Unbewusste meist auf Umgangsformen im täglichen Leben aufmerksam machen. Schleifen wir also selbst etwas, ist irgendetwas in uns nicht geschliffen genug. Sieht man anderen beim Schleifen zu, wetzen gewisse Leute die Messer gegen uns, um uns zu schaden. Es kommt auch darauf an, was im Traum geschliffen wurde.
(Siehe »Messer« und »Schere«.)

SCHLEIFSTEIN Bei Artemidoros ein Zeichen, sich eines geschliffeneren Umgangs mit anderen Menschen zu befleißigen – eine Deutung, die auch heute noch gültig sein könnte.

SCHLEPPE Wer sich als Schleppenträger (bei einer Hochzeit?) sieht, möchte im Privatleben von jemandem ins Schlepptau genommen werden, will für sich selbst nicht die Verantwortung tragen. Die Schleppe kann natürlich auch auf das Schleppende in einer Beziehung hinweisen.

SCHLEUDER David tötete mit einer Schleuder den Riesen Goliath. Wer also von einer Schleuder träumt, möchte gegen einen Stärkeren mit den raffinierten Mitteln des Verstandes ankämpfen. Die Wäscheschleuder, die im Traum auftaucht, verursacht wahrscheinlich Wirbel im Alltagsleben.
(Siehe auch »Wäschewaschen«.)

SCHLINGE Sie ist etwas Umschlingendes. Macht oder sieht man im Traum eine Schlinge, baut man im Beruf und in anderen Lebensbereichen auf das, was man hat. Legt man jemandem eine Schlinge, ist das gewissermaßen der Fallstrick, über den Konkurrenten purzeln sollen.

SCHLITTEN Wer mit ihm gut vorwärts kommt, hat möglicherweise Erfolg auf glattem Parkett. Bleibt der Schlitten stehen, wird man sich im Wachleben eine Blöße geben, die auf ein Erkalten der Gefühle hinweist. Fährt ein anderer mit uns auf dem Schlitten, könnten wir mit ihm oder uns »Schlitten fahren«.
(Siehe auch »Eis« und »Rutschen«.)

SCHLITTSCHUHE Das Hilfsmittel, mit dem man sich auf dem Eis bewegt, deutet die

SCHLITTSCHUHE Überwindung eines Problems, das Weiterkommen in einer persönlichen Angelegenheit an.
(Siehe auch »Eis«.)

SCHLOSS Der Prunkbau umschreibt manchmal den Hochmut, der vor den Fall kommt. Wer ein Schloss auf einem hohen Berg liegen sieht, hat ein Ziel, das er nur nach vielen Mühsalen erreichen wird.
(Siehe auch »Türschloss«.)

SCHLOSSER Eine Tür wird aufgetan, die bisher verschlossen war; das kann auch ein Herz sein, das sich uns öffnet. Wer selbst im Traum als Schlosser auftritt, fühlt sich im Wachleben als (oft unerwünschter) Vermittler oder fällt mit der Tür ins Haus, ist also recht plump.
(Siehe auch »Tür« und »Türschloss«.)

SCHLUCHT Der Weg, der zwischen zwei Bergen hindurchführt, hat etwas Drohendes an sich. Übersetzen könnte man ihn mit einer seelischen Bedrängnis, aus der es nur den einen Ausweg gibt, der in unserem eigenen charakterlichen Verhalten beschlossen liegt.
(Siehe auch »Berg«, »Enge« und »Gebirge«.)

SCHLÜSSEL Oft umschreibt das Traumbild eine rätselhafte Angelegenheit oder ein Geheimnis, zu dem wir den Schlüssel suchen; wer ihn verliert, wird nie dahinter kommen. Geht uns im Traum ein Schlüssel verloren, gilt das auch als Hinweis, endlich mit der eigenen Geheimniskrämerei Schluss zu machen. In anderem Zusammenhang gilt der Schlüssel auch als Warnung vor einer geplanten Reise oder Umstellung, da im Augenblick alles gegen eine Änderung unseres bisherigen Lebensstils spricht.
(Siehe auch »Schlosser« und »Türschloss.)

SCHLÜSSELBLUME Sie kündigt den Frühling an, lässt sich also mit einem neuen Lebensgefühl umschreiben.

SCHLÜSSELBUND Hält man ihn im Traum in der Hand, ohne einen Schlüssel hervorzuziehen, so heißt das, man kann sich nur schwer entscheiden – der Schlüssel zum Glück ist noch nicht gefunden.

SCHMERZEN Deuten im Allgemeinen auf Überempfindlichkeit hin. Hat man sie in der Lenden- oder Zwerchfellgegend, stehen Probleme in der Liebe an, die aus der Welt geschafft werden sollten; möglicherweise gibt das Traumbild den Rat zur Amputation (siehe dort), das heißt zum Partnerwechsel. Schmerzen im Traum weisen meist nicht auf körperliche Beschwerden im Wachleben hin.
(Siehe auch »Arzt«, »Krankenhaus«.)

SCHMETTERLING Nach Aeppli Gleichnis einer seelischen Wandlung, die sich folgerichtig aus der Entwicklung eines Schmetterlings (Ei, Raupe, Puppe) ergibt. Moderne Psychologen lassen das Bild des Schmetterlings vielfach nur als Umschreibung der eigenen Seele, sein Flattern als ein Suchen der Seele nach einer Überzeugung gelten.

Schmied Der Mann mit dem Schmiedehammer deutet auf einen harten Schicksalsschlag hin, der unser Leben jedoch im positiven Sinn umkrempelt. Über seinem Feuer wird gewissermaßen unsere Persönlichkeit, unser Charakter geschmiedet.
(*Siehe auch* »Hammer«.)

Schminke Die im Traum aufgetragene Schminke ist wie Puder (*siehe dort*) ein Tarnmittel; vielleicht halten wir im Wachleben mit irgendetwas hinterm Berg, verstecken unsere Unsicherheit hinter scheinbarer Arroganz. Sehen wir im Traum stark geschminkte Menschen, sollten wir vielleicht bei der Wahl neuer Bekannter vorsichtig sein.

Schmuck Wer ihn im Traum anlegt, will sich im bewussten Leben schmücken, um andere von eigenen Fehlern abzulenken. Verschenken wir Schmuck, wollen wir ein herzliches Verhältnis in unserer Umwelt erzwingen, weil wir eventuell von uns und unseren Fähigkeiten nicht allzu sehr überzeugt sind.
(*Siehe auch* »Perlen«.)

Schmuggler Der Mann, der nicht verzollte Ware an den »Kunden« bringt, warnt uns davor, dass wir lieber den geraden Weg gehen sollten, als uns auf verschlungenen Pfaden zu holen, was wir eines Tages billiger bekommen könnten.
(*Siehe auch* »Zoll«.)

Schmutz Siehe »Dreck«.

Schnalle Wenn man an einem Schuh oder Kleidungsstück eine Schnalle schließt, will man etwas in Ordnung bringen, was einen ärgert, Kleinigkeiten nur, die aber die eigene Persönlichkeit abwerten. Öffnet man die Schnalle, steht eine Veränderung ins Haus, die negative Folgen haben könnte.

Schnecke Die sprichwörtliche Langsamkeit der Schnecke übersetzt sich auch aus dem Traumbild. Wer sie sieht, möchte in einer bestimmten Angelegenheit kürzer treten, wird aber möglicherweise von den Ereignissen überrollt. Zertreten wir eine Traumschnecke, dann ist vielleicht unsere Geduld im Wachleben zu Ende. Holen wir das Tierchen aus seinem Haus, möchten wir uns von irgendeinem Mitmenschen trennen. Übrigens kann das Schneckenhaus wie die Muschel (*siehe dort*) spröde Jungfräulichkeit umschreiben.

Schnee Das Leichentuch der Natur übersetzt Gefühlskälte, Angst vor Impotenz und Einsamkeit. Nur wenige Träume vom Schnee haben Positives zu berichten (*siehe* »Schneeballschlacht«). Versinken wir zum Bei-

SCHNEE spiel im Schnee, ist das Gefühl für jemanden erkaltet, den wir zu lieben glaubten.
(Siehe auch »Eis«, »Gletscher« und »Lawine«.)

SCHNEEBALLSCHLACHT Gilt als Hinweis des Unbewussten, wir sollten uns einmal aus unserer Einsamkeit herausreißen und unter fröhliche Leute gehen, um uns zu entspannen. Sie kann aber auch auf eine gewisse Rivalität im eigenen Umkreis hindeuten.

SCHNEEMANN Wir selbst sind der Schneemann, den wir im Traum bauen, übersetzt: Wir sollten mit etwas mehr Wärme und Herzlichkeit unserer Partnerin oder unserem Partner gegenübertreten. Steht der Schneemann schon fix und fertig im Traumbild, machen wir die umgekehrte Erfahrung, dass uns nämlich der Partner zurzeit die kalte Schulter zeigt.

SCHNEIDEN Steht immer für ein Wagnis – egal, was geschnitten wird. Es kann zu unseren Gunsten verlaufen, meistens stellen wir aber fest, dass wir uns »in den Finger geschnitten« haben, wenn wir glaubten, auf abenteuerliche Weise oder mit Brachialgewalt durchsetzen zu können, was sich mit »Köpfchen« viel leichter hätte erreichen lassen.
(Siehe auch »Messer«, »Nagel« und »Schere«.)

SCHNEIDER Er soll für uns etwas tun, das wir uns selbst nicht zutrauen. Im Traum zeigt dieser Handwerker unseren mangelnden Mut auf, die fehlende Entschlusskraft im Wachleben, selbst schöpferisch tätig zu sein. Sind wir selbst im Traum der Schneider, müssen wir in einer bestimmten Angelegenheit mehr wagen.
(Siehe »Kleid«.)

SCHNEPFE Steht sie in unserem Traumbild, erinnert das Unbewusste an unsere etwas leichtsinnige Ader, was wohl daraus resultiert, dass eine Straßendirne in manchen Sprachgebieten »Schnepfe« genannt wird.
(Siehe auch »Vogel«.)

SCHNUPFEN Umschreibt die »Erkältung« des eigenen Charakters, der nicht besonders kontaktfreudig zu sein scheint. Wer im Traum zum Schnupftuch greift, dem bleiben die Leute im Alltag drei Schritte von Leibe.

SCHORNSTEIN Symbolisiert das Gefühl, dass man mal Dampf ablassen, sich von Bedrückendem frei machen sollte.
(Siehe auch »Esse« und »Kamin«.)

SCHORNSTEINFEGER Siehe »Kaminkehrer«.

SCHRANK In ihm will man verschließen, was einem lieb geworden ist – vielleicht jemanden, den man in sein Herz geschlossen hat, oder eine lieb gewordene Angewohnheit, die man ängstlich hüten will. Ist im

Schrank alles in Unordnung, wissen wir unsere Gefühle nicht einzuordnen. Ist darin dagegen alles wohl geordnet, läuft im Wachleben unser Herz über vor Liebe und Kontaktfreudigkeit.
(Siehe auch »Schlüssel«.)

SCHRANKE Die geschlossene Schranke deutet an, dass wir auf unserer Lebensreise augenblicklich nicht vorwärts kommen. Öffnet sich die Schranke, schauen wir möglicherweise anderen hinterher, die mehr erreichten als wir.
(Siehe auch »Barriere«, »Eisenbahn«, »Grenze« und »Schlagbaum«.)

SCHRAUBE Wer den Haltestift im Traum eindreht, will wohl eine Verbindung etwas fester gestalten. Findet die Schraube keinen Halt, ist ein Liebesverhältnis, manchmal auch eine berufliche Bindung, nicht sehr sicher. Eine rostige Schraube zeigt an, dass sich ein Verhältnis im Laufe der Zeit verschlissen hat.

SCHRAUBSTOCK Wer daran arbeitet, sollte im Wachleben an dem festhalten, was er zurzeit bekommen kann. Sehen wir andere sich am Schraubstock betätigen, geraten wir wohl in eine Klemme, aus der wir uns nur durch raschen Meinungswechsel befreien können.

SCHREIBEN Deutet darauf hin, dass mündliche Verabredungen nicht unbedingt immer bindend sind, sondern von uns oder anderen leicht umgestoßen werden könnten.

SCHUBLADE In ihr wollen wir wie im Schrank (siehe dort) etwas vor anderen verwahren, was uns aber als verschlossenen Menschen kennzeichnen könnte. Steht die Schublade offen, sind wir vielleicht zu vertrauensselig. Ist sie verschlossen, sollten wir nachforschen, ob wir uns nicht zu sehr den Ratschlägen anderer verschließen.

SCHUH Nach Auffassung von Freudianern ist mit dem Hineinschlüpfen in den Schuh der sexuelle Akt gemeint, der Wunsch, mit einem Menschen intim zu werden. Tatsächlich weisen viele Träume von Schuhen auf ein kommendes Liebeserlebnis hin. Meistens aber umschreiben Schuhe den geistigen oder seelischen Standort des Träumers im Wachleben. Wenn ihn der Schuh drückt, liegt also etwas Bedrückendes auf seiner Seele. Er sollte versuchen, sich besser anzupassen; denn was er ersehnt, scheint für ihn eine Nummer zu groß (oder zu klein) zu sein. Sitzen die Schuhe bequem, kann er mit sich und seinem Tun zufrieden sein, und es kann alles fast von ganz allein laufen. Reparaturbedürftige Schuhe weisen auf eine Charakterschwäche hin, die leicht abgelegt werden kann.
(Siehe auch »Pantoffeln«, »Schuster« und »Stiefel«.)

SCHULE Erinnerung des Unbewussten, dass man niemals auslernt. Der Traum

SCHULE weist auf die Schule des Lebens hin, auf das Arbeitspensum, das uns zugewiesen wird, auf Prüfungen, die in seelischer Beziehung anstehen. Ein- oder Vorsagen ist in dieser Schule nicht möglich. Hier ist unser Ich zur Leistung aufgerufen.
(Siehe auch »Lehrer«, »Prüfung« und »Reifeprüfung«.)

SCHÜLER Wer sich im Traum als Schüler sieht, obwohl er längst aus dem Schulalter heraus ist, für den beginnt vielleicht ein neuer Lernprozess, ein Lebensabschnitt, in dem er genau aufpassen muss, was für ihn in naher Zukunft wichtig sein wird.
(Siehe auch »Schule«.)

SCHULESCHWÄNZEN Signalisiert eine seelische Konfliktsituation, man sträubt sich gegen notwendige Veränderungen im Alltagsleben, übersieht unbewusst eine prekäre Lage, in die man durch eigene Schuld oder durch Nichtstun hineinrasseln kann. Noch Greise träumen vom Schuleschwänzen, was man wohl als seelische Angst vor der Zukunft deuten kann.

SCHUPPEN Der Schuppen im Traum ist ein schlecht gebautes Haus (siehe dort), weist also auf eine schlechte innere oder äußere Verfassung hin – mit anderen Worten: Wir kommen uns jämmerlich vor. Schuppen von Fischen dagegen sollen neben ideellem auch materiellen Gewinn bringen. Kopfschuppen, die von uns abfallen, öffnen uns im Wachleben die Augen; da fällt es uns wie Schuppen von den Augen, dass wir in der Vergangenheit manchmal gegenüber Menschen verschlossen reagierten, die uns wohlgesinnt waren.
(Siehe auch »Auge« und »Fisch«.)

SCHÜRZE Tragen wir sie im Traum, bedeutet das für unser Wachleben mühselige Arbeit, die wir aber unbedingt erledigen müssen. Sehen Männer im Traum eine Frau, die eine Schürze trägt, kann sie das als Schürzenjäger entlarven, vielleicht hängen sie aber auch zu sehr am Schürzenbändel.

SCHUSS Versinnbildlicht anstehende Entscheidungen, die rasch getroffen werden müssen. Manchmal kann dabei der Schuss nach hinten losgehen, was unsere mangelnde Energie aufzeigt, Ordnung in eine bestimmte Angelegenheit zu bringen. Hören wir einzelne Schüsse, kündigt sich eventuell ein umwälzendes Ereignis an; ist eine Schießerei im Gange, werden wir in eine verzwickte Lage kommen.
(Siehe auch »Pistole«, »Revolver« und andere Schusswaffen.)

SCHÜSSEL Siehe »Schale«.

SCHUSTER Er erneuert abgelaufene Sohlen, ein Unbekannter, der in Träumen von Kranken und Genesenden auftritt und mahnt, man müsse auch selbst etwas tun, damit es wieder besser geht. Manchmal deutet der Schuster im Traum auch auf eine

Charakterschwäche hin, die durchaus zu flicken wäre. Sind wir selbst der Schuster, bemühen wir uns vielleicht im Wachleben, unseren Mitmenschen gegenüber freundlich zu sein und ihnen zu helfen, dass sie weiterkommen.
(Siehe auch »Schuh«.)

SCHUTT Gleichbedeutend mit dem Schutt, den wir von unserer Seele abbauen sollten. Wer im Schutt eines Hauses (*siehe dort*) etwas sucht, hat eine schwere Zeit hinter sich und versucht nun, aus Trümmern Neues erstehen zu lassen.

SCHWAGER/SCHWÄGERIN Auch wenn er der Mann der eigenen Schwester oder sie die Frau des eigenen Bruders ist, handelt es sich fast nie um den Anverwandten, den er oder sie in Wirklichkeit darstellt. Im Unbewussten spielt hier die Rivalität mit, dass er/sie uns die Schwester respektive den Bruder genommen hat. Übersetzen können wir diesen Traum mit Ärger in der Familie, der durch eigenes Zutun entsteht.

SCHWALBEN Wer Schwalben ein Nest bauen sieht, will sich verändern, um im neuen Lebensbereich glücklicher zu werden. Einem Ledigen verspricht das wohl, dass er einen Partner gefunden hat oder finden wird, mit dem er einen eigenen Hausstand gründen kann. Hier ist an die uralte Weisheit erinnert, dass ein nistendes Schwalbenpaar Glück ins Haus bringt.
(Siehe auch »Nest« und »Vogel«.)

SCHWAMM Er lässt erahnen, dass wir im Wachleben irgendwie ausgepresst werden sollen; das kann durch Worte geschehen, manchmal deutet es auch auf Finanzielles hin, auf den Verlust des letzten Pfennigs.

SCHWAN Lohengrins Schwan taucht auch im Traum auf. Er steht für die Heimlichkeit, mit der man sich einem möglichen Liebespartner nähert, der einen aber nie (nach dem Hochzeitstermin?) fragen darf. Geht der Schwan in Angriffsstellung über, schwant uns vielleicht im Wachleben in einer gewissen Sache nichts Gutes.

SCHWANGERSCHAFT Weist im Allgemeinen auf eine seelische Wiedergeburt hin, die uns im Alltag glücklich machen kann. Wer von Geburt und Schwangerschaft träumt, wird wie beim Todestraum ein neues Kapitel seines Lebens aufschlagen. Der Geburtstraum kann selbstverständlich auch das Ende einer Krisensituation andeuten, wobei sich der Träumer – häufiger wird es freilich eine Träumerin sein – eigentlich vor dem Kommenden fürchtet. Das Unbewusste suggeriert damit, dass das bisherige Leben abgehakt sei, dass man aus der Enge der Gedanken und Gefühle herauskommen und zu neuen Erkenntnissen gelangen solle, die das Leben lebenswerter machen könnten.
(Siehe auch »Geburt«.)

SCHWARZ Die Farbe der Trauer, der Finsternis. Sie ist allgemein negativ zu werten

SCHWARZ
und gilt als Mahnung, sein Leben umzustellen und die eigene Sichtweise zu erweitern.

SCHWEIN Fast immer ein Glück bringendes Zeichen; man kommt in eine günstige Lage, hat buchstäblich »Schwein«. Wühlt es im Dreck (*siehe dort*), kann das auch auf materielle Gewinne hinweisen. Das männliche Schwein (Eber, Keiler) hat dagegen meist eine ähnlich Bedeutung wie der Stier (*siehe dort*).

SCHWERT Eine symbolische Waffe, sie kennzeichnet die Abwehrbereitschaft der Seele gegenüber inneren Schwierigkeiten. Auch Sinnbild des Willens zu Macht, zum Herrschen; als Schwert der Justitia steht es ebenso für die Gerechtigkeit, die mit großer Schärfe urteilt. Manchmal auch wie Degen (*siehe dort*) zu deuten.

SCHWESTER Meist nicht die eigene Schwester, eher eine fürsorgliche Person, etwa die Krankenschwester (*siehe dort*), auch die religiöse Schwester, also Nonne oder Diakonissin. Oft tritt sie als fürsorgliche Freundin ins Traumbild. Wer im Traum mit ihr streitet, ist unzufrieden mit sich selbst und klagt, man möge sich mehr um ihn kümmern, ihm sein Los erleichtern.
(*Siehe auch* »*Geschwister*«.)

SCHWIEGERMUTTER Wer von einer bösen Schwiegermutter träumt, hat vielleicht Kummer in der eigenen Familie. Das Unbewusste suggeriert uns das Bild von der Schwiegermutter, hinter der wahrscheinlich die eigene Mutter (*siehe dort*) steckt, bei der man Rat sucht.

SCHWIMMEN In klarem Wasser: Erfolge auf dem Lebensweg durch Eigeninitiative oder auch das Schwimmen im Glück. In trübem Wasser: die Ziellosigkeit, mit der man durchs Leben geht. Das Schwimmen, das mit der Angst vor dem Untergehen einhergeht, umschreibt die Furcht, dass man im Wachleben bei der Arbeit »ins Schwimmen« geraten könnte.
(*Siehe auch* »*Wasser*«.)

SECHS Diese Zahl drückt das Gleichgewicht der Kräfte aus: die sechs Quadrate eines Würfels oder die zwei gleichseitigen, ineinander geschobenen Dreiecke des sechsstrahligen Davidsterns, bei dem das mit der Spitze nach unten zeigende Dreieck nach Meinung vieler Psychoanalytiker das weibliche Geschlechtsorgan symbolisiert und das andere Dreieck, mit der Spitze nach oben, das männliche Geschlechtsorgan. Die Zahl Sechs, die in der Multiplikation zwei (weiblich) mal drei (männlich) Ähnliches umschreibt, schildert auch den ständigen Kampf der gefühlsmäßigen Anlagen gegen die allzu realistischen Kräfte, die Gefühle ausschalten wollen, dabei aber den Versuchungen des Alltags nicht widerstehen können. Meist überwiegen jedoch Harmonie und Ausgeglichenheit.

See Wie das Meer (*siehe dort*) Teil des kollektiven Unbewussten in ständiger Hinwendung zum persönlichen Unbewussten, nur dass beim See das Ufer ein stilleres Gewässer umschließt, das nicht die Weite (des Meeres) kennt und auch nicht ständig stürmisch aufgewühlt wird. In der Traumübersetzung kann also der See das stille Wasser umreißen, das tief gründet. Wer von einem See träumt, hat möglicherweise eine ruhigere Zeit vor sich. Trotzdem vermag er sich nie ganz der Ruhe hinzugeben, denn plötzliche Stürme können auch den See aufpeitschen und den Träumer gewissermaßen im Regen stehen lassen.

Segelboot Es wird vom Wind (*siehe dort*), also gewissermaßen vom Geistigen vorangetrieben. Wo es im Traum auftaucht, sollte man das bewusste Geschehen auf geistige Inhalte prüfen. Sonst im Allgemeinen wie unter »Schiff«.

Seide Weist auf zarte Gefühle hin, die man anderen gegenüber hegt. Wer im Traum Seide trägt, kann sich auf einen fröhlichen Lebenswandel, auf verlässliche Partner und Freunde freuen. Aber auch Negatives kann die Traumseide ankündigen. Ein Sprichwort sagt »Manch Seidenkleid ist gefüttert mit Herzeleid«, für den Traum übersetzt: Das schöne Äußere kann nicht über jeden Kummer hinwegtäuschen. (*Siehe auch* »Samt«.)

Seife Mit ihr soll der Träumer nicht etwa an größere Reinlichkeit im Alltagsleben erinnert werden. Aus bewusster Erfahrung wissen wir, dass sie leicht aus den Händen gleiten kann, was – übersetzt – die Unmöglichkeit umschreibt, eine Angelegenheit ins Reine zu bringen. Werden wir im Traum von jemandem eingeseift, will uns im Wachleben wohl ein Mitmensch übervorteilen.

Seifenblase Sie lässt im Wachleben unsere Hoffnungen und Illusionen nur zu leicht zerplatzen. Bei diesem Traumbild sollten wir darauf achten, ob wir selbst oder andere die Seifenblasen herstellen, um daraus und aus anderen Symbolen mehr zu erfahren.

Seil Das Seil, das im Traumbild etwas umspannt oder bindet, ist für das Wachleben ähnlich zu werten: als alles umspannende Gedanken oder als Wunsch nach einer festen Bindung. Werden wir von anderen mit dem Seil festgebunden, kann das auf Hörigkeit in einer bestehenden Verbindung hindeuten. Und wer im Traum beim Tauziehen zuschaut oder mitmacht, möchte im Wachleben mit seinem Partner gern an einem Strang ziehen. Wenn man sich aber auf einem Seil tanzen sieht, sollte man lieber von einem Plan die Finger lassen, der einen nur in unlösbare Konflikte stürzen würde. (*Siehe auch* »Draht«.)

SELBSTMORD Mit diesem Bild will uns das Unbewusste nur mahnen, mit unseren Kräften keinen Raubbau zu treiben, vielmehr sollten wir unsere ungesunde Lebensweise ändern.
(Siehe auch »Tod«.)

SENSE Wer mit ihr im Traum hantiert, will etwas bereinigen, das schon lange ansteht. Wenn andere mit ihr arbeiten, besagt das, dass uns unsere Mitmenschen am liebsten einen Kopf kürzer machen möchten, weil wir ihn einfach zu hoch tragen.
(Siehe auch »Schneiden«.)

SESSEL Wenn man sich im Traum in einem bequemen Sessel sitzen sieht, gilt das als Hinweis darauf, sich im Alltag mehr Entspannung zu gönnen. Sieht man andere darin sitzen, kann man im Wachleben von seinen Mitmenschen kaum viel Hilfsbereitschaft erwarten.
(Siehe auch »Lehnstuhl« und »Stuhl«.)

SEZIEREN Wenn man selbst im Traum seziert oder wenn es ein Chirurg tut, sollte man einschneidende Veränderungen in seiner Ichwelt vornehmen und Angewohnheiten ablegen, die einem schaden.
(Siehe auch »Amputation« und »Arzt«.)

SICHEL Ähnlich wie das unter »Sense« Gesagte, wobei es sich bei einem Traum von der Sichel manchmal nur um Kleinigkeiten handelt, die man rasch bereinigen kann.

SICHERHEIT Der Wunsch nach Sicherheit kommt oft in Träumen von unsicheren Kantonisten vor, die – weil sie selbst nur zu unzuverlässig sind – nach ihr wie nach einem rettenden Strohhalm verlangen.

SIEB Der Traum vom Sieb kann bedeuten, dass uns etwas durch die Lappen gehen könnte, dessen wir uns schon sicher wähnten. Das Sieben signalisiert auch das Aussieben im Beruf, das gleichzeitig ein Durchfallen beinhalten kann. Das wird sich dann bestätigen, wenn man im Traum mit einem Sieb Wasser oder eine andere Flüssigkeit schöpfen will; zumindest weist diese Handlung auf unser vergebliches Bemühen in einer ganz bestimmten Angelegenheit hin. Versuchen andere Wasser mit einem Sieb zu schöpfen, kann damit unsere Schadenfreude im Wachleben gemeint sein, weil sich andere im alltäglichen Trott dümmer anstellen als wir selbst.

SIEBEN Nach uralter Geheimlehre hat die Zahl Sieben höchste magische Gewalt. Sie symbolisiert die Vollendung einer Arbeit (der siebte Tag der Schöpfung!), aber sie kann ebenso auf die wunderbare Wandlung des eigenen Ich hinweisen. Die Zahl gibt manchmal auch den Hinweis, man möge seine Siebensachen, seinen Besitz besser zusammenhalten. Hier und da macht das Unbewusste darauf aufmerksam, dass die Woche nur sieben Tage hat, übersetzt: Man sollte seine Zeit nützen und sich jede Woche wenigstens einen Ruhetag gönnen.

Siegel Wer auf einem Brief oder Schreiben ein Siegel sieht, wird im Wachleben möglicherweise vor vollendete Tatsachen gestellt und kann kaum etwas dagegen tun. Wer selbst etwas versiegelt, schließt eine Arbeit glücklich ab, hat unter Umständen auch einen erfolgreichen Lebensabschnitt hinter sich gebracht.
(Siehe auch »Urkunde«.)

Silber Die silberne Scheibe des Mondes steht als weibliches Symbol im Gegensatz zum Gold der männlichen Sonne. Das Silber, das – in welcher Form auch immer – im Traum auftaucht, weist auf positive weibliche Werte hin, wobei weitere Symbole Genaueres über diese Werte aussagen können.
(Siehe auch »Mond«.)

Singen Wenn man im Traum singt, kann das eigentlich nur positiv ausgelegt werden, jedenfalls sofern man musikalisch ist. Wer in einem Chor mitwirkt, findet einen Kreis fröhlicher Menschen, die miteinander harmonieren. Zur Deutung kann auch das herangezogen werden, was man singt.
(Siehe auch »Chor« und »Lied«.)

Sinken Das Sinken im Traum heißt für das Wachleben, dass man leicht den Mut verliert. Manchmal möchte man auch vor Scham in den Boden versinken. Das Unbewusste versucht mit dem Traum vom Sinken, diese Schwäche bewusst zu machen, damit man lernt, mit ihr umzugehen.

Sirenengeheul Siehe »Fliegeralarm«.

Skelett Symbol des Vergänglichen, vor dem man sich fürchtet. Das Knochengerüst taucht in Albträumen auf und erschreckt den Träumer; meist ist es ein Erschrecken vor sich selbst, vor den eigenen Fehlern und Launen. Das Skelett ist gewissermaßen das bloßgelegte Ich.
(Siehe auch »Knochen« und »Röntgenbild«.)

Ski fahren Kommt man mit den Brettln gut den Hang hinunter, geht im Wachleben alles glatt und man kann es sich bequem machen, weil man auch ohne übermäßig viel Arbeit sein Auskommen haben kann. Manchmal wird man beim Ski fahren feststellen, wie leicht es hinunter (übersetzt: ins Tal) geht, wie schwierig es aber ist, wieder hinaufzugelangen (übersetzt: in die obere Etage des Lebens zu kommen). Man beachte darum weitere Symbole in einem solchen Traum.
(Siehe auch »Schnee«.)

Sklave Das archetypische Bild des Sklaven taucht auch heute noch im Traum auf, wenn wir uns im Wachleben verraten und verkauft fühlen. Meist sind wir aber selbst an diesem Sklavendasein schuld, weil wir zu allem Ja und Amen sagen und niemals mit unserem Wissen glänzen.

Skorpion Das krebsähnliche Spinnentier fährt auch im Traum seinen Giftstachel gegen uns aus. Mit diesem Bild will uns wohl

Skorpion das Unbewusste vor einem heimlichen Gegner warnen, der uns Schaden zufügen könnte. Meist ist der Skorpion gar nicht zu sehen, man fürchtet aber trotzdem seinen Stachel.

Smaragd Bekommen wir im Traum Smaragdschmuck geschenkt, wird eine herzliche Beziehung geknüpft, die zu seelischer Übereinstimmung führen kann. Nach dem Diamanten (*siehe dort*) ist der Smaragd einer der härtesten Edelsteine. Er verspricht Erfolg bei geistiger Arbeit.
(*Siehe auch »Schmuck«.*)

Smoking Siehe »Abendkleidung«.

Sofa Ein Traumsofa deutet meist auf Erinnerungen hin, die sich auf die Gegenwart oder die Zukunft ummünzen lassen. Mit dem Sofa aus Großmutters guter Stube taucht vielleicht ein fast vergessener Jugendfreund auf, eventuell auch ein Gegenstand, den man lange gesucht hat und schon verloren zu haben glaubte.

Sohn Eltern können auf Probleme ihres eigenen Sohnes hingewiesen werden, wobei sie vielleicht sogar an eigenes schuldhaftes Verhalten gemahnt werden. Männer erinnert der Traum vom oft sogar unbekannten Sohn daran, dass mit dem persönlichen Innenleben irgendetwas nicht stimmen kann.
(*Siehe auch »Kind« und »Tochter«.*)

Soldat Selbst Kriegsdienstverweigerer werden mit diesem archetypischen Bild an Disziplin und Gehorsam gemahnt, falls sich der Soldat im Traum nicht als schießwütiger Tollkopf erweist, der – ins Wachleben umgesetzt – alles durcheinander bringt. Unruhe kommt im Alltag auf, wenn wir im Traum einen ganzen Trupp Soldaten sehen. Nach Meinung einiger Psychoanalytiker soll dieses Traumbild besonders bei allein stehenden Frauen vorkommen.
(*Siehe auch »Kampf« und »Krieg«.*)

Sommer Die Jahreszeit umreißt im Traum die besten Jahre des Lebens. Mit dem Sommerbild wird für das Wachleben angezeigt, dass etwas gereift ist, vielleicht umschreibt das die weise Zurückhaltung der Umwelt gegenüber, möglicherweise ist aber auch eine Angelegenheit reif, geklärt zu werden.

Sommersprossen Die kleinen Hautflecke übersetzt man am besten als neue Gesichtspunkte, Ansichten, die wir uns zu Eigen machen sollten. Nur wer selbst Sommersprossen hat, sollte dieses Traumbild als Warnung nehmen, den eigenen Minderwertigkeitsgefühlen nicht nachzugeben.

Sonne Die positive (männliche) Kraft der Seele, Energiesymbol des Lebens, des Schöpferischen, des Befruchtenden. Wo sie im Traum aufgeht, ist Erfolg in allen Lebensbereichen zu erwarten. Wo sie untergeht, mündet eine Glücksphase ins Alltäg-

liche. Die leuchtende Kraft der Sonne erhellt unser Bewusstsein und macht uns bereit für neue und gute Taten. Nur die sengende Sonne der Wüste kann verbrennen, kündet vom Leiden und dem Ende aller Dinge. Einen schönen Lebensabend, heißt es, könne erwarten, wer die Sonne im Traum schön und blutrot untergehen sieht.
(Siehe auch »Gold«, »Mond« und »Wüste«.)

Sonnenblume Die Pflanze, die sich nach der Sonne reckt. Von daher kommt die hübsche Deutung, man habe großes Vertrauen, vielleicht sei man aber auch hoffnungslos verliebt. Die Blume kann jedoch ebenso den eigenen Erfolg umschreiben, der uns dann eventuell auf andere herabblicken lässt.

Sonnenfinsternis Wenn sich im Traum die Sonne verfinstert, zeigt uns das eine Zeit an, in der für uns nicht immer alles zum Besten stehen wird.

Sonnenuhr Sie richtet sich auch im Traum nach der Sonne, verspricht also alles Günstige, was wir unter dem Symbol »Sonne« nachlesen können.

Spalte Wer sich im Traum in jene Risse in der Erdrinde wagt, die durch tektonische Verschiebungen entstanden sind, hat nichts zu fürchten; das klare Wasser (siehe dort), das da meist fließt, umschreibt den wachen Geist eines kämpferischen Menschen, der stets das Gute will. Die Zeitungsspalte hingegen deutet auf Wissbegier hin und darauf, dass man im Wachleben alles schwarz auf weiß gedruckt sehen will, dass man nur dem glaubt, der Beweise für bestimmte Angelegenheiten vorlegen kann. Freudianer deuten jedwede Spalte sexuell.
(Siehe auch »Zeitung«.)

Spardose Wirft man Geldstücke hinein, übersetzt das wohl unsere guten Vorsätze. Zerbricht die Spardose im Traum, können wir vielleicht auf materiellen Gewinn hoffen.

Spargel Wo der Spargel wächst, blüht die Liebe – vor allem in Frauenträumen; denn schon in alten Zeiten galt die zartweiße Sprosse des Liliengewächses als Urbild des männlichen Glieds.

Sparkasse Im Allgemeinen wie unter »Bank« (siehe dort) zu deuten. Wer im Traum Geld in rauen Mengen auf die Sparkasse trägt, lässt im Wachleben manches verkümmern, für das er etwas mehr ausgeben sollte.

Spatzen Die Sperlinge im Traum können als die Spatzen übersetzt werden, die etwas »von den Dächern pfeifen«, wonach selbst das bestgehütete Geheimnis bald stadtbekannt ist. Wer im Traum Spatzen in einem Netz oder unter seinem Hut gefangen hält, ist wohl im Wachleben manchmal ein wenig unhöflich.

Spaziergang Lässt erkennen, dass man gemächlich durchs Leben gehen möchte und daran gut tut; denn wer spazieren geht, nützt ja seiner Gesundheit. Hier wird der Träumer daran erinnert, dass jedes Zuviel in der Arbeit und in der Liebe zum eigenen Schaden gereichen kann.
(Siehe auch »Weg«.)

Speise Siehe »Essen«.

Speisewagen Mahnt oft den Träumer, er solle auf seiner Lebensreise des Guten nicht zu viel tun. Vor allem, wer hier beim Essen eine große Menge zu sich nimmt, wird zu einer gesünderen Lebensweise aufgefordert.
(Siehe auch »Eisenbahn« und »Reise«.)

Spiegel Er kommt nicht allzu häufig in einem Traumbild vor, weil dieses selbst ja oft ein Spiegelbild des bewussten Lebens und Erlebens ist. Wo er dennoch erscheint, ist er meistens von ernster Bedeutung. Der in den Spiegel schauende Träumer sieht sich ja seitenverkehrt und findet damit zu sich selbst zurück; aber er bringt wie bei der Fotografie Retuschen an, die notwendig sind, um sein inneres und äußeres Erscheinungsbild für die Umwelt zum Besseren zu korrigieren.
(Siehe auch »Bild« und »Fotografieren«.)

Spielzeug Deutet bei älteren Menschen in die Vergangenheit, wobei der Wunsch, noch einmal jung zu sein, durchaus verständlich erscheint. Wer sich mit Spielzeug beschäftigt, möchte wie ein Kind unbeschwert in den Tag hineinleben. Ob ihm das gelingt, werden weitere Symbole erkennen lassen.

Spiessrutenlaufen Diese Strafe für Deserteure, die erst Anfang des 19. Jahrhunderts abgeschafft wurde, umschreibt als Traumbild sozusagen die Angst vor der eigenen Courage, die Furcht also, etwas falsch zu machen und deshalb vor der Umwelt nicht bestehen zu können.

Spinne Symbol der Verführung und der überall lauernden Gefahren der Vernichtung. Wenn die anderen Symbole des Traums günstig sind, kann die Traumspinne jedoch ein richtiges Glückstier sein, das unseren Lebensfaden spinnt, unsere Gedanken auf das Wichtige und das Machbare konzentriert, was mit der kunstvoll gesponnenen Mitte des Spinnennetzes umschrieben ist. Sieht man aber eine Spinne an einem einzigen Faden, hängt das Glück des Träumers im Wachleben ebenfalls nur an einem einzigen Fädchen.
(Siehe auch »Insekten«.)

Spinnrad Wenn es im Traum behände schnurrt, möchte man auf die Schnelle etwas zuwege bringen, das der Familie oder einem selbst nützt. Wer sich an einem uralten Spinnrad arbeiten sieht, bei dem spinnt sich wohl etwas an, das ihn im Wachleben einmal stark beschäftigen wird.

Spinnweben Manchmal weisen sie auf ein Verhältnis hin, das man keiner großen Zerreißprobe aussetzen sollte. Wer im Traum Spinnweben abstreift, gibt sich im Wachleben gedankenlos und hält sich mit Kleinigkeiten auf.

Springen Wer im Traum über ein Hindernis springt, wird im Wachleben wohl eine wichtige Angelegenheit meistern. Wer aber in etwas hineinspringt (ins Wasser oder in eine Grube), wird in eine Gefahrensituation geraten, aus der er sich nur mühsam befreien kann.

Sprosse Wenn die Sprosse einer Leiter bricht, wird man den Boden unter den Füßen verlieren oder den Halt, den man bei einem geliebten Menschen gefunden zu haben glaubte.
(Siehe auch »Leiter«.)

Sprudeln Das Sprudeln einer Quelle oder eines Springbrunnens gibt einen Hinweis auf den sprudelnden Redefluss und übersetzt damit, dass der Träumer im Wachleben erst mit möglichen Gegnern reden sollte, bevor er zur Tat schreitet. Auch der »Sprudelkopf« kann gemeint sein, ein allzu leicht aufbrausender Menschentyp, der sich zügeln sollte, damit er sich keine Chancen kaputtmacht.
(Siehe auch »Brunnen« und »Quelle«.)

Spucken Zwar spucken wir » toi, toi, toi!« auf den Lottozettel, um das Glück magisch anzuziehen, doch trotzdem ist die Traumfigur, die jemanden anspuckt, auch im Wachleben kein feiner Mensch. Sie ist eher jederzeit bereit, mit Beleidigungen und Verleumdungen andere in ein schlechtes Licht zu setzen. Ist der Träumer selbst derjenige, der spuckt, sollte er in sich gehen und seinen Charakter schleunigst auf ein anderes Gleis bringen, sonst wird ihm dieser im täglichen Miteinander entgleisen.

Spülen Siehe »Abwaschen«.

Spur Siehe »Fährte«.

Stadt Ein Symbol der Mutter (siehe dort) mit ihrer alles umfassenden, schützenden Macht. In Albträumen übersetzt man dieses Traumbild als die Angst, gewohnten Schutz vor Unbill zu verlieren. In vielen solcher Träume spiegeln sich die angespannten Nerven des Träumenden wider, die im Wachleben zu zerreißen drohen, wenn er nicht rechtzeitig etwas gegen diesen Zustand der Besorgnis und der inneren Unruhe unternimmt.

Stall Ein Haus, in dem Tiere wohnen; übersetzt: Die unersättlichen Triebe werden hier gezähmt. Oder: Der Träumer gewinnt im Wachleben gewissermaßen die Oberhand über seine sexuellen Gelüste.
(Siehe auch »Haus« und »Tiere«.)

Sterben Der Sterbefall im Traum ist nach Meinung mancher Psychoanalytiker der

STERBEN
Wunsch, sich an jemandem zu rächen, den man hasst und deshalb aus seinem Leben streichen möchte. Bei nahe Stehenden kann dieser Hass auch Eifersucht bedeuten, weil sich darin für Freudianer der Sexualwunsch verbirgt, es dem Nebenbuhler einmal zu zeigen. Viele Psychologen deuten das Sterben im Traum so, dass man im Wachleben vergessen will (oder sollte), was ein nahe stehender Mensch einem angetan hat – »Schwamm drüber!«, sagt das Unbewusste. Wir sind der Meinung, dass mit dem Sterben auch ein seelischer Reifeprozess stattfindet, der sich günstig auf den Charakter des Träumers und sein Verhältnis zu seiner Umwelt auswirken wird.
(Siehe »Leiche«, »Tod« und andere Symbole, die mit dem Sterben zusammenhängen.)

STERNE Sie erhellen die Nacht des Unbewussten und geben damit den Blick auf das nächste Lebensziel frei. Wer einen sternenklaren Himmel (siehe dort) im Traumbild sieht, für den stehen die Sterne günstig.
(Siehe auch »Meteor«.)

STICKEN Geht man dieser geruhsamen Beschäftigung, die den Nerven wohl tut, auch im Traum nach, lässt das den Schluss zu, dass man im Alltag mit Arbeiten befasst ist, die nicht allzu sehr die Nerven strapazieren. Wer anderen beim Sticken zusieht, kann damit rechnen, dass er eine ermüdende Arbeit zu erledigen hat. In einigen Träumen kann das Bild mit den Sticheleien übersetzt werden, die »liebe« Menschen für uns parat halten.
(Siehe auch »Nähen«.)

STIEFEL Im Allgemeinen sind Stiefel wie Schuhe (siehe dort) zu deuten. Besonders klobige »Knobelbecher« weisen auf einen recht brutalen Menschen hin, der gewaltige Tritte austeilt, um sich rücksichtslos durchzusetzen.

STIER Wo er auftritt, ist ungebändigte Triebhaftigkeit das Thema. Der Stier gilt als Symbol der Wollust. Wen er auf die Hörner nimmt, der kann das als Warnung auffassen: Seine Vitalität ist in Gefahr, oder sein unterdrücktes Triebleben scheint die Grenzen des Erlaubten überschreiten zu wollen. Wer im Traum vor einem wütenden Stier ausreißt, hat im Wachleben vielleicht Angst vor dem Verlust seiner Lebenskraft. Kann der Träumer den Stier bezwingen, wird er im Leben »seinen Mann« stehen (das kann im Sprachgebrauch auch eine Frau sein), weil er seine überschüssige Kraft sinnvoll im Arbeitsleben umsetzt. In Frauenträumen kann der Stier als ein sexueller Wunsch gedeutet werden.

STOCKWERK Als Teil des Hauses, das den Körper des Träumers symbolisiert, stellt jedes Stockwerk eine bestimmte Körperregion dar, wobei sich zum Beispiel das Erdgeschoss auf den Bereich der Lenden und das Dachgeschoss auf den oberen Teil des Kopfes bezieht. Man achte bei der Deutung

vor allem darauf, was in den einzelnen Etagen geschieht.
(Siehe auch »Dach«, »Haus«, »Keller« und »Parterre«.)

STOLPERN Eine Kleinigkeit in unserem Charakter scheint nicht in Ordnung zu sein; denn wenn wir im Traum straucheln, dann fallen wir im Wachleben gewissermaßen über unsere eigenen Füße. Stolpern kann auch auf einen Irrtum hinweisen, den man nicht eingestehen möchte. Der Träumer, der sich stolpern, aber nicht fallen sieht, hat wahrscheinlich im Wachleben das Glück auf seiner Seite.

STOPFEN Wer im Traum seine Socken oder ein anderes Kleidungsstück stopft, hat im Wachleben wohl Mühe, Löcher (sprich: Fehler), die störend sind, zu beseitigen. Der Träumer, der genüsslich seine Pfeife stopft, wird möglicherweise durch einen Partner, der nur »das Eine« will, von einer Arbeit abgelenkt.
(Siehe »Nähen« und »Pfeife«.)

STORCH Wer einen Storch fliegen sieht, hat hochfliegende Pläne, seine Familie auf einen grünen Zweig zu bringen. Sehen wir ein Storchennest mit oder ohne Nachwuchs, deutet das weniger auf eigenen Kindersegen als auf Kinder überhaupt hin, mit denen wir im Alltag zu tun haben oder zu tun bekommen.

STOTTERN Bei Menschen, die im Wachleben nicht stottern, der Hinweis auf das Unwohlsein des Körpers; meist wacht man nach diesem Traum mit einem Schmerzgefühl, beispielsweise im Kopf, auf. Begegnen wir einem Stotterer im Traum, macht sich jemand um unsere Gesundheit Sorgen. Übrigens träumen diejenigen, die im Wachleben stottern, eher davon, dass sie fließend sprechen.

STRASSE Ein Weg im Unbewussten, der für unseren Lebensweg steht. Die Straße, an der man selbst baut, weist zum Beispiel einen guten Weg in unsere fernere Zukunft. Schlängelt sie sich kurvenreich durchs Gebirge (siehe dort), gibt sie Auskunft über die Schwierigkeiten, die sich uns auf dem Weg nach oben, zum Erfolg, entgegenstellen. Straßen, die innere Komplexe des Träumers freilegen, führen meistens durch einen Wald (siehe dort). Lauern im Traum Gefahren, Räuber, Wegelagerer oder wilde Tiere am Straßenrand, so meint dieses Bild, wir müssten die Menschen, die unserem Fortkommen im Wege stehen und die uns der Traum in vielerlei Gestalt vorgaukelt, erkennen lernen, um uns vor ihnen im Alltag schützen zu können. Wir sollten auf Wegweiser (siehe dort) und Straßenschilder achten, um daraus für eine weitere Deutung noch mehr zu ersehen. Schlechte Wege und enge Pfade behindern unser Fortkommen ebenfalls.
(Siehe auch »Einbahnstraße«, »Mauer«, »Pfad« und »Schild«.)

Strauss Bindet, sieht oder schenkt man im Traum einen Strauß leuchtend bunter Blumen, kündet das von innerer Ausgeglichenheit, aber auch von inniger Liebe. Der langbeinige Vogel Strauß kommt zwar in unseren Breiten selten im Traum vor, wo es aber doch geschieht, übersetzt sich damit die Volksweisheit, dass man wie der Strauß den Kopf in den Sand stecken möchte, dass man sich lieber nicht mit einer traurigen Nachricht oder anderen Widrigkeiten konfrontiert sehen will.
(Siehe auch »Blumen« und »Vogel«.)

Strassenbahn Siehe »Eisenbahn«.

Streichinstrumente Siehe »Saiteninstrumente«.

Stroh Nicht immer macht das Stroh im Traum froh. Sieht man es zu Garben gebündelt oder in Ballen liegen, deutet das auf mühselige Arbeit hin, deren Früchte andere ernten werden. Liegt man auf Stroh, hat man kaum Gewinn zu erwarten, sondern muss sich eher einschränken.

Strom Wo er durch die Traumlandschaft fließt, wird unser Lebensschiff in neues Fahrwasser getrieben, werden neuen Kräfte freigelegt (*siehe auch* »Fluss«). Elektrischer Strom symbolisiert die Gefahr, bei einem Menschen oder auf dem eigenen Lebensweg den Anschluss zu verpassen.

Strümpfe Für manche Psychoanalytiker gilt das Überziehen der Strümpfe als Umschreibung einer sexuellen Handlung. Nach unserer Meinung sollen Strümpfe wie Schuhe (*siehe dort*) das Fortschreiten auf dem Lebensweg erleichtern. Wer im Traum neue Strümpfe trägt, kann unbelastet auf die Zukunft vertrauen. Haben die Strümpfe ein Loch, sollten wir es schnell stopfen (*siehe dort*), denn es ist gleichbedeutend mit einer Fehlentscheidung, die wir treffen könnten.

Stuhl Wenn wir im Traum darauf sitzen, umschreibt er die nur kurzen Erholungspausen, die wir uns bei unserer Arbeit gönnen können. Die Ruhepause auf einem Stuhl ist eben nicht so bequem wie die in einem Sessel (*siehe dort*).

Sturm Wie der Wind (*siehe dort*) geistig zu verstehen. Er reißt uns wirbelnd mit, hin zu einem Erfolg, der aus der Kraft des Geistes entsteht. Dass es dabei manche Aufregung geben wird, liegt auf der Hand.
(Siehe auch »Orkan«.)

Stürzen Weist auf eine Wendung hin, die wir im Wachleben durchführen müssen. Der Sturz hemmt unser Vorwärtskommen, was uns Verluste bringen könnte.
(Siehe auch »Fallen«.)

Süden Siehe »Himmelsrichtungen«.

Sumpf Wer im Traum in einen Sumpf gerät, sollte eben Begonnenes besser abbrechen oder neu überdenken. Bleibt man im Sumpf stecken, deutet das auf Ratlosigkeit in einer unüberschaubaren Lage hin.
(*Siehe auch* »Moor«.)

Suppe Ein Kraftpaket für den Träumer, wenn er sie mit Appetit auslöffelt. Isst er sie nur mit Überwindung, muss er im Wachleben wahrscheinlich eine eher unangenehme Suppe auslöffeln, die er sich selbst eingebrockt hat. Kocht man seinem Partner ein Süppchen, will man ihn wohl von den eigenen Liebeskünsten überzeugen.
(*Siehe auch* »Kochen«.)

Süssigkeit Wer Süßes isst, sehnt sich nach Liebe und Vereinigung. Aber manchmal schmeckt die Süßigkeit auch bitter, was auf Störendes in unseren Liebesbeziehungen hinweisen könnte. Gelegentlich lässt dieses Traumbild auch auf ein süßes Geheimnis schließen. Dafür sind jedoch noch weitere Symbole heranzuziehen.
(*Siehe auch* »Zucker«.)

TAFEL BIS TÜRSCHLOSS

TAFEL Schreibt man im Traum auf eine Schultafel und sehen andere einem dabei zu, ist man im Wachleben drauf und dran, einen alten Fehler zu wiederholen. Sieht man andere auf die Tafel kritzeln, sollte man seine Spottlust zügeln. Wischt man eine Tafel ab, will man etwas aus seiner Erinnerung wegwischen oder einen Fehler nicht wiederholen.
(Siehe auch »Lehrer«, »Schule« und »Tisch«.)

TAG Wird es im Traum Tag, will uns das Unbewusste daran erinnern, dass wir bewusster leben und den Tag nutzen sollten, der unsere Denkfähigkeit ins rechte Licht rückt.

TAGESZEITEN Siehe »Morgen«, »Mittag«, »Abend« und »Nacht«.

TAL Der Gang durch ein Tal kennzeichnet eine verhältnismäßig ruhige Strecke auf dem Lebensweg. Das Tal im Traum kündigt aber auch an, dass es bald wieder aufwärts gehen wird. Nur ein durch Berge oder Bäume umstelltes Tal, in das kein Sonnenstrahl dringt, ist negativ zu werten: Es lässt Krankheitskeime oder herbe Verluste vermuten.
(Siehe auch »Berg« und »Enge«.)

TANKSTELLE Wer dort im Traum anhält, sollte auch im Wachleben eine Pause einlegen, um für den weiteren Lebenskampf aufzutanken.

TANZ Übersetzt den Wirbel des Lebens, der Leidenschaft und Begierde, Gefühle und Sexualität beinhalten kann. Oft ist es der Tanz auf dem Vulkan (siehe dort), der an die Hetze im Alltag erinnert, manchmal auch das innige Erlebnis eines Balles (siehe dort), das uns ans Ziel unserer sexuellen Wünsche bringen soll. Hier und da ist es

Tanz aber auch der Tanz im Nebel (*siehe dort*), der unsichere Gefühle preisgibt.
(*Siehe auch* »Walzer«.)

Tapezieren Wer im Traum tapeziert oder tapezieren lässt, wünscht sich wohl einen Tapetenwechsel, eine einschneidende Veränderung in seinem Leben.

Tasche Bei diesem Symbol kommt es vor allem auf den Inhalt an, denn daran lässt sich Genaueres ablesen.
(*Siehe auch* »Handtasche«.)

Taschenlampe Die Lichtquelle, die trügerisch einzelne Punkte beleuchtet und dadurch dem Träumer nur wenig erhellen kann. Sie bringt nur in Kleinigkeiten Licht, lässt uns sonst aber im Dunkeln, übersetzt: im Unklaren.
(*Siehe auch* »Lampe« *und* »Licht«.)

Taschenuhr Die Uhr, die man auch im Traum in die Tasche steckt, signalisiert, dass wir im Wachleben zeitweise im Dunkeln tappen.
(*Siehe auch* »Uhr«.)

Tasse Sie ist, wie auch alle anderen Gefäße (*siehe dort*), psychoanalytisch mit weiblichem Vorzeichen zu versehen. Trinken wir daraus, hoffen wir wohl auf ein erotisches Erlebnis; zerbrechen wir eine Tasse, werden wir vielleicht ein Herz brechen. Die kaputte Tasse im Traum kann freilich auch umschreiben, dass wir augenblicklich »nicht mehr alle Tassen im Schrank« haben, uns momentan also etwas verrückt benehmen.
(*Siehe auch* »Zerbrechen«.)

Taube Das Sinnbild des Friedens ist als erotisches Symbol das Sanfte, Weiche, das sich schnäbelnd Vereinigende. Fliegende Tauben stehen für erfreuliche Botschaften, die uns erreichen. Fangen wir eine Taube, werden wir uns vielleicht einem Nahestehenden gegenüber ins Unrecht setzen; töten wir sie, verscherzen wir uns die Freundschaft eines uns wohlgesonnenen Menschen. Ein gut besetzter Taubenschlag beweist einen gastfreundlichen Hausstand, ein leerer zeigt unsere innere Einsamkeit.

Tauchen Wer ins Meer taucht, sucht im Alltag nach geistigen Werten, die ihm das Leben verschönern können. Sehen wir Taucher im Traum, sollten wir unser Innerstes befragen, ob wir irgendjemandem im Wachleben den Erfolg neiden.

Taufe Symbol des Lebenswassers, der geistigen Erneuerung, der seelischen Wiedergeburt. Sieht man im Traum eine Taufe oder wird man selbst getauft, plant man im Leben eine Neuorientierung, eine Umstellung, die sich heilsam auswirken wird. Die Taufe in klarem Quellwasser bringt uns geistige Klarheit und lässt uns die Fehler anderer milde beurteilen.
(*Siehe auch* »Quelle« *und* »Wasser«.)

Teer Die ölige, klebrige Masse hemmt – übersetzt – manchmal unseren Lebensweg; denn wenn wir auf einer frisch geteerten Straße gehen und mit dem Schuh (*siehe dort*) kleben bleiben, lösen wir vielleicht eine Bindung, die für uns nichts mehr hergibt.
(*Siehe auch* »Straße«.)

Teich Der kleine See (*siehe dort*) deutet auf Gedankentiefe hin, vor allem wenn sein Wasser hell und klar ist. Ein trüber Tümpel weist jedoch eher darauf hin, dass wir im Wachleben abseits der Legalität im Trüben fischen wollen.

Telefon Bei einem Anruf im Traum kann es sich um einen Aufruf des Unbewussten zu erhöhter Wachsamkeit gegenüber schädlichen Umwelteinflüssen handeln. Das Telefonieren im Traum kann man auch im guten wie im schlechten Sinn einfach als Verbindung auslegen. Werden wir angerufen, klären weitere Symbole, ob das im Wachleben mit einer Absage oder einer Zusage zu tun hat, die wir im Berufs- oder Privatleben vielleicht erhalten. Rufen wir selbst jemand an, müssen wir uns die Nummer merken, um mithilfe der Zahlen (*siehe dort*) einen weiteren Deutungsversuch unternehmen zu können.

Telegramm Wer den Text darauf nicht lesen kann, stürzt sich im Wachleben vielleicht in ein recht undurchsichtiges Abenteuer. Lesen wir den Text genau, können wir daraus weitere Anhaltspunkte für die Interpretation entnehmen. Schicken wir ein Telegramm weg, weist das auf überstürztes Handeln hin.

Teller Er deutet im Traum auf einen Kreis netter Menschen hin, die sich in froher Runde treffen (wobei der Teller auch für leibliche Genüsse stehen kann). Ist der Teller leer, wird uns durch eigene Schuld manches Beisammensein vergällt. Ist er zerbrochen, sind die Scherben (wie die beim Polterabend) ein Zeichen für Glück in der Liebe.
(*Siehe auch* »Kreis« *und* »Scherben«.)

Tempel Wer im Traum einen Tempel oder eine Tempelruine sieht oder besucht, freut sich nach ägyptischer Darstellung des Lebens; sonst wie »Kirche«.

Teppich Wird er im Traum ausgerollt, will man im Wachleben »auf dem Teppich bleiben« und nichts verändern, sondern die augenblickliche Lebenslage genießen. Wer einen Teppich reinigt, sollte eine Schwachstelle in seinem Privatleben ausfindig machen und recht bald dagegen angehen.

Testament Vielfach Abschluss eines erfolgreichen Bemühens in unserem Leben. Wer im Traum sein Testament macht, bereitet sich meist auf einen ruhigeren Lebensabschnitt vor oder – besonders bei älteren Leuten – auf einen langen und geruhsamen Lebensabend, weil man alles zur rechten Zeit geordnet hat.

Teufel Er ist ein gefallener Engel. Taucht er in unseren Träumen auf, deckt er schonungslos Charakterschwächen oder schwache Stellen in unserem Seelenleben auf. Sieht man einen Teufel und spricht mit ihm, sollte man sich vor einem Menschen im eigenen Umkreis hüten, der einem nicht wohl will. Werden wir von einem Teufel angegriffen, handeln wir im Wachleben leicht unbeherrscht oder ungalant. Er kann aber auch auf einseitiges, nur auf Profit gerichtetes Denken hinweisen.

Theater Übersetzt: das Leben, das auf der Bühne oft in abstrakten oder bizarren Formen dargestellt wird. Wer hier den Einsatz verpasst, wird es auch im Leben nicht immer schaffen, im rechten Moment zu handeln. Im Traum werden viele Wunschvorstellungen dargestellt, die im Alltagsleben in Erfüllung gehen. Spielen wir selbst mit, wird unser Auftritt dem Bewusstsein zur Kritik vorgelegt, ob wir die richtige oder die falsche Rolle haben. Sehen wir als Zuschauer eine Tragödie oder Komödie, spricht daraus unsere Grundeinstellung; denn mancher dramatisiert, was er eigentlich belächeln sollte, und umgekehrt lacht ein anderer über etwas, das im Grunde sehr ernst ist. Wir sollten auf den Text und den Titel des Traumstücks achten, um daraus Hinweise zu entnehmen.
(*Siehe auch »Oper« und »Schauspieler«.*)

Thermometer Hat nichts mit einer Krankheit im wirklichen Leben zu tun. Die Temperatur, die wir auf dem Thermometer ablesen können, deutet auf ein Auf oder Ab in einer Freundschaft oder Lebensgemeinschaft hin oder darauf, ob wir nach etwas heftig verlangen oder unterkühlt reagieren.
(*Siehe auch »Fieber«.*)

Tier Meist ein Gleichnis unseres Tuns oder unserer inneren Beweggründe, unserer Begierden, unserer Verklemmungen. Das Symbol kennzeichnet den Urtrieb in uns, das Wilde, aber auch das Gezähmte und darüber hinaus das Menschlich-Allzumenschliche. Im Traum kann der Mensch instinktsicher in die Ordnung der Schöpfung zurückfinden. Tiere in einer Herde oder Meute deuten übrigens an, dass der Träumer nahe daran ist, ein Opfer seiner Triebe zu werden.
(*Siehe auch einzelne Tierarten.*)

Tiermaul Bildhaft spiegelt sich unsere Lebensangst wider, wenn uns im Traum ein weit aufgerissenes Tiermaul zu verschlingen droht. Manchmal scheint in solch einen Traum auch die Maul- und Klauenseuche hineinzuspielen, vor der man Angst hat, obwohl Menschen nur äußerst selten davon befallen werden.

Tiger Er schildert, wie andere Raubtiere auch, das übermächtig Triebhafte in uns, ähnlich dem Stier (*siehe dort*), doch der Tiger verhält sich im Traum weniger unbesonnen, vielmehr bewusst und zielgerichtet. Wer vom Tiger träumt, ist vital, ein Triebmensch, der oft übers Ziel hinausschießt. Ist der Traumtiger in einem Käfig eingesperrt oder kämpft man erfolgreich gegen ihn, deutet das an, dass man seiner Triebe Herr wird.

TINTE Wer mit ihr schreibt, bekommt den Hinweis, sich im Wachleben lieber an die Schriftform als an mündliche Absprachen zu halten. Wer Tinte verschüttet, setzt unbewusst einen großen Punkt hinter eine Abmachung, die zu seinen Gunsten ausschlägt. Der Tintenklecks ist also positiver auszulegen als andere Kleckse.
(Siehe auch »Fleck« und »Klecks«.)

TISCH Das dort Aufgetischte ist Lebensenergie, die uns Seelisches wie Geistiges verarbeiten lässt. Wer im Traum einen Tisch abräumt, will im Wachleben wohl bei einem Thema »reinen Tisch« machen.

TOCHTER Träumen Eltern von ihrer Tochter, können sie auf Probleme ihres Kindes aufmerksam gemacht werden, die sie bewusst nicht wahrnehmen, aber auch auf eigenes schuldhaftes Verhalten gegenüber ihrem Kind. Frauen deutet ein Traum von einer im Wachleben gar nicht vorhandenen Tochter an, dass mit ihrem persönlichen Innenleben irgendetwas nicht stimmen kann.
(Siehe auch »Kind« und »Sohn«.)

TOD Träume vom Tod sagen meist nur, dass in unserem Inneren etwas noch am Leben gehalten wird, das eigentlich verkümmern sollte; sie sind also die Hilfestellung des Unbewussten, dem Lebensweg eine andere Richtung zu geben, einer Gefahr auszuweichen, die sich vor uns aufbaut. Der Tod im Traum kann auch der Abschluss einer Lebensphase sein. Sterben wir selbst im Traum, ist das zu verstehen als eine Art Reinigungsprozess unserer Seele; es ist die Wiedergeburt unseres besseren Ichs, das sich zum Guten hin ändern muss, um im Lebenskampf zu bestehen.
(Siehe auch »Sterben« und andere Symbole, die mit dem Tod zusammenhängen.)

TODESNACHRICHT Das Unbewusste will uns damit auf etwas hinweisen, oft auf die Person, von der die Nachricht handelt. Sie kann, wenn sie von einem längst Verstorbenen berichtet, eine Hilfestellung bedeuten, die uns unbewusst von dem Toten zuteil wird. Das kann etwa ein guter Ratschlag sein, den er uns, lebte er noch, bestimmt gegeben hätte.

TODESURTEIL Wird es über uns verhängt, so sind wir aufgefordert, unsere Lebenseinstellung bewusst zu ändern. Ergeht es gegen uns Nahestehende, sollten wir unsere Haltung gegenüber diesen Menschen überdenken.
(Siehe auch »Gericht«, »Richter« und »Schafott«.)

TOILETTE Von einem WC oder Abort zu träumen, hat nichts Unanständiges an sich:

Toilette Man will sich entlasten, etwas abstreifen, das einen bedrückt. Der Traum schafft also Ordnung in unserem Seelenhaushalt.
(Siehe auch »Darmentleerung« und »Verstopfung«.)

Tomate Die saftige rote Gartenfrucht gilt als Liebes- und Paradiesapfel. Essen wir sie im Traum, weist das auf ein gutes Verhältnis zu einer bestimmten Person hin.
(Siehe auch »Gemüse« und »Rot«.)

Topf Das Gefäß (siehe dort), auf das meist auch ein Deckel passt, kann natürlich wie andere Gefäße sexuell gedeutet werden. Manchmal verweist uns aber auch das Unbewusste auf das Sprichwort »Jeder Topf findet seinen Deckel«, was übersetzt heißen soll, wir müssten im täglichen Leben schlagfertiger sein, um uns durchzusetzen. Kocht im Traum etwas über, sollten wir im Wachleben nicht zu überschäumend reagieren. Wird in dem Topf alles Mögliche durcheinander gemengt, weist das wohl auf die Tatsache hin, dass wir im Wachleben gern alles in einen Topf werfen, keinen Unterschied zwischen Gut und Böse machen.
(Siehe auch unter den Namen der anderen Gefäße.)

Töpfer Er bringt eine andere Form in unser Leben. Sind wir selbst im Traumbild der Töpfer, müssen wir aus eigener Kraft eine andere Lebensform finden.
(Siehe auch »Topf«.)

Tor siehe »Tür«.

Tornister Der Tornister des Soldaten ist sicherlich kämpferischer zu deuten als der Ranzen eines Schülers (siehe dort). Immer aber beinhaltet er das Päckchen, das wir auf unserem Lebensweg zu tragen haben.
(Siehe auch »Last« und »Rucksack«.)

Torte Siehe »Kuchen«.

Totengräber Er gibt jenem Unbewussten Gestalt, das uns psychische Unstimmigkeiten offenbart, die wir begraben sollten. Manchmal weist er auch darauf hin, dass wir eine Verbindung, die morsch geworden ist, lösen sollten, um endlich einen Neubeginn starten zu können. Wenn diese Figur in Angstträumen (siehe »Albträume«, Seite 36 bis 37) auftritt, ist psychisch mit uns etwas nicht in Ordnung.

Toter Ähnlich zu deuten wie »Tod« (siehe dort). Ein Toter steht oft im Traum als Symbolfigur am Ende eines Lebensabschnitts, der dem Träumer einige Sorgen bescherte, die er aber mit Unterstützung anderer Menschen leicht überwinden konnte.
(Siehe »Leiche«.)

Tragbahre Umschreibt meist unsere Hilflosigkeit im Wachleben. Liegt man selbst darauf, braucht man Hilfe – im Beruf oder in den zwischenmenschlichen Beziehungen. Liegt ein anderer darauf, sollten wir einem nahe stehenden Menschen hel-

fen, über etwas hinwegzukommen, das ihn bedrückt.
(Siehe auch »Bahre«.)

Traube Die Weintraube galt schon in der Antike als Symbol der unvergänglichen Lebenskraft, als das Element, das sich zum Geistigen wandelt. Süße Trauben, die man im Traum genießt, bedeuten von jeher zärtliche Stunden im Wachleben, saure dagegen oftmals die Eifersucht.
(Siehe auch »Wein«.)

Trauring Seine allgemeine Bedeutung wird unter »Ring« (siehe dort) beschrieben, jedoch spielt beim Trauring noch herein, dass man sich seines Partners nie ganz sicher sein kann, die Angst also, ihn eventuell zu verlieren. Damit setzt das Unbewusste ein Warnsignal: Man muss sich stets neu um den (Ehe-)Partner bemühen, um ihn so immer wieder an sich binden zu können.
(Siehe auch »Ehe«.)

Treppe Sie verbindet als Symbol die verschiedenen Etagen unseres Hauses, also unserer Persönlichkeit miteinander. Wenn eine Stufe oder ein Teil des Geländers fehlt, zeigt das eine innere Unsicherheit an, die es zu beseitigen gilt. Wendeltreppen lassen erkennen, wie schwer es ist, im Leben nach oben zu kommen. Wenn es im Traum auf einer Treppe aufwärts geht, wird sich unsere Position im Wachleben vielleicht verbessern, geht es abwärts, warnt das Unbewusste jedoch vor einem möglichen Abgleiten. Freud deutete übrigens das Treppensteigen als geschlechtliche Vereinigung.
(Siehe auch »Haus«, »Hintertreppe«, »Leiter« und »Stockwerk«.)

Trinken Scharfe alkoholische Getränke stellt das Unbewusste als Rauschgifte dar, die dem Körper schaden können. Dagegen umschreibt das Trinken von klarem Wasser einen Gewinn oder eine gute Erkenntnis, nach denen man dürstete. Trinken wir mit jemandem aus einem Becher, müssen wir den Gewinn teilen; ist der Mittrinkende ein unsympathischer Mensch, droht uns im Wachleben Gefahr von Verleumdern. Wird aus einer klaren Quelle getrunken, so verspricht uns das Glück und Gesundheit oder baldige Genesung, wenn wir krank sind.
(Siehe auch »Alkohol«, »Quelle«, »Wasser« und andere Getränke.)

Trommel Sie hämmert durch unseren Schlaf, ist oft Teil von Angstträumen, nach denen wir völlig zerschlagen aufwachen. Wenn wir den Grund angeben sollen, warum wir uns vor den Trommelschlägen gefürchtet haben, werden wir keinen finden – es war einfach so. Nur wenigen Menschen gibt der Klang eine wichtige Nachricht ins bewusste Leben mit, die meisten kostet er ganz einfach Nerven. Nach neuesten amerikanischen Forschungen weisen Trommelträume, wenn sie mehrere Nächte hintereinander geträumt werden, auf Störungen des Nervensystems hin.

Trompete Gilt als die fordernde männliche Sexualkraft. Seltsamerweise ist ihr Klang im Traum oft nicht zu hören, was auf die Heimlichkeit in einer Liebesbeziehung hinweisen könnte.
(Siehe auch »Blasinstrumente«.)

Truppe Siehe »Soldat«.

Tuch Es bedeckt uns in Form von Kleidung. Dieses Bedeckende, Zudeckende lässt Heimlichkeiten erahnen; ohne viele Worte will man zum Ziel kommen. Man sollte immer auch die Farbe des Tuches zur Deutung heranziehen. Wenn man mit jemand anderem unter einem Tuch liegt, lässt das darauf schließen, dass jemand mit uns unter einer Decke stecken möchte, wobei er uns als Deckmantel zu benutzen beabsichtigt. (Siehe auch »Kleid«.)

Tümpel Siehe »Teich«.

Tunnel Wer in einen Tunnel hineinfährt, den erschreckt auch im Traum die plötzliche Dunkelheit (siehe dort), die ihn umgibt – er wird im Wachleben wohl eine Schwächeperiode durchmachen müssen, die aber schon bald überwunden sein wird, denn irgendwann ist der Tunnel ja durchfahren.

Tür Als Bestandteil des Hauses, das ja unseren Körper symbolisiert, kann sie eine Körperöffnung bezeichnen, aber ebenso Ausblicke und Möglichkeiten, wie man aus einer prekären Lage herauskommen kann, je nachdem, ob die Tür offen oder geschlossen ist. Sie ist auch der Zugang zu dem Menschen, den man liebt. Wer im Traum durch eine Tür stürmt, rennt wohl im Wachleben offene Türen ein.
(Siehe auch »Haus«.)

Turm Das hohe Haus (siehe dort) umschreibt die Festigkeit, mit der wir Versuchungen vor allem in seelisch-geistiger Beziehung trotzen. Ist der Turm eine Ruine, kann das auf unsere Nachgiebigkeit trotz besseren Wissens hinweisen. Wer von der Spitze des Turmes hinunterschaut, für den können himmelstürmende Pläne in Erfüllung gehen; doch auch hier setzt das Unbewusste ein Warnzeichen: Wer hoch gestiegen ist, kann umso tiefer fallen, wenn ihn der böse Nachbar etwa hinterrücks schubst.

Türschloss Es lässt für die Zukunft vor allem für den intimen Bereich hoffen, wenn wir es im Traum wie selbstverständlich öffnen können. Wird es vom Träumer gewaltsam geöffnet, wirft das auf seinen Charakter nicht unbedingt das allerbeste Licht; denn mit seiner Rücksichtslosigkeit wird er sich nicht allzu viele Freunde machen. Schließt er das Schloss hinter sich, wird er um eine Aussicht ärmer, die sich ihm für die Zukunft eröffnen würde. Bekommt der Träumende das Türschloss trotz heftiger Anstrengung nicht auf, sollte er auf jeden Fall versuchen, aus der augenblicklichen Lebenslage das Beste herauszuholen.

Ü V
ÜBELKEIT BIS VULKAN

ÜBELKEIT Siehe »Ekel« und »Erbrechen«.

ÜBERFAHREN WERDEN Wer im Traum überfahren wird, erleidet höchstens psychische Verletzungen im Wachleben. Oft aber fühlt man sich regelrecht überfahren von Menschen, die einen vereinnahmen.

ÜBERFAHRT Die Überfahrt über einen Fluss oder einen See beschreibt das unbewusste Gleiten zu anderen Ufern; übersetzt: Man sucht einen neuen Standpunkt im bewussten Leben, wobei andere Symbole aussagen, ob wir uns verbessern können.

ÜBERFALL Bei einem Überfall im Traum nehmen meistens im Wachleben unsere Nerven Schaden. Vielleicht haben wird den Stress im Alltag nicht richtig verkraftet und sind auf dem besten Wege, einen Nervenzusammenbruch zu bekommen, wenn wir uns nicht wieder entspannen.

ÜBERSCHWEMMUNG Sie deutet die Gefahr an, dass man von falschen Gefühlen überwältigt werden könnte, dass man sich maßlos überschätzt. Eine Überflutung durch die Gewalt des Meeres könnte darauf hinweisen, dass der Träumer aus dem Gleichgewicht gekommen ist, wobei psychische Schäden nicht auszuschließen sind, die nach ärztlicher Behandlung verlangen.
(Siehe auch »Fluss«, »Meer«, »Strom« und »Wasser«.)

UFER Oft das rettende Ufer, an dem man sich ausruhen und mit frohen Menschen zusammentreffen kann. Ist es überschwemmt, wird man im Wachleben wohl in eine fatale Lage gestürzt.
(Siehe auch unter den Bezeichnungen der Gewässer, die ein Ufer haben.)

UHR Im Traumbild oft die Lebensuhr. Man achte darauf, was die Zeiger anzeigen.

Uhr
Ist es zum Beispiel kurz vor zwölf, kündigt das Unbewusste an, dass eine Angelegenheit, die gerade ansteht, schnell erledigt werden muss. Es kann sich natürlich auch um Lebensabschnitte handeln, die von der Uhr angezeigt werden.
(Siehe auch »Morgen«, »Mittag«, »Abend«, »Nacht« und unter einzelnen Zahlen.)

Umarmung Freud deutete sie als Wunsch nach geschlechtlicher Vereinigung. Wir sollten darauf achten, wen wir umarmen; ist es jemand, den wir lieben oder den der weitere Traumverlauf als einen liebenswerten Menschen darstellt, dürfen wir uns getrost auf Glück in der Liebe einstellen. Ist es aber jemand, den wir im Traum nicht sympathisch finden, sollten wir im Wachleben um falsche Freunde zukünftig einen weiten Bogen machen und noch öfter auf unseren Instinkt hören.

Umdrehen Meist sitzt uns da jemand (oder die Angst?) im Nacken, der uns übel mitspielen will – eine Mahnung des Unbewussten, den Blick geradeaus aufs Ziel zu richten.

Umherirren In Angstträumen irrt man manchmal kopflos umher, was anzeigt, dass der Träumer in großer seelischer Not ist, vor allem dann, wenn er schweißgebadet aufwacht und eine Zeit lang nicht weiß, wo er sich befindet.
(Siehe auch »Verirren«.)

Umweg Er ist die Abweichung auf dem Lebensweg, die uns Zeit kostet – Lebenszeit!
(Siehe auch »Straße« und »Weg«.)

Umzug Weist nicht auf ein tatsächliches Umziehen im Wachleben hin. Dieser Umzug schildert unser Gefühl, dass wir uns in unserem Wirkungskreis momentan nicht recht wohl fühlen. Wir sollten überlegen, wie wir etwas dagegen unternehmen können. Der Umzug aus einer engen Wohnung in eine größere oder in ein Haus schildert, dass wir uns aus momentaner Enge heraus flüchten möchten, wobei diese Enge auch auf Psychisches hinweisen kann.
(Siehe auch »Enge« und »Haus«.)

Unfall Wenn er nicht als Erinnerung an tatsächliches Geschehen zu verstehen ist, lässt er sich in seiner Tragweite meist nur aus weiteren Symbolen deuten. Oft weist er lediglich auf eine Nachlässigkeit im Wachleben hin, die das Unbewusste dann als Unfall bezeichnet, den man jedoch nicht so wichtig zu nehmen braucht.

Ungeheuer Es deutet auf übersteigerte Lustgefühle hin, auf das Unbezähmbare sexueller Triebe, aber auch auf einen seelischen Zustand, auf die Stauung psychischer Energie. Wer im Traum mit einem Ungeheuer kämpft, ist mit seinen Gefühlen im Widerstreit oder kämpft vielleicht auch gegen einen Krankheitsherd an. Heilung steht in Aussicht, wenn das Ungeheuer

unterliegt oder urplötzlich aus dem Traumbild verschwindet. Fürchtet man sich vor dem Monstrum, sollte man sich im Wachleben nicht zu viel von Menschen erwarten, die sich einem überlegen fühlen.
(Siehe »Drache« und »Krokodil«.)

UNGEZIEFER Meistens wie Insekten (*siehe dort*) zu deuten. In der Antike war man der Meinung, dass Ungeziefer auf Leichtsinn im Glücksspiel um Geld hinweise, das schnell gewonnen und ebenso schnell verloren werde. In Kombination mit anderen Symbolen könnte Ungeziefer aber für Menschen oder falsche Freunde stehen, die uns in ihr intrigantes Spiel einbeziehen wollen.

UNIFORM Dieses Kleid (*siehe dort*) kann auf eine gewisse Eintönigkeit hinweisen, auch auf die ewige Gleichmacherei, aus der wir uns absondern möchten. Sitzt die Traumuniform nicht gut, hat man im Wachleben eventuell Angst, sich gehen zu lassen; sitzt sie gut, ist das eher ein Hinweis auf ein übersteigertes Selbstbewusstsein des Träumers.
(Siehe auch »Soldat«.)

UNKRAUT Wenn es in der Traumlandschaft wuchert, zeigt es auf, dass wir unseren Wert leicht überschätzen, dass wir erst das Unkraut im eigenen Garten jäten müssen, bevor wir an anderen Kritik üben.
(Siehe auch »Moos«.)

UNRAT Siehe »Abfall«.

UNSICHTBAR WERDEN Die Tarnkappe, die uns das Unbewusste im Traum verpasst, ist praktisch eine Aufforderung, uns nicht zu sehr in den Vordergrund zu drängen.

UNTERHOSE Die »Unaussprechlichen« stehen speziell in Männerträumen für die Angst, sich in der Gesellschaft nicht vornehm genug geben zu können, sich vielleicht sogar lächerlich zu machen.
(Siehe »Kleid« und »Nacktheit«.)

UNTERROCK Wie »Unterhose«, nur auf Frauenträume bezogen.

URIN Wie Kot (*siehe dort*) kaum je ein negatives Traumbild. Das Urinieren steht meist – wenn es nicht mit Bettnässen im Schlaf einhergeht – für einen sexuellen Spannungszustand im Wachleben. Es kann dabei auch von einer seelischen oder geistigen Befruchtung die Rede sein.

URKUNDE Sie lässt erhoffen, dass man im Wachleben etwas Wichtiges schwarz auf weiß bekommt, dass man gefördert wird. Das kann finanzielle Zuwendung, Lob oder eine berufliche Beförderung bedeuten.
(Siehe auch »Siegel«.)

URNE Das Gefäß, das die Asche eines Verstorbenen (*siehe dort*) aufnimmt, weist auf keinen Trauerfall hin, könnte aber die Stimmungslage, in der wir uns augenblicklich befinden, sowie unser möglicherweise launisches Wesen umschreiben.

Vagabund Der Landstreicher, der verwegen durch die Traumlandschaft zieht, verkörpert meist den Träumer selbst in seinem Drang nach Freiheit und Unabhängigkeit. Es ist das Vagabundieren der Seele, das hier geschildert wird, die Auflehnung gegen die verlogene Moral im Wachleben.

Vagina Bei Naturvölkern ist sie ein Symbol der Weiblichkeit, die auch Mutterschaft bedeutet. Freud sah sie in der Traumanalyse durch alle möglichen runden oder hohlen Gegenstände dargestellt. Moderne Psychologen deuten sie als die weibliche Kraft schlechthin, die auch im Manne wirkt, also nicht als reines Sexualsymbol.
(*Siehe auch* »Phallus«.)

Vampir Das Blut saugende Gespenst geht als Ungeheuer (*siehe dort*) durch unsere Träume. Wo der Vampir, der übrigens auch einer Blut saugenden Fledermaus (*siehe dort*) seinen Namen gab, ins Traumgeschehen kommt, steht er für einen Menschen, der uns bis aufs Blut aussaugen will; oder anders: Wer den Vampir im Traum sieht, lässt sich im Alltagsleben gehörig ausnutzen, ohne es recht zu merken.

Vase In dieses Gefäß (*siehe dort*) stellt man Blumen, übersetzt: seine besten Gefühle, weshalb es oft mit sexuellen Wünschen in Verbindung gebracht wird. Ist die Vase leer, findet man keine Gegenliebe; stellen wir im Traum Blumen hinein, kann sich ein bisher loses Verhältnis festigen. Sehen wir eine mit Blumen gefüllte Vase vor uns stehen, soll das ein gesundes Intimleben bedeuten; wenn sie zerbricht, trennt man sich vielleicht von jemandem, den man zu lieben glaubte.

Vater Archetypischer Vertreter des Rationalen und die Funktion des tätigen Bewusstseins und des Willens. Im Traum ist er meist der Vermittler der mit dem Verstand zusammenhängenden Lebensinhalte. Hat oder hatte der Träumer ein gutes Verhältnis zum eigenen Vater, baut dieser durch das Unbewusste Konflikte ab. Bei Töchtern übersetzt er oft den ersten Geliebten, bei Frauen allgemein auch den Gatten oder in schlecht verlaufenden Ehen die Sehnsucht nach einer neuen Lebensgemeinschaft. Bei Söhnen ist er mehr die Autoritätsfigur, das Vorbild, aber auch der Rivale als Gatte der geliebten Mutter. Freud schloss daraus auf den Ödipuskomplex (*siehe Mutterkomplex*), denn Ödipus hat bekanntlich seinen Vater getötet und seine Mutter geheiratet. Wer vom verstorbenen Vater träumt, mit dem ihn zu dessen Lebzeiten ein Vertrauensverhältnis verband, erhält Rat und Hilfe in einer verzwickten Lage. Wer selbst im Traum zum Vater wird, auch wenn das im Wachleben gar nicht zutreffen sollte, hat im Lebensalltag vielleicht eine zündende Idee, für die es sich lohnt, sich tatkräftig einzusetzen.
(*Siehe auch* »Chef«, »Lehrer«, »König« *und andere Personen, die in der Traumsymbolik als Vaterfiguren gelten können.*)

VEILCHEN Das zierliche Blümchen am kriechenden Wurzelstock kündet von Zurückhaltung und Bescheidenheit, von Liebe, die im Verborgenen blüht.
(Siehe auch »Blumen«.)

VERBAND Der Wundverband, der im Traum angelegt wird, umschreibt eine seelische Verwundung im Wachleben; das kann von einer Beleidigung herrühren, die uns ein anderer zugefügt hat, oft drückt sich aber darin auch das eigene Fehlverhalten gegenüber anderen Menschen aus.
(Siehe auch »Arzt«, »Krankenhaus«, »Narbe«, »Schmerzen« und »Wunde«.)

VERBRENNEN Was im Traum verbrannt wird (man beachte die entsprechenden Symbole), will man aus seinem bewussten Leben tilgen. Das Verbrennen, das sich zum lodernden Brand (siehe dort) ausweitet, ist freilich etwas, das zu einer völligen Umstellung unseres Lebens führen sollte. Verbrennt man sich nur ein wenig an einem Körperteil, wird man darauf hingewiesen, man möge sich im Wachleben nicht den Mund verbrennen, also lieber schweigen.

VERFOLGUNG Im Traum sind Verfolgungen in mannigfaltigen Variationen häufig, wobei die unbewussten Inhalte als eine Lehre ins Bewusstsein dringen, die der Träumer beherzigen sollte. Wer von einem Menschen des anderen Geschlechts verfolgt wird, sollte versuchen, seine Angst im erotischen Bereich abzubauen.

VERGRABEN Was im Traum vergraben wird, sind übersetzt die Schatten der Seele, die Laster oder die falsche Einstellung im Wachleben, die man vergessen machen oder auch nur vor der Umwelt verheimlichen möchte, weil man sich ihrer schämt.
(Siehe »Grab«.)

VERHAFTUNG Wer verhaftet wird oder sieht, wie man einen anderen festnimmt, sollte sich bemühen, nicht über Mitmenschen zu lästern, weil auf ihn selbst zurückfallen könnte, was er anderen zugedacht hat. Oft handelt es sich bei diesem Traumbild um das Verhaftetsein in einer Umgebung, aus der man ausbrechen möchte.

VERIRREN Meist übersetzt mit der seelischen oder geistigen Desorientiertheit im Wachleben. Verirrt man sich zum Beispiel in einem Wald (siehe dort) oder in unüberschaubarem Gelände, liegt wohl ein Schatten über der Zukunft; vielleicht weiß man augenblicklich nicht, was man mit seinem vorhandenen Können anfangen soll.
(Siehe auch »Umherirren«.)

VERKÄUFER Siehe »Kaufmann«.

VERKEHRSSCHILD Siehe »Schild«.

VERKLEIDUNG Siehe »Fasching« und »Maske«.

VERKLEINERUNG Im Traum werden Menschen und Dinge oft verkleinert dargestellt,

VERKLEINERUNG womit das Unbewusste darauf hinweisen will, dass man sie nicht gering schätzen sollte. Erscheinen wir selbst im Traum als Zwerg (*siehe dort*), müssen wir uns im Wachleben vielleicht über eine Geringschätzung unserer Person ärgern.

VERLETZUNG Im Traum zeigt sie ein Verletztsein im Wachleben an, einen seelischen Schmerz, der uns von anderen zugefügt wird oder den wir selbst verursachen.
(*Siehe auch* »Blut«, »Narbe« *und* »Wunde«.)

VERLUST Wenn man im Traum etwas verliert, sollte man sich an den Gegenstand erinnern, der verloren geht, und daraus Weiteres deuten. Meist weist das Verlieren auf eine seelische Schwäche hin.

VERSAMMLUNG Wer sich auf einer Versammlung reden hört, sollte im Alltagsleben nicht zu viele Worte machen, weil man ihn sonst als Schwätzer einschätzen könnte, auf jeden Fall als einen nicht sehr vertrauenswürdigen Menschen.
(*Siehe auch* »Rede«.)

VERSPÄTUNG Verspätet man sich bei der Abfahrt eines Zuges, hat man kaum die Absicht, sein Leben zu ändern. Hat aber ein Zug Verspätung, umschreibt das den Ärger, dass man auf irgendetwas warten muss, das man gern erreichen oder haben möchte. Manchmal wird durch dieses Traumbild auch auf einen Einschnitt im Lebensverlauf hingewiesen. Verspätet man sich im Traum bei einem Rendezvous, kann die Liebe im Wachleben nicht sehr groß sein.
(*Siehe auch* »Zu-spät-Kommen«.)

VERSTOPFUNG Sie übersetzt die psychische Selbstvergiftung, das Beharren auf einem falschen Standpunkt. Bei Freud als Geiz, als Nicht-hergeben-Können gedeutet.
(*Siehe auch* »Darmentleerung« *und* »Kot«.)

VERSTORBENER Wer einen bereits Verstorbenen im Traum sieht, erwartet oder sucht im Wachleben einen hilfreichen Rat. Oft kündigt ein solches Bild auch die Heilung von einer Krankheit oder die Rettung aus einer Gefahr an.
(*Siehe auch* »Leiche« *und* »Urne«.)

VERWUNDUNG Siehe »Narbe«, »Schmerzen« und »Verletzung«.

VIER Diese Zahl hat fast immer positive Bedeutung; sie ist der gute Halt, die Stabilität, die Macht, die Erhaltung des bereits Erworbenen, aber auch das Ordnende in der Natur mit ihren vier Jahreszeiten, den vier Himmelsrichtungen und den vier Mondphasen.
(*Siehe auch* »Quadrat«.)

VIOLETT Die Farbe der Einkehr, der Besinnung. Bei der Deutung können sicher auch Bezüge zu den Symbolfarben Blau und Rot hergestellt werden.
(*Siehe auch* »Blau« *und* »Rot«.)

Violine Siehe »Geige« und »Saiteninstrumente«.

Visitenkarte Die Visitenkarte im Traum lässt auf einen heimlichen Verehrer im Alltagsleben oder eine neue Bekanntschaft schließen. Sieht man den Namen, sollte man daraus weitere Schlüsse ziehen.

Vogel Er ist als Luftwesen geistig-seelisch zu deuten, den Gedanken zugeordnet, die unseren Alltag bewegen. Der Vogel kann die Seele schlechthin verkörpern, besondere Exemplare wie die Eule auch die verborgene Weisheit oder der Rabe das Dunkle und Unglückliche (»Unglücksrabe«). Flattern Vögel hilflos umher, übersetzt das den etwas wirren Seelenzustand, aus dem man einen Ausweg sucht. Fliegen Vögel frei und ungehindert durch die Traumlandschaft, lässt das auf die Freiheit unserer Gedanken, auf unsere unbelastete Seele schließen. Vögel im Traum sind gattungsmäßig oft nicht genau zu bestimmen; am leichtesten sind Adler, Eulen, Hühner, Pfauen, Raben und Tauben zu erkennen (*siehe dort*).

Vogelkäfig Das Gefängnis des Vogels steht für unsere innere Unfreiheit und den seelisch bedingten Minderwertigkeitskomplex. Machen wir im Traum die Tür zum Käfig auf, um dem Vogel die Freiheit zu schenken, dann können wir im Wachleben befreit aufatmen, weil eine Last von unserem Inneren genommen wurde.

Vogelnest Siehe »Nest«.

Vogelscheuche Sie ist ein Schreckgespenst des Unbewussten, das uns auf übel wollende Menschen aufmerksam machen will. Manchmal personifiziert die Vogelscheuche einen Menschen, der sich in unser Leben drängen will.

Vorhang Hinter einem Vorhang verbergen sich Geheimnisse, die wir gern kennen möchten, aber auch – man denke an das Theater (*siehe dort*) – unsere Handlungsfähigkeit in naher Zukunft. Vorhänge an den Fenstern eines Hauses sollte man danach analysieren, in welchem Stockwerk (*siehe dort*) sie sich befinden. Vor allem wenn Vorhänge geschlossen sind, können sie auf ein Unwohlsein in bestimmten Körperbereichen hinweisen.
(*Siehe auch* »Fenster« *und* »Haus«.)

Vorsagen Siehe »Einsagen«.

Vulkan Der Feuer speiende Berg deutet auf Charakterzüge hin, die wir ablegen sollten, um vor uns selbst bestehen zu können. Die alles niederbrennende Lava steht für rasende Eifersucht, Jähzorn und unüberlegtes Handeln.
(*Siehe auch* »Berg«, »Brand«, »Feuer« *und* »Tanz«.)

WAAGE BIS WÜSTE

WAAGE Wenn die Waagschalen im Traum in Balance sind, wird man sich im Wachleben wohl gerecht verhalten und überlegt handeln. Steht eine Waagschale tiefer als die andere, sollte man aus anderen Symbolen deuten, ob sie sich zu unserem Vor- oder Nachteil gesenkt hat.

WABE Eine mit viel Honig gefüllte Wabe lässt auf ein Leben in Liebe und Wohlstand hoffen.
(Siehe auch »Biene«.)

WAFFEN Zum Teil gelten sie als Sexualsymbole. Tauchen sie im Traum auf, will man etwas abwehren, das die psychischen Kräfte beeinträchtigen könnte.
(Siehe auch unter den Bezeichnungen einzelner Waffen.)

WAGEN Lasten befördernde Wagen lassen auf erfolgreiche und Gewinn bringende Tätigkeiten schließen, wenn sie leer sind, jedoch auf Verluste und vergebliche Arbeitsmühe. Wem etwas vom Wagen fällt, dessen finanzielle Möglichkeiten werden bald erschöpft oder zumindest viel geringer einzuschätzen sein. Ein Möbelwagen deutet eine Standortveränderung unseres Ichs an, eine Charakterumstellung, die uns meist zu unseren Gunsten verändert.
(Siehe auch »Automobil«, »Lastwagen« und »Umzug«.)

WALD Symbol für das Geheimnisvolle, das unser Ich von einem Abenteuer ins nächste stürzt. Für ältere Menschen ist der Weg durch den Wald ein Suchen nach verlorenen Werten, für junge der Weg ins Dickicht des Lebens, der zum Erfolg führen kann, wenn sich ihnen keine Ungeheuer (siehe dort), wilde Tiere oder andere Hindernisse entgegenstellen, die ein Weiterkommen (auch im Wachleben) erschweren.

WALDHORN Wie alle Blasinstrumente (*siehe dort*) meist als männliches Sexualsymbol zu deuten. Wer zum Beispiel ein Waldhorn im Traum sieht oder hört, hat im Wachleben vielleicht Sehnsucht nach einem Menschen, dessen Verlockungen er nicht standhalten kann.

WALLFAHRT Nimmt man im Traum daran teil, ist man im Wachleben gewillt, mit anderen ein Ziel zu erreichen, das seelisch alle einander näher bringt.

WALZER Beim Traumwalzer sieht man im Wachzustand den Himmel voller Geigen hängen, aber möglicherweise tritt man auch jemandem beim Tanzen auf die Füße. Wer anderen im Traum beim Walzertanzen zuschaut, fühlt sich im Alltagsleben nicht wohl in seiner Haut, weil er andere für glücklicher hält.
(*Siehe auch* »*Tanz*«.)

WANDERN Wer durch die Traumlandschaft wandert, hat im Wachleben den Willen, Schritt für Schritt vorwärtszukommen, dabei aber nichts zu übertreiben. Ist der Weg beschwerlich, trägt der Wanderer einen Rucksack (*siehe dort*) oder mutet er sich zu viel zu, kann er das Ziel nur mit großen Schwierigkeiten erreichen.
(*Siehe auch* »*Spaziergang*«.)

WARENHAUS Wer in einem Warenhaus umhergeht und unschlüssig nach einem Artikel sucht, weiß im Wachleben nicht so recht, was er will, weshalb seine Unschlüssigkeit von anderen weidlich ausgenutzt werden könnte. Kauft man dagegen kurz entschlossen, wird man um seine Entschlusskraft beneidet. Man sollte auch auf die Zahlen (*siehe dort*) auf den Preisschildern und auf das, was man einkauft, achten, um daraus weitere Schlüsse aus dem Traumbild vom Warenhaus zu ziehen.
(*Siehe auch* »*Geschäft*« *und* »*Kaufen*«.)

WARTEZIMMER Station auf der Lebensreise, die wegen eines bestimmten Prozesses oder einer Krankheit unterbrochen werden muss, wobei zu berücksichtigen ist, ob es sich dabei um das Wartezimmer eines Arztes oder Rechtsanwalts oder etwa um den Wartesaal in einem Bahnhof handelt.
(*Siehe auch* »*Arzt*«, »*Rechtsanwalt*« *und* »*Bahnhof*«.)

WARZEN Wenn man sie an sich oder an seinen Mitmenschen sieht, deuten sie auf nachteilige Eigenschaften hin. Den eigenen Schwächen kann man widerstehen; bei denen der geträumten Mitmenschen sollte man im Wachleben überlegen, um wen es sich gehandelt hat, um sich besser auf sie oder ihn einstellen zu können.

WASCHEN Wäscht man sich selbst im Traum, muss man sich im Wachleben vielleicht von einem Vorwurf reinwaschen.

WÄSCHE WASCHEN Unsaubere Wäsche wird in der modernen Traumforschung mit

der inneren »Unreinheit« übersetzt, die sich in Schuldgefühlen ausdrückt. Nach Artemidoros besagt das Traumbild, dass man Missliebigkeiten abschütteln möchte; denn man wäscht ja »schmutzige Wäsche«.
(Siehe auch »Schleuder«.)

Wasser Symbol des Unbewussten, Lebensspender und Lebenserhalter. Es reinigt uns von dem, was uns beschmutzte. Wenn das Wasser ruht oder strömt, ist die Traumauflösung stets positiv. Sobald es aber seine Grenzen überschreitet, überschwemmt oder überflutet, zeigt es Gefahren an, die aus weiteren Symbolen zu deuten sind. Klares Wasser weist auf eine glückhafte Wendung im Leben hin, trübes eher auf eine unglückliche.
(Siehe auch »Fluss«, »Meer«, »Moor«, »Überschwemmung« und andere damit zusammenhängende Begriffe.)

Wasserfall Das herabstürzende Wasser lässt Erfolge erhoffen, eine rasche Entwicklung guter Anlagen, Förderung von oben.

Webstuhl Übersetzt die mit Arbeit ausgefüllte Zeit, die nur langsam vorwärts schreitet und daher auch erst späte Erfolge nach sich zieht.

Wecker Das schrille Läuten des Weckers hat meist nichts mit dem Traumbild vor dem Aufwachen zu tun, fügt sich aber manchmal in dieses ein und ist dann wie unter »Uhr« beschrieben zu erklären.

Weg Wege sind kleine Straßen (siehe dort), auf denen die Fahrgäste in einem Wagen durcheinander geschüttelt werden können; sie sind aber auch die geruhsamen Spazierwege, auf denen man sich innerlich sammeln kann.
(Siehe auch »Pfad«, Spaziergang« und unter den Bezeichnungen für Fahrzeuge.)

Wegweiser Sie zeigen den Weg an, den uns das Unbewusste zu gehen rät, doch manchmal führen sie uns auch trügerisch in die Irre. Man beachte daher, was sie als Ziel angeben, um daraus Weiteres zu erfahren. Können wir auf dem Wegweiser nichts lesen, sind wir wahrscheinlich im Wachleben auf dem falschen Weg.

Weide Der Futterplatz des Viehs weist auf die Weite unserer Gedanken hin und auf eine durch nichts gestörte Triebwelt. Treiben wir oder andere die Tiere von der Weide herunter, müssen wir uns im Wachleben dem Willen anderer unterwerfen, das bedeutet, wir stehen unter seelischem Zwang.
(Siehe auch »Kuh«, »Ochse«, »Stier«, »Tier« und »Wiese«.)

Wein Im Traum Wein zu trinken, bedeutet eine Begegnung mit geistig-seelischen Inhalten; man wird Positives erleben, vielleicht sogar das Wunder der Liebe. Wer vom Wein berauscht wird, soll sich Zuwachs an Materiellem ausrechnen können; wer ihn verschüttet, hat ganz einfach Pech im Wachleben und wird eine Zeche beglei-

WEIN
chen müssen, ohne dass er von dem Bezahlten etwas gehabt hätte. Wer im Traum klaren, also reinen Wein einschenkt, muss im Wachleben, auch wenn ihm das noch so schwer fällt, die Wahrheit bekennen.
(Siehe auch »Alkohol«, »Traube« und »Weinlese«.)

WEINEN Umschreibt meist die Freudentränen, die den Alltag erhellen. Nur wenn man grundlos im Traum weint, lässt das auf Kummer und Sorgen im Alltag schließen. Wer übrigens – und das wussten schon die Assyrer – um einen Toten weint, wird genesen, falls er sich gerade krank fühlt; mit anderen Worten: Er wird einen neuen Anfang wagen können, weil das Schlimmste hinter ihm liegt.
(Siehe auch »Lachen«.)

WEINLESE Führt uns der Traum auf eine Weinlese, die ja im Herbst *(siehe dort)* stattfindet, stehen wir am Beginn eines Lebensabschnitts, der uns viel Angenehmes verspricht. Ältere Menschen können sich mit diesem Traumbild auf einen Lebensabend freuen, der manchen ihrer Wünsche erfüllen wird.

WEISS Da es alle Spektralfarben in sich vereint, ist das Weiß selbst im eigentlichen Sinn farblos. Es bedeutet Reinheit, weshalb in vielen Ländern die Braut weiß gekleidet vor den Altar tritt, aber auch Enthaltsamkeit, Kühle und Unfruchtbarkeit (in manchen Kulturen gilt weiß als die Farbe der Trauer).

WELTUNTERGANG Kennzeichnet gewissermaßen unsere Weltuntergangsstimmung, die Angst vor dem Leben, das uns zu viel abverlangen könnte.

WESPE Sie beunruhigt auch im Traum allein schon durch ihr summendes Fluggeräusch und durch ihre tigerhafte gelbschwarze Färbung. Wespen umschreiben daher, dass unser Nervenkostüm augenblicklich nicht gerade übermäßig stark ist, dass in ihm die Angst vor dem Alltag und seinen Anforderungen nistet. Manchmal können auch Wespen personifiziert werden als die recht lästigen Schmarotzer, die unseren Lebensweg kreuzen.
(Siehe auch »Biene« und »Insekten«.)

WESTEN Siehe »Himmelsrichtungen«.

WETTERFAHNE Sie dreht sich im Traum wie jene im bewussten Leben nach dem Wind. Können wir die Himmelsrichtung *(siehe dort)* feststellen, aus der der Wind weht, dann ist sie zur Deutung heranzuziehen. Im Allgemeinen aber beschreibt die Wetterfahne das Wetterwendische unseres Charakters, unsere Launen, mit denen wir uns kaum Freunde machen werden.
(Siehe auch »Fahne«.)

WETTERLEUCHTEN kündigt auch im Traum eine trübe Wetterlage an, nämlich Miss-

stimmung und Misshelligkeit im privaten Bereich.
(*Siehe auch* »Blitz«.)

WETTRENNEN Deutet auf die schnell verrinnende Zeit hin, auf den ständigen Wettlauf nach Erfolg und Anerkennung, bei dem nur wenige den großen Preis erringen können.

WIDDER Das Symbol der schöpferischen Naturkräfte tritt nicht allzu oft in unseren Träumen auf. Werden wir von diesem männlichen Schaf (*siehe dort*) angegriffen, leiden wir im Wachleben möglicherweise unter einem Menschen, der sich mit Gewalt unsere Zuneigung sichern, uns aber gleichzeitig auch in ein totales Abhängigkeitsverhältnis bringen will. Packen wir den Widder im Traum bei den Hörnern, werden wir anstehende Probleme mit viel Verstand lösen können.

WIEGE Deutet oft an, dass für uns eine recht fröhliche Zeit beginnt, in der wir uns durch eventuelle Schwierigkeiten regelrecht durchschaukeln können (»Wir werden die Sache schon schaukeln!«). Liegt ein Baby (*siehe dort*) in der Wiege, sollten wir die Geborgenheit schätzen, die uns momentan das Leben verschönt.

WIESE Wer im Traum über eine blühende Wiese schreitet, dem zeigt sich das Leben momentan von seiner heiteren Seite.
(*Siehe auch* »Grün« *und* »Rasen«.)

WILDSCHWEIN Wer im Traum von ihm angegriffen wird, sollte sich vor einem rücksichtslosen Menschen in seiner Umgebung vorsehen. Natürlich verweist dieses Tier auch auf unsere eigenen ungebändigten Triebkräfte und Energien, die uns in den zwischenmenschlichen Beziehungen gelegentlich Kummer bereiten.

WIND Der Traumwind bringt meist frischen Wind in unsere persönlichen Angelegenheiten. Er treibt unser Lebensschiff an, ist der geistige Motor, der zusätzlich Energien freisetzt, damit wir ein gestecktes Ziel bald erreichen können; das fällt umso leichter, wenn es sich im Traum um Rückenwind handelt. Leise säuselnder Wind hingegen lässt uns in ruhigeres Fahrwasser gelangen.
(*Siehe auch* »Orkan« *und* »Sturm«.)

WINDELN Babywindeln haben eine gute Bedeutung, jedenfalls soll ihr Inhalt, wenn man ihn im Traum sieht, Glück bringen.
(*Siehe auch* »Kot«.)

WINDMÜHLE Siehe »Mühle«.

WINTER Die Jahreszeit, die auf unseren Lebensabend hinweist. Ist der Traumwinter hart, fühlen wir uns, auch wenn wir noch jung sind, vielleicht einsam, weil die Liebe zu einem Menschen möglicherweise erkaltet ist. Erst neue Kontakte im Wachleben könnten eine Änderung unserer realen Lage bewirken. Der Winter im Traum rät

WINTER
manchmal dazu, geduldig auf bessere Tage zu hoffen.
(Siehe auch die anderen Jahreszeiten.)

WINTERSPORT Das ruhige Gleiten auf verschneiten Hängen ist als positiv verlaufender Lebensweg zu deuten, auf dem wir zwar manchmal ins Rutschen kommen, letztlich aber immer das Gleichgewicht behalten. Hindernisse, die sich vor einem auftürmen, oder Stürze sind Bruchstellen, die im Wachleben wahrscheinlich ein Seelenarzt flicken müsste.
(Siehe auch »Eis«, »Schnee« und weitere Wintersymbole.)

WIRBELSÄULE Siehe »Rückgrat«.

WIRT/WIRTIN Gesunde, nährende Kräfte, die uns aber auch zu Völlerei und ungesittetem Lebenswandel verführen können.
(Siehe auch »Gasthaus«.)

WIRTSHAUS Siehe »Gasthaus« und »Restaurant«.

WITWE/WITWER Sehen wir uns selbst so im Traumbild, hat das nichts mit einem Verlust unseres Lebensgefährten zu tun, sondern mit neuen, freudvollen Eindrücken, die uns das Leben beschert. Begegnen wir im Traum einer oder einem Verwitweten, haben wir viel Glück in der Familie, die zusammengehalten wird und eine Gemeinschaft bildet. Nur in Traumbildern, die daneben noch viele negative Symbole enthalten, können Witwe oder Witwer unsere große Einsamkeit umschreiben, das Alleingelassensein zu einem Zeitpunkt, wo wir augenblicklich gerade jemanden an unserer Seite bräuchten.

WOHNUNG Wer im Traum eine schöne neue Wohnung bezieht, kann mit einer erfreulichen Veränderung seiner Lebensverhältnisse rechnen. Ist sie aber eine jämmerliche Bruchbude, sind wir entweder krank oder unsere zwischenmenschlichen Beziehungen sind auf dem Nullpunkt angelangt.
(Siehe auch »Haus«, »Umzug« und »Zimmer«.)

WOLF Er deutet im Traum auf das Unbezähmbare in uns hin, auf unser anderes Ich, mit dem wir in ständigem Kampf liegen, auf den Spannungszustand der Seele. Träume von Wölfen sollten uns veranlassen, mit uns selbst ins Reine zu kommen. Personifiziert könnte dieses Tier ein Mann sein, der uns nur nützt, wenn wir ihn nicht zum Feind haben.
(Siehe auch »Tier«.)

WOLKEN Sie verhängen oft den Erfolgshimmel. Vor allem Gewitterwolken lassen Rückschläge erwarten. Heitere Schäfchenwolken versprechen dagegen Freude.
(Siehe auch »Blitz«, »Gewitter« und »Himmel«.)

WOLLE Sie wärmt uns und fördert die Durchblutung. Von daher ist die Deutung

zu verstehen, Wolle versinnbildliche die Herzenswärme, die auf den Träumer im Alltagsleben einströmen werde. Wer ein Kleidungsstück aus Wolle fertigt, kann sich auf einen Gewinn freuen, der ihm durch die eigene Arbeit zuteil wird.
(*Siehe auch* »Kleid«.)

Wort Traumworte sind enorm wichtig, weil es sich um sehr bedeutungsvolle Symbole handeln kann. Kommen wir im Traum nicht zu Wort, sollten wir uns im Wachleben bemühen, in einer bestimmten Angelegenheit das richtige Wort zu finden. Fällt uns jemand ins Wort, haben wir vielleicht nicht genug zu sagen oder können uns nicht richtig ausdrücken.

Wrack Wer im Traum ein verunglücktes Schiff oder Fahrzeug sieht, kann das meist am besten mit einem scheiternden Unternehmen übersetzen.
(*Siehe auch* »Automobil« *und* »Schiff«.)

Wunde Sie schmerzt im Traum nicht, sondern sagt nur, dass unser Seelenhaushalt in Unordnung geraten ist und dass wir unseren Lebensrhythmus in absehbarer Zeit ändern müssten, um eine seelische Misere zu überwinden.
(*Siehe auch* »Blut«, »Narbe«, »Öl« *und* »Verband«.)

Würfel Seine Symbolik entspricht in etwa dem Quadrat (*siehe dort*), nur ist er noch dynamischer, denn er hat auch mit dem Spiel zu tun und mit der Unsicherheit, wie die Würfel (des Schicksals) fallen werden. Daneben ist wichtig, welche Zahl geworfen wurde.
(*Siehe unter dieser Zahl.*)

Wurm Das wirbellose Kriechtier, das wir im Traumbild sehen, kann auf unsere Hilflosigkeit in einer bestimmten Situation im Wachleben hinweisen; denn da fühlen wir uns ja oft wie ein hilfloser Wurm. Oder der Wurm frisst im Traum irgendetwas, was auf den »Gewissenswurm« hindeuten könnte, der an uns nagt. Vielleicht »wurmt« uns auch nur etwas Bestimmtes.

Wurzel Ihre Triebe drängen immer nach oben, ans Licht der Erkenntnis. Sie umschreiben unsere Hoffnung, dass wir uns im Wachleben durchsetzen werden. Wer eine Wurzel im Traum ausgräbt, will wohl einer Sache auf den Grund gehen oder die Wurzel allen Übels suchen. Bleibt sie hartnäckig im Boden stecken, werden wir kaum ergründen können, was uns neugierig machte.

Wüste Sie ist ein klassisches Symbol der Einsamkeit, die uns trotz aller Kontakte zu unserer Umwelt innerlich quält. Der Ritt oder Marsch durch die Wüste im Traum ist der Hinweis darauf, dass man ein Ziel nur nach unsäglichen Entbehrungen und Kraftanstrengungen im Wachleben erreichen kann.
(*Siehe* »Oase«.)

X BIS ZWIEBEL

X Sieht man im Traum diesen Buchstaben, will man uns im Wachleben vielleicht ein X für ein U vormachen, man versucht also uns von etwas zu überzeugen, das den Realitäten widerspricht. Manchmal deutet das X auch auf die römische Zahl Zehn (*siehe dort*) hin.

XANTHIPPE Die (angeblich) zänkische Frau des weisen Sokrates taucht gelegentlich in unseren Träumen auf, wenn uns das Unbewusste raten will, uns nicht auf kleinlichen Streit einzulassen.

YOGI Siehe »Fakir«.

YPSILON Der vorletzte Buchstabe unseres Alphabets ist Symbol der Vereinigung der männlichen und der weiblichen Anteile in unserer Seele (das Yin und Yang der Chinesen), die eine Last leichter werden lässt. Ein ypsilonförmiges Stück Holz (etwa eine Astgabel) unter eine Last gelegt, bedeutet zum Beispiel, dass eine bestimmte Bürde, die uns das Leben auferlegt, leicht zu tragen ist oder sogar von uns genommen wird. Wie ein Ypsilon ist auch die Wünschelrute geformt; sie ist gleichzusetzen mit dem Entdecken neuer Möglichkeiten.

ZAHLEN Sie weisen in kaum einem Fall auf Glückszahlen in Lotto oder Lotterie hin. Aber die Zahlensymbolik ist fast so alt wie die Menschheit selbst.
(*Siehe auch die Zahlen »Eins« bis »Dreizehn«.*)

ZÄHNE Sie zermalmen unsere Speise, die wir als Energiespender zu uns nehmen. Diesem Bild liegt Aggressives zugrunde. Der Verlust eines oder mehrerer Zähne im Traum deutet also auf einen besonderen Energieverlust hin. Beißgelüste im Traum lassen darauf schließen, dass man den Partner vor Liebe »auffressen« möchte.

ZÄHNE
Verlieren junge Mädchen im Traum Zähne, weist das auf den Verlust der Jungfernschaft oder auf Hemmungen im sexuellen Bereich hin. Zähne, die im Traumbild ausfallen, können auch auf Schuldgefühle in der Liebe hinweisen. Nach neuesten amerikanischen Forschungen haben Zähne auch etwas mit den Wechseljahren bei Frau und Mann zu tun, vor allem wenn sie von einer Person in den Wechseljahren mehrmals hintereinander in Träumen gesehen werden.

ZAHNSCHMERZEN Sie bedeuten manchmal nichts anderes als Liebeskummer. Möglicherweise deuten die geträumten Zahnschmerzen darauf hin, dass uns im Wachleben »auf den Zahn gefühlt« wird. Oder es wird uns irgendetwas, das wir mit unserem Gewissen nicht vereinbaren können, Leid tun.
(Siehe auch »Schmerzen«.)

ZANGE Wer mit ihr im Traum hantiert, möchte wohl im Alltagsleben einen Gegner in die Zange nehmen.
(Siehe auch »Klempner«.)

ZAPFENSTREICH Wer dieses militärische Signal im Traum erlebt, hat im Alltag etwas abgeschlossen, das ihn zum Feiern veranlassen könnte. Zumindest steht er kurz vor dem Bestehen einer Prüfung, dem Abschluss eines Geschäfts oder vor einem preisgünstigen Einkauf. Der Zapfenstreich erinnert aber auch an eine zu Ende gehende Phase.

ZAUBERER Es geht ein Zauber von ihm aus, wenn er uns mit seinen Kunststücken im Traum erfreut. Dieser Zauberer versucht, uns das Leben wieder zu schenken, dass wir in des Alltags Hast und Mühe schon fast verlernt haben. Er erinnert uns vielleicht auch an den Zauber schöner Stunden, die sich irgendwann einmal wiederholen werden. Spielen wir den Zauberer selbst, sollten wir uns besser nicht über die augenblickliche Lage hinwegtäuschen.
(Siehe auch »Clown« und »Zirkus«.)

ZAUN Das Hindernis, das sich am Lebensweg aufbaut. Überklettern wir es, werden wir auch im Wachleben manches Hindernis aus dem Weg räumen. Bleiben wir daran hängen oder zerreißen wir uns an einer Zaunlatte die Kleidung, müssen wir in nächster Zeit vorsichtig taktieren, um nicht im Leben über etwas zu stolpern, das heißt, einen Misserfolg zu erleiden.
(Siehe auch »Gatter«, »Maurer« und »Weg«.)

ZEHN Diese Zahl mit der Eins und dahinter der »Unzahl« Null scheint Einsamkeit anzudeuten. Sie hat jedoch ebenso mit Besitz und Aufstieg zu tun, die man nur durch eigene Kraft erreichen kann.
(Siehe auch unter »Zahlen« und anderen Zahlen.)

ZEICHNEN Können wir das, was wir selbst zeichnen oder was von anderen dargestellt

wird, erkennen, sollten wir daraus weitere Schlüsse ziehen. Ist das Gezeichnete zu undeutlich, müssen wir überlegen, ob wir nicht eine Sache im Alltagsleben falsch angepackt haben, die wir schleunigst bereinigen sollten.
(Siehe auch »Malen«.)

ZEIGER An der Uhr zeigt er die Stunden, Minuten und Sekunden an. Können wir uns merken, was die Stunde geschlagen hat, sollten wir unter den Symbolen der Zahlen und unter »Uhr« (siehe dort) nach der möglichen Deutung suchen.

ZEITUNG Wichtige Informationen werden uns im Privatleben zuteil, wenn wir im Traum eine Zeitung lesen und den Text klar erkennen, aus dem sich weitere Hinweise ergeben können. Ist der Text nicht zu lesen, sitzen wir wohl eher Fehlinformationen auf.
(Siehe auch »Spalte«.)

ZELT Wir bauen es im Traum als unser Haus (siehe dort) auf und werden damit vom Unbewussten gemahnt, künftig naturbewusster zu leben. Das Zelt ist das Dach (siehe dort) über unserem Kopf, das in manchen Träumen zu einfacherem Denken im Wachleben anregen will.

ZELTLAGER Es regt im Traumbild zu größerem Gemeinschaftsdenken an. Manchmal hat es mit einem Charakterzug des Träumenden zu tun, sich lieber anderen anzuschließen, als allein vorzugehen.

ZENTIMETERMASS Siehe »Maß«.

ZEPPELIN Ein über unserem Kopf schwebender Zeppelin lässt etwas Bedrückendes aus dem Alltag erahnen. Reisen wir in einem Luftschiff, sind wir auf dem besten Wege, mithilfe eines alten Gönners oder eines guten Freundes ein hochgestecktes Ziel anzusteuern.
(Siehe auch »Flugzeug«.)

ZERBRECHEN Zerbricht Glas im Traum, sollten wir im Wachleben ein wenig vorsichtiger mit gewissen Menschen oder Dingen umgehen. Zerbricht Porzellan, sieht es jedoch etwas günstiger aus.
(Siehe »Glas«, »Porzellan« und Gefäße, die zerbrechen können.)

ZETTEL Wenn wir auf ihm Selbstgeschriebenes nicht lesen können, beweist das unsere Vergesslichkeit gegenüber einem uns nahe stehenden Menschen.
(Siehe auch »Notiz«.)

ZIEGE Sie meckert auch in unseren Träumen. Wo sie auftaucht, haben wir es im Wachleben mit jemandem zu tun, dem man nichts recht machen kann, dessen Kritik allerdings teilweise berechtigt sein mag. Springen Ziegen lustig durch unser Traumbild, packt uns möglicherweise der Übermut oder der Leichtsinn.

ZIEGELSTEIN Mit Ziegeln wird ein Haus (siehe dort) gebaut, ein Dach (siehe dort)

Ziegelstein

gedeckt. Sie übersetzen die Aufbaukräfte unseres Körpers. Wer mit ihnen baut, sorgt im Wachleben für das persönliche Wohlergehen; Es kann sich dabei auch um den Aufbau einer neuen Existenz handeln, in der man noch einmal von vorn beginnt.

Zimmer

Das Innerste des Hauses, übersetzt: das eigene Ich. Das kann auf Verschlossenheit gegenüber anderen hinweisen, denen man sich und seine Pläne nicht offenbaren will. Wer ruhelos von einem Zimmer ins andere geht, dessen Standpunkt verändert sich im Alltag von einem Augenblick auf den anderen, wobei sich meist ein Wechsel in den psychischen Anlagen des Träumers erkennen lässt. Gehen wir von einem dunklen in einen hellen Raum, gelangen wir von einem unbewussten in einen bewussten Zustand – anders ausgedrückt: Die Lehren, die uns der Traum erteilt, sollten im Wachleben beherzigt werden. Sieht das Zimmer genauso aus, wie es in Wirklichkeit ist, wird uns vielleicht bald Langeweile packen, die zu dem Entschluss führt, unsere jetzige Umgebung bald zu verlassen, um woanders glücklich zu werden.
(Siehe auch »Haus«, »Saal« und »Wohnung«.)

Zirkel

Mit ihm zeichnet man einen Kreis *(siehe dort)*, weshalb die Deutung nahe liegt, dass man in einer bestimmten Angelegenheit im Kreise laufen wird, wenn man sich im Traum mit dem Zirkel hantieren sieht.

Zirkus

Wer im Manegenrund die Talente der Artisten bewundert, möchte sich im Wachleben jemanden zum Vorbild nehmen, der sein Leben zu meistern versteht. Treten wir selbst im Traumzirkus auf, wollen wir im Arbeitsalltag unsere Talente beweisen.
(Siehe auch »Clown«, »Kreis«, »Zauberer« und unter den Bezeichnungen der Tiere, die in unserem Traumzirkus auftreten.)

Zitrone

Die im Traum ausgepresste Südfrucht kann auf den Tatbestand hinweisen, dass man im Wachleben ausgenutzt wird, was einen recht sauer macht.

Zölibat

Bei männlichen Träumern steht es meist für den Wunsch, allein zu bleiben, sich nicht dem Zwang der Ehe unterzuordnen.
(Siehe auch »Mönch«.)

Zoll

Was im Traum von uns an der Grenze *(siehe dort)* gefordert wird, sind übersetzt die Anforderungen, die das Leben momentan an uns stellt. Wenn wir von Zollbeamten beim Schmuggeln ertappt werden, sind wir im Wachleben eventuell zu überfordert, um eine Sache ehrlich durchzufechten.
(Siehe auch »Schlagbaum«.)

Zoo

Der Tiergarten, in dem es grünt und blüht, ist der Beweis für unser Aufblühen in der Gesellschaft. Aber die dort eingesperrten Tiere mahnen uns, unsere Triebe nicht allzu sehr in den Vordergrund zu stellen.

ZOPF Wer im Traum einen Zopf flicht, hängt im Wachleben an alten Zöpfen und wehrt sich gegen den Fortschritt oder Veränderungen ohne sie freilich aufhalten zu können.
(Siehe auch »Haare«.)

ZUCHTHAUS Wer darin eingesperrt ist, startet einen Neubeginn; meist geht es dabei um das einfache Leben, nach dem man sich schon lange sehnte. Es müsste aus anderen Symbolen deutlich werden, ob man in diesem neuen Lebensabschnitt glücklicher werden kann.
(Siehe auch »Gefängnis«.)

ZUCKER Im Traum ist Zucker nicht süß. Eher deutet er auf einen Mangel oder eine Sehnsucht hin. Vielleicht möchte man sich das Leben besonders schön machen, aber der Alltag spielt nicht mit.
(Siehe auch »Süßigkeiten«.)

ZUGBRÜCKE Wenn diese Brücke, die über den Graben (siehe dort) einer Burg (siehe dort) führt, heruntergelassen wird und wir darüber hinwegschreiten, werden wir wohl bei einem anstehenden Projekt offene Ohren finden. Eine Zugbrücke, die oben bleibt, deutet Schwierigkeiten an.

ZÜGEL Nehmen wir ein Tier am Zügel, werden wir im Wachleben selbst an die Kandare genommen; das heißt: Wir müssen uns in Unabänderliches fügen.
(Siehe auch »Leine« und »Pferd«.)

ZUNGE Das Werkzeug der Sprache hat geistige Bedeutung. Sieht man die eigene Zunge im Spiegel (siehe dort), gibt uns das Unbewusste den Rat, in einer bestimmten Situation lieber zu schweigen, als unbekümmert drauflozuplappern. Sehen wir die Zunge eines anderen Menschen im Traum, sollten wir an die spitzen Zungen in unserer Umgebung denken, die uns und andere verleumden. Zungenküsse im Traum sind übrigens nicht sexuell zu deuten, sie umschreiben eher, dass wir uns mit dem Partner oder einem anderen uns Nahestehenden einigen sollten, um ein gemeinsames Problem zu lösen.
(Siehe auch »Kuss«.)

ZUHÄLTER Der Mann, der einer Dirne (siehe dort) gewohnheitsmäßig oder aus Eigennutz bei der Ausübung ihres Gewerbes Schutz gewährt, ist im Traumbild das Spiegelbild des Träumers selbst, der sich gern außerhalb enger Moralbegriffe stellen möchte und nicht den rechten Weg findet, um sauber aus einer bestimmten Angelegenheit herauszukommen. Hier ist die Rede von einem Menschen, der keinen Anschluss an die so genannte feine Gesellschaft sucht und lieber allein sein Glück versucht.

ZU-SPÄT-KOMMEN Verspäten wir uns im Traum, mahnt uns das Unbewusste, nicht die Chance zu verpassen, die uns das Leben gerade in diesem Augenblick bieten könnte. Das Zu-spät-Kommen ist immer

ZU-SPÄT-KOMMEN ein Hindernis auf dem Lebensweg, erinnert aber auch manchmal an die Angst, am anderen Morgen nicht rechtzeitig aufzuwachen und dann vielleicht den Zug zu versäumen oder zu spät ins Büro zu kommen.
(Siehe auch »Verspätung«.)

ZWEI Diese Zahl bezeichnet den Gegensatz, das Gute und das Böse, Sein oder Nichtsein – übersetzt: die Widerstände, die sich dem Menschen im Alltag entgegenstellen. Die Zwei ist zugleich das Ewigweibliche, die Frau, die dem Mann zugesellt ist, damit er seine naturgegebene Bestimmung erfüllt.
(Siehe auch »Zahlen«.)

ZWEIG Der dünne Ast (*siehe dort*) weist auf die Wunscherfüllung hin, wenn er grünt und blüht. Sind die Zweige im Traumbild dürr und ohne Blätter, hofft man vergebens auf eine günstige Änderung des bewussten Lebens.
(Siehe auch »Baum« und »Blatt«.)

ZWERG Die Märchenfigur steht oft für Minderwertigkeitsgefühle. Wer sich selbst im Traum kleiner sieht, als er in Wirklichkeit ist, fühlt sich häufig gegenüber einem Konkurrenten im Nachteil und glaubt, sich mit diesem nicht messen zu können. Manchmal sind die Zwerge im Traum auch Helfer in der Not, also richtige Heinzelmännchen.
(Siehe auch »Verkleinerung«.)

ZWIEBEL Man kennt ihre gesundheitsfördernde Wirkung; wer sie also im Traum isst, kann auf neue Kräfte bauen, die jede Arbeit leichter werden lassen. Weinen wir im Traum beim Zwiebelschälen, so vergießen wir im Wachleben öfter einmal falsche Tränen.

KINDER TRÄUMEN ANDERS

Kinder träumen intensiver als Erwachsene. Sie träumen auch direkter, die Inhalte ihrer Träume sind also kaum verschlüsselt. Oft nehmen sie das Tagesgeschehen mit in den Traum hinüber. Reize aus der Umwelt, zum Beispiel das Fernsehen oder der Straßenverkehr, aber auch Märchen oder spannende Kindergeschichten bleiben nicht ohne Einfluss auf das Traumerlebnis, in dem das Kind sehr oft selbst die handelnde Person ist. Die äußeren Reize, die im Traum verarbeitet werden, schlagen sich vielfach in wahren Angstträumen nieder. Weinen, lautes Aufschreien oder wildes Hin- und Herwälzen im Bett, ohne dabei zu erwachen, lässt zwar treu sorgende Mütter nach ihrem Kind schauen, dem Urgrund des kindlichen Verhaltens aber wird kaum je nachgespürt: Es hat »nur geträumt«, tröstet sich die Mutter, anstatt sich von dem Kind, wenn es aufwacht, berichten zu lassen, was es denn da Furchterregendes in der Nacht erlebt hat.

> Lassen Sie sich von Ihrem Kind erzählen, was es in der Nacht geängstigt hat. Oft wirken im Traum Erlebnisse des vergangenen Tages nach.

Leider ist es nicht ganz einfach, an die Traumberichte der Kleinen heranzukommen. Wer das skurrile Traumgeschehen in Kinderträumen mit dem lapidaren Satz »Träume sind Schäume« abtut, wird kaum je wieder von den nächtlichen Erlebnissen erfahren. Wer aber ernsthaft zuhört, wenn das Kind seinen Traum erzählt, der schafft Vertrauen und bringt dadurch vielleicht auch jenes Traumgeschehen in Erfahrung, das das Kind sonst schamhaft verschweigen würde. Dabei wird sicher manches geschönt, wobei die Fantasie noch eins draufsetzen kann, denn Kinder manipulieren gern. Mit etwas Einfühlungsgabe wird man aber auch anhand geschönter Fantasieprodukte herausfinden, was wirklich im Traum geschah. Die überschäumende kindliche Fantasie sollte man nicht in Bausch und Bogen verdammen. Sie ist ein Teil des Denkens und damit des Verstandes.

Oft schämen sich Kinder ihrer Träume und mögen sie darum nicht weitererzählen. Der Grund für dieses Verschweigen liegt darin, dass viele Eltern leider ihre Kindern nach allzu rigiden Moralvorstellungen erziehen. Und diese verbieten ihnen, über allzu menschliche Dinge zu reden. Mit gesunder Erziehung hat das jedoch nichts mehr zu tun, wenn der kindlichen Natürlichkeit die Zwangsjacke eines falsch verstandenen moralischen Anstands übergestreift wird.

Kinderträume unterscheiden sich von Erwachsenenträumen in etwa wie Kinderzeichnungen von Bildern, die in einer Gemäldegalerie zur Schau gestellt werden. Kinder gestalten ihre Bilder ähnlich, wie sie ihre Träume sehen: plakativ und abstrakt. Sie kennen noch nicht die Weite und das Dreidimensionale des Raumes und schon gar nicht Größenunterschiede.

In ihren Träumen sehen sich Kinder selbst oft nicht als ihr eigenes Ich, sondern als Handelnde in der dritten Person. Für sie läuft das Traumgeschehen wie ein Film ab, den sie als Zuschauer erleben und in dem sie eine Hauptrolle spielen. Und sie wissen kaum, in welcher Zeit dieser Film spielt.

> In Kinderträumen werden oft Spannungen abgebaut, die sich sonst in ausgelebten Aggressionen zeigen würden.

In Kinderträumen treten wichtige Bezugspersonen häufig in Tiergestalt oder in anderen »Verkleidungen« auf. Hier verschlüsselt das kindliche Unbewusste wohl sehr gezielt die Traumfigur, damit das Kind nicht eine Aversion gegen ihm nahe stehende Menschen entwickelt oder um nicht einen Keil in die enge Beziehung zu Vater und Mutter zu treiben. Gerade in solchen Träumen werden vielfach Spannungen abgebaut, die sich sonst im Wachleben in recht aggressivem Verhalten zeigen würden.

Aggressive Neigungen haben immer ihren Grund. Besonders stark wirken sie sich bei jenen Kindern aus, die sich in einer Umbruchphase befinden. Sechsjährige, die gerade in die Schule gekommen sind, zeigen zum Beispiel oft Aggressionen, weil sie sich noch nicht so recht an den Zwang, lernen zu müssen, gewöhnen können. Ihr bisheriger Lebensstil wird verändert. Und die neuen Eindrücke, wozu auch das Kennenlernen ihrer zahlreichen neuen Mitschüler gehört, überwältigen die Kinder so sehr, dass sie einfach nach einem Ventil suchen, um das alles verkraften zu können. Ähnlich geht es ihnen dann auch bei jedem Wechsel in eine höhere Jahrgangsstufe.

Auch Kinder führen im Traum ein »zweites Leben«, das sogar manchmal intensiver ist als das von Erwachsenen. Und dieses zweite Leben ist ohne Zwang, ohne Reglementierung. Im unbewussten Geschehen des Traumes können Kinder alles tun, was ihnen im bewussten Leben verboten ist. Sie schlagen Tiere und Menschen, fliegen wie Vögel in lichte Höhen und fallen ins Bodenlose. Trotz allem tragen sie nie einen Schaden davon. Es ist die heilende Kraft der Seele, die im Unbewussten wirkt, wenn man die Zeichen, die ein Traum setzt, richtig deuten kann.

Aber das zweite Leben, das Kinder im Traum führen, hat auch seine Schattenseiten. Gerade Kinder, von denen die Eltern alles Beängstigende fern halten, lernen in den Traumphasen nachts die Angst kennen. Und diese Angst setzt sich im Wachleben fort.

Wir sind der Frage nachgegangen, ob Mädchen mehr und öfter träumen als Buben. Das Ergebnis: Kinder beiderlei Geschlechts träumen gleich viel. Der einzige Unterschied besteht darin, dass die bis neun Jahre alten Mädchen eher über das jeweilige Traumgeschehen berichten konnten. Ihre Schilderungen waren zudem ausführlicher als die der Jungen, die nur kurz die Erlebnisse der Nacht wiederzugeben vermochten. Kommt das daher, dass Mädchen im Kindesalter über ein größeres Erzähltalent verfügen?

Bei den Albträumen war das Ergebnis umgekehrt: Mehr Buben als Mädchen wussten von entsprechenden Begebenheiten in ihren Träumen. Im Allgemeinen reagierten sie ängstlicher auf die schokkierenden Erlebnisse, während die Mädchen nur selten von Angst geschüttelt erwachten. Wahrscheinlich liegt das daran, das Mädchen ihren Frust noch vor dem Einschlafen sehr zum Ärger der

> Manchmal werden übermäßig behütete Kinder besonders furchtsam, weil sie Ängste nur im Traum kennen lernen und so nicht lernen, bewusst damit fertig zu werden.

Eltern abladen, die über das lange Wachbleiben ihrer Töchter klagen, während die Söhne eher kurz nach dem Zu-Bett-Gehen einschliefen.

Nicht alle Traumfiguren in Kinderträumen sind jedoch wie in Erwachsenenträumen symbolisch zu deuten. Darum sollte jeder, der aus einem Kindertraum Wichtiges ablesen will, zunächst versuchen diesen Traum – vor allem bei Kindern unter acht oder neun Jahren – wörtlich so zu nehmen, wie er von dem kleinen Träumer erzählt wird. Erst wenn dieser Wortlaut eine Deutung nicht zulässt oder sie keinen Sinn ergibt, müsste zu jenen Deutungsvorschlägen gegriffen werden, die wir auf den nächsten Seiten zusammengefasst haben. Bei Teenagern dagegen können Symbole meist bereits so gedeutet werden, wie wir sie im Hauptteil dieses Buches aufgeschrieben haben.

Wie immer bei der Deutung von Träumen muss man auch bei Kinderträumen genau hinhören, wenn sie erzählt werden. Die Wortwahl ist oft der erste Hinweis, wie der Inhalt zu verstehen ist.

Viele kindliche Traumbilder können auf eine Unachtsamkeit oder einen Erziehungsmangel der Eltern oder anderer Bezugspersonen hinweisen. Hier ist – nicht nur beim Kind! – durchaus auch einmal Selbsterkenntnis gefragt.

Wie gesagt: Erst wenn der wörtlich aufgefasste Kindertraum keinen Sinn ergibt, sollte man, vor allem bei etwas älteren Kindern, die symbolische Deutung ins Spiel bringen, wobei wir nachstehend einige für Kinder besonders markante Symbole aufführen wollen.

Abbruch bis Zwillinge

Abbruch Der Abbruch eines Hauses schildert die Angst, etwas zu verlieren, was bisher zum kindlichen Umkreis gehörte. Nimmt vor allem das größere Kind selbst daran teil, bemüht es sich, irgendetwas ins Lot zu bringen, was es in letzter Zeit seelisch bedrängte.

Abendkleidung Wenn ein Kind sie selbst trägt, möchte es im Wachleben Erwachsene nachahmen oder ihnen ähnlich sein. Sieht es Bezugspersonen in festlicher Robe, hat es Angst, in vielerlei Beziehung allein gelassen zu werden.

Abgrund Dieses Bild kommt in Albträumen häufig vor. Das Kind steht vor dem Abgrund, gewissermaßen vor dem Nichts. Es wendet sich angstvoll ab, verschließt im Wachleben die Augen vor dem, was es erwartet. Steht es vor dem Sturz in die Tiefe und wird durch plötzliches Erwachen von seiner Angst befreit, sollte man den Grund für eine scheinbar ausweglose Lage im Wachleben suchen, damit das Kind sie leichter überwinden kann. Oft handelt es sich dabei um seelischen Kummer, für den sich gar kein Grund finden lässt. Bei manchen Kindern wird ein nächtlicher Sturz aus dem Bett auch in diesen Traum integriert.

Abmagern Sieht sich ein Kind (oder der, den es darstellt) im Traum spindeldürr, ist das möglicherweise der Hinweis, dass es sich vernachlässigt fühlt.

Abschied Abschiednehmen steht oft am Beginn eines neuen Zeitabschnitts in der kindlichen Entwicklung. Der Abschied von den Eltern umreißt bei älteren Kindern das Verlangen nach größerer Selbstständigkeit.

Adler In Kinderträumen stellt er manchmal den eigenen Vater dar. Wer den Raub-

ADLER vogel fängt, will den Vater vielleicht für sich allein besitzen. Ein Adler, der sich im Sturzflug auf eine Beute stürzt, weist auf die Angst hin, die bisherige Zuneigung des Vaters möglicherweise durch eigene Schuld zu verlieren.

AFFE Er steht für den Schatten auch des kindlichen Ichs. Oft die Angst des Kindes, andere könnten sich über es lustig machen. Der Traumaffe steht vielleicht auch für Bezugspersonen, die im Wachleben nicht unbedingt Vorbild des Kindes sind.

ALTER MENSCH Kindliche Traumbilder zeigen ab und zu alte Menschen in Gestalt einer Hexe, eines Quälers oder eines Querulanten. Hier wird das Bösartige im Kind selbst beschrieben, das überwunden werden sollte.

AMEISEN Häufiges Träumen von Ameisen, die sich durch den Traum kribbeln, gibt auch bei Kindern den Hinweis auf Störungen im vegetativen Nervensystem. Ab und zu wird ein solcher Traum durch das Einschlafen von Gliedmaßen hervorgebracht. Auch da ist ja Gefahr im Verzug.

ARZT Tritt er im Kindertraum auf, will die Seele helfen, einen krank machenden Konflikt zu beseitigen.

AUFGABE Bei Schulkindern ist sie oft schwer zu lösen, was auf ein ganz bestimmtes Problem im Wachleben hinweisen könnte.

AUSSCHLAG Häufiges Symbol in Kinderträumen. Gilt als Warnzeichen, dass etwas körperlich oder seelisch im Argen liegt und wieder in Ordnung zu bringen ist.

BABY Ein Kindertraum von einem Baby schildert oft die Angst, von den Eltern gegenüber den Geschwistern vernachlässigt zu werden.

BACH Der quellfrische Bach beweist, dass der kleine Träumer viel Lebensfreude hat. In dessen Psyche scheint jedoch irgendetwas nicht zu stimmen, wenn der Bach trüb und modrig ist. Fische im Bach könnten erklären, dass sich das Kind Spielkameraden wünscht.

BALL Spielt das Kind im Traum mit einem Ball, lässt es sich vielleicht im Wachleben zum Spielball seiner Gefühle machen und verrennt sich in eine Sache, die den Einsatz nicht lohnt.

BÄR Ein Traumbär bedeutet auch in einem Kindertraum oft die Mutter oder die erdhafte, warme Mütterlichkeit. Er schildert aber hier und da auch eine drohende Gefahr. Das Gefühl der Bedrohung resultiert manchmal aus einem allzu großen Schutzbedürfnis des träumenden Kindes, was in bestimmten Fällen auch auf falsche Erziehung hinweisen könnte.

Bauen Baut das Kind im Traum etwas, fühlt es sich im Wachleben von seinen Erziehern vielleicht nicht genügend beschäftigt. Baufälligkeit weist auf die Unsicherheit hin, die der Träumer seiner Umwelt gegenüber zum Ausdruck bringt.

Bett Erfasst das Kind in diesem Hort der Geborgenheit tiefe Unruhe, sollte dem nachgegangen werden, weil das eventuell auf verborgene seelische Störungen hinweist, die Krankheiten verursachen könnten. Ein sauber bezogenes Bett mag daran erinnern, auch im Wachleben auf Sauberkeit zu achten. Das schmutzige Bett weist demnach auf seelische Unebenheiten hin.

Brücke Wenn das Kind im Traum über die Brücke zu einem anderen Ufer geht, erwartet es etwas Neues, das positiv zu deuten ist. Eine kaputte Brücke deutet eine Gefahr für das Kind an – ein Zeichen, dass etwas in Ordnung gebracht werden muss.

Brust Bei Freud als frühkindliches Symbol verstanden, das schon dem Baby sexuelle Gefühle gegenüber der Mutter suggeriert, von der es gestillt wird. Bei älteren Kindern spiegelt der Brusttraum die geistige Nahrung wider, die dem Seelenhaushalt des Kindes zugute kommt.

Burg Befindet sich der kleine Träumer in einer Burg, muss er sich im Wachleben wohl feindlicher Einflüsse erwehren. Eine Burgruine ist gleichzusetzen mit dem Tohuwabohu widerstreitender Gefühle, die aufzeigen, dass das Kind eine starke Hand braucht, die es wieder aufrichtet.

Clown Die Gestalt zwischen Lachen und Weinen deutet hier auf die Unsicherheit hin, ob das, was man tut richtig ist, oder auf das Unverständnis, das dem Kind im Wachleben entgegengebracht wird.

Dach Auch im Kindertraum steht es für den Kopf, das »Oberstübchen«. Wenn dort etwas nicht in Ordnung ist, sollten wir prüfen, ob da im Wachzustand nicht etwas »spinnt«, das heißt, ob das Kind vielleicht Konzentrationsschwächen offenbart.

Daumenlutschen In Angstträumen der Hinweis, dass das Kind sich fürchtet, im Wachleben wegen seines Tuns schämen zu müssen.

Diebstahl Das Signal für Verluste, die das Kind erleiden könnte, wenn man nicht rechtzeitig helfend eingreift. Das »Diebesgut« besteht oft aus seelischen Werten, deren Verlust Schmerz bereiten kann.

Drache Der Kampf mit dem Drachen umschreibt den Kampf mit sich selbst, die Auflehnung gegen sich selbst und gegen die eigenen Gefühle. In dem Drachen können sich auch »Rabeneltern« wiedererkennen, die ihr Kind mit zu hohem Leistungsdruck überfordern oder es in völlig missverstandener Elternliebe abgöttisch verwöhnen.

Dreck Wird das Kind im Traum mit Dreck beworfen oder macht es sich sonstwie schmutzig, bemüht es sich im Wachleben hingegen wohl eher um Sauberkeit und Akkuratesse in allen Lebensbereichen. Dreck im Traum ist im Allgemeinen positiv zu werten.

Durchfallen Es kommt in Angstträumen meist dann vor, wenn das Kind im Wachleben vor einer Prüfung steht. Die Angst lässt sicher auf ein psychisches Problem schließen.

Ecke Verkriecht sich das Kind im Traum in eine abgelegene Ecke, hat es Angst, irgendetwas im Wachleben falsch zu machen. Man sollte diesem Angstgefühl nachgehen.

Eifersucht Das Unbewusste greift mit diesem Bild oft auch quälende Gedanken aus dem Wachleben auf, um zu beweisen, wie widersinnig die Furcht ist, verlieren zu müssen, was man liebt.

Einbrechen Vor allem in Albträumen: Einbrecher brechen in den Seelenfrieden ein und stören ihn, wollen Besitz ergreifen von dem, was dem Kind lieb und teuer ist. Manchmal kann auch die Frage gestellt werden: Wen oder was sucht es im Augenblick aus seinem Leben herauszuhalten? Bricht das Kind in den Boden ein, läuft es wohl Gefahr, im Wachleben den Boden unter den Füßen zu verlieren.

Einkaufen Das Einkaufen im Traum, das glaubte auch Sigmund Freud, steht für heimliche Wünsche. Auf das träumende Kind bezogen: Es möchte etwas haben, das ihm bisher verwehrt wurde. Möglicherweise will es sich auch die Liebe der Eltern »erkaufen« oder deren Anerkennung erlangen.

Eisenbahn Ein Mittel zum Fortkommen auf der Lebensreise. Manchmal verpasst man den Anschluss, muss sich also wohl oder übel in seine augenblickliche Lage fügen. Kommt man aber an der Endstation an, wird man im Wachleben wohl ein angestrebtes Ziel erreichen. Zu spät zu kommen, bedeutet Ärger in der Schule oder mit bestimmten Bezugspersonen.

Elefant Im Kindertraum das mütterliche Wesen, das das Kind beschützt. Übertragen auf das Wachleben: Das Kind kann sich sicher fühlen, dass ihm nichts Übles geschieht.

Eltern Treten im Kindertraum – freilich meist in anderer Gestalt, eventuell sogar als Tier – oft dann auf, wenn sich ein Träumer nach jener Geborgenheit sehnt, die er im Elternhaus eigentlich finden sollte. Das Unbewusste nimmt das Bild der Eltern als Beispiel, wenn im Leben des Kindes Unstimmigkeiten aufkommen.

Enge Eine Enge, durch die sich das Kind im Traum zwängen muss, kann durchaus als sein Erinnern an die eigene Geburt gewertet werden. Oft zeigt das Bild auch an, dass das Kind sich im Wachleben in die Enge getrieben fühlt. Vielleicht befindet es sich im Augenblick in einer schwierigen Lage.

Engel Ein Traumengel weist den Weg aus eigenen Schwierigkeiten, deutet aber hier und da auch an, dass das Kind Hilfe braucht.

Esel Oft stellt er im Traum das Kind selbst dar: Es ist störrisch und will eine Last (etwa in der Schule) nicht gern tragen. Das Unbewusste zeigt auf, dass diese Last im Wachleben durch viel Verständnis und noch mehr geduldige Fürsprache von dem Kind genommen werden kann.

Essen Die Traumspeise ist vielfach gleichzusetzen mit der fehlenden geistigen Nahrung, beim Kind also etwa mit dem Gefühl, es sei nicht richtig ausgelastet. Verweigert es im Traumbild die Nahrung, deutet das auf einen Widerwillen gegen irgendetwas in seinem Leben hin.

Fallen Fallträume deuten beim Kind auf innere Hemmungen, hier und da auch auf Kontaktschwierigkeiten hin. Manchmal kann es sich um das Bild vom »gefallenen« Mädchen handeln, das in Kinderträumen auf ein gewisses Schuldgefühl hinweisen kann: Man hat im Wachleben vielleicht etwas angestellt, von dem die Mutter nichts wusste, an das nun das Unbewusste erinnert und Wiedergutmachung fordert. Positiv zu vermerken wären Träume, bei denen es sich um irgendeinen »Fall« handelt, der vom Unbewussten als kaum beängstigend empfunden wird, weil seine Lösung bereits ansteht.

Feuer Wo es hell und leuchtend brennt, ist die Kinderwelt in Ordnung. Verlöscht es aber urplötzlich im Kindertraum, deutet das die Angst an, dass die Liebe der Eltern oder anderer Bezugspersonen erlöschen könnte.

Finger Sitz des Tastsinns, der auch bei Kindern den Wunsch nach größerer Handlungsfreiheit signalisieren kann. Schmutzige Finger deuten darauf hin, dass sich das Kind von Leuten umgeben sieht, die Unmögliches von ihm verlangen.

Fliegen Flugträume können positiv und negativ ausgelegt werden. Einmal umschreiben sie die Angst, den Boden unter den Füßen zu verlieren. Bei erfreulichen Flugträumen spielen Gefühle eine Rolle: Das Kind spürt, dass es von seinen Eltern oder von anderen Bezugspersonen geliebt und ernst genommen wird; es fühlt sich gewissermaßen getragen, wie im siebten Himmel.

Flugzeug Brummende Flugzeuge jagen durch den Kopf, schießen über den kleinen Träumer hinweg und verwirren ihn. Sie

FLUGZEUG sind Teil der Angst, die als Warnzeichen des Unbewussten gilt, als Aufforderung, sein Verhalten im Wachleben aufs Maßvolle zurückzuschrauben. Die Flugreise kann auch bei Kindern als ein sich Loslösen von psychischen Belastungen verstanden werden.

FREUND Auch bei Kindern sind Freund oder Freundin der Schatten des eigenen Ichs, unsere ständigen Begleiter auf dem Lebensweg.

FUSS Weist auf den eigenen Standpunkt hin. Das Kind, das einen seiner Füße oder die Füße anderer im Traumbild riesengroß sieht, fordert wohl im Wachleben zu viel und sollte sich lieber etwas bescheiden. Für Eltern oder andere Bezugspersonen bedeutet das, man sollte seinen Liebling nicht zu sehr verwöhnen.

GEISTER In Albträumen lassen sie erahnen, dass sich das träumende Kind im Wachleben vor irgendetwas fürchtet.

GELD Findet das Kind Geld, möchte es im Wachleben wahrscheinlich den eigenen Wert steigern oder nur mehr beachtet werden.

GERÜST Mit dem Haus, das mit einem Gerüst versehen ist, deckt das Unbewusste körperliche Schwachstellen auf. Vielleicht fühlt sich das Kind zurzeit nicht ganz wohl in seiner Haut.

GESCHWISTER Stellen beim träumenden Kind oft die Antipoden des eigenen Ichs dar. Streitet es sich mit ihnen, dann ist es im Wachleben eventuell mit sich im Widerstreit.

GEWALT Der Traum, in dem Gewalt angewendet wird, weist oft auf Aggressionen im Wachleben hin, die das Unbewusste abbauen möchte, wobei das Kind jedoch der Hilfe anderer bedarf. Man sollte es in diesem Fall nicht allein lassen, sondern der Sache gemeinsam auf den Grund gehen.

GEWEHR Mit dem Traumgewehr in der Hand kann das Kind im Wachleben wohl über das Ziel hinausschießen; übersetzt: Man sollte ihm bedeuten, immer einen kühlen Kopf zu bewahren, um im rechten Augenblick das Richtige erkennen und tun zu können.

GLAS Es kann auch beim Kind auf die Zerbrechlichkeit einer bisher engen Beziehung hinweisen, aber ebenso auf recht durchsichtige Gedanken, die im Wachleben nicht ausgesprochen werden, weil sich das Kind vor der Reaktion einer Bezugsperson fürchtet.

HAND Wenn das Kind an der Hand verletzt wird, es also gewissermaßen handlungsunfähig ist, sollten Eltern oder Erzieher auf das Kind im Wachleben einwirken und es zu größerem Einsatz in der Schule oder daheim auffordern.

Haus Seine Bedeutung auch für das träumende Kind kann man im vorderen Teil dieses Buches nachlesen. Ein altes, baufälliges Haus kann speziell seine Bezugspersonen darauf hinweisen, dass beim Kind Korrekturen und Hilfe im seelischen oder körperlichen Bereich notwendig sind.

Haustier Häufig stellt es das Kind selbst dar, wobei das Unbewusste darauf aufmerksam macht, es müsse vor Gefühlsarmut und Einsamkeit bewahrt werden. Ein Haustier, das ein Kind im Traum streichelt, kann auch Mutter oder Vater sein, die dem Kind in letzter Zeit vielleicht wenig Zärtlichkeit entgegenbrachten.

Hexe Warnt nicht nur das Kind, sondern auch seine Bezugsperson vor allzu großer Heftigkeit im Wachleben. Sie ist die böse Fee, die im Innenleben des Kindes rumort und es in Unordnung bringen will. Sie stellt im negativen Sinne die Mutter oder eine nahe Angehörige dar, die sich in alles einmischen und dem Kind nicht genügend Freiraum lassen wollen.

Hölle In Albträumen von Kindern wird auf drohendes Ungemach verwiesen, das im Wachleben höllische Angst vor irgendwelchen Schreckbildern bereiten kann.

Hühner Sie gackern auch durch den Kindertraum und können das Kind leicht in Panik versetzen, wenn sie mit ihren spitzen Schnäbeln auf es einpicken. Es sind die krausen Gedanken, die das kindliche Gemüt im Wachleben durchziehen und sich in wilder Aufsässigkeit gegen alles, was erwachsen ist, ein Ventil suchen. Da braucht man als Erwachsener sehr viel Verständnis.

Hund Wo er angekettet ist oder gequält wird, brodeln im Unbewussten Minderwertigkeitsgefühle, die im Wachleben hochkochen. Oft aber ist der Traumhund auch ein lieber Begleiter, ein Spielkamerad, den sich das Kind im Wachleben wünscht. Wie fast jedes Tier im Traum personifiziert er häufig Menschen aus dem kindlichen Umkreis. Ob diese es manchmal an Liebe fehlen lassen, erhellt dann das übrige Traumbild.

Igel Ein Traumigel kann ein Hinweis für allzu nachgiebige Eltern sein, ihrem Kind deutlichere Grenzen zu setzen, wenn es sich im Wachleben wie wild aufführt.

Kaminkehrer Im Kindertraum nicht immer der Glücksbringer, der es von seelischen Lasten befreien kann. Eher der »schwarze Mann«, dessen schattenhafter Umriss allein schon Angst einflößen kann, die man ergründen sollte. Vielleicht handelt es sich dabei um einen Minderwertigkeitskomplex oder um einen Charakterfehler, die das Zusammenleben in der Familie erschweren.

Katze Steht manchmal für die katzenhafte Wildheit im Wesen des Kindes, die es im Wachleben kaum zeigen darf, weil über-

Katze mächtige Erzieher seine freiheitlichen Gelüste zu sehr einengen. Die Traumkatze personifiziert wie der Hund oft auch Menschen aus dem kindlichen Umkreis.

Keller Tappt das Kind im dunklen Keller umher und fürchtet sich, will ihm jemand im Wachleben am Zeug flicken. Sucht es dort nach einem Einbrecher, hat es im Wachleben Angst vor jemandem, der ihm durch sein Verhalten den Mut zu guten Taten nimmt. Schließt es im Traum jemanden in einem Keller ein, wird es im Wachleben wohl Ängste los.

Krankenhaus Sieht sich ein Kind oder den, der es im Traum darstellt, in einem Krankenhaus liegen, hat das meist nichts mit körperlichen Erkrankungen zu tun, sondern damit, dass in seiner Seele irgendetwas in Unordnung geriet. Eine Traumkrankheit weist ja fast immer auf einen gewissen Mangel im seelischen Bereich hin.

Kuchen Der Traumkuchen bedeutet übersetzt meist das Süße, das dem Kind im Leben versprochen wurde. Bekommt es davon ein Stück ab, braucht ihm nicht bange zu sein.

Lehrer Oft der eigene Vater, dessen Meinung sich das Kind zu Eigen machen sollte. Manchmal lässt sich das Kind im Traum auch von einem bekannten oder unbekannten Lehrer ins Heft schauen, dann wird im Wachleben wohl etwas offen gelegt, was es gern verbergen möchte, weil es ihm peinlich oder unangenehm ist.

Löwe Kindern, die vom Wüstenkönig träumen, kann man so leicht nichts vormachen. Ihnen gelingt oft, was sie anpacken, aber das Zusammenleben mit ihnen kann auch schwierig sein. Der Traumlöwe weist manchmal darauf hin, dass ein ansonsten ruhiges Kind im Wachleben aggressiv reagieren kann: Es will den Eltern oder auch anderen Bezugspersonen beweisen, dass es sehr wohl einen eigenen Willen hat, den es mit aller Macht und zu jeder Zeit durchsetzen will.

Maschine Wo sie dröhnt und rollt, da ist das Leben – für das Kind übersetzt: das glückhafte Erleben in der Schule oder in der Familie. Nur wenn die Traummaschine einen Schaden hat, kann man durchaus auf psychische oder körperliche Störungen schließen.

Medizin Ein Kind bekommt im Traum Medizin verabreicht, die es von irgendetwas heilen soll. Oft schmeckt sie bitter, sodass das Kind noch beim Erwachen schlucken muss. Sie könnte ein Hinweis auf einen krankhaften Zustand sein, der aber überwunden werden kann.

Meer Wenn das Kind vom Meer träumt, bei dem die Wellen sich überschlagen, ist es in einer kritischen Phase.

Mutter Häufig sieht das Kind im Traum die eigene Mutter nur in Gestalt einer fremden Frau oder eines Tieres. Die noch lebende Mutter im Traumbild zu verlieren, umschreibt manchmal das schlechte Gewissen des Kindes.

Nachbarn Im Kindertraum sind sie oft recht böse Menschen, die sich in die Familie hineindrängeln wollen. Gerade wenn sie Freunde der Eltern sind, werden sie im Traumbild des Kindes mitunter recht garstig gezeichnet.

Nacktheit Vor allem in Angstträumen umschreibt sie, dass sich das Kind in seiner Haut nicht wohl fühlt. Wer im Traum nackt dasteht, hat Angst, sich eine Blöße zu geben, was auf einen Minderwertigkeitskomplex schließen lässt. Aber Träume, die Nacktheit positiv schildern, können auch den Wunsch nach größerer Unabhängigkeit von den Erwachsenen widerspiegeln. Der Nackte im Traum deutet manchmal auch das Gefühl an, dass sich das Kind allein gelassen fühlt.

Neubau Das neue Haus im Kindertraum mahnt Eltern, etwas mehr für das Wohlbefinden ihres kleinen Lieblings zu tun. Es ist ein Zeichen dafür, dass das Kind sich künftig in eine neue Lage versetzt sehen will, die es aus eigenen Schwierigkeiten lösen wird.

Ohrfeige Wird dem Kind im Traum eine Ohrfeige verpasst, will ihm das Unbewusste klarmachen, dass es selbstbewusster im Wachleben vorgehen sollte, ohne dabei andere zu verletzen.

Operation Gilt als Eingriff in den Seelenhaushalt. Wird also ein Kind im Traum operiert, sollte man im Wachleben auf es einwirken, sodass es sich dafür öffnet, sich in mancherlei Beziehung zu ändern, damit sein psychisches Gleichgewicht wieder hergestellt werden kann.

Paket Das Kind, das im Traum ein Paket erhält, ist gut behütet, wird aber vielleicht ein bisschen zu sehr verwöhnt, weil man ihm um jeden Preis immer wieder eine Freude machen will.

Pferd Sinnbild eines ungestümen Temperaments – auf das träumende Kind übertragen: Der Teil seines Charakters, mit dem es sich anderen aufdrängen will. Hat es sein Traumpferd in der Gewalt, wird es im Wachleben Aggressionen eher unter Kontrolle halten. Pferde, die scheuen oder mit dem Reiter durchgehen, künden von der Angst des Kindes, von den Erwachsenen nicht ernst genommen oder aber schlecht behandelt zu werden.

Polizist Taucht er im Traumbild auf, zeigt das manchmal einen Minderwertigkeitskomplex auf: Das Kind glaubt, etwas Ungehöriges getan zu haben, und hat

Polizist
Angst, bestraft zu werden. Der Schutzmann, wie ja der Polizist auch genannt wird, ist jedoch auch positiv zu sehen: Er zeigt auf, was verboten und was gestattet ist. Das Kind müsste sich im Wachleben lediglich nach seinem Traumpolizisten richten.

Prüfung Oft sind Prüfungsträume ein Hinweis für Eltern und andere Bezugspersonen, etwas im Leben des Kindes zu überprüfen. Diese Träume weisen darauf hin, dass das Kind unter Druck steht, beziehungsweise, dass es irgendetwas bedrückt. Prüfungen schlagen sich vielfach in Albträumen nieder. Hier sollte man beruhigend auf das Kind einwirken und ihm bedeuten, dass das ganze Leben eine Prüfung sei, weshalb man vor den einzelnen Prüfungssituationen, etwa in der Schule, wahrhaftig keine Angst zu haben braucht.

Prügel Werden sie dem Kind oder dem, der es im Traum darstellt, verabreicht, handelt es sich möglicherweise um die Einsicht, dass es im Wachleben etwas falsch gemacht hat, wofür es Prügel verdient. Prügel haben immer mit Gewalt zu tun. Teilt man sie selbst aus, möchte man sich mit allen Mitteln gegen Stärkere durchsetzen.

Puppe Im Kindertraum steht sie manchmal für die gute Freundin, mit der man alles machen kann. Sie wehrt sich nicht, wenn sie bestraft wird. Das Kind straft sie ähnlich, wie es von den Eltern gestraft wurde. Und häufig spielt da ein bisschen das Gefühl mit, gerecht bestraft worden zu sein. Das Unbewusste will gewissermaßen die kindliche Einsicht fördern, sich nicht über die Eltern oder andere Bezugspersonen zu ärgern. Schließlich verhält man sich ja tatsächlich manchmal ungehörig ...

Regen In manchen Träumen ist der himmlische Wasserguss ein durchaus glückhaftes Zeichen dafür, dass die Früchte einer guten Erziehung geerntet werden können, denn der Regen befruchtet ja die Erde, damit alles wachsen kann. Manchmal will das Unbewusste aber auch den Hinweis geben, dass irgendetwas im Leben des Kindes reingewaschen werden muss, was bisher im Argen lag.

Reh Mit ihm werden seelische Wünsche wach. In manchen Kinderträumen stellt das Traumreh auch eine weibliche Bezugsperson dar, die stets ein Zuviel an Liebe und Güte geben möchte. Und natürlich sieht sich das Kind in seinem Traumfilm in der Gestalt als Bambi, das von allen geliebt wird. In Angstträumen wird es jedoch vom bösen Jäger verfolgt.

Reiten Reitet das Kind auf seinem Traumpferd in ruhiger Gangart dahin, wird es sich im Wachleben am ehesten in alles fügen wollen, was die Eltern oder Erzieher anordnen. Fliegt das Pferd aber in stürmischen Galopp mit ihm davon oder geht es sogar mit ihm durch, sollte man das Kind im Wachleben mit sanfter Gewalt zügeln, weil sonst sein Lebensweg mit einem ständigem Auf und Ab recht widerstrebender Gefühle gepflastert sein wird.

RIESE Die Märchen- und Sagengestalt stellt oft den Übervater dar, der das Kind ehrfurchtsvoll kuschen lässt. Er nimmt auf zarte Kindergefühle keine Rücksicht, sondern setzt strenge Normen, die das Kind nur widerwillig befolgt.

SCHNEEMANN Das Kind selbst ist der Schneemann, den es im Traum baut. Übersetzt: Es fehlt ihm wohl an Wärme und Zuneigung.

SCHRANK In ihm will auch das Kind verschließen, was ihm besonders wertvoll erscheint. Das kann jemand sein, den es ins Herz schließen möchte, aber ebenso eine lieb gewordene Angewohnheit, die es ängstlich hüten möchte. Hier und da weist ein verschlossener Schrank vielleicht auf das zurückhaltende Wesen des Kindes in der letzten Zeit hin.

SCHULESCHWÄNZEN Es führt augenscheinlich auf eine psychische Konfliktsituation zurück und beinhaltet für Kinder oft auch die Angst, in der Schule eventuell zu versagen.

SINGEN Kann sich das Kind erinnern, dass es im Traum gesungen hat, sollte man zur Deutung den Liedtext heranziehen.

SPINNE Sie kommt in kindlichen Angstträumen vor, die oft die Deutung zulassen, das träumende Kind habe sich unentrinnbar in einem Netz verfangen, das lediglich mit viel Geduld und noch mehr Liebe im Wachleben zerrissen werden kann. Die Spinne kann aber auch darauf hinweisen, dass sich im Leben des Kindes etwas anspinnt, das zu Sorgen Anlass geben könnte. In Kinderträumen ist die Spinne nur selten glückbringend zu deuten.

SÜSSIGKEIT Ein Kind, das im Traumbild Süßes isst, sehnt sich nach Liebe und Zuwendung. Schmeckt die Süßigkeit bitter, weist das wohl auf Storfaktoren in der Familie oder in der Umwelt hin.

TAL Geht das Kind im Traumbild durch ein Tal, kann man darauf hoffen, dass es im Wachleben bald aus einer Talsohle (in der Schule?) herauskommen wird.

TEUFEL Kinder erleben ihn in Albträumen oft als ein wildes Tier mit Bocksgehörn. Diese Gestalt soll an eine eigene Unbeherrschtheit im Wachleben erinnern.

TIGER Schildert, wie andere Raubtiere auch, das übermäßig Triebhafte, das sich im Verhalten des Kindes in Aggressionen Luft macht. Manchmal stellt der Traumtiger auch den eigenen Vater oder einen Erzieher dar, die das Kind mit Gewalt auf den ihrer Meinung nach richtigen Kurs bringen wollen. Es ist festgestellt worden,

Tiger dass Kinder, die vom Tiger träumen, im Wachleben des Öfteren übers Ziel hinausschießen. Sie lehnen sich vor allem gegen eine allzu autoritäre Erziehung auf.

Uhr Eine Traumuhr steht für die Angst, dass das Leben eine andere Wendung nehmen könnte, aber auch für die innere Unruhe, dass im kindlichen Umkreis etwas geschehen wird, das eine Veränderung der bisherigen Lebensverhältnisse mit sich bringen würde. In diesem Fall sollte man den Ängsten des Kindes auf den Grund gehen: Fürchtet es vielleicht, dass Vater und Mutter getrennte Wege gehen wollen? Oder ist in der Familie sonst etwas nicht in Ordnung, das nach Änderung verlangt?

Umherirren In Angstträumen sieht sich das Kind wie ein gehetztes Tier kopflos umherirren, was beweist, dass es wohl in seelischer Not ist. Man sollte besonders darauf achten, wenn es schweißgebadet aufwacht und eine Zeit lang nicht weiß, wo es sich befindet. Ein solcher Zustand kann natürlich auch irgendein körperliches Leiden ankündigen.

Vater Hat das Kind ein gutes Verhältnis zu seinem Vater, baut dieser im Traum durch das Unbewusste Konflikte ab und führt es gewissermaßen an seiner Hand sicher auf den richtigen Weg. Als Traumbild ist er in vielerlei Gestalt eine Autoritätsfigur, ein Vorbild, bei Jungen aber auch ein wenig der Rivale um die Gunst der geliebten Mutter, was Freud auf den Ödipuskomplex schließen ließ (Ödipus hat bekanntlich seinen Vater getötet und dessen Frau, also seine Mutter, geheiratet). In bestimmten Kinderträumen tritt der Vater manchmal auch in der Gestalt irgendeines Tiers auf, aus dessen Gestalt und Verhalten man schließen kann, wie die Vater-Kind-Beziehung vom Kind aus gesehen wird.

Verband Der Wundverband, der dem Träumer angelegt wird, umschreibt ein Verwundetsein des kindlichen Gemüts im Wachleben.

Verfolgung Das Kind fühlt sich im Traumgeschehen von irgendeinem dunklen Individuum verfolgt. Es läuft und läuft, kann aber den Verfolger nicht abschütteln. Hier werden Angstgefühle sichtbar, die man durch vorsichtiges Taktieren und liebevollen Umgang damit im Wachleben abbauen sollte.

Verirren Die Verirrung im Kindertraum steht für eine seelische und geistige Desorientierung im Wachleben. Verirrt sich zum Beispiel das Kind im Traum in einen finsteren Wald, liegt wohl ein Schatten über seinem weiteren Wohlergehen. Vielleicht hat es sich in einem ganz bestimmten Fall falsch verhalten.

Verletzung Sie deutet auf ein Verletztsein im Wachleben hin. Hier handelt es sich um einen seelischen Schmerz, der dem Kind von anderen zugefügt wurde oder den es selbst verursachte.

Vogel Als Luftwesen ist dieses Symbol geistig-seelisch zu deuten. Flattert ein Vogel hilflos in einem Raum oder Käfig umher, lässt das auf die etwas wirren Gedanken des träumenden Kindes schließen. Fliegen die Vögel ungehindert, ist das Kind im Wachleben ohne Hemmungen.

Wald Bahnt sich das Kind im Traum seinen Weg durch einen dichten Wald, ist das gleichzusetzen mit dem kindlichen Willen, Erfolg zu haben, wobei weitere Anhaltspunkte im Traumverlauf gegeben sein könnten. Hemmen zum Beispiel Dornenhecken oder gar Ungeheuer sein Fortkommen, deutet das sinnbildlich auf Hemmnisse im Wachleben hin.

Weinen Dieses Bild kann auch in Kinderträumen meist als Freudentränen gedeutet werden, die mit einem glückhaften Traumerlebnis einhergehen. Nur manchmal ist die Freude getrübt, dann wird von oft freilich grundlosem Kummer berichtet. Trotzdem sollte den Tränen nachgegangen werden.

Zähne Sie zermalmen die Speise, die das Kind als Energiespender zu sich nimmt. Auch in Kinderträumen hat dieses Bild etwas Aggressives. Manchem zeigt das Kind im Traum die Zähne, was beweist, dass es im Wachleben zu allem entschlossen ist. Wenn es von ausgefallenen Zähnen träumt, besagt das zwar, dass es momentan einen Reifeprozess durchmacht, wobei mögliche Schuldgefühle seine Unsicherheit verraten könnten, aber sie besagen auch, dass das Kind vor einem neuen Lebensabschnitt steht (wenn es zum Beispiel von der Grundschule aufs Gymnasium überwechselt).

Zauberer Er begeistert das Kind im Schlaf mit seinen Kunststücken. Oft will er auch einfach wegzaubern, was es im Wachleben bedrückt.

Zwerg Sieht sich das Kind im Traum kleiner, als es in Wirklichkeit ist, dann lässt das darauf schließen, dass es sich im Wachleben gegenüber anderen Kindern im Nachteil sieht und glaubt, sich mit diesen nicht messen zu können. Als Märchenfiguren sind die Zwerge im Traum Nothelfer, die wahre Wunder verrichten können, was auf das Wachleben übertragen werden kann: Das Kind wird sich auf Menschen in seiner Umgebung verlassen können.

Zwillinge Zwei gleich aussehende Menschen, die ins kindliche Traumbild treten, lassen für das Wachleben erkennen, dass das Kind sich nie so recht für irgendetwas entscheiden kann. Das Doppelbild ist nämlich es selbst. Es ist wankelmütig und schwenkt mal auf die eine, mal auf die andere Seite.

LITERATURHINWEISE

ALTMANN, LEON A.
Praxis der Traumdeutung
Suhrkamp Verlag 1994

ASPER, KATHRIN/NELL, RENÉE/ HARK, HELMUT
Kinderträume, Mutterträume, Vaterträume
Deutscher Taschenbuch Verlag 1990

BONIN, WERNER F.
Das Buch der Träume
Ullstein Verlag 1984

DELANEY, GAYLE
Lebe deine Träume. Anleitung zum aktiven Träumen
mvg Verlag 1988

BOSVELD, JANE/GACKENBACH, JAYNE
Herrscher im Reich der Träume. Kreative Problemlösungen durch luzides Träumen
Aurum Verlag 1991

DIECKMANN, HANS
Träume als Sprache der Seele. Einführung in die Traumdeutung der Analytischen Psychologie C. G. Jungs
Bonz 1994

DREHER, EDUARD
Der Traum als Erlebnis
Verlag Vahlen 1981

FARADAY, ANN
Die positive Kraft der Träume
Knaur 1984

FARADAY, ANN
Deine Träume, Schlüssel zur Selbsterkenntnis
Fischer Taschenbuch Verlag 1995

FINK, GEORG
Traumdeutung. Die Bildersprache unserer Traumwelt entschlüsselt
Falken-Verlag 1990

FINK, GEORG
Kinderträume. Ein Ratgeber für Eltern
Falken-Verlag 1993

FREUD, SIGMUND
Schriften über Träume und Traumdeutung
Fischer Taschenbuch Verlag 1994

FREUD, SIGMUND
Die Traumdeutung
Fischer Taschenbuch Verlag 1994

FROMM, ERICH
Märchen, Mythen, Träume. Eine Einführung in das Verständnis einer vergessenen Sprache
Rowohlt Taschenbuch Verlag 1994

GARFIELD, PATRICIA
Kreativ träumen
Ansata-Verlag 1993

Gendlin, Eugene T.
Dein Körper – dein Traumdeuter
Otto Müller Verlag 1987

Huth, A./Huth, W.
Träumen. Der inneren Bilderwelt begegnen
Gräfe und Unzer Verlag 1993

Jouvet, Michel
Die Nachtseite des Bewußtseins. Warum wir träumen
Rowohlt Taschenbuch Verlag 1994

Jung, C. G.
Seminare: Kinderträume.
Zur Methodik der Trauminterpretation
Walter-Verlag 1987

Jung, C. G.
Traum und Traumdeutung
Deutscher Taschenbuch Verlag 1994

Kaplan-Williams, Strephon
Traum-Arbeit. Der Schlüssel zum Unterbewußtsein
Goldmann Verlag 1993

LaBerge, Stephen
Hellwach im Traum. Mehr Selbsterkenntnis und Selbstbestimmung durch bewußtes Träumen
mvg 1991

Maguire, Jack
Traumarbeit und Transformation
Knaur-Verlag 1991

Meier, Barbara/Strauch, Inge
Den Träumen auf der Spur. Ergebnisse der experimentellen Traumforschung
Verlag Hans Huber 1992

Meltzer, Donald
Traumleben. Eine Überprüfung der psychoanalytischen Theorie und Technik
Verlag Internationale Psychoanalyse 1988

Morgenthaler, Fritz
Der Traum. Fragmente zur Theorie und Technik der Traumdeutung
Campus Verlag 1990

Sharpe, Ella Freeman
Traumanalyse
Fischer Taschenbuch Verlag 1994

Siegel, Alan B.
Träume können Ihr Leben verändern. Ihr persönlicher Schlüssel zur Traumsymbolik
Econ Taschenbuch Verlag 1993

Teillard, Ania
Traumsymbolik. Ein Reiseführer durch die Welt der Träume
Reichl Verlag 1994

Thomas, Klaus
Träume – selbst verstehen
TRIAS 1989

Ullmann, Montague/Zimmermann, Nan
Mit Träumen arbeiten
Deutscher Taschenbuch Verlag 1979

VOM SCHEIDT, JÜRGEN
Geheimnis der Träume. Wie man sie entschlüsseln und sich selbst besser verstehen kann
Mosaik Verlag 1992

VON USLAR, DETLEV
Der Traum als Welt. Sein und Deutung des Traums
S. Hirzel Verlag 1990

WILLIAMS, STREPHON
Durch Traumarbeit zum eigenen Selbst. Kreative Nutzung der Träume
Ansata Verlag 1991

WINDSOR, JOAN
Richtig träumen, besser leben. Wie Sie Ihre Träume steuern und nutzen können
Ariston Verlag 1991

Der Text dieses Buches entspricht der neuen deutschen Rechtschreibung.

ISBN 3 8094 1653 3

© 2004 by Bassermann Verlag, einem Unternehmen der Verlagsgruppe
Random House GmbH, 81673 München
© der Originalausgabe by FALKEN Verlag

Die Verwertung der Texte und Bilder, auch auszugsweise, ist ohne Zustimmung des Verlags urheberrechtswidrig und strafbar. Dies gilt auch für Vervielfältigungen, Übersetzungen, Mikroverfilmungen und für die Verarbeitung mit elektronischen Systemen.

Umschlaggestaltung: Martina Eisele Grafik Design, München
Gestaltung: Margit Stüber, Niedernhausen/Ts.
Redaktion: Susanne Janschitz, München/Vera Baschlakow

Die Informationen in diesem Buch sind von Autor und Verlag sorgfältig erwogen und geprüft, dennoch kann eine Garantie nicht übernommen werden. Eine Haftung des Autors bzw. des Verlags und seiner Beauftragten für Personen-, Sach- und Vermögensschäden ist ausgeschlossen.

Satz: Margit Stüber, Niedernhausen/Ts.
Druck: Těšínská tiskárna, Český Těšín

Printed in the Czech Republic

048/014980103X817 2635 4453 6271